개정증보판

케이컬처 시대를 이끈 저력의 빌자취 통찰

한국대중문화예술사

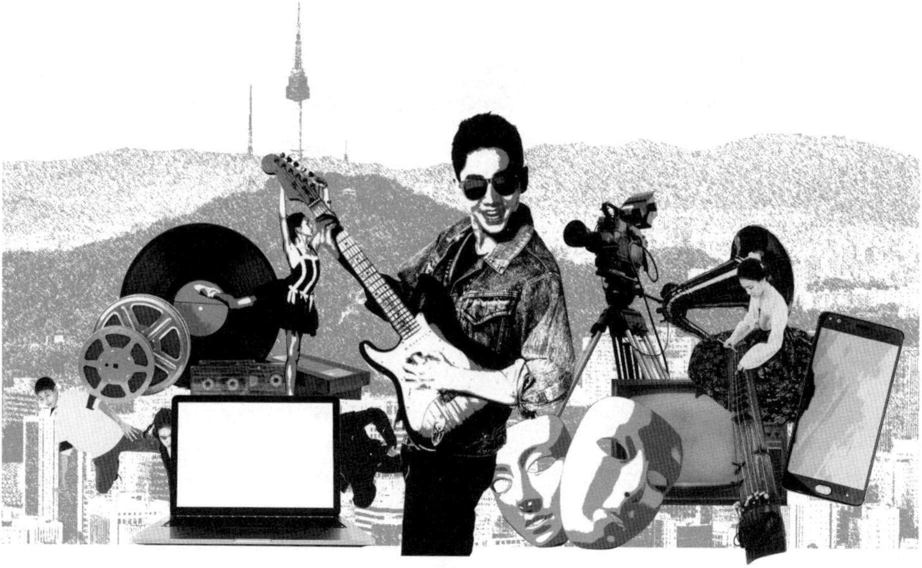

개정증보판

케이컬처 시대를 이끈 저력의 발자취 통찰

한국대중문화예술사

HISTORY OF KOREAN POPULAR CULTURE & ARTS

| 김정섭 지음 |

한울
아카데미

차 례

개정증보판을 펴내며 7 | 책을 펴내며 11

대중문화예술사 입문 15
문화와 문화예술 16 | [‘Culture’의 어휘적 분화] 17 | 대중예술과 대중문화 21 | 예술의 본질과 예술의 경향 25 | 예술가의 자질과 덕목 32 | 스타덤과 팬덤 37

제1장 **근대국가 형성기: 강화도 조약부터 을사늑약까지(1876~1905)** 43
정치·사회 환경 미리보기 44 | 근대국가 형성기 대중문화예술 연표 51
서구 대중문화의 유입과 민중의 변화 욕구 53 | [명성황후 시해 사건] 54 | 신극, 활동사진, 극장, 유성기의 도입 58 | [개항기 직전 서양 엔터테인먼트의 유입사] 63 | 양복, 양장, 양품 등 신식 스타일의 유행 71 | 대중문화의 가교인 정보·통신·기술의 보급 75

제2장 **일제강점기: 을사늑약부터 해방까지(1905~1945)** 77
정치·사회 환경 미리보기 78 | 일제강점기 대중문화예술 연표 87
비관과 망향, 해방 염원의 정서 90 | 변사와 연쇄극, 유성영화의 등장 92 | [영화 〈아리랑〉과 춘사 나운규] 95 | 신파와 신극운동 98 | 유행가와 트로트, 라디오의 인기 104 | [가수 박향림과 「오빠는 풍각쟁이야」] 108 | 신여성, 교복, 근로복, 화장품의 등장 113 | [‘모던 보이’와 ‘모던 걸’의 출현] 115

제3장 **해방기와 이승만 정부 시대: 해방부터 이승만 하야까지(1945~1960)** 119
정치·사회 환경 미리보기 120 | 해방기와 이승만 정부 시대 대중문화예술 연표 131
냉전 체제 반공주의와 대중문화 통제 133 | 전후 미 군정 체제와 서구 대중문화 유입 140 | [소설 『자유부인』과 영화 〈자유부인〉] 143 | 현대 패션의 도입과 스타일 연출 바람 144

제4장 **1960~1970년대: 윤보선·장면 정부부터 박정희 서거까지(1960~1979)** 147
정치·사회 환경 미리보기 148 | 1960~1970년대 대중문화예술 연표 156
통제·반공·계몽 중심의 1960년대 158 | [1960년대 ‘스탠더드 팝’] 165 | [가수 윤복희와 미니스커트 신드롬] 168 | 1970년대 청년문화와 향락주의 170 | 개발독재와 억압·통제 중심의 문화 정책 177

제5장 **1980년대: 전두환 정부부터 노태우 정부 중기까지(1980~1989)** 183

정치·사회 환경 미리보기 184 | 1980년대 대중문화예술 연표 191

대중문화를 통한 권력의 통제와 우상화 193 | 컬러 TV의 보급과 비디오형 가수의 등장 196 | [오빠부대] 199 | 한국 영화의 국제 무대 진출과 노래패의 활약 201 | [방화] 203 | 민주화 이후 분출된 표현의 자유 욕구 207

제6장 **1990년대: 민자당 합당부터 김대중 정부 중기까지(1990~1999)** 211

정치·사회 환경 미리보기 212 | 1990년대 대중문화예술 연표 219

민중문화의 대중문화화와 국제화 바람 221 | 영화계의 끈질긴 스크린쿼터 사수 운동 222 | 감성코드 드라마의 봇물과 연극의 상업화 225 | 신세대 가수와 아이돌 그룹의 등장 228 | 홍대 인디 음악의 형성과 감성세대 파워 231 | 한일 대중문화 개방과 다채널 시대 개막 233 | ['오렌지족'과 '야타족'] 234

제7장 **2000년대 이후: 김대중 정부 후반에서 윤석열 정부 중반까지(2000~2024)** 239

정치·사회 환경 미리보기 240 | 2000년대 이후 대중문화예술 연표 254

황금기에 접어든 2000년대 대중문화예술 258 | 한류 열풍에 이은 케이컬처 시대의 도래 259 | 케이팝 신드롬과 아이돌·복고음악 열풍 265 | 남북 교류 활성화와 문화·스포츠·패션의 결합 267 | 문화융성 빙자 국정 농단과 영화 관객 연 2억 명 시대 270 | 한류 드라마의 부활과 대학로의 위기 276 | 아이돌의 세계 진출과 오디션 프로그램 유행 278 | [한류와 케이컬처] 282 | 세계 주류 문화시장에 진입한 케이컬처와 혁신과제 289 | [아이돌 문화와 역사] 298

참고문헌 303

찾아보기 308

개정증보판을 펴내며

이 책은 2017년 3월 처음 발간되었습니다. 책이 나오자마자 언론과 독자들은 많은 관심과 호평을 보내주셨습니다. 저자의 강의를 수강한 대학의 많은 학생으로부터도 유용하게 학습했다는 피드백을 받았습니다. 과거의 역사는 오늘의 창작에서 가장 중요한 재료가 된다는 점에서 예술 전공자 등 학부생, 대학원생들이 전공 관련 역사를 한눈에 살펴보고 이해함으로써 창작 모티브와 예술적 지평을 넓힐 수가 있었습니다. 일반 독자들은 이제는 흔한 일상의 대화 의제가 될 정도로 보편적인 관심사가 된 우리나라 대중문화의 흐름을 한눈에 꿰뚫으며 지식의 즐거움을 만끽할 수 있었다고 찬사를 보냈습니다.

일본, 미국 등 해외에서도 한국어판인 이 책을 직수입해 판매하거나 도서관에 비치했습니다. 특히 일본 국립 국회도서관(國立國會圖書館オンライン), 동경 도립중앙도서관(東京道立中央圖書館 中央), 나고야에 있는 아이치슈쿠토쿠대학(愛知淑德大學) 도서관, 니시노미야의 간사이가쿠인대학(關西學院大學) 도서, 교토의 국제일본문화연구센터(國際日本文化硏究センター) 등이 이 책을 구비했다는 소식을 접하고 놀라움을 금할 수 없었습니다. 한일 간 외교 관계가 원활하지 않았음에도 뭐든지 성공한 것, 앞서가는 것은 배운다는 이웃 나라 사람들의 차분한 혜안이 느껴졌기 때문입니다.

이 책이 발간된 직후 정말 많은 호평과 조언이 쇄도하여 감사했습니다. 독자들이 이 책을 크게 사랑해 주신 덕분에 초판은 완판되었습니다. 감사드립니다. 당시 언론의 서평에 대한 기쁨과 긍지는 잠시뿐, 저자는 우리 대중문화 역사를 더욱 정확하게 써야 한다는 엄중한 사명감을 느꼈습니다. 연합뉴스는 "이 책은 조선말 근대화 시기 대중문화의 형성기부터 2000년 이후 한류 열풍까지 국내 대중문화예술의 흐름을 정리한 책"이라고 평가했습니다. ≪경향신문≫은 "시대별 정치 · 사회 미리 보기가 실려 있는, 대중문화로 읽는 근현대사"라고 보도했습니다. ≪CBS 노컷뉴스≫는 "문화부 기자를 거쳐 예술대 교수로 재직 중인 저자가 문화계를 가까이 관찰하며 연구해온 경험을 살려 가요, 연극, 영화, 방송, 패션, 스타일, 풍속 등 한국 대중예술의 안팎을 집약해 정치적 · 사회적 배경을 포함한 시대의 전체적 흐름 속에서 대중문화의 역사를 파악하도록 이끈다"라고 평했습니다.

≪SBS 비즈≫는 "『한국대중문화예술사』는 단순히 당대의 유행을 회고하는 데 그치지 않았다. 최고의 미덕은 당시 유행에 담긴 정치적 상황, 때로는 정책적 분석까지 시도한 데 있다. 대중문화의 유행을 씨줄과 날줄로 보고 산업적 측면까지 다양한 시각으로 다룬 것이다"라고 찬사했습니다. ≪세계일보≫는 "이 책은 가요와 연극, 영화, 방송 등 한국 대중문화의 전반적인 역사를 살피며 역대 정부 문화 정책에 대한 비판적 인식도 함께 담았다"라고 소개했습니다. 한국기자협회가 발간하는 ≪기자협회보≫는 "대중문화예술 분야의 기획자, 제작자, 아티스트, 전문 스태프 등을 꿈꾸는 학생들에게 좋은 길라잡이"라고 분석했습니다. ≪스포츠 경향≫은 "그간 근현대사에 익숙한 독자는 새로운 역사적 사실을 알아가는 재미를 얻고, 그렇지 않은 독자는 한국 근현대사를 통합적으로 접할 좋은 기회가 될 듯하다. 이를 통해 근현대사를 바라보는 관점의 균형을 회복하고, '케이컬처(K-culture)' 시대 문화의 진정한

의미를 새길 수도 있다"라고 평했습니다. ≪이데일리≫는 "문화예술의 역사를 통해 지금의 문화예술을 더욱 흥미롭게 즐기고 창조할 수 있다"라고 서평을 했습니다.

이 책은 그간 소홀했던 우리 대중문화의 역사 연구와 그것의 바로 알기를 더는 늦춰서는 안 된다는 일념에 저자가 팔을 걷어붙이고 장시간 고역(苦役)한 결과물입니다. 그간 우리의 역사연구나 역사서는 거의 정치 · 경제 · 사회사에 집중되어 있었기에 한국의 대중문화사를 제대로 공부하고 싶어도 관련 문헌이 부족해 안타까움이 컸습니다. 문화사 관련 책이 더러 있었지만, 그것은 유적, 유물, 문화재, 전통문화, 건축, 미술 등에 국한되어 있어 도무지 해법을 찾지 못했습니다.

그런 상황에서 우리 대중문화는 한류 열풍으로 세계인의 주목을 받게 되어 그 역사와 뿌리 찾기도 중요한 관심사가 되었습니다. 한국의 대중문화 역사를 일목요연하게 파악하려는 욕구가 국내외에서 발산된 것입니다. 한류가 우리 대중문화의 대외적인 브랜드인 '케이컬처'로 확장되어 세계 문화시장의 주류에 진입해, 국제적으로 소통되며 사랑을 받는 요즘에는 이 책의 필요성이 더욱 높아졌습니다.

이 책은 구성과 집필을 할 때 문화예술을 이해하기 위해 기초가 되는 기본 개념, 이론, 통찰, 비평이론을 서두에 제시했을 뿐만이 아니라 일반 역사(정치 · 경제 · 사회사)를 먼저 간략하게 제시해 격변하는 시대적 맥락 속에서 대중문화를 입체적으로 이해하도록 하였습니다. 이런 구성으로 인해 시대별로 정치 · 사회적 흐름과 견주면서 대중문화의 전개 사항과 특징을 제시해 통찰 · 이해의 체계성과 입체성이 도드라졌다는 평가를 받았습니다. 아울러 이 책 초판은 찬사 외에도 일부 수정 또는 보완해야 할 사항이 있다는 애정이 어린 독자들의 따끔한 조언도 있었습니다. 개정증보판을 내게 된 이유는 책이 출간된 이후 7년이 되면서 추가 연구를 통해 새롭게 발견된 역사적 사실이 규명된 데다 일부 수정 및 보완할 필요를 느꼈기 때문입니다.

따라서 이번 '개정증보판'은 세 가지 원칙에 중점을 두어 집필하였습니다. 첫째 케이컬처의 기원이 된 근대 서양 대중문화의 한국 유입 과정 등 새로운 역사적 사실을 보강하였습니다. 개항기 전에 서양의 악기, 음악, 연희가 한반도에 유입되고 국내에서 서양인의 공연이 처음 열린 기록 등이 이에 해당합니다. 둘째, 초판은 박근혜 정부까지만을 담았기에 그 이후인 문재인 정부에서 윤석열 정부까지의 대중문화사 흐름과 특징, 변화된 문화산업의 환경을 분석해 담았습니다. 마찬가지로 각 장의 앞에 이해를 돕기 위해 배치된 해당 기간의 정치 · 경제 · 사회의 역사도 추가하여 정리했습니다.

셋째, 우리나라 영화, 드라마, 음악, 아티스트가 글로벌 플랫폼에서 히트하거나 주목을 받으면서 '케이컬처'가 세계인의 사랑을 받게 된 시대를 맞아 관련 내용과 이슈를 보강하였습니다. 케이컬처의 연원과 용어의 사용, 케이컬처의 중심을 이루는 아이돌 문화와 아이돌 음악에 대한 통찰 등이 추가된 내용입니다.

개정증보판 출간에 정성을 쏟아주신 도서출판 한울엠플러스 김종수 사장님과 기획 · 편집 · 인쇄 · 유통 관계자님께 감사드립니다. 아울러 개정증보판을 접한 독자님들이 더욱더 깊고 충실해진 『한국대중문화예술사』를 보고 한국의 대중문화를 더 바르고, 깊게 이해하며 뜨겁게 사랑하는 동기를 얻기를 기대합니다. 한국의 대중문화 공부에 도전하는 외국인들에게도 깊은 감사의 말씀을 드립니다. 그리고 값진 이 책의 독서를 응원합니다.

2024년 2월 15일

김정섭 드림

책을 펴내며

우리나라 역사는 정치·경제·사회를 중심으로 연구·기술되었기에 문화, 구체적으로는 대중문화예술에 집중해 그 역사를 종단으로 통찰한 책은 찾기 어려웠습니다. 더군다나 그간 정치계와 학계에서는 문화예술을 정치 분야의 하부구조로 보는 경향이 강해 중요하게 취급하지 않았습니다. 그러나 사람들의 생활수준과 의식수준이 높아지고, 2004년 주 5일제 실시 등의 영향으로 생활양식의 변화가 나타나면서 달라지기 시작했습니다. 문화를 향유하고 중시하는 흐름이 나타난 것입니다. 2000년대 '한류 열풍'은 더 큰 생각의 변화를 야기했습니다. 우리나라 대중문화예술이 국격國格과 국가 브랜드 가치를 드높이고 국익까지 크게 확대한다는 사실이 입증되자 정부, 지방자치단체, 기업, 학교 등 각계가 문화에 관심을 두기 시작했습니다. 문화예술과 다른 영역을 결합해 시너지를 창출하려는 전략적 접근이 구체화된 것입니다. 이제 문화예술을 빼놓고 정치, 경제, 마케팅을 논하기 어렵게 되었습니다.

대중문화예술을 포함한 문화는 예부터 경제적 측면 외에도 인간의 정신세계를 풍요롭게 하여 개인의 삶에 대한 만족감과 행복감을 드높이는 중요한 요소로 인식되어왔습니다. 갈수록 분절화·도시화·기계화·디지털화되어 각박해지는 현대사회에서 문화는 인간의 공허함과 고독감을 해소해줌으로써 감성으로 충만한 본연의 인간성을 회복해줄 수 있는 매개체입니다. 2000년대 이후에는 문화예술이 더욱 폭넓게 향유되면서 이를 취미가 아닌 생활의 일부로 여기는 흐름이 구체화되었습니다. 경제적으로 어느 정도 여유를 누리면서 무엇보다 자기 자신, 즉 자아自我를 풍요롭게 하려는 욕망의 표출과 실현이 뚜렷해졌기 때문입니다. 일과 생활에서 쉽게 충족되지 않는 자아를 가득 채워주는 것이 문화예술인 것입니다.

문화예술은 미디어·통신 기술, 컴퓨터와 디지털 기술의 발전 등에 힘입어 점차 대중 속으로 파고드는 중입니다. 1980년대 '컬러 TV 세대'는 이미 사회의 중추 세력으로 성장했으며, 1990년대 '신세대'는 문화예술 창조의 주체로 자리 잡았습니다. 2000년대 이후의 세대들은 배움의 과정을 거치며 문화의 씨앗을 키우고 있습니다. 과거 계급사회 시대에 고급문화로 불리던 순수예술은 점차 대중화하고, 기존의 대중예술은 점점 그 격을 높이며 영향력을 확대하고 있습니다. 순수예술과 대중예술의 구분이나 접점이 모호해지며 양자가 융합하는 것은 물론 통합적 예술 교육도 시도되고 있습니다. 대중문화예술을 차별하고 비하하는 시각도 사라졌습니다. 이 때문에 대중문화예술 영역의 직업들은 전망이 불투명하다며 부모님이 만류하던 옛 풍경은 점차 사라지고, 적극 권유하며 성공을 후원하는 흐름이 뚜렷해지고 있습니다.

이런 흐름 속에서 문화예술의 옛 모습과 변천 과정을 제대로 파악한 뒤 현재 또는 앞으로 문화예술을 즐기거나 창조하는 일이 매우 중요해졌습니다. 그 출발점은 문화예술의 역사를 제대로 이해하는 것입니다. 역사의 이해는 곧 낯선 시대와의 만남이기에 쉬운 일이 아닙니다. 그러나 차근차근 접근하면 매우 흥미롭고 친숙해집니다. 수용자와 아티스트에게 문화예술사에 대한 이해가 선행되면, 역사적 교훈 외에도 특별한 직관과 아이디어를 얻을 수 있습니다. 문화예술의 과거와 오늘을 접목해 독특한 즐거움을 누리고, 자신의 인생 좌표를 가늠하는 동시에 새로운 흐름과 감성을 예측함으로써 창작의 모티브로 삼을 수 있습니다. 문화예술의 과거와 현재를 꿰뚫어볼 수 있다면, 후대에게 예술적 교훈을 제시하는 것이나 새로운 트렌드를 일궈낼 모티브와 에너지를 제공하는 것도 어렵지 않습니다.

그러나 현재 실정에서 우리나라의 대중문화예술사 연구는 각 시대별 접근이나 세부 주제를 탐구하는 각론에서는 나름대로 활발했지만, 전체를 아울러 그 흐름과 메시지를 꿰뚫는 총론에서는 미약한 측면이 많았습니다. 필자는 주 전공 분야의 과목 외에도 성신여자대학교 융합문화예술대학에서 미디어영상연기학과, 문화예술경영학과, 현대실용음악학과, 무용예술학과, 메이크업디자인학과 등의 학생들에게 융합전공 기초 과목으로 '대중예술사'를 가르치며 이러한 문제의식을 품게 되었습니다. 우리나라 대중문화예술이 어떤 흐름과 단계를 거쳐 발전해왔는지, 그러면서 어떤 교훈과 모티브를 얻어야 하는지 탐구하는 책의 출간 필요성을 절감한 것입니다. 그간 많은 노력을 거쳐 출간된 대중문화 비평서, 연극·영화·드라마·가요 등에 관한 시대별 비평서와 논문으로는 지도에 한계가 있었습니다. 그래서 평소 대중문화예술의 역사에 대해 갖고 있던 이해와 관심을 에너지 삼아 우리나라 문화예술 분야 전반에 대한 통섭을 목표로 대중문화예술사 연구에 착수했으며, 3년 여 동안의 자료 수집과 집필·보완·수정 기간을 통해 결실을 보게 되었습니다. 필자는 많은 서적과 논문, 자료를 참조하며 최대한 균형 있는 시각에서 대중문화예술의 역사를 다루려 했습니다.

이 책은 조선 말 근대화 시기부터 2000년 이후 현재까지 시대별로 국내 대중문화예술의 흐름·특징·이슈를 총론과 각론을 연계해 체계적으로 기술하는 데 중점을 두었습니다. 대중문화의 전체적 흐름을 분석하고 세부적으로 영화·연극·드라마, 대중가요, 방송, 패션과 스타일 등 각 장르의 특징을 다뤘습니다. 대중문화의 창조자이자 향유자인 민중의 의식과 생활상도 반영했습니다. 역대 정부의 문화 정책에 대한 비판적 분석을 포함해 대중문화에 관한 집권층의 의도와 관점을 알 수 있게 했습니다. 시대별 예술사를 논하기 앞서 그 배경에 대한 이해를 돕고자 당대의 정치·경제·사회 환경을 요약한 '정치·사회 환경 미리보기'라는 코너를 각 장 머리에 배치했습니다. 역사는 새로운 사료나 시각, 오류가 발견되면 수정되어야 하므로 필자 역시 이 책에서 같은 상황이 나타나면 주기적으로 보강해 더욱 좋은 책이 되도록 하겠습니다.

아무쪼록 많은 고민과 노력 끝에 세상에 나온 『한국대중문화예술사』가 우리나라 대중문화예술에 관심이 많은 수용자들과 창작 일선의 아티스트들에게 큰 도움이 되길 소망합니다. 특히 청소년들뿐 아니라 큰 꿈을 품고 대학에 입학해 대중문화예술 분야에서 기획자, 제작자, 아티스트, 전문 스태프가 되려고 구슬땀을 흘리는 학생들에게 직관·혜안·창의력을 길러주는 강력한 자극제나 보물 창고가 되었으면 하는 바람입니다. 마지막으로 이 책의 출간에 도움을 주신 김종수 사장님을 비롯한 한울엠플러스(주) 가족분들께 감사의 말씀을 드립니다. 사진 자료를 협조해주신 경향신문사, 근현대디자인박물관, 명성황후기념관, 서울특별시, 이장춘 님, 이준희 교수님과 사진 저작권의 적법한 이용에 대해 법률 검토를 해주신 법무법인 이제利諸의 김관하 대표 변호사님께도 감사의 뜻을 표합니다. 끝으로 큰 힘을 주신 가족들과 지인들, 대학의 제자들에게도 존숭의 마음을 전합니다.

감사합니다.

2017년 3월 8일

김정섭 드림

대중문화예술사 입문

문화와 문화예술

문화文化, culture란 한 사회를 구성하는 개인이나 집단이 자연을 변화시켜 온 물질·정신 과정의 산물이다. 사회 구성원이 습득·공유·전달한 행동양식이나 생활양식의 과정을 모두 포함한다. 자연 상태의 사물에 인간의 작용을 더해 그것을 변화시키거나 창조해낸 것으로 의식주와 언어, 풍습, 종교, 학문, 예술, 제도 따위가 모두 문화에 해당된다. 'culture'의 어원은 '(밭을 갈아) 경작하다', '재배하다', '배양하다'라는 뜻의 라틴어 'colore'다. 영어·프랑스어·이탈리아어에서는 '문화'를 가리킬 때 'culture'라는 어휘를 똑같이 쓰고 있다. 영국의 문화인류학자 에드워드 버넷 타일러Edward Burnett Tylor는 "문화는 지식, 신앙, 예술, 도덕, 법률, 관습 등 인간이 사회 구성원으로서 익히거나 얻은 능력 또는 습관의 총체"(Tylor, 1871)라고 규정했다. 영국의 문화비평가이자 문예이론가 레이먼드 윌리엄스Raymond Williams는 문화를 사회적 상호작용을 통해 의미와 가치를 창출하는 사람들의 삶의 경험이라 정의하고, 문화의 실체를 인간이 지적·정신적·심미적 계발을 하는 과정, 한 시대의 인간이나 집단의 특정한 생활양식, 지적인 작품이나 실천 행위 등 세 가지로 구분했다(Williams, 1958, 1993).

정신적이고 지적인 발전상을 문화로 정의할 경우 **문명**文明, civilization은 물질적·기술적 진보나 발전상으로 구분할 수 있다. 문명은 자연 그대로의 원시적 생활에 대비되는 것으로 인류가 이룩한 물질·기술·사회구조의 발전상을 뜻한다. 보통 물질문명과 정신문명으로 구분한다. 문명은 자생과 모방을 통해 창출되고 발달하는 특성을 나타내는데, 인간의 육체노동과 정신노동을 투입해 새롭게 만들어진 모든 결과물로 재정의할 수 있다. 예로부터 문

'Culture'의 어휘적 분화

- arbori**culture** 수목 재배
- agri**culture** 농업
- api**culture** 양봉(養蜂)
- avi**culture** 조류 사육
- aqua**culture** 수경 재배
- citri**culture** 귤 재배
- electro**culture** 전기 재배
- flori**culture** 화초 재배
- horti**culture** 원예학
- mari**culture** 바다 양식
- mono**culture** 단일 재배
- ostrei**culture** 굴 양식
- perma**culture** 지속 농업
- pisci**culture** 양어(養魚)
- pomi**culture** 과수 재배
- seri**culture** 양잠(養蠶)
- sylvi**culture** 임학(林學)
- vermi**culture** 지렁이 양식
- vini**culture** 포도 재배
- zoo**culture** 동물 사육

명이 발달한 지역은 노동을 통해 새로운 산물을 얻기 좋은 곳이었다. 큰 강을 끼고 양호한 기후와 비옥한 영토를 지니며, 교통이 편리해 소통의 이점이 많은 곳에 문명이 꽃피었다. 황허 문명, 메소포타미아 문명, 인더스 문명, 이집트 문명 등 세계 4대 문명의 예에서도 확인할 수 있다.

문명과 구분되는 문화는 세 가지 관점에서 그 의미를 살펴볼 필요가 있다. 첫째, 예술적 관점에서 문화는 인간이 창조해낸 정신적이거나 지적인 예술적 산물을 지칭한다. 즉, 인간의 정신적 완성을 추구하는 인간 사고와 표현의 뛰어난 정수essence를 뜻한다. 둘째, 사회 발달과 진화의 관점에서는 한 사회의 정신적·물질적 발전 상태를 의미한다. 정신적 발전 상태를 문화로, 물질적 발전 상태를 문명으로 구분하는 것도 이런 관점에서 연유한다. 셋째, 사회학적 관점에서는 경험과 소통에 필요한 인간의 상징체계나 생활양식을 뜻한다.

문화는 창조와 발전의 주체, 지역, 전통, 인습 등에 따라 매우 다양한 형태를 띤다. **문화적 다양성**文化的 多樣性, cultural diversity은 언어, 의상, 전통, 도덕, 종교, 생활 습관, 생활양식, 사회를 형성하는 방법, 주변과의 상호작용 등 지역과 인간 사이의 문화적 차이를 포괄적으로 인정한다는 뜻이다. 오늘날 각 국가의 문화 주권, 문화 상품의 국제 교역에서 보호조치 등이 강구되는 것은 국가 간에 문화적 다양성을 포괄적으로 인정하고 있기 때문이다. 다른 문화를 존중·수용하고, 다양한 문화의 병존과 병렬을 인정하는 관념이 바로 문화적 다양성인 것이다. 이 개념은 유전학자 찰스 다윈Charles Darwin이 주창한 생물학적 다양성에서 유래했는데, 생물학적 다양성은 유전자 다양성(생태계의 안정과 평형의 유지 요소로서 유전자가 다양해야 함), 생물종 다양성(생물의 종이 다채로워야 함), 생태계 다양성(여러 생태계가 존재해야 함)으로 구성되어 있다.

문화는 다양한 형태로 전파되면서 스스로 변화하고 다양한 문화를 탄생시킨다. 그중 물질문화는 기술의 진보와 연동되어 발전 속도가 빠른 반면, 정신문화와 같은 비물질문화의 발전 속도는 인간의 의식체계나 인지체계와 관련되어 있어 더디기 마련이다. 따라서 급속히 발전하는 물질문화와 비교적 완만하게 변하는 비물질문화 간 변동 속도의 차이에서 사회적 부조화가 발생하기 쉽다. 미국의 사회학자 윌리엄 필딩 오그번William Fielding Ogburn은 이를 **문화지체**文化遲滯, cultural lag **현상**으로 규정했다. 서로 다른 두 개 이상의 문화 체계는 서로 접촉하며 각각의 문화 요소를 전파해 새로운 양식의 문화로 변화하는데, 이런 과정이나 결과를 **문화접변**文化接變, acculturation이라 한다. 교류 또는 전파되는 문화나 문화시장 간에 유사성이 높을 경우, 이런 특징을 **문화적 근접성**文化的 近接性, cultural proximity이라 한다. 문화적 근접성은 미디어 콘텐츠의 국제적 유통, 소비 현상을 설명하는 문화제국주의 이론과 경제학적 유통 모델의 대안으로 개념화했다. 예를 들어 중국인들이 일본 드라마보다 한국 드라마를 좋아하고, 마돈나Madonna의 음악보다 소녀시대의 음악을 잘 받아들이는 것은 한국과 중국 간에 문화적 근접성이 높기 때문이다. 이와 달리 **문화적 할인**文化的 割引, cultural discount은 한 문화권의 문화 상품이 다른 문화권으로 진입했을 때 문화적 차이 때문에 그 문화 상품의 가치가 어느 정도 떨어지거나, 문화 상품에 대한 이해도가 부족한 채로 전파·수용되는 현상을 말한다. 이때 그 가치가 경감되는 비율을 **문화할인율**文化割引率, cultural discount rate이라 한다. 일반적으로 문화의 유통과 교류 과정에서 문화적 할인을 일으키는 가장 중요한 요소는 언어다. 문화시장이 언어권을 중심으로 이뤄지는 데다 전달의 매개체가 언어이기 때문이다. 그 밖에 영향을 미치는 요인은 공유 관념, 역사, 인습과 가치관, 생활 습관, 종교적 배경 등이다.

문화는 교류·전파될 때 여러 역학이 작용해 다양한 형태를 띤다. 문화 전파의 유형은 네 가지, 즉 문화 교환cultural exchange, 문화 지배cultural dominance, 문화제국주의cultural imperialism, 초문화transculturation로 구분할 수 있다(Wallis and Malm, 1984). 로게르 발리스Roger Wallis와 크리스테르 말름Krister Malm에 따르면 첫째, **문화 교환**은 두 개 이상의 문화가 서로 비슷한 시기에 거의 동등한 위치에서 느슨하게 상호작용하거나 교환되는 것을 뜻한다(Wallis and Malm, 1984). 친구들 사이에 CD가 불법 복제되어 유통되는 과정이나 전통적인 흑인 댄스뮤직이 미국의 소울뮤직soul music과 소통해 레게reggae를 만들어낸 과정이 이에 속한다. 둘째, **문화 지배**는 하나의 강력한 문화유형이 힘이 약한 국가나 집단에게 자기 문화의 수용을 강요하는 것을 말한다. 지배문화가 지역의 토착 문화에 압력을 가하며 형성된다. 아프리카의 케냐, 탄자니아에서 유럽 선교사들이 원주민에게 펼친 강압적인 선교 과정이 이에 해당한다. 이들은 선교를 목적으로 현지에 학교를 세웠으며 교육을 통해 유럽적 가치, 기독교, 기독교 음악을 복합적으로 주입했다.

표 1 _ 문화 전파의 유형 분류 구조

문화 교환(cultural exchange)	문화 1 ↔ 문화 2
문화 지배(cultural dominance)	문화 1 → 문화 2
문화제국주의(cultural imperialism)	문화 1(문화 형태) ↳ 문화 2(자본, 자원) ↗
초문화(transculturation)	문화 1 ↘ 문화 2 → 문화 3 → 문화 n ↗ 초국가적 교류

자료: Wallis and Malm(1984)을 토대로 재정리.

셋째, **문화제국주의**는 피지배 문화에서 지배 문화로 자본(돈)과 자원이 이전되어 문화 지배가 강화되는 것을 말한다. 미국의 음반 회사가 각국에 자회사를 두고 판매 수익과 저작권 수익을 본국으로 가져가는 현상이 해당한다. 노예 매매가 이뤄지던 시대를 기점으로 서양음악이 남아프리카에 수출된 경우와 미국의 로큰롤rock'n'roll(록) 등 대중문화가 영국에 전파되어 영국 문화의 미국화가 이뤄진 과정이 여기에 해당한다. 넷째, **초문화**는 여러 문화가 각 문화의 경계를 넘어 초국가적으로 거래·유통·교환되는 현상이다. 각 지역의 문화권에 제조·판매망을 둔 다국적기업의 태동, 기술의 발달과 전파, 국제적인 마케팅 네트워크의 발달, 인구 이동의 확대 등이 초래한 결과다. 각 지역 문화권에 초국가적 문화 기업이나 단체가 설립되어 신기술을 전파하고 판매망을 늘리며 다양한 문화 상품을 공급하는 것이다. 마돈나와 마이클 잭슨Michael Jackson의 음반, 싸이의 「강남스타일」과 같은 이른바 월드뮤직의 탄생·유통·흥행 과정이 그 사례라 할 수 있다.

이와 별도로 리처드 앨런 로저스Richard Allen Rogers는 여러 학자의 연구(Wallis and Malm, 1984; Clifford, 1988; Goodwin and Gore, 1990)를 응용해 문

표 2 _ 로저스의 문화 전파 유형

문화 교환 (exchange)	문화권이 서로 동등한 수준의 힘과 위상을 지니고 상징, 예술품, 의식, 장르, 기술 등을 교환하는 것
문화 지배 (dominance)	우월적인 힘을 지닌 문화적 요소가 저항하는 하위문화에 강제로 침투·편입해 종속시키는 것
문화 착취 (exploitation)	종속 문화가 본질적으로 서로 동등한 위치에서 교환되지 않고 허락이나 보상 없이 지배 문화에 강제로 편입되는 것
초문화 (transculturation)	혼종 형태를 창출하는 세계화와 다국적 자본주의의 역학에 의해 복수의 문화가 서로 이식되어 새로운 형태로 태어난 것

자료: Rogers(2006).

화 전파를 **문화 교환**cultural exchange, **문화 지배**cultural dominance, **문화 착취**cultural exploitation, **초문화**transculturation로 구분했다(Rogers, 2006). 문화적 전파 행위가 일어나는 역사적·사회적·정치적·문화적 조건을 모두 감안해 〈표 2〉와 같이 네 가지 유형으로 규정한 것이다. 이 중 '문화 착취'는 종속 문화가 본질적으로 서로 동등한 위치에서 교환되지 않고 해당 문화의 허락이나 그에 대한 보상 없이 지배 문화에 강제로 편입되는 것으로, 발리스와 말름(Wallis and Malm, 1984)이 규정한 '문화제국주의'와 유사한 개념이다.

대중예술과
대중문화

대중예술은 대중적으로 인정받는 통속적인 예술을 가리키는 말로 영화가 태동한 19세기 후반부터 널리 사용되었다. 이러한 대중예술의 영향에 힘입어 형성된 것이 **대중문화**大衆文化, popular culture다. 대중문화는 사회 구성원의 다수를 차지하는 일반 대중에 의해 생겨난 문화로, 사회의 일부에 속하는 엘리트나 귀족층만의 전통적인 고급문화와 토착적인 민속 문화 사이에 나타난 중간적 특징의 문화를 의미한다. 많은 사람에 의해 널리, 그리고 매우 선호되는 문화다(Storey, 2006). 대중문화는 봉건사회의 붕괴로 시민계급이 등장하면서 소통이 활발해지는 가운데 나타났다. 이때 산업혁명과 함께 대량생산이 이뤄지고 중산층이 늘어났으며, 이와 연동해 도시화와 인구의 이동, 다양한 방송·통신 기술의 발달, 자본의 축적과 생활수준의 향상, 교육의 보급이 원활해지면서 더욱 확산되었다. 특히 대중매체의 급속한 발전과 연관성이 깊다. 이러한 대중문화가 매체를 통해 공유되고 다수가 향유하는 문화로 자리 잡으면서 결국 고급문화와의 경계가 무너지게 되었다. 인쇄술의 발달로 누구나 소설을 읽을 수 있게 되었으며, 전시장에 가지 않고 책을 통해 미술 작품을 감상할 수 있게 되었다. 더욱이 공연장에 가지 않고도 안방에서 음악을 들으며 극을 볼 수 있게 됨으로써 예술적 소외 계층이던 대중에게 놀라운 변화가 나타났다. 대중문화는 매스커뮤니케이션을 통해 대량생산·재생산되어 다수의 문화 수용자에 의해 대량 소비되기 때문에 상품화·상업화·획일화·저속화 경향이 나타나기 쉬운 특성이 있다. 이렇듯 다수인이 향유하는 문화, 즉 대중문화를 **파퓰러 컬처**popular culture라 칭하고, 대중이 아닌 매스미디어의 주도적 영향력으로 형성되는 문화를 **매스 컬처**mass culture로 구분하기도 한다. 미디어의 기술이 디지털화하면서 형성되어 새롭게 발전한 문화를 **디지털 문화**digital culture라고 한다.

대중문화에 대한 평가는 태동기 때부터 다양했다. **귀족적이고 엘리트주의적인 학자나 비평가**는 보수적인 관점을 나타냈는데, 이들은 대중문화가 기존의 가치나 질서를 위협하며 훼손한다는 점에서 타락하고 질이 낮거나 저속한 문화로 간주했다. 이들은 고급문화만이 미적 기준을 지닌 유일한 문화라고 보았다. **다원주의자들**은 사회 구성원의 문화 수준과 취향은 다양하므로 이를 인정해야 한다고 보고, 문화를 향유 계층별로 구분했다. 이들의 진단에 따르면 지식인층은 우수한 문화, 중산층은 중간급의 문화, 노동자와 농민층은 저속한 문화를 소비하거나 향유한다. 1923년 창설된 프랑크푸르트 대학교의 사회연구소Institut für Sozialforschung는 1930년 6월 막스 호르크하이머Max Horkheimer가 소장으로 취임한 이래 전체주의적 독재와 자본주의의 도래에 대해 비판적인 견해를 집적했는데, 호르크하이머 소장과 소속 연구원들은 '프랑크푸르트학파'라 불렸다. **프랑크푸르트학파**는 대중문화가 대중을 환상적인 현실로 도피시켜 시민이 사회 모순에 대해 당연히 발휘해야 하는 비판 기능을 무력화해 현실에 안주하는 구조를 만들어 독점자본주의 체제를 유지·재생산하는 수단으로 기능한다고 비판했다. 산업화된 자본주의 사회에서 대중문화가 질적인 것을 양적인 것으로, 인간적인 것을 사물적인 것으로 각각 환원시켜 인간을 숙명론에 빠뜨린다고 보았기 때문이다. 프랑크푸르트학파는 대중문화를 한 사회의 대중이 자발적으로 만들어낸 문화가 아니라 자본이 생산해낸 문화라 보고 대중문화 대신 **문화산업**이라는 용어를 사용했다. 이렇게 철학적·사회학적 의미로 사용되던 문화산업이라는 용어가 오늘날과 같이 경제적 의미로 통용되기 시작한 것은 1970년대에 **유네스코**가 기존 관점을 탈피해 연구를 본격화하면서부터였다(김성은, 2015).

한 사회에 통용되는 가치관과 행동양식을 지니고 그 사회를 주도하는 정체성이 있는 문화를 **주류 문화**mainstream culture 또는 전체 문화total culture라 한다. 주류 문화의 내부에 존재하며 독자적 특질과 정체성을 보여주는 소집단의 문화는 **하위문화**subculture라고 한다. **반문화**counterculture는 하위문화 중에서도 지배 문화에 정면으로 반대하고 적극적으로 도전하는 문화를 뜻한다. **독립 문화**indi-culture, independent culture는 자본과 상업성에 종속된 기성 문화시장과 차별화해 별도로 창의적이고 실험적인 예술 활동을 펼쳐 형성하는 문화를 지칭한다. 특히 음악 분야에서 인디밴드 주도의 문화를 뜻하는 말로 통용된다. 특히 우리나라는 음악 시장이 협소해 '인디밴드 = 록 밴드'라고 인식되기도 한다. 그러나 일본, 미국, 유럽 등에서 록은 이미 기성 음악에 포함되어 발전했기 때문에 독립 문화로 보기 어렵다는 시각이 중론이다.

지하 문화underground culture는 대중문화에 함몰되지 않고 순수한 목적에서 자신만의 독특한 세계를 가꾸어가는 문화를 지칭한다. 음악의 경우 **언더밴드**라는 말이 통용되는데, 이는 클럽에서 메탈, 로큰롤, 힙합을 연주하는 그룹을 가리킨다. 우리나라에서는 서울의 신촌·홍대 지역을 중심으로 1990년대에 획일적인 대중문화에 저항하는 세력으로 등장했다. **다문화**multiculture는 인종, 민족, 성, 종교, 지역, 국력 등의 측면에서 소수이거나 소외된 다양한 문화를 포괄해 공존·공생의 철학을 실천하는 문화를 말한다. 우리나라에서도 내국인과 외국인과의 결혼, 외국 노동자의 이주 등이 본격화하며 다문화가 정착되고 있으며, 다문화를 실천하는 생각과 철학을 **다문화주의**multi-culturalism라 한다. **문화상대주의**cultural relativism는 세계 각국에 산재하는 문화의 다양성을 인정하고 각국의 문화를 고유한 환경과 역사적·사회적 상황을 고려해 이해해야 한다는 견해다. 각 사회의 문화는 고유한 특성과 가치가 있으므로 우열을 가릴 수 없기 때문에 그 문화의 사회적·역사적 상황이 반영된 맥락 속에서 이해해야 한다는 관점인 것이다. 서양의 키스 인사, 한국인의 개고기 취식, 프랑스인의 푸아그라와 달팽이 요리, 인도인이 손으로 음식을 먹는 행위 등은 문화상대주의적 견지에서 이해할 수 있다. 그러나 문화상대주의가 지나칠 경우 인류 문화의 보편적 가치를 부정하며 타민족 중심주의 또는 국수주의로 변질될 가능성이 있다.

예술의 본질과 예술의 경향

예술藝術, art은 아름다움이나 미적 가치를 구현하는 인간의 모든 창조적 활동을 뜻한다. 예술의 바탕이 되는 아름다움, 즉 미美란 인간의 시각·청각을 매개로 얻어지는 기쁨과 쾌락의 근원적 체험을 말한다. 예술의 원시적 형태는 **코레이아**choreia로 춤·음악·시가 융합되어 진행되는 종교적·제의적·유희적 성격이 강한 인간 활동을 의미했다. 이 말은 군무群舞를 뜻하는 '코로스choros'가 어원이며, 현대에 이르러 '합창合唱'을 뜻하는 '코러스chorus'로 발전했다. 이렇게 세 가지 형식이 모여 있다고 해서 '삼위일체'로 불렸다. 당시 사람들은 광기와 포도주의 신인 **디오니소스**Dionysos를 기리기 위해 제전을 열었는데, 음식과 술을 마시며 춤을 추고 연기와 노래를 선보이며 즐거움·자유·해방감을 느끼는 가운데 공동체 의식을 다졌다. 이런 형태가 나중에 연극과 축제로 발전했다.

이러한 제의祭儀에서 펼쳐지는 공연의 춤, 노래, 연기 등을 통해 얻는 감정의 진정과 영혼의 세척을 **카타르시스**katharsis, catharsis라고 불렀다. 오늘날에는 '감정의 정화淨化'를 뜻하는 말로 사용된다. 헬라인들Greeks은 코레이아를 통해 자신의 감정을 표출하는 춤을 **미메시스**mimesis라 했는데, 이는 '모방imitation'이라는 의미다. 신화의 세계나 이야기 같은 정신적이고 내면

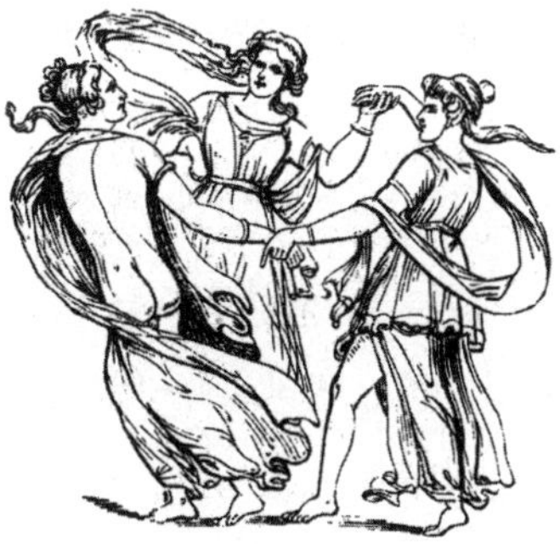

▌코레이아 모습(로마 트라이아누스 저수조의 그림 드로잉)

자료: 안토니 리치의 『로마와 그리스 고대 유물 사진』(1874).

적인 것에 형상을 부여해 연기하는 행위, 즉 예술의 표현 행위를 뜻한다. **아파테**apate는 예술적인 창조 과정인 모방이 불러일으키는 환영幻影, illusion을 가리킨다. **재현**再現, representation은 모방을 통해 자연이나 현실 세계를 새롭게 구성해 보여주는 것을 말한다. 예술을 자연의 직접적인 모사나 모방으로 규정할 경우, 재현은 표현 행위다. 연극과 영화 등을 다시 상연하거나 한 번 했던 일을 다시 되풀이한다는 뜻의 '재연再演'과 구분된다. 내면의 세계나 마음을 외부로 명백히 드러내는 것은 **표현**exprimo, expression이라 한다. 이 말은 '밖으로 짜내는 것pressing outward'을 뜻하는 라틴어 '익스프리모exprimo'가 어원이다.

예술은 본래 "물건 등을 만드는 제작 기술"을 뜻했다. 예술을 의미하는 그리스어(헬라어) '테크네techne', 라틴어 '아르스ars', 영어 '아트art', 불어 '아르art', 독일어 '쿤스트kunst' 등의 원뜻은 "일정한 과제를 해결할 수 있는 숙련된 능력이나 활동으로서의 기술"이었다. 그리스와 키프로스 및 인접 지역에 뿌리를 둔 민족으로서 그리스 헬레니즘 문화의 주체가 된 헬라인은 예술을 감상자가 아닌 행위자의 관점에서 인식했다. 따라서 그들의 언어로 "제작하는 것"이라는 뜻의 **포에시스**poesis는 "운문(시)을 쓰는 것poetry"으로, 모든 여신mousai의 보호를 받는 일련의 창조 행위를 뜻하는 **무시케**mousike는 '음악music'으로 의미가 변했다. 훌륭한 교육을 받은 교양인으로서 예술을 이해하고 제작에 능한 사람을 뜻하는 **무시코스**mousikos는 '음악가musician'로, 공예처럼 정해진 법칙과 원리에 따라 이뤄지는 모든 숙련된 제작을 뜻하는 **테크네**는 '기술technique'로 의미가 변했다. 아리스토텔레스Aristoteles는 『니코마코스 윤리학Nicomachean Ethics』에서 예술에 대해 "무엇을 제작할 수 있는 능력"(Aristotle, 1893)이라고 규정했다. 러시아의 문호 레프 니콜라예비치 톨스토이Лев Никола́евич Толсто́й는 『예술이란 무엇인가What is Art?』에서 "한 사람이

어떤 외적인 기호를 수단 삼아 자기가 살면서 겪은 감정을 의식적으로 다른 사람에게 전달하는 것, 그리고 다른 사람들이 그런 감정에 감염되어 그것을 똑같이 경험하는 가운데 성립되는 인간의 활동이 예술"(Tolstoy, 1896)이라고 정의했다. 로빈 조지 콜링우드Robin George Collingwood는 『예술의 원리The Principles of Art』에서 "예술가의 감각적이고 정서적인 경험이 날것으로 표현된, 사고와 상상에 의해 매개된 경험이 예술"이라고 설명했다(Collingwood, 1938).

예술은 '테크네'의 의미 변천에서도 볼 수 있듯이 16세기까지 '기술'이라는 뜻으로 통용되었다. 앞서 고대 소피스트와 중세의 스콜라 철학자는 상상력을 갖고 하는 일은 예술이 될 수 없다고 보았으며, 중세인은 수사학, 논리학, 기하학, 음악, 천문학 등을 포함하는 인문학만을 예술로 규정했다. 17세기 후반 들어 회화, 조각, 건축 등이 예술로 분류되었으며, 18세기가 되면서 예술이 오늘날과 같은 의미로 자리 잡았다. 샤를 바퇴Charles Batteux는 예술을 순수예술fine art과 기계적인 예술로 구분하고, 순수예술의 격을 숙련된 기술만 지닌 기계적 예술보다 높이 평가해야 한다고 주장했다. 그는 1746년에 논문 「단일 원리로 환원된 순수예술Les Beaux-Arts réduits à un même principe」에서 순수예술을 수공과 같은 '기계적인 예술'과 분리했다. 음악·시·회화·조각·춤에 창조성, 즉 자연의 아름다운 모방 원리가 투영되었다며 이를 **순수예술**로 규정한 것이다. 예술의 유래에 관해서는 '유희 기원설', '노동설', '주술설' 등이 있으나 그 기원이 된 실체적 대상은 약 2만 년 전의 알타미라 동굴벽화라고 보는 것이 정설이다. 이 벽화는 인류 최초의 회화로 일컬어지는데, 동굴에 거주하며 수렵으로 생활하던 인류가 주변에서 흔히 사용하는 재료를 토대로 동굴 벽에 낙서하듯이 일상과 주변의 풍경과 사물을 그렸을 것으로 역사학계는 추정한다.

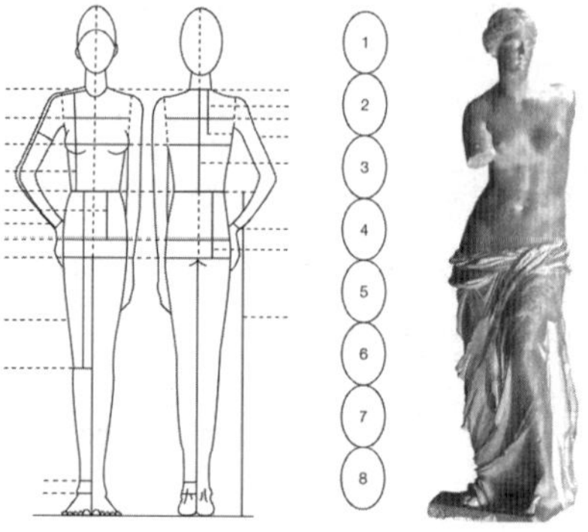

▌'이상적인 비례의 원리'가 적용된 여체 구조와 그 재현 모델인 밀로의 비너스상

자료: 밀로의 비너스상, 그리스(기원전 130~120).

고대 그리스인들은 아름다움을 지칭하는 단어로 **칼론** kalon을 사용했다. "우리의 마음을 즐겁게 해주고 감탄을 유발시키는 일체의 것"이라는 뜻이다. 당시 예술적으로 '아름답다beautiful'라는 것은 넓게는 하모니아hamonia, harmony를 갖춰야 하며, 좁게는 비례symmetria, proportion를 충족해야 했다(인원근 외, 2012). **아름다움**의 정의는 "균형·절도·조화를 갖춘 대상"[플라톤(Platon)], "비례, 균형, 질서의 원리를 갖춰 조화를 이뤄낸 대상"[피타고라스(Pythagoras)], "완전성과 조화를 갖춘 사물이 빛을 받아 기쁨을 자아내게 하는 것"[토마스 아퀴나스(Thomas Aquinas)], "질·양·관계·양상이라는 판단 기준에 따라 모든 관심에서 해방된 만족의 대상이나 개념을 떠나 보편적으로 마음에 드는 것"[이마누엘 칸트(Immanuel Kant)] 등 학자들마다 각기 다르다. 피타고라스와 그의 제자들은 '**하모니아**'를 강조했는데, 이는 **수** number, **척도**measure, **비례**proportion에 충실한 수적 배열을 뜻한다. 오늘날에는 '조화'라는 의미로 통용된다. 플라톤은 '미'를 뜻하는 **칼로스**kalos와 '선善'을 뜻하는 **아가톤**agathon이 하나가 되는 것이 이상적 경지라고 주장했다. 예술가들은 미를 창조하는 과정에서 일정한 규범을 준수하도록 요구받았다. 아름다움을 창조하기 위한 일종의 질서다. **캐논**kanon, canon은 예술가가 준수해야 할 일반적인 규칙이나 규범으로, 시각예술의 범주에서 준수해야만 하는 형식이었다. 이 단어은 현대에 이르러 일반적인 규칙 또는 기준criterion

으로 뜻이 변했다. **노모스**nomos, law or order는 음악에서 반드시 준수해야 하는 형식이나 일반적 규칙을 의미했다.

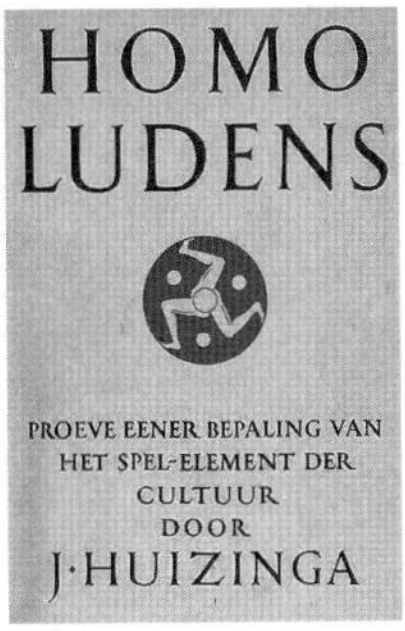

▌요한 하위징아의 『호모 루덴스』

예술은 창조적 활동이기에 그 원천은 **표현의 자유**에서 비롯된다. 표현의 자유는 사상과 의견의 자유로운 표현과 유통을 뜻한다. 예술 분야에 적용하면 민주주의 국가에서는 예술가가 어떤 제약이나 속박을 받지 않고 다양한 재료를 토대로 자유로운 구상을 통해 자신의 예술 세계를 구체화할 수 있어야 한다는 것이다. 우리나라 헌법 제21조는 **언론·출판의 자유**와 **집회·결사의 자유**, 제22조는 **학문과 예술의 자유**를 규정하고 있다. 우리 사회에서는 그간 예술 창작과 관련해 여러 사건이 발생하면서 표현의 자유를 둘러싼 범위와 한계를 놓고 "예술이냐 외설이냐", "예술이냐 정치적 비방이냐" 등의 논란이 종종 발생했다.

예술은 인간이 내재된 본능을 스스로 끄집어내 발현하는 과정이다. 이러한 본능은 모방, 유희, 표현, 장식 등을 말한다. 아리스토텔레스는 예술을 기분 전환과 쾌락을 위한 기술로 보았다. 네덜란드의 문화사회학자 요한 하위징아Johan Huizinga는 인간이 문화예술을 태동시킨 기질은 인간이 본질적으로 '**유희**遊戲**하는 인간**', 즉 **호모 루덴스**homo ludens인 데 있다고 규정했다(Huizinga, 1938). 하위징아는 고대와 중세 역사를 통해 유희하는 인간의 기질을 발견하고 인간의 삶을 "놀이의 장"으로 규정했으며, "유희는 문화 속에서 발생하는 것이 아니라 원초原初부터 유희되는 것이며 유희 속에서 유희로서 발달한다"라고 주장했다. 많은 학술 연구에서는 **한국인**은 서구 대중음악의 원류를 만들고 노예시대부터 각지로 전파한 **아프리카인**과 함께 원초적으로 놀이하는 인간의 특성이 가장 짙은 민족이라는 점이 한류 태동의 바탕이 되었을 것으로 추론한다. 한국국학진흥원에서 2013년 시대별·세대별 한국인의 문화 유전자를 조사했더니 한국인은 '조화와 어울림', '공동체 문화' '신명과 흥', '정과 사랑'이라는 문화적 유전자를 지닌 것으로 나타났다(임재해, 2013).

모든 예술의 재료와 표현 과정은 어느 한 가지에 국한될 수 없다. **종합예술** composite art, synthetic arts 이란 모든 분야의 예술이 결합되어 하나의 예술 작품을 형성하는 것을 말한다. 영화, 드라마, 연극, 뮤지컬, 음악 콘서트, 오페라 등을 종합예술이라 부르는 것도 모든 분야를 아울러 각 분야가 결합해 완성되기 때문이다. 독일 작곡가 빌헬름 리하르트 바그너Wilhelm Richard Wagner는 미래의 이상적 무대예술은 악극樂劇이며, 이는 음악과 무용이 혼연일체가 된 종합예술gesamtkunstwerk이라고 규정했다. 원시 주술과 제천의식, 또한 이러한 초기 예술 형태에서 유래된 전통 예술, 그리고 현대의 음악·회화·문학·건축·무용 등도 모두 종합예술이다.

예술은 현대에 이르러 융합하는 특성을 나타내고 있다. 마치 채소 '콜라비'의 출현 과정처럼 오묘하게 새로운 개성과 매력을 창출한다. 콜라비는 독일어로 양배추kohl와 순무rabic를 결합한 말이다. 콜라비는 두 가지 채소의 교배로 탄생했으며 수분과 섬유질을 비롯해 당분, 단백질, 칼슘, 철, 비타민 C 등 다량의 영양소를 함유한 채소로 각광받고 있다. **융합**融合, convergence의 사전적 뜻은 "녹여서 하나로 합치다"이다. 즉, 여러 기술 또는 성능이 물리적 단계를 넘어 화학적으로 융합되거나 합쳐지는 것을 말한다. **크로스오버** crossover는 "여러 장르가 교차하다"라는 뜻으로 주로 음악에 국한되어 쓰인다. 어떤 장르에 이질적인 다른 장르의 요소가 합해져 만들어진 음악을 의미한다. '퓨전 뮤직'과 비슷한 용어다. **퓨전**fusion은 생식세포의 융합, 수정 등

생화학적인 융합을 뜻하는 영어다. 크로스오버는 한정된 소재에서 벗어나 다양한 음악 세계를 추구하려는 아티스트들의 욕구가 확대되면서 점차 다양한 모습으로 전개되고 있는데, 클래식과 팝, 클래식과 재즈, 재즈와 로큰롤, 블루스와 레게의 만남 등이 대표적인 사례다.

컬래버레이션collaboration은 사전적으로 "모두 일하는" 또는 "협력하는 것"을 의미한다. 예술에서는 '공동 작업', '공동 출연', '합작'을 뜻한다. 구체적으로 복수의 예술가나 장르가 다른 아티스트들이 서로 대등한 위치에서 협업해 작품 등 결과물을 얻어낸다는 뜻인데, 반드시 양자의 대등한 기여와 역할의 균등한 배분이 전제되어야 한다. 약칭 **콜라보**collabo라고 한다. 콜라보는 원래 제2차 세계대전 당시 프랑스에서 "적군인 독일에 협력한 사람", "적과 내통한 사람"이라는 경멸적 의미로 사용되다가 예술 분야에 적용되면서 뉘앙스가 바뀌었다. 융합과 달리 **통섭**統攝, consilience은 학문 간 융합을 지칭하는 용어로 사용되는데, 일반적으로 인문·사회과학과 자연과학을 통합해 새로운 것을 만들어내는 범학문적 연구를 일컫는다. 윌리엄 휴얼William Whewell은 통섭을 "전체를 도맡아 다스림", 또는 "서로 다른 것을 한데 묶어 새로운 것을 잡는다"라고 정의했다. 학문 간 통섭은 '**학제 간 연구**學際間硏究, interdisciplinarity'나 '**다학제**多學際, multidisciplinary**적 연구**'를 지칭한다. 학제 간 연구는 어떤 대상을 연구할 때 서로 다른 여러 학문 분야가 제휴해 참여하는 연구를 의미하며 주로 학계에서 많이 쓰였으나, 일본식 조어라 사용이 권장되지 않는다. 다학제적 연구는 단순히 학문 간의 협업 관계 정도가 아니라 인문·사회과학과 자연과학 등의 영역을 넘나들며 미시적·거시적 접근을 포괄하는 총체적인 학문 영역 간 협업 활동을 의미한다.

현대에 이르러 예술인은 기업과 상호 소통하는 경향이 늘어나고 있다. 예술인은 기업의 지원을 받아 창작 활동의 반경을 넓히고, 기업은 예술인을 도와 기업 이미지를 향상시키는 부대 효과를 거둘 수 있기 때문이다. **메세나**mecenat란 이렇듯 기업이 예술인과 문화예술 활동에 자금이나 시설을 지원하는 활동을 말한다. 로마 아우구스투스Augustus 황제의 참모 정치가 **가이우스 마이케나스**Gaius Maecenas가 당대의 유명 시인 푸블리우스 베르길리우스 마로Publius Vergilius Maro, 퀸투스 호라티우스 플라쿠스Quintus Horatius Flaccus 등을 후원하며 문화예술의 보호자를 자처한 데서 유래했는데, 마이케나스의 프랑스 발음이 '메세나'여서 그렇게 불리게 되었다. 메세나가 예술가 후원이라는 뜻으로 사용된 계기는 1966년 미국 체이스 맨해튼 은행의 회장이었던 **데이비드 록펠러**David Rockefeller가 기업의 사회 공헌 예산 일부를 문화예술 활동을 후원하는 데 할당하자고 의견을 제시한 것이었다. 이렇게 미국에서 시작된 **메세나 운동**은 각국으로 확산되어 25개국에 32개 메세나협의회 조직이 활동하고 있다. 한국에서는 1994년 4월에 한국메세나협의회가 발족해 현재 185개 기업이 참여 중이다.

예술가의 자질과 덕목

예술가에게는 창작의 밑바탕이 되는 근원적 에너지로서 **심미안**審美眼, esthetic sense과 **창의성**創意性, creativity이 요구된다. 이는 예술가가 창작할 때 필요한 기본 요소들로 사물을 보는 자신만의 고유한 방법과 틀이다. 예술가들은 우리 주변에 산재한 잠재력 있는 창작 재료들을 찾아 그것을 어떻게 새롭게 만들어낼지 자신의 미적 감각을 투영하고 상상력을 발휘해 구상해야 한다. 심미안과 상상력은 다양한 재료를 새롭게 **위치 지움**positioning으로써 구체성을 부여하는 예술적 직관이자 에너지라 할 수 있다. 예술은 주변에 산재하는 다양한 재료에 이렇듯 기발한 생각과 직관이 결합되어 탄생한다.

심미안이란 '아름다움을 살펴 찾는 안목eye for beauty', 즉 아름답고 뛰어난 것들을 민감하게 포착하고 그것들에서 어떤 의미와 즐거움, 희열을 감지할 수 있는 능력을 의미한다. 심미안을 느끼게 하는 요소는 크기, 모양, 색깔, 음의 고저 등 예술 작품의 물리적 특성, 예술 작품에 대해 긍정적이거나 부정적인 느낌을 갖게 하는 심리적 경험과의 결합, 대칭성과 비대칭성, 규칙성과 불규칙성, 동질성과 이질성, 단순성과 복잡성, 반복성과 비반복성 등인데, 이는 예술 작품의 형식적 특성이다.

예술가로서 심미안을 기르는 방법은 다양한 생각의 재료를 확보하고 탐구하는 것이다. 구체적으로 심미안을 강화하려면 먼저 다른 사람들의 관심을 끌거나 인정받으려는 욕구에서 탈피해야 한다. 둘째, 현재에 집중해야 한다. 셋째, 부지런히 다양한 예술을 향유(영화관, 공연장, 박물관, 미술관, 서점, 예술회관 등 방문)하고 그에 대한 감상평을 기록하는 습관을 길러야 한다. 넷째, 예술 작품의 제작 문법과 흥행 트렌드를 감각적으로 받아들이며 자신의 에너지로 승화시켜야 한다. 다섯째, 여행과 트레킹 등 탐사·레저 활동을 통해 자연물과 역사적 유산 등을 살피며 그것과 교감할 수 있어야 한다. 여섯째, 자신이 거주하거나 일하는 주변 환경을 예술적으로 단장해 항상 예술적인 분위기에서 착상할 줄 알아야 한다.

창의성이란 본질적으로 독창적이고 적응적인 생각과 행동을 할 수 있는 개인적 특성이다. 능동성과 개방성이 가장 중요한 동기 요인이다. 남들과 다른 상상을 하거나 주어진 현실을 색다르게 받아들이는 관점으로서 문제를 해결하는 데 꼭 필요한 예술적 사고다. 예술가로서 예술적 창의성을 촉진하는 방법에는 풍부한 지식과 경험, 새로운 것을 선보이려는 강한 내면적 동기와 열정, 직관력이 돋보이는 창의적인 사고력 발산, 자유롭고 개방적인 주변 환경 구축 등이 있다. 예술인의 경우 **자유**는 활발한 창작의 기본 조건이자 존재의 이유이며 예술적 자존감의 상징이다. 존 스튜어트 밀John Stuart Mill은 **독창성**이 뛰어난 천재들이 나오려면 그들이 성장할 토양이 필수적인데, 이런 천재들은 자유로운 분위기 속에서만 숨 쉬며 살아갈 수 있다고 말했다(밀, 2016). 독창성을 지닌 사람들이 고유한 개성과 아이디어를 발산할 수 있도록 정부나 조직의 억압과 통제가 없는 환경을 구축해야 한다는 뜻이다. 특히 정부가 문화예술과 표현의 자유에 대한 통제·제약·억압을 해서는 안 된다. 그래서 영국, 프랑스 등 선진국에서는 정부가 문화 행정을 펼칠 때 불문율처럼 '**팔 길이 원칙**arm's length principle'을 준수하고 있다. 이 원칙은 제1차 세계대전 직후 영국 정부가 시나리오 검열 철폐와 함께 정착시킨 것으로, 정부가 행정 대상인 문화예술계나 문화예술인과 팔의 길이만큼 거리를 둔다는 의미다. 즉, 정부가 예술에 대해 **지원은 하되 간섭은 하지 않는다**는 뜻이다.

심리학자들은 창의성을 가정이나 일터에서 벌어지는 일들을 독창적으로 해결하는 능력인 '**일상적 창의성**everyday creativity'과 보통 사람들이 하지 못하는 일을 탁월하게 해내는 능력인 '**위대한 창의성**big creativity'으로 구분한다(Simonton, 1988). 위대한 창의성은 '과학적 창의성scientific creativity'과 '예술적 창의성artistic creativity'으로 나뉜다. 예술에서 창의성을 구현하는 과정은 일반적인 기획planning의 과정과 유사하다. 기존 작품을 대체 → 조합 → 적용 → 수정 → 용도 변경 → 제거 → 재배열하는 과정이다. 창의적인 일 처리를 뒷받침하는 창의적 사고는 **준비**preparation → **부화**incubation → **예견**intimation → **통찰**illumination → **검증**verification의 단계를 거쳐 구체화된다(Wallas, 1926).

이러한 창의성의 바탕은 **상상력**einbildungskraft, imagination이다. 상상력은 외부 대상으로 인한 신체적 자극이 활성화되어 창조적으로 사고하는 정신적 능력이다(인원근 외, 2012). 일상의 진부한 틀과 내용을 과감히 탈피해 새로운 것, 색다른 것을 향해 나아가게 하므로 예술 활동을 가능하게 하고, 또 이를 촉진한다. 예술철학의 견지에서는 감각적 형상과 추상적 개념을 합친 직관적 통합, 또는 재생적 기억을 생산적으로 변형하거나 재창조와 결합하는 것을 말한다. 상상력은 공상이나 추상적 유토피아와 같은 비현실성과 엄격하게 구별된다. 이 때문에 상상력(아이디어)은 언제나 현실과의 결합성·적합성이 뒷받침되어야 예술로 구체화될 수 있다.

예술가는 창의성과 함께 **몰입**immersion, 沒入과 **엔토우시아스모스**enthousiasmos의 자세를 갖춰야 한다. 몰입은 무언가에 흠뻑 빠져 있거나 심취해 무아지경인 상태로, 심리적 즐거움과 만족의 감정을 이끌어내는 매우 집중된 상황을 말한다(Csikszentmihalyi, 1997). 예술적으로는 창작이나 표현을 위해 현실감각을 잃을 만큼 깊이 빠져든 집중 상태를 의미한다. 엔토우시아스모스는 **영감**靈感, inspiration이라는 뜻이다. 고대 그리스에서는 예술을 "각 학예 분야를 주재하고 관장하는 여신들이 발산한 영감의 소산"으로 인식했다. 소크라테스Socrates는 "훌륭한 서정 시인은 영감받고inspired 홀린possessed 상태에서 훌륭한 시를 뱉어낸다"라고 말했다. 아울러 예술가들은 **테오리아**theoria를 자질로 배양해야 한다. 이는 "미적 태도를 취할 때 수반되는 특수한 지각"을 뜻하며, 우리말로 **관조**觀照, contemplation에 해당한다. 이 말의 현대적 의미는 "고요한 마음으로 사물 또는 현상을 관찰하거나 비추어보는 것" 또는 "미美를 직접적으로 인식하는 일"을 뜻한다. 열정熱情, ardor은 어떤 일에 간절하고도 열렬한 애정을 품고 열중하는 마음을 의미한다. **광기**mania는 오늘날 통용되는 의미인 '미친' 상태가 아니라 "신적인 영감靈感에 근접한 것"을 말한다. **카리스**charis는 마술을 걸듯이 관객의 마음을 사로잡는 매력을 말한다. 오늘날 '카리스마chrisma'라고 쓴다. **진정성**眞正性, authenticity은 "진실되고 참된 마음"을 뜻하는데, 수용자들이 예술가들에게 이미지와 본질·실체가 같고 지행일치知行一致나 지행합일知行合一이 되도록 요구하면서 최근 중시되고 있는 도덕적 관념이다.

항상 새로운 것을 창출해야 하는 예술가에게 가장 강력한 적은 **두려움**fear이다. 예술가는 무엇보다도 두려움을 극복해야 한다. 예술가가 직면하는 두려움은 자신의 능력에 대한 진지한 성찰, 동시대 예술가를 향한 경쟁심, 미래를 둘러싼 불확실성에서 비롯된다. 아마추어 예술가든 명사의 반열에 올라 명성과 권위가 빛나는 예술가든 마찬가지다. 초심자는 '나의 재능이 정말 예술가라 할 정도로 우수한가?', '지금 나는 예술가인 척하고 있지는 않은 걸까?', '왜 내 작품을 알아주는 비평가나 기자가 없을까?' 따위의 두려움에 상시적으로 휩싸인다. 정상에 오른 예술가들 상당수도 속으로는 '나는 왜 경쟁자보다 못한가?', '내 창작 능력은 여기까지일까?', '나는 진정 나의 작품 애호가들의 기대에 충족하고 있는가?', '나는 왜 완벽하지 못할까?' 등의 두려움에 휩싸여 있다. 이런 두려움을 극복하는 방법은 스스로 **자신감**을 얻고 **초월적** 자세를 체득하는 것이다. 사람이 하는 예술은 원래 불확실하며 불완전하고 완벽할 수 없다는 본질을 이해하면서 자기만의 **주체성**을 지니고 예술 활동에 전념하는 자세가 필요하다. 아울러 **고독한 예술가**로 처신하지 말고 예술을 둘러싼 모든 영역과 소통·논의하며 이 영역들과 결합된 행동을 해야 한다(Bourdieu, 1993; 알렉산더, 2010). 알베르트 아인슈타인Albert Einstein은 어떤 완벽한 수학적 법칙도 현실을 그대로 반영하지 못하기에 수학적 구조가 확실하다면 이는 현실을 반영하지 못하는 것이라고 지적했다(베일즈·올랜드, 2006). **예술 작품**은 예술가의 **인성** 또는 **사회적 성숙**의 진전 속도와 비례해 무르익는 것이 바람직하다.

스타덤과 팬덤

아티스트가 명성과 인기를 얻게 되면 무형적 지위인 스타가 된다. **스타덤** stardom은 스타가 얻는 지위나 신분을 의미하며, 인기인을 뜻하는 명사 'star'와 지역, 나라 등을 뜻하는 접미사 '-dom'의 합성어다. 스타덤은 우연한 기회에 미디어 소통과 대중문화를 매개로 형성되는 경우가 많으며, 일단 구축되면 급속도로 상승하는 사례가 많다. 해당 아티스트는 이미지와 콘텐츠만으로 **환호**와 **숭배**를 받는 단계를 넘어 **신격화 과정**을 거치며 **신화**神話**의 주인공**으로 격상된다. **우상**偶像, idol을 넘어 **신**神, god과 같은 존재가 되는 것이다. 프랑스의 사회학자 **에드가 모랭**Edgar Morin은 "**스타**의 발아래에는 각각의 **예배당**이 세워진다"며 신뢰와 숭배의 극단화 현상을 풀이했다. 아울러 사람들이 스타를 좋아하고 스타덤에 몰입하는 것은 팬들이 일상의 삶을 탈출하도록 이상과 동기를 제공함으로써 하나의 **신화**나 **종교**처럼 자리 잡기 때문이라고 진단했다(Morin, 1957). 스타가 되려면 지덕체智德體는 물론 재능과 실력을 갖추고 노력과 운이 뒤따라야 한다. 배우의 경우 아름다운 신체, 뛰어난 연기력, 남과 차별화되는 개성과 매력, 매끄럽고 유려한 인성, 독보적인 예술적 창의성이 조화를 이뤄야 스타로 떠오를 수 있다.

스타가 되면 **사회적 명사**가 되므로 그에 따른 사회적 대우와 몸값이 달라져 뚜렷한 **신분 상승 효과**를 체험하게 된다(Morin, 1957). 팬들의 환호가 커지는 것은 물론 그 환호에 비례해 경제적 수입도 늘어난다. 하루아침에 세상이 달라졌다고 해도 과언이 아닐 만큼 위상이 반전된다. 영국의 낭만파 시인 **조지 고든 바이런**George Gordon Byron은 이런 상황을 "어느 날 아침에 일어나보니 **유명**해져 있었다I awoke one morning and found myself famous"라고 표현했다. 일반적으로 스타가 되었을 때 가장 먼저 꼽을 수 있는 긍정적 측면은 어디서든지 **특별 대우**를 받고 부를 축적해 부자가 될 수 있다는 점이다. 팬과 팬덤이 생기며 어디서든 알아보는 사람이 많아진다. 많은 기회가 찾아오는 것도 주지의 사실이다. 반대로 부정적 측면은 평범한 사람이 하는 일을 못하게 되며, 종종 자신을 괴롭히는 **스토커**도 나타난다는 점이다. 늘 평가·감시·비판의 대상이 되며 사생활을 보호받지 못한다. 팬들은 이미 스타를 친숙하다고 생각하므로 오프라인과 온라인에 '**가짜 친구들**'이 많이 생길 수 있다.

스타가 되면 누리는 것만큼 유의해야 할 것도 많아진다. 스타는 **준공인**의 위상을 갖기 때문이다. 향유하는 무게만큼 조심해야 할 부담이 늘어나는 것이다. 스타가 되면 **노블레스 오블리주**Noblesse Oblige를 실천하며 늘 대중에게 모범을 보여야 한다. 노블레스 오블리주는 사회적 신분에 비례·상응하는 도덕적 의무를 말한다. 도덕 외에도 법과 상식에 어긋나는 행동을 해서는 안 된다. 스타의 상승 곡선은 주가의 상승세보다 가파르지만, 주가의 메커니즘과 달리 한번 추락하면 회복하기 어렵다는 특성이 있다. 스타로 등극한 많은 아티스트의 사례에서 이 같은 사실이 입증된다. 따라서 아티스트는 스타인지 여부와 관계없이 **사생활**을 잘 **관리**하고 **신중한 언행**을 펼치는 등 매사 **자기 관리**를 철저히 해야 한다.

수용자需用者는 관객, 시청자, 청취자, 팬 등을 총칭하는 말이다. 요즘에는 문화적 측면인 '수용자audience, recipient'와 경제적 관점인 '소비자customer'의 중간적 의미를 담아 **이용자**user라는 말을 쓰기도 한다. 수용자 가운데 특정인을 열광적으로 좋아하는 사람을 팬fan이라 한다. **팬덤**fandom은 "특정인을 열광적으로 좋아하는 사람이나 그런 현상"을 말하는데, '열광적인 사람'이라는 뜻의 'fanatic'과 '지역', '나라' 등을 뜻하는 '-dom'의 합성어다. 1980년대 가수 조용필의 인기를 견인한 '**오빠부대**'도 팬덤의 대표적 사례다. 팬덤은 스타에 대한 자발적 헌신과 기여, 강력한 유대 의식과 우애, 취향과 기호품의 공유 등을 기초로 형성되며 종교보다 강력한 순수하고 맹목적인 열정 공동체다(김환표, 2013). 추종하는 스타를 자신의 **아바타**로 **동일시**하고 스타의 일거수일투족과 스타일을 **자기화**하는 경우가 많다. 문화적인 면에서 창의성이 발현된 '놀이'이며(Hills, 2002), 산업적인 면에서 대중적 서사나 텍스트에 정서적으로 꾸준하게 관여하는 **충성스러운 소비자** 또는 그 이상이다(Hills, 2002; Sandvoss, 2005). 우리나라 대중문화에서 팬덤이 사회문화적 영향력을 발휘한 사례는 1996년 아이돌 그룹 서태지와 아이들의 갑작스러운 해체와 함께 등장한 팬클럽이다. 서태지와 아이들의 은퇴 직후 팬 3000여 명이 모여 '서태지와 아이들 기념사업회(이하 서기회)'를 결성하고 각종 문화 행사와 대중음악 관련 이슈에 적극 개입하며 영향력을 행사했다(배현주, 2012).

팬덤과 스타덤은 상보적이다. 스타덤이 팬들에게 높은 만족감과 효용성을 제공하는 콘텐츠이자 상품이라면, 팬덤은 아티스트에게 스타덤을 구축해주며 경제적 이익을 창출해주는 안정적 지지대다. 따라서 스타는 팬들을 잘 관리하고 그들과 유연하게 소통해야 한다. 가장 기초적인 방법은 수용자들에게 친숙하고 매력적이며 개성적인 **이미지**를 각인시켜 팬이 되도록 흡인하는 것이다. 그다음에는 좋아하는 감정을 넘어 충성도 높은 열성 팬이 되도록 **팬클럽**fan club 미팅 등의 다양한 서비스를 제공하고 매끄럽게 소통해야 한다. 팬들과 소통할 때는 **진정성**을 바탕으로 팬들의 입장에서 그들이 존중받고 있다는 점을 충분히 전달해야 하며, 공평하게 대하는 자세가 필요하다. 스타에 대한 신뢰가 어긋나면 **안티팬덤**anti-fandom으로 바뀌는 경우도 있다. 안티팬덤은 기존 팬이 돌변해 형성하거나 새로운 팬들이 구축하는데, 특정 텍스트나 메시지에 민감하게 반응하며 열렬한 비판과 혐오감을 표출하기에 **"증오하는 비평가"**라고 할 수 있다(Duffett, 2013). 이들은 소속사나 스타의 홈페이지에 들어가 '**악플**'을 다는 수준을 넘어 스타에게 진실을 밝히라고 요구하는 카페를 개설하는 경우로까지 진화했다. 아이돌 그룹 투피엠2PM에서 탈퇴한 박재범, 교통사고를 낸 빅뱅의 강대성, 이지아와의 이혼소송 보도가 나온 직후의 서태지, 송사에 휘말렸던 걸그룹 피프티 피프티가 대표적인 사례다.

팬덤은 본질적으로 **권한 부여**empowerment **기능**이 있기에 왜곡되거나 지나칠 경우 부정적 현상을 초래하기도 한다(Jenkins, 1992). 미디어에서 지칭되는 '**사생팬**'처럼, 일부 청소년 팬은 자신이 좋아하는 스타에 몰입해 스타의 일거수일투족을 챙기며 극단적인 추종과 소유욕을 드러내기도 한다. 이들은 지나친 감정이입으로 자신이 스타의 관리자가 된 듯 착각하며, 다른 팬들에게 돈을 받고 스타의 행사장에 입장시켜주거나, 언론의 취재를 방해하며 폭력을 행사하기도 한다. 스타를 **조종**하려는 심리도 발동한다. 팬클럽이라는 집단의 이름으로 법규와 사회적 상식에 반하는 행동을 일삼는 경우도 허다하다(김창남, 2010). 경쟁 위치에 있는 스타나 그 스타의 팬클럽을 비난하거나, 평단評壇의 비판적 접근에 집단적·폭력적으로 대응하는 것이다. 1990년대 중·후반 아이돌 그룹 H.O.T.의 팬클럽과 젝스키스 팬클럽 간 격돌은 사회가 용인하는 보편적 상식의 수준을 벗어나면서 비판의 대상이 되기도 했다. 최근에는 추종하는 스타와 함께, 또는 독자적으로 사회적 기부 등 공익활동을 펼치는 긍정적 의미의 '**개념 팬**', 자신이 좋아하는 스타에게 각종 선물을 보내거나 식사를 제공하는 '**조공 팬**'도 등장했다(김환표, 2013). 개념 팬은 판단과 행동을 할 때 개념이 확고하다고 해서 붙여진 명칭이며, 조공 팬은 과거 약소국이 자국의 안전을 보장받으려 강대국에 예물을 바치던 풍습에 빗대 스타들에게 선물 세례를 하는 팬을 지칭한다. 방탄소년단BTS과 블랙핑크가 최고의 인기를 누린 시대에는 '사생팬'이 진화 및 분화하여 스타의 수려한 외모에만 관심과 추종을 나타내며 팬이 되는 '**얼빠팬**'(얼굴만 좋아하는 빠순이와 빠돌이 팬)과 스타들의 일정을 따라다니며 높은 품질의 사진을 찍어 자신의 SNS에 편집하는 것을 즐기는 '**홈마팬**'(홈마스터 팬)이 등장하기도 했다(이지행, 2019).

가장 핵심적인 수용자는 **평단**이라 할 수 있다. 평단은 기자, 평론가 등 평론가 집단critics을 총칭하는 말로, 아티스트와 일반 수용자를 매개하는 역할을 맡은 1차적인 수용자다. 특정 영화·연극·드라마를 두고 평단과 일반 수용자의 평가는 엇갈리는 경우가 많다. 평단은 주로 예술적 품질과 완성도를 의미하는 작품성과 메시지에, 수용자는 작품 감상의 만족도를 나타내는 흥미성과 오락성에 더욱 중점을 두고 작품을 평가하는 경향이 있기 때문이다. 아티스트는 평단의 특성을 잘 이해하고 그들과 매끄러운 관계를 유지하는 것이 좋다. 특히 **저널리즘**의 특성을 잘 알고 대응해야 자신의 이미지를 더욱 좋게 만들거나 유지하며 리스크를 줄일 수 있다.

일반적으로 언론에서 판단하는 좋은 기사 또는 매력적인 기사란 소재가 영향력이 높거나 유명하고, 시공간적으로 수용자와 가까운 내용이며, 아주 새롭거나 기이하거나, 갈등성과 부정성이 짙은 경우다. 기존 언론 외에도 소셜 미디어를 자유자재로 이용할 수 있다. 소셜 미디어를 이용할 때는 공사를 철저히 구분하여야 한다. 작품 활동, 신상과 이력 사항, 최신 뉴스, 일기, 대화, 멘트 등을 포스팅하며 활발하게 소통하는 것이 좋다. 그러나 자신의 이미지를 훼손하는 사생활과 신변잡기를 비롯한 불필요한 정보를 드러내지 말아야 한다. 아울러 사회 이슈에 대한 오판에서 비롯된 일탈적 발언이나 부적절한 언행으로 **설화**舌禍에 휘말리지 않아야 한다. 부정적인 뉴스를 퍼뜨려 관심을 호소하는 **노이즈 마케팅**noise marketing도 지양해야 한다.

제1장

근대국가 형성기

강화도 조약부터 을사늑약까지

(1876~1905)

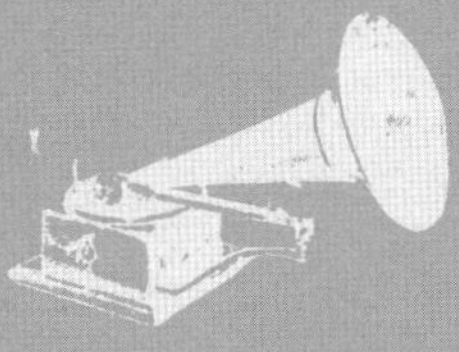

열강의 압력과 메이지 유신

일본은 개항 이후 우리나라를 무단 지배함으로써 우리나라는 강압과 수탈 속에 근대국가의 길로 접어들었다. 일본이 서양에 문호를 개방한 것은 에도 막부 시대인데, 이때 개방은 미국의 군사적 압력과 미국 상품의 유입, 미국의 신무기에 대한 우월감을 둘러싼 현실적 판단 등이 복합적으로 작용해 불평등하고 타율적으로 진행되었다. 일본은 19세기 초까지 네덜란드와 교류했지만, 일본을 중국 진출의 전초기지로 삼으려 한 미국의 압력으로 조약[미일화친조약(1854), 미일수호통상조약(1858)]을 잇따라 체결하며 큰 저항 없이 개방했다. 물가 인상과 경제난으로 생활이 어려워지자 하급 무사들을 주축으로 에도 막부에 대한 불만이 표출되면서 막부 타도 운동이 일어났다. 이때 메이지 왕(明治王)이 즉위해 막부들을 타도하고 천황 중심의 신정부를 수립한 뒤 문명을 개화하기 위해 1868년 9월 서양 문물을 적극적으로 받아들이는 이른바 메이지 유신(明治維新)을 추진했다.

'메이지 유신'이란 메이지 왕이 재위 당시 '막부'라는 중앙집권적 존재와 '번'이라는 분권적 존재를 둔 봉건적 정치체제인 이른바 '막번 체제(幕藩體制)'를 무너뜨리고 왕정을 복고해 '유신(維新, 혁신 또는 쇄신)'을 이룬 과정을 지칭한다. 이를 기점으로 지방 영주들의 토지 수조권의 중앙정부 귀속, 토지조사와 토지세 징수, 각 현·리에 관리 파견, 신분제 폐지, 국민 의무교육 실시, 납세와 병역의무 신설, 징병제 도입, 근대적 공장·철도·전신 부설, 우편·화폐제도 정비 등을 통해 봉건체제 탈피를 꾀하고 입헌군주제를 도입하며 근대화의 기틀을 다져갔다. 밖으로는 안정된 내치를 기반 삼아 팽창정책을 추진하며 조선을 비롯한 주변국들을 침략·위협하기 시작했다.

개항기 조선

일본은 조선과 외교 관계를 맺으려다 실패하자 1875년에 최신 군함인 운요호(雲

楊號)를 보내 군사적으로 도발했다. 이에 맞서 조선의 수비대가 경고사격을 하자 국기를 달고 있는 자국 군함에 대한 공격은 주권 침해라는 구실로 통상조약 체결을 강요했다. 이에 따라 조선은 개방 준비도 하지 못한 채 1876년 일본과 강화도조약을 체결했다. 그 결과 부산, 원산, 인천의 세 항구가 일본에 문을 열어주게 되었다. 이로써 일본은 외교적으로 조선에 대한 청의 종주권 확보를 견제하고, 조선이라는 경제적·군사적·정치적 거점을 확보했다. 청은 1882년 조선과 통상조약을 체결한 뒤 일본과 러시아 세력을 견제하며 조선에 대한 종주권을 확보하고자 조선에 미국과의 수교를 권했고, 청의 알선으로 조미수호통상조약(1882)이 체결되었다. 이 조약에는 양국 중 어느 한 나라가 탄압이나 핍박을 받을 경우 중간에서 조정하고 무역상품에 관세를 부과한다는 등의 내용이 담겨 있었다. 이어 조선은 차례로 영국(1883), 독일(1883), 이탈리아(1884), 러시아(1884), 프랑스(1886), 오스트리아(1892), 벨기에(1901), 덴마크(1902) 등과 통상조약을 체결해 외교 관계를 수립했다. 그러나 모두 조선에게 불평등한 조약이었다.

개항 이후 조선 내부에는 우리 스스로 개화와 개혁을 해야 한다고 주장하는 개화파가 생겨나 정부의 정책을 뒷받침했다. 정부는 일본에 수신사를 네 차례 파견하고, 유학생과 기술자 인솔을 목적으로 청에 영선사를 보냈다. 영선사는 근대식 무기 제조 기술과 군사훈련법 등을 익혀 돌아왔다. 성리학을 신봉하는 보수적인 양반 유생들은 정학(正學, 성리학)을 지키고 사학(邪學, 성리학 외의 종교·사상·학문을 지칭)을 배격해야 한다며, 개화를 적극 반대하는 위정척사(衛正斥邪) 운동을 전개했다. 개항 이후 일본의 곡물 수탈로 경제가 어려워지고, 군제가 개편되면서 신식군인 별기군과 비교해 구식 군대 군인들에 대한 차별이 심해지자 불만이 폭발해 임오군란(1882)이 일어났다. 군란이 확산되어 명성황후(明成皇后)는 경기도 장호원으로 피신하고, 놀란 고종은 흥선대원군에게 사태 수습 등을 포함한 국무를 맡겼다. 그러나 민씨 일파가 청에 원군을 요청함으로써 민씨 일파가 재집권하게 되고, 조선에 청과 일본의 군대가 주둔하며 양국의 내정간섭이 본격화했다.

임오군란 이후 조선 정부에서는 친청(親淸) 정책이 강화되었으며, 개화파는 외교·개화 정책의 방향을 놓고 유교적 전통을 지키며 서구의 과학기술을 수용하자는 '온건 개화파'와 서양의 사상·제도·기술을 모두 받아들이자는 '급진 개화파'로 분화되었다. 김옥균, 박영효, 홍영식 등의 급진 개화파는 일본의 묵인 아래 민씨 정권의 요인들을 처단하고 1884년 14개조 개혁정강을 발표하며 갑신정변을 일으켰지만, 청군이 개입하며 3일 만에 실패로 끝났다. 갑신정변은 실패했지만 문벌 폐지와 인민 평등권을 확보하려는 노력이 돋보였으며, 동학농민운동 과정에서는 천인에 대한 차별 개선과 노비 문서 소각, 토지 균분 등 평등을 요구하는 목소리가 빗발쳤다.

갑오개혁에서는 반상 제도, 노비 제도, 조혼, 과부 재가 금지, 연좌제(緣坐制) 등 봉건적인 폐습들이 혁파되었다. 1886년에는 노비 세습제를 폐지하고 노비 매매를 금지함으로써 조선에서 노비 제도가 무너졌다. 1894년 7월에는 갑오개혁의 일환으로 군국기무처에서 과거제도를 폐지하고 근대식 관리 등용법을 제정했으며, 도량형을 개정했다. 같은 해 8월에는 범죄자와 일정한 친족 관계가 있는 자에게 형사적 연대 책임을 지우는 죄인의 연좌제를 폐지했다. 1894년 12월에는 「홍범 14조」와 「독립서고문」에서 공문서 최초로 한글을 사용했으며, 왕을 '주상 전하(主上殿下)' 대신 '대군주 폐하(大君主陛下)'로 호칭하게 했다. 1895년 11월에는 육의전 상인들의 특권을 폐지했다. 이러한 노력이 진행될 때 독립협회는 민중을 상대로 ≪독립신문≫을 발간하고, 대중적 집회인 만민공동회와 관민공동회를 열어 국민주권론과 사회적 평등 의식 등 근대적 의식을 계몽했다.

1897년 4월에는 독립협회가 모화관을 고쳐 독립관을 세우고 사무실로 사용했다. 서울의 양반층 여성들은 뜻을 모아 「여권통문」(1898)을 발표하고 여성의 권리 확보와 여학교 설립 등을 주장했다. 이런 노력으로 실제 만민공동회에서는 시전 상인이 의장으로 선출되었고, 1898년에는 백정 박성춘이 만민공동회 연사로 나서기도 했다. 1898년 2월 독립협회는 서울 종로 네거리에서 만민공동회를, 10월에는 관민공동회를 각각 개최했는데, 황국협회는 이를 무력화하기 위해 보부상 조직을 불러들여

만민공동회를 습격했다. 「여권통문」이 발표된 다음 해에는 우리나라 최초로 여성들이 뜻을 모아 만든 순성여학교가 개교했으며, 교육·문화·종교·의료를 비롯해 다양한 분야에 여성의 참여와 진출이 확대되었다.

1890년 2월에는 반봉건주의와 반제국주의 기치를 내건 '활빈당(活貧黨)'이 충청도 내포(內浦) 지역인 예산, 덕산, 신창, 청양, 홍주, 서산 해미, 보령 등지에서 봉기했다. 적게는 수십 명에서 많게는 800명 단위였고, 원시적인 무기 외에도 리볼버 권총인 육혈포(六穴砲), 화승총, 도창(刀槍), 청나라 군총(軍銃) 등을 소지한 채 움직이며 충청북도, 경기도, 강원도, 영호남 지역 등으로 퍼져 1904년까지 세력을 키웠다. 이들은 13개조의 행동강령을 내걸고 자연 평등, 빈부 타파, 국가 혁신을 외치며 기득권층과 축재자들의 재산을 가난한 자들에게 나누어주고 불우한 자들을 도우며 봉건적 사회에 활력을 불어넣으려 했다. '활빈당'이라는 명칭은 17세기 초반 작품으로 추정되는 허균(許筠)의 『홍길동전』에 등장하지만 그 유래는 정확히 파악되지 않는다.

청의 내정간섭이 심해지자 고종은 러시아와 비밀 협약을 체결해 청을 견제하려 했다. 그러나 러시아와 대립하던 영국이 러시아의 세력 확대를 막고자 군함과 상선을 동원해 거문도를 불법 점령하는 사건이 발생했다. 영국군은 러시아가 조선을 침략하지 않겠다고 약속하자 2년 만에 거문도에서 물러났다. 개항 이후 민중 사이에서는 근대국가 수립 운동이 활발하게 일어났다. 외세의 경제 수탈에 따른 경제 파탄과 삼정(三政)의 문란 등으로 생활고가 심해지는 가운데, 농촌 사회가 동요하고 동학이 성장하면서 사회 현실에 모순을 느낀 동학도들과 농민들이 주축이 되어 1894년 고부농민 봉기를 시작으로 동학농민운동을 일으켰다. 농민 봉기는 결국 관군과 청군에게 진압되었고, 그 결과 청과 일본이 충돌해 청일전쟁(1894~1895)이 벌어졌다. 동학농민운동은 실패했지만 탐관오리 축출, 양반과 토호의 수탈 금지, 차별적 신분제 철폐, 청상과부의 재가 허용, 일본과 내통하는 자에 대한 엄벌 등 반봉건·반외세의 기치를 내건 근대적 민주주의 국가 수립 운동이었다(김삼웅, 2007; 조광환, 2008; 김방, 2013; 이이화, 2014).

뒤이어 갑오개혁은 자주독립, 국정 사무와 왕실 사무의 분리, 재정 일원화를 통한 조세제도 개선, 전근대적 징벌 폐지 등을 기치로 내걸고 개혁을 추진했지만, 일본의 침략 전략과 연관되어 민중의 지지를 받지 못했다. 갑오개혁 과정에서 러시아·프랑스·독일의 간섭으로 일본 세력이 약화되자 조선은 친러 정책을 표방하고 친러 내각을 구성했다. 이에 일본은 1895년 조선 주재 일본 공사 미우라 고로(三浦梧樓)를 시켜 명성황후를 시해하는 을미사변(乙未事變)을 일으킨 뒤 다시 친일 내각을 구성하게 했다. 친러 내각은 단발령을 비롯한 급진적 개혁을 추진해 민중의 반발을 야기했다.

을미사변과 단발령으로 항일 의병의 봉기와 투쟁이 거세지자 1896년 친러 세력은 고종을 서울 중구 정동에 있는 러시아 공사관(아관)으로 피신시켰다. 이를 아관파천(俄館播遷)이라 한다. 일본이 발행하던 ≪한성순보≫가 아관파천을 비난하자 조선 정부는 조선이 자주국이라는 것을 강조하며 민심을 수습해 하나로 모으고자 서재필을 시켜 ≪독립신문≫을 발간하도록 했다. 서재필은 이를 계기로 윤치호, 이상재 등과 독립협회를 세우고, 민중계몽운동·자주국권운동·자유민권운동을 전개했다. 독립협회는 민중대회인 만민공동회와 관민공동회를 개최해 자유민주주의를 조선에 보급하고 민중을 일깨웠다.

대한제국의 탄생

고종에 대한 유생들의 환궁 상소가 이어지고 독립협회의 활동으로 여론이 나아지면서 러시아 공사관에 머물던 고종도 친일 세력이 약화된 틈을 타 1년 만인 1897년 2월에 경운궁(덕수궁)으로 환궁했다. 이어 고종은 10월에 대한제국(大韓帝國, 1897.10.12~1910.8.29)을 선포하며 왕을 '황제(皇帝)'라 칭하고, 서울 중구에 있는 제단인 환구단에서 황제 즉위식을 연 뒤 '광무(光武)'를 연호로 사용했다. 대한제국은 만국공법에 기초한 완전한 자주독립국가임을 천명했으며 일본, 청, 러시아, 프랑스 등의 열강으로부터 승인도 받았다. 국호로 '조선' 대신 '대한제국'을 사용한 것은 더 이상 청의 제후국이 아니라는 점을 상징적으로 나타내려 한 것이다. 대한제국은 출범 후

"옛것을 근본으로 새것을 참조한다"라는 뜻의 '구본신참(舊本新參)' 원칙에 따라 점진적 개혁인 광무개혁을 추진했다. 고종은 일종의 헌법과 같은 '대한국 국제'를 제정·반포(1899)해 군권(군주권)과 군대 통솔권, 법률 집행·반포권, 조약 체결권 명시 등 대황제의 권한을 강화했다. 간도에 이범윤을 관리사로 파견하고 청과 대등한 입장에서 한·청 통상조약(1899)을 체결했다. 재원 확충을 위해 전국적으로 양전사업을 실시하고 토지 소유 증명서인 지계(地契)를 발급했다. 그러나 1904년 러일전쟁으로 외국군이 주둔하면서 외국인의 토지·선납·가옥의 소유를 인정하지 않는 지계의 규정이 일본의 이해와 충돌하자 발행이 중단되었다.

화폐 발행 기관인 전환국은 1892년 액면가 2전 5푼짜리 동전 백동화(白銅貨)를 대량으로 발행·유통해 근대화 정책의 재원으로 삼았다. 식산흥업(殖産興業) 정책이라는, 일본 메이지 정부가 근대화 정책으로 채택한 것과 똑같은 상공업 진흥책을 앞세워 섬유·광업·금융·철도·운송과 관련된 회사를 세웠다. 식산흥업이란 일본식 한자어로 "생산을 늘리고 산업을 일으킨다"라는 뜻이다. 교통·통신·전기·의료 분야에서 각종 근대 시설을 확충하는 등 새로운 근대국가의 틀을 다지려 했다. 전차와 경인선 철도도 이때 부설되었다. 실업과 기술 교육기관을 세우고 근대적 기술을 습득해 상공업의 기반으로 삼고자 외국에 유학생을 파견했다.

대한제국의 개혁은 갑오개혁기의 정책을 대부분 계승했지만, 전제군주 체제를 강화하는 데 초점을 두어 민권보다 국권을 우선시했고, 황실과 황제의 측근을 중심으로 추진되어 큰 성과를 거두지 못했다. 민주주의에 바탕을 둔 입헌군주제와 의회 설립을 강조한 독립협회의 주장은 반영조차 되지 못한 채 오히려 탄압당했다. 군사 개혁은 황실 근위와 치안 유지 수준에 머물렀다. 특히 보수적인 집권층 주류의 비협조와 일본을 비롯한 외세의 간섭이 큰 장애물이었다. 국방·산업·교육에서는 소기의 성과를 거뒀지만, 나머지 분야는 열강의 간섭과 해외 의존으로 한계에 직면했다.

특히 개혁 과정에서 각종 이권을 해외 열강이나 관련국 인사에 넘기고 항구를 개방해야 했다. 조선은 1896년 미국인 제임스 모스(James Morse)에게 경인선 철도 부설권을, 러시아에 경원·종성의 금광 채굴권을, 프랑스인 앙투안 그릴(Antoine Grille)에게 경의선 철도 부설권을 넘겨주었다. 1903년 12월 미국의 헨리 콜브란(Henry Collbran)과 해리 라이스 보스트윅(Harry Rice Bostwick)은 한성의 상수도 시설 특허권을 얻었다. 1904년 2월에는 일본군이 한성에 진입했고, 같은 해 8월 내정간섭을 위해 외국인 고문을 두도록 하는 제1차 한일협약이 체결되면서 추가로 개항했다. 일본 대장성 주세국장인 메가타 다네타로(目賀田種太郎)가 탁지부 고문으로 건너오자 대한제국 정부는 2월에 의주를, 3월에 압록강 변 유역의 용암포를 각각 개항했다.

을사늑약 체결

1905년 11월 17일 박제순, 이지용, 이근택, 이완용, 권중현 등 정부 대신들이 일본 공사 하야시 곤스케(林權助)와 을사늑약(乙巳勒約, 제2차 한일신협약)을 체결해 대한제국은 외교권이 박탈되고 일제 치하에 접어들었다. 을사늑약 체결 이후 국민적 분노는 극에 달했다. 특히 을사늑약의 부당함을 주장하기 위해 상소하거나 목숨을 끊은 공직자와 지식인이 늘어났다. 나철과 오기오 등은 을사늑약을 체결한 정부 대신 다섯 명을 '을사오적'으로 규정하고 이들을 암살하기 위한 '자신회'를 조직해 이들의 집에 불을 질렀다. 늑약 체결 3일 뒤 참정대신 한규설은 을사늑약의 폐기를 주장하며 상소했다.

대신들의 충정 어린 자결과 을사오적을 제거하려는 시도도 잇따랐다. 늑약 체결 13일 뒤인 11월 30일에는 시종무관장 민영환이, 14일 뒤인 12월 1일에는 좌의정 출신 조병세가, 16일 뒤인 12월 3일에는 송병선이 을사늑약에 분개해 을사오적의 처단을 상소한 후 각각 자결했다. 이재명은 친일 매국노 이완용을 칼로 저격했다. 전명운과 장인환은 일제의 한국 침략을 찬양하고 옹호한 대한제국의 재정 및 외교 고문 더럼 화이트 스티븐스(Durham White Stevens)를 1908년 미국 현지에서 사살했다. 의병으로 활동하던 안중근은 1919년에 만주 하얼빈 역에서 초대 통감이자 한국 침략의 원흉인 이토 히로부미(伊藤博文)를 암살했다.

근대국가 형성기 대중문화예술 연표

1876	2월	일본과 강화도조약 체결(이후 부산 · 원산 · 인천항 개항)
	10월	전국에 '방곡령' 선포
1877	4월	보리 흉작으로 술과 엿의 제조 금지
	12월	미국의 토머스 에디슨이 녹음과 재생이 가능한 원통형 축음기를 발명함(프랑스인에 이어 세계 두 번째)
1879	2월	일본과의 조약 체결을 반대하는 상소로 유배된 최익현이 흑산도에서 석방됨
	5월	일본 화폐 통용, 항구에 등대 설치 허용
1880	5월	일본이 우리나라 예부에 미국과 통상 체결을 권고함
1881	4월	박정양, 홍영식 등 신사유람단이 일본 시찰
1882	6월	고종이 흥선대원군에게 국무를 전담시킴(명성황후 장호원 피신, 2개월 뒤 환궁)
1883	7월	근대식 인쇄 · 출판 기관인 박문국 설치, ≪한성순보≫ 인쇄
1884	2월	국내 최초의 민간 인쇄소 광인사 설립
	5월	고종이 의복 개혁 실시(옷에 의한 신분 차별 철폐)
	11월	판소리 명인 신재효 사망
	12월	유길준이 미국 다머 학원에 입학함(최초의 미국 유학생)
1885	4월	서상륜 등이 황해도 장연에 소래교회 설립(국내 첫 교회)
	8월	한성전보총국 개국, 한성-인천 전신 개통
1886	1월	노비 제도 완전 폐지(노비 세습제 폐지, 노비 매개 금지)
	6월	국내 최초 근대식 교육기관 육영공원 설립
1887	10월	음악 관장 기관 장악원을 '교방사'로 개칭
1888	5월	한성-부산 전신 가설
1889	8월	일기청을 신설해 화재로 불탄 『승정원 일기』 편찬에 착수함
1890	1월	사대문 도성 내 청일 상인을 용산으로 철수시키도록 양국에 요청
1891	12월	연해주 거주 조선인의 러시아 국적 편입(최초의 합법적 귀화)
1892	5월	일본이 개항장인 인천에 일본인용 극장 '인부좌'를 설립함

1893	12월	국내 최초로 전화기 도입, 미국의 토머스 에디슨이 '활동사진'을 발명함
1894	1월	고부 농민 봉기로 동학농민운동 시작
	7월	갑오개혁 실시(~1896.2)
1895	8월	일본 공사 미우라 고로 일파가 명성황후를 시해함
		을미개혁 실시
1896	3월	김창수(김구)가 명성황후 시해에 대한 보복으로 일본군 중위 스치다 조스케를 살해하고 체포됨
	4월	서재필 등이 최초의 민간 신문 ≪독립신문≫ 창간
1897	10월	고종이 '대한제국'을 선포하고 황제로 즉위함
	12월	고유상이 한성에 국내 최초 서점 '회동서관' 개업
1898	1월	미국인 콜브란과 보스트윅이 정부와 공동출자해 한성전기회사 설립
	8월	독립협회가 여권신장을 주장한 「여권통문」 발표
	9월	김홍륙이 고종 황제와 황태자를 대상으로 '독다사건' 자행
	10월	독립협회가 언론과 집회의 자유권 쟁취를 위한 운동을 전개
1899	미규명	윤고려(윤코리아)가 국내 최초로 양장(블라우스-스커트) 착용
	3월	국내 첫 유성기 도입
	4월	국내 첫 유성기 음반 취입(명창 광대의 「춘향가」 등)
	12월	일본 영화의 전국 상영으로 '활동사진'과 '변사'라는 용어가 등장함
1900	1월	만국우편연맹 가입, 외국과 우편물 직접 교환 시작
	12월	태극기 규정 발표, 군악대 설치
		박에스더가 국내 최초로 여성 박사 학위 취득
1901	1월	한국 상인 유두포가 최초로 미국 하와이 진출
	9월	프란츠 에케르트가 작곡한 대한제국 국가 첫 연주
		국내 신문(≪황성신문≫)에 '활동사진'이라는 용어가 처음으로 등장함
1902	12월	최초의 미국 하와이 이민자 121명 출발
		황실극장 '협률사' 설립(우리나라 최초의 실내 상설 극장)
1903	6월	한성전기회사가 ≪황성신문≫에 국내 첫 대중 영화 광고를 내보냄
1904	12월	고종이 봉상시 구내에 최초의 극장 '극대(劇臺)'를 설립함
1905	11월	을사늑약(제2차 한일신협약) 체결(대한제국의 외교권 박탈)

서구 대중문화의 유입과 민중의 변화 욕구

근대국가 형성기에 우리나라는 신분제 폐지와 주권 운동, 개화사상과 서구 문물의 유입 등으로 누구나 향유하며 창작의 주체가 될 수 있는 대중문화예술의 소중한 씨앗을 마련했다고 평가할 수 있다. 영화, 신극, 가요, 서양 패션 등 대중문화예술 콘텐츠의 대부분은 우리나라보다 개방이 조금 빨랐던 일본이나 서구 제국주의 열강에서 유입되었다. 인구가 많지 않았는데도 민중의 문화 수용 욕구는 사회 변화 욕구와 맞물려 어느 국민들보다 강렬했다. 특히 중인·상민·천민·여성이 차별받고 소외당한 당시 조선 사회에 개화사상이 수용되면서 신분 질서의 동요가 두드러져 사회 전체는 물론 문화 부문에서도 많은 변화를 야기했다. 이 시기에 영화의 초기 형태인 **활동사진** 活動寫眞과 **무성영화** 無聲映畵에서 해설자 역할을 한 **변사** 辯士, silent-film narrator가 처음 등장했다. 음반 발전의 토대가 된 **유성기 음반** 留聲機 音盤, gramophone record이 들어오고, 대중이 음반을 통해 음악을 듣는 풍경이 확산되기 시작했다. 현대 연극의 출발점인 **신극** 新劇을 극장에서 볼 수 있게 되면서 극장, 영화관, 레코드사가 생겨났고 서양 패션, 양장과 양복점, 이발소, 학교, 병원 등도 첫선을 보였다. 서구 열강이 수탈 목적으로 가설한 전신, 전화, 우편, 철도, 전기 등도 대중문화예술이 발전하는 데 일정 부분 가교 역할을 했다.

열강의 개방 압력과 간섭, 내정의 혼란에 시달려온 고종은 아관파천 1년 만인 1897년 2월 경운궁으로 환궁했다. 이어 같은 해 10월 대한제국을 선포했다. 국가적 위상을 높이기 위해 조선이 대내외적으로 독립국임을 천명하고, '구본신참'을 원칙으로 변화된 관념에 맞는 시대를 설계하려 했다. 11월에는 일본 세력이 시해한 명성황후의 국장國葬을 실시했다. 그러나 황제의

명성황후 시해 사건

제26대 국왕 고종이 1897년 대한제국으로 나라 이름을 바꾸고 황제에 오르면서 왕비(민비)에서 황후가 된 명성황후(민자영)는 청일전쟁에서 승리한 일본의 세력 확장을 프랑스·러시아·독일이 연합·견제하는 정세를 이용해 러시아 공사 베베르와 손잡고 친일 세력 제거에 나섰다. 이때 일본이 반격을 위해 획책한 사건이 바로 명성황후 시해 사건(을미사변)이다. 고종은 1895년 7월 경회루에서 각국 공사를 접견하고 개국 기원 제503회 기념연을 개최했는데, 이때 막 부임해 참석한 일본 공사 미우라 고로가 시해 계획을 세운 뒤 8월 20일 일본군 수비대와 낭인 등을 침실인 경복궁 옥호루(玉壺樓)에 침입시켜 시해를 지시했다. 증거 은폐를 위해 시신은 근처 숲속에 옮겨 불태웠다. 이 사건으로 조선 국민의 대일 감정이 극도로 나빠져 친일 내각은 실각하고 주요 인사가 살해되었으며 을미의병이 일어났다. 신변 위협을 느낀 고종은 러시아 공사관으로 피신(아관파천)했다. 구미 열강의 압박과 공세로 일본은 미우라 공사를 해임했다.

동학교도 출신의 백범 김구(개명 전 김창수)는 21세에 1896년 3월 황해도 안악 치하포의 주막에서 시해에 대한 보복으로 조선인 복장의 일본군 중위 스치다 조스케(土田壤亮)를 살해하고 체포되어 사형선고를 받았다. 그러나 고종의 특사로 감형된 후 탈옥해 신민회, 대한민국 임시정부, 한국국민당, 한국독립당 등에서 항일 독립운동을 전개했으며, 1932년 이봉창이 일본 국왕 저격에 실패한 '사쿠라다몬 사건'을 지휘했다. 이 사건은 영화 〈청일전쟁과 여걸 민비〉(1964), 〈불꽃처럼 나비처럼〉(2009), 〈한반도〉(2006), 〈가비〉(2012), 이문열의 소설 『여우사냥』(1994)을 토대로 만들어져 한국 뮤지컬 최초로 브로드웨이 무대에 진출한 〈명성황후(The Last Empress)〉(1995년 초연), KBS 2TV 드라마 〈명성황후〉(2001~2002) 등으로 재해석되었다.

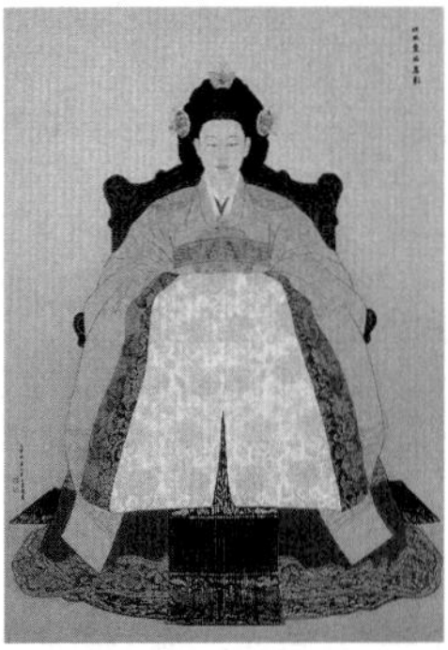

▌명성황후의 초상화

자료: 명성황후기념관(경기 여주).

측근과 기득권 세력에 의존하면서 독립협회를 해산했으며, 시민적 민주주의를 바탕으로 근대적 민족국가 수립을 원하는 민중의 의사를 정치에 반영하지 않아 형식과 체면만 갖춘 독립 제국에 그쳤다(김방, 2013). 고종 재위 12년인 1875년 12월 29일에 전국 호구조사가 실시되었는데, 이때 가구는 163만 4908호, 인구는 669만 4818명으로 700만 명에도 미치지 못했다.

서양과 수교 이후 개화 정책의 일환으로 서양의 문물이 속속 도입되었다. 이런 경향에는 당시 '**동도서기론**東道西器論'이 큰 영향을 미쳤다. 이는 개항 전후인 1880년대 초 김윤식과 신기선 등이 주창한 서양 문명 수용 논리로, 동도(전통적인 유교적 가치관과 질서)를 유지하면서 서기(서양의 기술과 기기)만을 수용해 부강한 국가를 만들자는 주장이다. 일본과 청에 파견한 조사 시찰단과 영선사의 귀국 보고 이후, 과학·기술·문화 분야에서도 새로운 기술과 사조가 도입되었다. 1881년 8월 30일 신사유람단이 일본에서 귀국해 그 결과를 고종에게 보고했으며, 9월 26일에는 김윤식을 영선사로 한 유학생 28명이 청에 파견되어 11월 17일 중국 베이징에 도착해 북영대신 이홍장과 회담했다. 1882년 박영효는 특명 전권대사가 되어 일본으로 출발했는데, 이때 처음 태극기가 사용되었다. 고종은 1883년 3월 6일(음력 1월 27일) 태극기를 조선 국기로 정했다. 이어 1900년 12월 영국 빅토리아Victoria 여왕으로부터 훈장을 받은 후 바로 다음 날 태극기 규정을 발표했다. 1901년 9월 7일 고종 황제의 탄신 50돌 축하연에서는 군악대 지휘자로 초빙된 독일의 음악가 프란츠 에케르트Franz Eckert가 작곡한 **대한제국 국가**가 처음 연주되었다. 고종은 같은 해 한성 정동의 궁전 근처에 고층 건물을 짓지 말도록 각국 공관에 통고함으로써 건축 분야에서 처음으로 고도 제한 조치가 취해졌다.

언론·인쇄·출판 분야의 변화와 발전도 두드러졌다. 근대식 신문들이 창간되어 민족의식 고취와 주권 의식 확대 등 민중계몽과 국권 회복 운동에 크게 기여했다. 우리말인 **훈민정음**은 조선 초기에 창제된 후 일반 백성들 사이에서는 널리 사용되었지만, 정부의 공문서에는 갑오개혁 이후가 되어서야 한문과 혼용 형식으로 적용되었다. 따라서 이 시기 한글신문의 발행은 우리말 사용을 더욱 촉진하는 계기가 되었다. 고종은 1883년 7월 한성에 근대식 인쇄·출판 기관인 박문국을 설치해 조선 최초의 근대적 신문이자 관보인 ≪한성순보≫를 발간하도록 했다. 1884년에는 최초의 민간 인쇄소인 **광인사**가 설립되었으며, 1886년 12월에는 서양식 활판으로 인쇄된 최초의 국한문 책자인 정병하의 『농정촬요』가 간행되었다. 1896년에는 서재필의 주도로 ≪독립신문≫이, 1898년에는 이종일의 주도로 순 한글 일간지 ≪제국신문≫이, 1898년에는 국한문 혼용체로서 지식인과 유학생을 핵심 독자층으로 공략한 ≪황성신문≫이 차례로 창간되었다. 유길준이 미국과 유럽을 여행하며 보고 느낀 점을 국한문으로 적은 기행문 『서유견문』(1889)도 한글 사용의 확산에 크게 기여했다.

특히 ≪독립신문≫은 1899년 독립협회 해산으로 폐간될 때까지 민중의 자주독립 의식 고취 등에 지대한 기여를 했다. 1902년 2월 ≪황성신문≫은 사설에서 한글 사용을 적극 권장하고, 정부는 '출판법'을 공포해 책을 내려면 허가를 받도록 했다. 같은 해 5월에는 황성신문사의 사장 남궁억이 러·일 협정 비판의 사설을 게재했다는 이유로 경무청에 검거되었다. 1905년 11월 17일 박제순, 이완용 등 '을사오적'이 일본 공사 하야시 곤스케와 **을사늑약**(제2차 한일신협약)을 체결해 대한제국의 외교권이 박탈되고 일제 치하에 접어들자, 3일 뒤 ≪황성신문≫ 주필 장지연은 사설 「시일야방성대곡是日也放聲大哭(이날 목 놓아 통곡하노라)」에서 늑약의 부당성을 역설하며 폐기를 주장했다. 1898년 4월에는 배재학당협성회가 우리나라 최초 일간신문 ≪매일신문≫을 발간했다. 영국 특파원 출신의 어니스트 베델Ernest Bethell(한국명 배설)과

양기탁은 1904년 ≪대한매일신보≫를 창간해 구한말 의병의 활동상과 일제의 침략상을 상세히 전달했다. 아버지 고제홍의 출판사를 물려받아 경영하던 고유상은 1897년 12월 자본금 15만 원으로 한성 청계천 광교 부근(옛 조흥은행 본점 자리)에 국내 최초 근대식 서점 **회동서관**滙東書館을 개업했다.

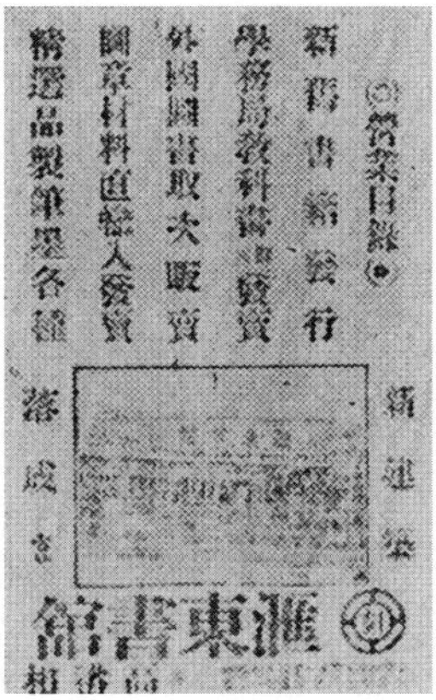

▌국내 최초의 근대식 서점 '회동서관' 광고

자료: 경향신문.

일본의 문화 침략에 맞서 새로운 지식을 교육해 인재를 육성할 목적으로 최초의 근대식 사립학교 **원산학사**(1883), 영어 교습 기관인 동문학(통역관 양성소), 최초의 근대식 관립학교 육영공원(1886) 등 근대 교육기관도 속속 설립되었다. **근대식 교과서**가 편찬되어 이를 토대로 소학교, 사범학교, 외국어학교 등의 관립학교에서 체계적인 근대식 교육이 시작되었다. 민족주의 운동가들이 대성학교, 오산학교, 보성학교, 진명여학교 등을 설립했고, 개신교는 배재학당, 이화학당, 정신여학교 등을 세웠다. **이화학당**은 1886년 4월 미국의 여성 선교사 메리 스크랜턴Mary Scranton이 설립했다. 1866년 6월에는 최초의 근대식 교육기관인 **육영공원**이 문을 열었다. 서울 정신여자고등학교의 전신인 **정신여학교**는 1887년 4월 미국 선교사 애니 엘러스Annie Ellers가 설립했다. 1891년에는 한성에 **일어학당**이, 1892년에는 기독교 선교와 여성 계몽을 위한 인천 최초의 근대식 교육기관인 **영화학교**가 세워졌다. 1888년 2월에는 근대식 사관 양성학교인 연무공원이 세워졌다. 미국인 선교사 호러스 그랜트 언더우드Horace Grant Underwood는 1890년 12월 『한영문법』과 『한영자전』을 편찬했다. 외국어학교의 선교사들은 1905년 무렵 **축구**를 국내에 보급했다.

신극, 활동사진, 극장, 유성기의 도입

판소리는 조선 후기부터 연극 분야의 주요 테마였다. 18세기 초에 백성들 앞에서 소리꾼이 혼자 공연하는 형태를 갖추었으며, 18세기 중엽에는 「춘향가」, 「심청가」, 「흥부가」, 「적벽가」, 「수궁가」, 「변강쇠타령」, 「옹고집타령」, 「배비장타령」, 「강릉매화타령」, 「장끼타령」, 「무숙이타령」, 「가짜신선타령」 등 **판소리 12마당**이 고정된 레퍼토리를 구축했다. 1900년 초에는 서구의 영향으로 '신극'이라 불리는 근대 연극이 도입되었는데, 이때 무대를 이끈 주역은 **기생**, **창우**, **무동** 등이었다. **협률사**協律社라는 황실극장에서는 판소리와 가무를 주로 상연했다. 협률사는 우리나라 최초의 실내 상설 극장으로 1902년 12월 설립되어 1년여 동안 유지되었다. 이에 앞서 1892년 5월 개항장인 인천 만국공원萬國公園 근처에 일본인들은 일본식 극장 **인부좌**仁富座를 세워 일본 배우들이 일본 관객들을 상대로 조루리淨瑠璃, 데오도리手踊り, 연극芝居 등 일본식 흥행물을 공연했다(한상언, 2012). 인부좌란 "부의 축적을 바라는 일본인들을 위한 극장"이라는 뜻으로 1892년 6월 5일 자 ≪조선신보≫에 인부좌에 관한 기록이 남아 있다.

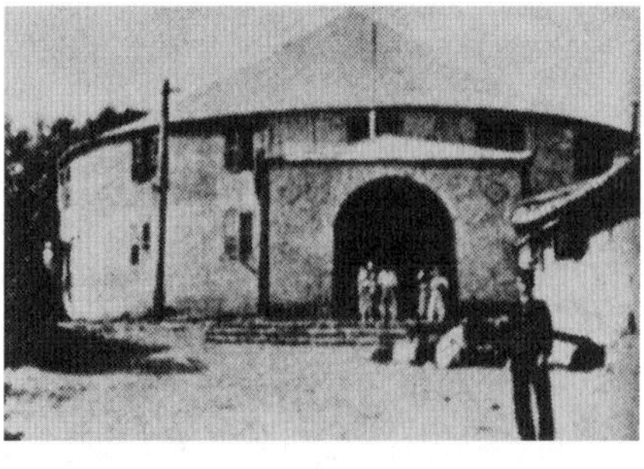

▌우리나라 최초의 극장이자 국립극장 '협률사'

자료: 경향신문.

영화도 유입되어 점차 자리를 잡게 되었다. 우리나라 영화의 기원에 대해서는 여전히 기록 탐구와 발굴이 진행되고 있어 학계의 견해가 다양하다. 지금까지 통용되는 주장을 집약하면, 영화는 1897년 일본에서 처음 들어와 지금의 서울 충무로인 이현泥峴(남산정)에 있었던 **본정좌**本町座라는 간이 극장에서 조선에 거주하는 일본인을 위한 감상 용도로만 상영되었다(임화, 1941). 서구에서 일본으로 영화가 들어온 지 얼마 되지 않은 시기였다. 이어 '**황실어람**皇室御覽'이라는 말이 있었듯이, 『버튼 홈스의 여행 강의The Burton Holmes Lectures』(1901)를 쓴 미국인 촬영감독 **엘리아스 버튼 홈스**Elias Burton Holmes (1870~1958)가 1899년 황실을 방문해 조선 여행 중 휴대용 영사기로 풍광을 찍은 영화를 **고종 황제** 앞에서 선보였다(조희문, 2002). 고종은 영화를 보며 외국의 생활 모습과 풍경에 흥미를 느꼈으며, 홈스에게 감사의 표시로 비단과 부채 등을 선물했다. 1893년 미국의 토머스 에디슨Thomas Edison이 영화의 초기 형태인 활동사진을 발명한 지 6년 만이다. 1899년 12월에는 무성영화 형태인 일본 영화가 전국에 순회공연되었는데, 이때 우리나라에 '**활동사진**活動寫眞'과 '**변사**辯士'라는 용어가 처음 등장했다.

활동사진은 '영화'를 뜻하는 '모션 픽처motion picture'를 직역한 말이다. **변사**란 무성영화 시대에 스크린으로 상영되는 극의 진행과 등장인물의 대사를 관객에게 직접 설명해 주던 활동사진 해설가를 말하는데, 조선 후기에 등장해 직업적으로 책을 읽어주거나 얘기를 들려주던 '**전기수**傳奇叟'와 함께 조선의 대표적 언어 예술인으로 평가된다. 4~8명의 변사가 한 무대에 등장해 극을 이끌어가는 일본과 달리 우리나라 **무성영화** 초창기에는 한 명의 변사가 영화 해설을 이끌어갔다. 활동사진이라는 용어가 정착하기 전에는 '팔딱사진', '움직사진'이라는 말도 쓰였다. ≪황성신문≫ 1901년 9월 14일 자에 '활동사진'이라는 단어가 처음 발견되었다. 이날 신문 논설 「사진활동승어생인활동寫眞活動勝於生人活動(사진의 활동이 산 사람의 활동보다 낫다)」은 1900년 중국 화베이 일대에서 서구 열강과 기독교를 배척하기 위해 의화단을 중심으로 일어난 농민 봉기 운동인 '북청사변北淸事變'에 관한 활동사진을 감상하고 쓴 것으로, 이는 당시 활동사진이라는 말이 두루 쓰였을 것으로 추정이 가능한 증거다.

> 사람들이 **활동사진**을 보고 신기함에 정신이 팔려 입을 다물지 못하고 참으로 묘하다고 찬탄하여 마지않는다. **사진**이란 곧 촬영한 그림에 지나지 않는데도, 그것이 배열되어 움직이는 것이 마치 사람이 살아서 움직이는 것과 같이 가히 '**움직이는 그림**[活畵]'이라 할 만하다. …… 사람들이 영화에서 활동하는 것은 내가 원하는 바가 아니라, 진실로 바라는 것은 백성의 활동이 활발해지는 것이라고 했다. …… 화인(畵人)의 활동은 오히려 생동감이 있는데 생민(生民)으로서 능히 활동을 하지 않는 것이 오늘날 대한의 선비와 같아서 하는 말이다. …… 이렇기 때문에 화인의 활동을 원하지 않고 다만 오늘날 생민의 활동을 원한다 하는 것이다.

1903년 6월 23일 자 ≪황성신문≫에는 앞의 내용처럼 상영 장소, 시간, 내용, 요금 등의 상영 정보를 담은 우리나라 최초의 대중 영화 상영 소식이 **광고**를 통해 전해졌다. **극장 광고**와 **극장 사업**의 시초라 할 수 있다. 당시 신문광고에는 "동대문 내 전기회사가 기계창에서 시술하는 활동사진은 매일 하오 8시부터 10시까지 설행設行되는데 대한 및 구미 각국의 도시, 각종 극장의 절승絶勝한 광경이 구비하외다. **허입료금**許入料金(입장 요금) 동화 10전銅貨十錢"이라는 내용이 실려 있다. 한성의 전차 시공을 맡은 미국인 헨리 콜브란과 해리 라이스 보스트윅이 동대문에 있던 **한성전기회사**의 **전차 차고**에서 전차 이용객을 늘리기 위해 일반인을 대상으로 돈을 받고 영화를 보여주었는데, 서울 인구가 25만 명이던 당시 영화 한 편에 1000명 가까이 몰린 것이다. 그러자 한성전기회사는 1903년경부터 차고에 **동대문 활동사진소**(1908년 단성사 사주 박승필이 인수해 '**광무대**'로 개칭했다)라는 간판을 내걸고 본격적으로 영업을 했다. 당시 이 회사는 외국 문물과 외국인의 모습을 찍은 영상물을 선보였는데, 이 같은 활동사진의 신기함에 호기심을 느낀 젊은 관객이 점차 늘어났다.

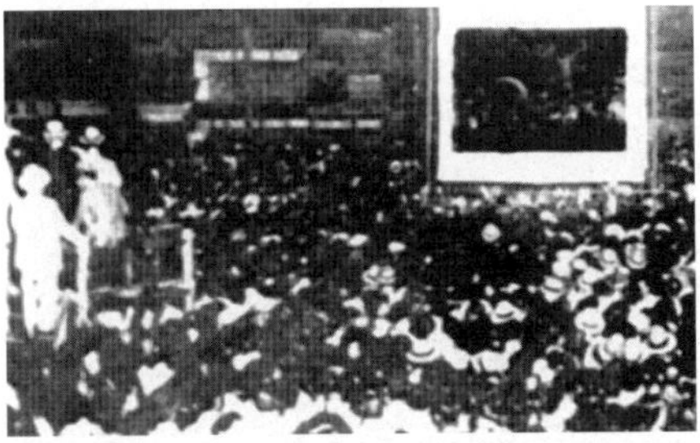

▌한성전기회사의 동대문 활동사진소

회사 차고에 옥양목 스크린을 걸어 야외 영화관을 만들었다.
자료: 서울시 「동대문 이야기 지도」.

그러자 미국은 물론 프랑스와 일본 사람들까지 외국 풍물을 담은 단편영화를 찍어 매일 오후 8~10시에 보여주는 방식의 영화 사업에 뛰어들었다. 당시 관람료는 설렁탕 1인분 값인 10전 정도였다. 1905년 **영미연초회사**는 한성에 본사 판매부를 설치해 본격적으로 영업을 시작했는데, 영화의 인기를 담배 매출 확대에 활용하기 위해 홍보 영상을 영화로 만들어 경성 을지로에 있는 **벽돌 창고**에서 상영했다(안종화, 1962). 이때 한성전기회사에서 전기사업 특허권과 재산권을 그대로 인수한 한미전기회사와 영미연초회사의 제휴도 이뤄졌다. 1904년 12월에는 고종이 즉위 40주년을 기념해, 국가의 제사와 시호를 의론해 정하는 일을 관장하고자 설치한 관서인 **봉상시**奉常寺 구내에 **극대**劇臺를 설립했다. 극대는 우리나라 최초의 극장이다.

음악 분야에서는 여전히 전통음악이 주류를 이루는 가운데 유성기와 같은 새로운 음악 기기의 도입으로 변화가 생겼다. **유성기**는 음파를 기록한 음반을 회전해 음성을 재생하는 장치로 '**축음기**'의 옛말이다. 유성기의 출현과 도입은 소리 기록의 역사와 연관이 깊다. 세계에서 소리를 처음으로 기록한 사람

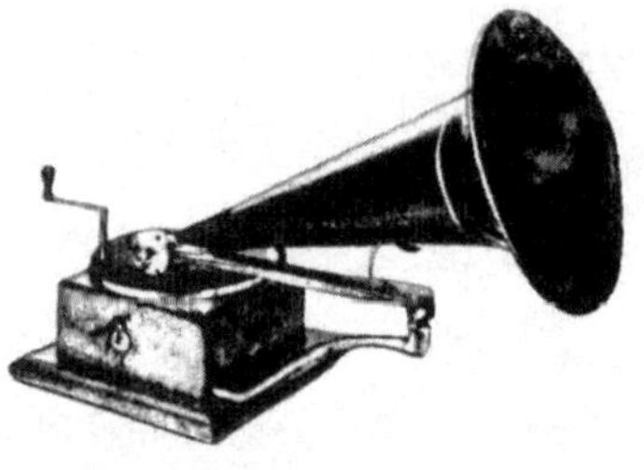

▌대중음악 보급의 서막을 알린 유성기(축음기)
자료: 경향신문.

은 1857년 프랑스의 에두아르 레옹 스코트 드 마르탱빌Edouard-Leon Scott de Martinville이다. 그는 소리의 파동을 먹지에 그래프처럼 그리는 방식으로 기록했으며, 이런 원리를 반영한 축음기를 처음 발명했다. 이어 미국의 토머스 에디슨이 1877년 녹음과 재생이 가능한 **원통형 축음기**를 발명했다. 에디슨은 먼저 원통을 감은 얇은 은박에 소리의 진동을 기록하고 재생해본 뒤 은박 대신 벌집을 녹인 밀랍, 즉 왁스를 사용해 효율성을 높이고, 나팔통의 떨림판에 바늘을 달아 회전하는 원통의 실린더 표면에 소리 진동을 찍어 새겨가는 방식의 유성기를 만들었다. 유성기가 나온 이후 1899년에는 동전을 넣고 단추를 눌러 곡을 선택하면 축음기에서 저절로 음악이 나오는 장치인 **주크박스**jukebox가 미국 샌프란시스코 팔라이스 로열 레스토랑에 등장했다(이수완, 2014). 주크박스는 루이스 글래스Louis Glass와 윌리엄 아널드William Arnold가 발명했다.

독일 상인 에른스트 오페르트Ernst Oppert는 영국 배 로나Rona호를 몰고 고종 3년인 1866년(병인년) 음력 2월 12일(양력 3월 28일) 충청남도 아산만의 해미현 **조금진**(調琴津, 현재 당진시 대호지면 조금리)에 도착했다. 그는 쇄국 중인 조선에 통상을 요구한 뒤 거부당하자 해미현감 김응집 일행을 선상으로 초대해 연회를 열면서 바이올린 연주곡과 아코디언 연주곡 등을 음악재생 기기인 **대형 뮤지컬 박스**large musical boxes로 틀어주면서 근대 서양음악을 조선에 처음 전파하였다(김정섭, 2022). 이때 뮤지컬 박스는 아직 유성기가 발명되기 전이기 때문에 개선된 형태의 오르골orgel로 추정된다.

개항기 직전 서양 엔터테인먼트의 유입사

서양의 근대식 연회(宴會), 음악, 공연 등 엔터테인먼트 콘텐츠는 서양 대중문화가 본격적으로 유입된 개항(강화도 조약, 1876년 2월 10일) 이전에 조금씩 우리나라의 문을 두드렸다. 이렇게 유입된 콘텐츠들은 이후 우리 민초들의 생활에 녹아들어 우리 고유의 흥과 결합해 오늘날 케이컬처(K-culture)를 만든 바탕이 되었다. 사료 분석 결과, 서양인의 내국인 초청 첫 연회는 1816년에, 음악 재생장치인 뮤직 박스의 첫 시연은 1845년(제주 남해상), 뮤직 박스를 통한 첫 악곡 시연은 1866년(당진 조금진)에서 각각 처음 이뤄졌다.

첫째, 근대적 연회의 유입 역사를 살펴보자. 연회는 축하, 위로, 환영, 석별 등을 위하여 여러 사람이 모여 베푸는 잔치로 종종 친교와 외교 행사에 덧붙여지는데, 여기에는 엔터테인먼트의 다양한 요소들이 포함되어 있다. 조선인이 동양인이 아닌 서양인을 상대로 베푼 근대적 연회의 최초 기록은 정유재란기인 1599년(선조 31년) 5월 26일이다. 초대 손님은 각종 무예에 능한 포르투갈(파랑국, 波浪國)의 잠수부대 특수요원 병사 4명이었다. 『선조실록』(선조 31년 5월 26일)에 따르면 선조는 당시 원병으로 조선에 참전한 명나라 유격(遊擊, 총병관의 지휘하에 있는 관직)인 팽신고(彭新古)의 숙소에 찾아가 주연(酒宴)을 베풀었다. 이때 팽신고가 병사 4명을 소개하자 선조는 그 자리에서 그들을 보고 "이제 날을 꼽아 흉적(왜적) 섬멸을 기대할 수 있겠다"라고 격려했다.

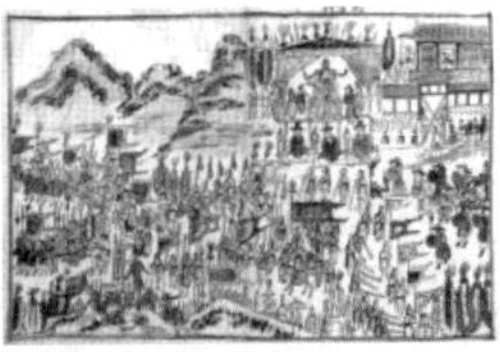

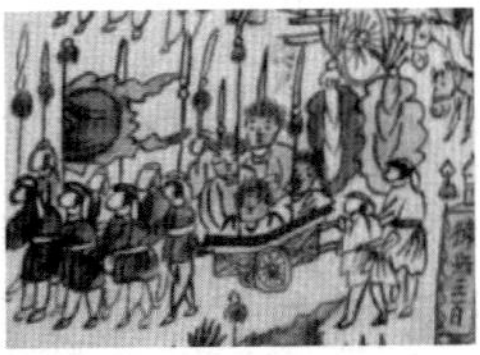

▌명군 퇴각 행렬 가운데 포르투갈 병사들을 담은 김수운의 〈천조장사전별도〉(왼쪽)와 부분 확대(오른쪽)

자료: 한국국학진흥원 소장

당시 사관(士官)은 낯선 포르투갈 병사들을 '해귀(海鬼)'라고 칭하며 "눈동자는 노랗고 얼굴빛과 온몸도 검고, 턱수염과 머리카락은 꼬불꼬불하게 말려 있다"라고 기록했다. 선조가 이들을 상대로 직접 주재하며 베푼 이 연회는 출병한

군인들의 사기 진작을 위한 위문 연찬의 성격이 짙다. 연회인 만큼 병사들의 재기(才技)를 보여주는 공연이 있었을 가능성이 있지만 그에 관한 기록은 아직까지 발견되지 않았다.

반대로 조선에서 서양인이 조선인을 상대로 베푼 첫 근대적 연회는 1816년(순조 16년) 9월 4일 비인만 마량진 갈곶(馬梁鎭 葛串, 현재 충청남도 서천군 서면 마량리) 앞바다에서 마량진 첨사와 비인현감을 초청해 이뤄졌다. 영국 해군의 머레이 맥스웰(Murray Maxwell)과 바질 홀(Basil Hall) 대령 일행은 알세스트(Alceste)호와 리라(Lyra)호를 몰고 와서 조선의 서해를 탐사(1816년 9월 1~10일)하던 중 마량진 갈곶에 닻을 내려 입국과 상륙을 청했으나 백발 노령인 마량진첨사(수군첨절제사, 종3품) 조대복과 비인현감(종3품) 이승렬에게 거부당했다(Basil, 1818).

이들은 배를 수색하던 조대복 일행과 말이 통하지 않자 브랜디, 럼주, 차, 비스킷, 고기, 체리로 연회를 열며 다음날 상륙 허락을 요구했다. 조선인들은 이들과 어울리며 나이프, 포크, 스푼을 활용해 식사도 했다. 이 연회는 통상 요구 관철을 위한 우호적 분위기 조성용이었다. 마량진 첨사와 비인현감은 서양인 주최 선상 연회에 참여한 첫 내국인으로 기록되었다. 그러나 이 연회가 쇄국기(鎖國期)에 국법을 어기고 비밀리에 실행되었기에 이들은 훗날 엄중한 문책과 큰 고초를 겪었다.

둘째, 서양인의 공연 유입사를 살펴보자. 서양인의 첫 공연은 제주 대정현에 표류했다가 제주성, 전라도, 충청도를 거쳐 한양으로 압송된 네덜란드(아란타, 阿蘭陀)의 표류객 핸드릭 하멜(Handrick Hamel) 일행 36명이 1654년 8월 15일 조선 궁궐의 효종 면전에서 선보인 댄스·검술 공연이었다. 효종은 이들이 고국 송환을 간청하자 뿌리친 채 먼저 네덜란드 춤을 추고 노래를 불러보라고 명했다(Hamel, 1813). 전문 예술인이 아닌 아마추어인 동인도 회사 직원들의 공연은 이렇게 갑작스런 요청으로 이뤄졌다. 서양의 대중문화를 서양인이 직접 조선의 육지에서 선보인 첫 사례라서 문화교류사적 가치가 있다.

『효종실록』(효종 4년 8월 6일)에는 "하멜 일행 가운데는 코로 퉁소를 부는 자도 있었고, 발을 흔들며 춤추는 자도 있었다"라고 적혀 있다. 코로 퉁소 불기는 재기(才器), 즉 '개인기'에 해당된다. 금발, 장신, 큰 몸집이란 외형만으로도 백성들의 화제가 되었던 이들의 궁궐 공연의 반응이 뜨거웠고 금방 입소문이 났다. 하멜 일행은 권세 있는 사대부 양반집을 돌며 공연하며 여성들에게 적잖은 팬덤을 누린 듯하다.

하멜은 귀국 후 쓴 여행기에 "조선 처자들은 우리가 노는 솜씨를 보기 위해서 구경하고 싶어 했다"고 기록했다. 이 공연 내용은 효종의 사위인 정재륜이 궁궐을 출입하면서 쓴 『동평위 공사견문록(公私見聞錄)』(1675~1720)에도 기록되어 있다. 17C 네덜란드 문화를 고려할 때 당시 선보인 춤은 양쪽 다리를 번갈아 들고 어깨를 들썩이며 추는 포크덴스(민속춤), 김술은 동인도 회사 사람들이 많이 하던 것과 같은 장칼로 기사도처럼 겨루는 형식이었을 것으로 추정한다.

반면 서양에서 우리 조선인이 근대 공연을 관람한 첫 사례는 1883년 9월 40여 일간 보빙사로 미국에 간 전권대신 민영익 일행이 1883년 10월 보스턴 극장에서 '발레'를 관람한 일이다(Lowel, 1885).

셋째, 서양인의 국내 첫 서양 악기 연주회는 1854년(철종 5) 4월 28일 함경도 영흥부 고령사 호도반도 대암진(大巖津, 현재 송전만) 앞에 정박한 러시아 선박 팔라다(Pallada)호의 선실에 이뤄졌다(Goncharov, 1854~1856). 대암진 주민들을 선실로 초대해 벌인 러시아 13세 소년 미샤 레자레프(Misha Lazarev)의 피아노 연주회였다. 해군 하사관 자격으로 배에 동승해 천재적인 예술 재능을 발휘하며 선원들을 연주 등으로 즐겁게 해주던 소년으로 해군대장 라자레프(Lazarev)의 아들이었다.

러시아는 극동 해양 패권 강화를 위해 1852년 5월 7일 해군 중장 푸차친(Lazarev Evfimi Vasilievich Putyatin)을 외교관, 과학자들과 함께 극동으로 파견했고, 푸차친은 나가사키로 가는 함대의 집결지로 거문도를 지정해 1854년 4월 2일 팔라다호 등 세척의 배를 끌고 러시아인 최초로 조선의 거문도에 도착했다. 유명 작가 콘차로프(Ivan A. Goncharov)도 푸차친의 비서관으로 함께 왔는데, 훗날 쓴 여행기에 이 사실을 기록했다.

푸차친은 함대가 계속 북상해 1852년 4월 27일 대암진에 정박한 다음 날인 28일, 친교를 위해 주민을 배로 초청하여 선실에서 라자레프의 피아노 연주를 열었다고 기록했다. 그는 항해기에 "많은 사람들이 놀러왔는데, 이날 주민 중

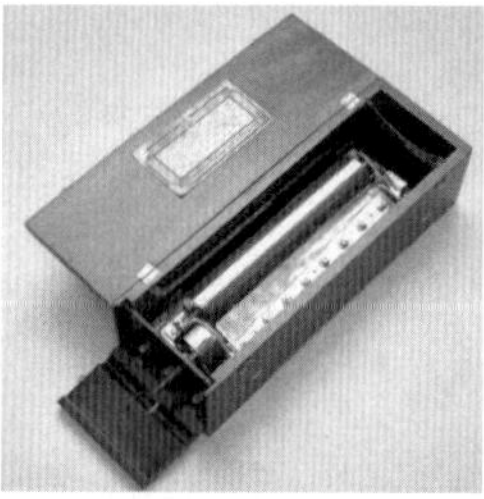

▌1840년 듀코몬-게로드의 제작 초기 키윈드 뮤직 박스, 〈An Early French Mahogany Music Box By Ducommond Giraud, Circa 1840〉

자료: Toebosch Antiques, Kenaupark 29, 2011 MR Haarlem, Netherlands.

한 사람은 이 연주를 보고 놀라 선실 마룻바닥에 넘어지고 말았다"고 공연 반응을 적었다(Goncharov, 1854-1856; 박천홍, 2008). 내국인이 외국에서 서양 악기를 접한 최초의 체험은 1766년 1월 9일 홍대용이 청의 북경(北京)에 있는 남천주교당을 방문해 풍류(파이프오르간) 연주를 감상한 일이다(홍대용, 1765~1766).

넷째, 서양의 음악 재생기기의 도입사를 살펴보자. 오르골 형태인 서양의 뮤직 박스가 내국인에게 처음 선보인 것은 1845년 6월 30일 제주도(겔파트 섬) 남해상에 도착한 영국 선박의 선상(船上)이다(Belcher, 1848). 이곳은 육지에서 먼 해안인 데다 배를 수색하던 관리가 시찰 중에 살펴본 것이라 국내에 전수한 것으로 보기는 어렵다. 영국 해군성이 1848년 발간한 에드워드 벨처(Edward Belcher) 함장의 여행기 2권 8장 「류큐-한국-일본(Loo・Choo-Korea-Japan)」에 그 기록이 등장한다.

이 문헌에 따르면 벨처가 이끄는 영국 군함 사마랑(Samarang)호는 제주도 우도, 거문도를 거쳐 남해안의 식생을 정밀 탐사했다. 1845년 6월 25일 제주 남쪽 만에 정박했다. 이어 제주 남해안에 상륙한 6월 30일 책에 'General'로 표현된 제주의 관리가 배로 찾아와 상호 필담(筆談)했다. 이어 벨처는 선실에서 조선 관리에게 뮤지컬 박스(musical box, 뮤직 박스) 소리를 들려줬는데, 그때의 정황과 반응을 여행기에 적었다.

"조선의 관리는 (선실에 들어오자) 또 다른 세상을 발견했는지 몸을 떨었고, 더 많은 남자들이 더 아래로 내려갔으며, 선실로 돌아가기를 바랐지만 거기에서

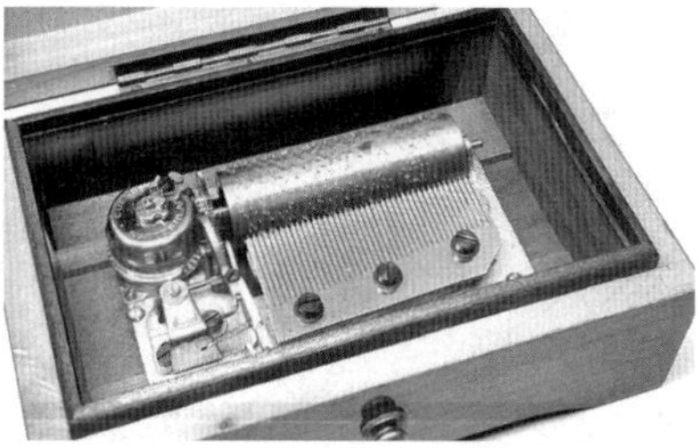

▌오페르트가 시연한 기기로 추정되는 파이야르의 실린더 제거형 뮤직박스 (1862), 〈Cuendet 3 Melody Swiss Music Box *Video*〉

자료: https://www.ebay.com/itm/115626756238(검색일: 2024.1.17)

그는 뮤지컬 박스 연주를 보고 무척 즐거워했다.”

이때 음악을 들은 조선 관리는 벨처와 영국식으로 악수하고 배 안에 있는 양, 염소, 가축을 둘러봤다. 사탕과 와인을 대접받았으며, 소와 야채의 물물 교환을 제안해 성사되었다. 그 시기 선보인 뮤지컬 박스는 음악 재생 기기 발전사를 고려할 때 태엽을 감아 한 곡씩 악곡을 듣는 ‘키 윈드 뮤직 박스(Keywind Music Box)’ 버전의 오르골(orgel)로 판단된다.

보다 기술이 진보된 뮤직 박스들을 가져와 구체적 지명이 제시된 장소에서 여러 악곡을 틀어준 사례는 1866년(고종 3년) 2월 12일 독일 상인 오페르트(Ernest J. Oppert) 일행이 영국 배 로나(Rona)호를 몰고 충청도 해미현(海美縣) 조금진(調琴津, 현 당진시 대호지면 조금리) 앞 바다에 도착해 해미 현감에게 교섭 분위기 조성을 위해 마련된 로나 호의 선상 연회에서 이뤄졌다(Oppert, 1880). 항구라는 구체적 접안지(육지)에서 이뤄진 데다 조선의 관리 일행을 상대하며 직접 시연하면서 선보였기 때문에 서양의 근대 음악과 뮤직 박스의 공식적인 전래라 할 수 있다.

제주 남해상의 사례와 달리 육지에 인접해 여러 개의 ‘뮤직 박스’를 틀어줬고 구체적인 지명이 언급되었다는 것이 다르다. 이때의 ‘뮤직 박스’는 실린더를 제거한 형태의 뮤직 박스가 개발되어 유통되었기에 유성기(gramophone)는 아니지만 유성기에 근접한 개선된 형태의 오르골이라 추정된다. 음악 재생기기 발달사를 고려하면 오페르트가 선보인 기계는 파이야르(Paillard)의 실린더 제거형 뮤직 박스(1862)와 같이 1판에 1곡씩 들어가는 떨림판이 달린 철제

'원반형 오르골'로 보인다.

오페르트 일행은 이어진 두 번째 항해에서 '남연군묘 도굴'이란 어두운 역사를 남겨 지탄을 받았다. 이들은 영국 상선 로나호를 타고 처음 방한했을 때, 해안을 탐사하다가 조금진에 도착해 상륙을 시도하던 중 관리와 마을 사람들에 의해 저지당하자, 친교를 통한 통상 분위기 조성을 하자는 속내에서 다음날 해미현감 김응집과 수비대장 등 관원을 초청하여 여흥을 베풀었다. 현감 일행이 수색을 위해 배를 방문하자 오페르트 일행은 각종 양주, 샴페인, 체리브랜디, 백포도주, 적포도주와 나이프와 포크로 먹을 수 있는 여러 음식을 내놓으며 뮤직박스로 음악을 틀고 관객 반응까지 세세히 기록했다.

그는 훗날 여행기에 "우리가 큰 뮤직 박스들(the large musical boxes)을 틀자 그들은 더욱 흥이 돋기 시작했다. 수비대장은 체면을 가리지 않고 박자에 맞춰 춤을 추기 시작했다. …… (들려준 음반 중) 특히 바이올린 연주곡은 조선인을 더욱 매료시켜 혼신의 힘을 다한 연주자의 음악이 끝나자 큰 박수갈채를 보냈다. 군사 고관은 평범한 손풍금의 음색에 빠져 즉시 자리에서 일어나 매우 흥겹고 놀라운 표정을 지으며 음악에 맞춰 춤추고 노래했다"라고 적었다(Oppert, 1880).

오페르트의 두 차례 방한 중 음반 시연은 한차례만 했기에 여행기 에 쓴 '조선음악평론'은 선상 연회 때의 상황과 반응, 느낌을 기록한 것으로 보인다. 그는 선상의 시연 음악은 '바이올린 연주곡'과 '손풍금(아코디언) 연주곡'이라는 것을 밝혔고, 조선인들의 음악과 춤에 대한 평론도 곁들이며 음악평론가의 면모를 과시하였다(김정섭, 2023).

그는 "조선인들의 음악 지식은 극히 초보적이고 악기도 원시적이지만 음악에 대한 애호심은 아시아의 어떤 민족보다도 강렬하다. 조선 사람들이 음악적 소양을 가지고 있기 때문이다. 노소를 막론하고 조선인들은 우리가 가져온 음악을 매우 좋아하였다. 중국인들과 달리 조선인들은 유럽의 음악을 이해하는 법을 알고 매우 즐겁게 듣는다. …… 조선 사람들은 춤추기를 매우 좋아하는데, 그들은 늘 노래를 부르면서 춤을 춘다. 다양한 동작을 선보일수록 그들은 능숙한 춤꾼으로 인정받는다"라고 적었다(Oppert, 1880).

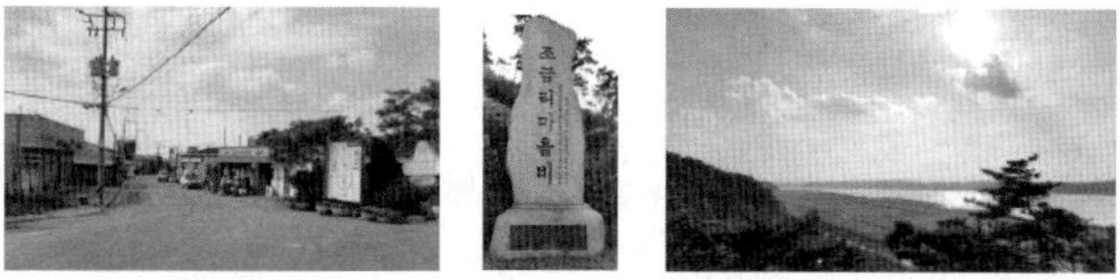

▌당진 조금리(왼쪽), 남연군묘 도굴사건이 기록된 마을비(가운데), 대호만호 조금진 나루터 입구(오른쪽)

자료: 김정섭

마지막으로 유성기(留聲機, 축음기)의 유입사를 살펴보자. 1857년 영국의 레온 스콧(Leon Scott)은 원시적 형태의 유성기인 자음기(自音機)를 개발했다. 그러나 이 자음기는 원래 음악 재생기기가 아니라 음파 측정용 물리실험 용 기기였다. 토머스 에디슨(Thomas Alva Edison)은 전신소에서 일하다가 1877년 유성기의 초기 형태인 소리 기록 장치를 발명했다. 1879년에는 소리를 기계 진동으로 바꾸고 주석 재질 원통의 박에 홈을 파서 이 진동으로 전달되는 소리를 기록하는 유성기를 개발했다. 이어 1887년에는 왁스 재질의 원통에 녹음 및 재생장치를 갖춰 만든 '완성형 유성기'를 만들었다. 독일 태생의 미국 이민자인 에밀 베를리너(Emile Berliner)는 1887년 원통형에서 벗어나 아연이 재질인 원반형 유성기를 개발했다. 이는 이후 전축의 일반적인 모습인 턴테이블(turntable)의 원형이라 할 수 있다.

우리나라에서 유성기는 1895년에서야 상용화되었다. 우리나라 유성기 도입 기록은 레코드 회사 월간 홍보 잡지인 ≪일동 타임쓰(Ildong Times)≫(1926. 10)에 나타난다. 이 문헌에 따르면 대한제국 주미전권대사 서리로 미국에 갔던 이하영(李夏榮)은 1888년 6월 고종 황제에게 올리는 보고서를 유성기로 취입(吹入)해 선교사를 통해 본국에 보내 조선 궁궐에서 시연토록 하였다.

당시 고종은 문무백관을 모아놓고 그 유성기를 틀도록 한 뒤 "이하영의 소리는 들리나 얼굴이 보이지 않는다고 말하며 기뻐했다"라고 일동축음기회사가 자사 음반 홍보를 위해 가수 공연 소식, 음반 소개, 음반 리뷰 등을 담아 발행한 국한문 대중음악 잡지인 ≪일동 타임쓰≫는 전했다. 이하영은 1889년 귀국했는데, 에디슨의 유성기가 나오자마자 이를 기발하게 활용한 것으로 보인다.

유성기로 처음 음악을 선보인 사례는 1897년으로, 미국 공사 출신의 선교사 호러스 뉴턴 알렌(Horace Newton Allen)이 고종 앞에서 시연했다는 기록이 각종 사서에 등장한다. 이때 사용한 기기는 에디슨이 만든 왁스 실린더형 유성기다. 그러나 정작 『한국 설화: 한국 민간 설화를 번역해 모으다(Korean Tales: Being a Collection of Stories Translated From the Korean Folk Lore)』(1889), 『알렌의 일기: 구한말 격동기 비사』(2017)를 비롯한 알렌 본인의 일기와 문집(국문 · 영문판)에는 이런 내용이 없어 보다 명확한 검증과 규명이 필요하다.

≪독립신문≫ 영문판에 의하면 평원반 유성기로 외국 곡을 처음 연주한 사례는 평양에서 이뤄진 노블(William Arthur Noble) 목사의 다섯 번째 결혼기념식이다. ≪제국신문≫(1899.3.13)에 따르면 유성기는 등장 초기 각색한 말과 기이한 풍류 소리가 들려 '전어기통(傳語機筒)'으로 불렸다.

유성기는 토머스 에디슨이 실린더형 유성기를 개발한 1888년, 미국에 외교관으로 간 **이하영**이 고종에게 보고할 문서를 취입하여 1888년 귀국할 때 국내로 처음 들여왔고, 음악 청취 용도로는 미국 공사를 지낸 선교사 **호러스 뉴턴 알렌**이 처음으로 **실린더형 유성기**를 들여와 정부 대신들을 초청해 시연하며 소개했다(김정섭, 2022). 이후 1899년 우리나라에서 처음으로 유성기에 음반을 취입했다. 명창 광대가 부른 「춘향가」, 기생 화용과 금낭이 부른 **가사**歌詞, 기생 산홍과 소리꾼 학봉이 부른 **잡가**雜歌를 녹음한 것이다.

장악원掌樂院은 조선 초기 장악서와 악학도감의 전통을 전승한 기관으로 1470년(성종 1년) 이후 427년간 조선시대 궁중에서 연주하는 음악과 무용에 관한 일을 담당했는데, 1887년 10월 **교방사**敎坊司로 개칭되었다. 1884년 11월에는 판소리 명인 신재효가 사망했다. 1893년 12월에는 가야금 명인 명완벽이 전악에 올랐다.

양복, 양장, 양품 등
신식 스타일의 유행

스타일 면에서도 변화가 크게 움텄다. 갑오개혁 이후 관복이 간소하게 변하고 신분에 따른 옷 구별도 사라지게 되었다. **양복**과 **양장**이라 불리는 서양식 복식 스타일도 등장했다. 서양식 옷을 파는 양장점이나 '회사'라는 뜻의 **양행**洋行과 함께 '양식', '양말', '양동이'라는 말도 나타났다. 신식 물품에는 서양에서 바다(물)를 건너왔다는 의미로 '양洋'이라는 접두사가 붙었다. 고종은 1884년 **의복 개혁**을 실시해 관복을 검은색 무명의 둥근 깃이 달린 두루마기인 **흑단령**으로, 사복을 소매가 좁은 두루마기인 **착수의**로 바꾸며 의복에 따라 신분이 구별되는 풍조를 없앴다. 1896년에는 옛 군복을 철폐하고 서양식 군복을 도입했다. 처음으로 **양복**을 입은 사람들은 개화파인 김옥균, 서광범, 유길준, 홍영식, 윤치호 등과 외교사절단들이었다. 이 시기부터는 일반인에게도 양복이 허용되어 상류층을 중심으로 퍼지기 시작했다.

윤고려(윤코리아)라는 여성은 아버지를 따라 미국으로 건너가 아홉 살이던 1899년 미국 워싱턴에서 여학교를 마치고 귀국했는데, 귀국길에 서양옷을 입고 돌아와 우리나라 최초로 **양장**(블라우스-스커트)을 착용한 여성으로 기록되었다(금기숙 외, 2012). 윤고려는 대한제국의 문신이자 인천세관장을 지낸 김윤정의 딸로, 본명은 김고라 또는 김고려였다. 윤고려는 이후 독립운동가이자 제4대 대통령 윤보선의 큰아버지인 윤치호가 일간신문에 조선 최초로 **공개 구혼**(재혼) **광고**를 내자 이에 응해 결혼한 뒤 남편의 성을 따라 개명했다. 배정자라는 기생은 아르누보 스타일의 서양 드레스를 입고 고종 황제와 **서양 댄스**를 추기도 했다. **박에스더**는 1896년에 미국 볼티모어 여자의과대학에 입학했으며, 1900년 졸업과 함께 우리나라 최초의 여성 박사이자 여성 의

사가 되어 레이스 장식의 블라우스와 재킷을 입고 모자를 쓴 채 귀국했다. 특히 박에스더는 본명이 김정동이었는데, 서양 풍속을 따라 남편의 성(박)과 세례명(에스더)을 사용해 눈길을 끌었다.

이즈음 우리나라 고유의 복제와 서양 스타일이 혼재된 **개량 한복**이 등장하고 **마고자**와 **조끼**를 입은 사람도 나타났다. 여성이 얼굴을 가리는 데 사용해온 **장옷**과 **쓰개치마**는 사라졌다. 거리에서 **양산**을 쓰고 다니는 풍경도 목격되었다. 일본인 하마다濱田는 1889년 한성 광화문 우체국 앞자리에 우리나라에서 처음으로 '하마다 양복점'을 설립했다. 한국인이 운영한 최초의 양복점은 1902년 **한흥양복점**이었다. 1897년 고종이 내린 **단발령**은 자살자가 속출하는 등 국민적 반발이 거세지자 시행 2년 만에 취소되었으며, 머리 모양은 각자의 자유의사에 맡겨졌다. 유양호는 이러한 분위기를 배경으로 1901년 한성 인사동에서 우리나라 최초의 이발관인 **동흥이발소**를 개업했는데, 이곳이 인기를 끌면서 멀리 인천의 손님들까지 찾아왔다(최용범 · 이우형, 2012). 동흥이발소에서는 서구 스타일로 머리를 잘라주었는데, "상투 짜줌", "배코도 침"이라는 문구를 내걸고, 상투를 새로 틀어주거나 면도로 머리 전체를 밀어주었다. 유양호는 훗날 이발소를 현재의 광화문 교보빌딩 자리로 옮겨 '**광화문이발소**'로 개칭했다.

유학생의 숫자가 늘고 각종 서양 예술품, 기호품, 음식이 도입되었다. **유길준**은 1884년 미국 다머Dammer 학원에 입학해 최초의 미국 유학생으로 기록되었다. 1898년 네덜란드 화가 휘버르트 포스Hubert Vos는 고종 황제의 **초상화**를 그려 선사했다. 그의 그림은 우리나라 최초의 서양화로 평가된다. 커피, 홍차 등의 기호품과 빵, 양과자 등이 보급되었고 각종 서양 음식이 들어왔다. 서양식 식사 문화는 왕실과 고위 관리의 집을 중심으로 퍼져나갔다. 호떡 등 중국 음식과 우동, 어묵, 초밥 등 일본 음식도 소개되었다. **커피**가

들어온 이후 1898년 9월 11일에는 러시아 통역관 출신의 비서관 김홍륙이 궁중 주방의 김종화 등과 공모해 고종 황제와 황태자에게 독(아편)이 든 커피를 올렸는데, 고종은 냄새가 나서 마시지 않고 황태자는 마신 후 피를 토하고 쓰러지는 이른바 **독다사건**毒茶事件이 발생했다(최용범·이우형, 2012). 김홍륙은 1896년 아관파천 당시 고종과 러시아 공사 카를 이바노비치 베베르Карл Иванович Вебер 사이에 통역을 맡아 고종의 총애를 받은 후 황실을 마음대로 출입하며 호가호위했는데, 1898년 러시아와 교역 과정에서 큰돈을 챙긴 사실이 적발되어 전라남도 흑산도로 유배를 가게 되자 앙심을 품고 이런 암살 기도를 저질렀다. **빵**은 한말 선교사들이 숯불 위에 시루를 엎어놓고 구워낸 **우랑떡**을 보급하면서 국내 역사가 시작되었다. 이어 1890년 최초의 서양식 호텔인 **손탁호텔**에서 **면포**麵包라는 빵이 처음 판매된 후 일본인과 중국인에 의해 여러 형태의 빵과 제빵 기술이 소개되었다.

해외 이주는 다른 나라 문화예술의 자연스러운 전파와 이식을 야기하는 효과를 불러오는데, 우리나라 사람들의 해외 이주도 시작되었다. 한국인들은 1870년대부터 기근에 시달려 만주, 연해주, 두만강 너머의 북간도로 이주·정착했으며, 1893년에는 러시아령 블라디보스토크에 **한인촌**이 건설되었다. 1901년 1월에는 **유두포**가 한국 상인 최초로 미국 하와이에 건너가 민간 교류의 물꼬를 텄다. 1902년 10월에는 도량형 규칙을 공포하고, 개척과 이민 사무를 관장하기 위한 전담 관청인 **수민원**이 설치되었다. 한 달 뒤인 12월에는 하와이 이민자 121명이 출발했다. 개항으로 외국인들이 들어오는 가운데 1899년 12월에는 입국한 일본인들을 대상으로 호구조사를 실시했는데, 그 결과 진남포에 105호 311명, 평양에 42호 119명, 군산에 65호 240명이 있는 것으로 집계되었다.

일본식과 서양식 건물이 지어지고 은행과 병원 등 근대식 편의·복지 시설이 생겨나기 시작했다. 이 시기 세워진 한성의 **명동성당**은 고딕 양식, **덕수궁 석조전**은 르네상스 양식이 반영되었다. 안경수 등은 1896년 6월 최초의 근대식 은행인 '조선은행'을 설립했다. 1885년 한성에는 최초의 서양식 병원 **광혜원**廣惠院이 설립되어 미국 의사 알렌을 초빙해 진료를 시작했는데, 이 병원은 한 달 뒤 **제중원**濟衆院으로 개칭되었다. 제중원은 나중에 세브란스병원으로 발전했다. 정부는 일반 국민을 진료하기 위해 1899년 **광제원**을 설립하며 다양한 병·의원을 개설했다. 지석영은 에드워드 제너Edward Jenner의 종두법을 받아들여 **우두**를 접종함으로써 천연두 예방과 치료에 새로운 길을 열었다. 1893년 8월 미국인 의사 올리버 R. 에이비슨Oliver R. Avison은 고종의 전의가 되었다. 1894년 4월 이제마가 『동의수세보원』을 출간했고, 일본인 치과의사는 서울 남대문로에 최초로 치과 의원을 개설했다.

서양식 종교인 개신교 등이 보급되고 **교회**가 속속 등장했다. 1875년 국내에 잠입한 조선 교구 주교 펠릭스 클레르 리델Félix Clair Ridel 등이 체포되었다. 1885년 4월에는 황해도 장연에 서상륜 등이 우리나라 최초의 교회인 **소래교회**를 설립했다. 1887년 4월 미국인 선교사 헨리 아펜젤러Henry Appenzeller는 우리나라 최초의 감리교회인 **정동교회**를 설립했다. 1898년 5월에는 명동성당이 준공되었다. 1890년에 집계된 전국 기독교 신자는 1만 8000명이었다. 1901년 5월에는 제주도 대정현에서 **이재수** 등 제주도민과 천주교도 사이에 충돌이 발생해('제주교난') 정부에서 군을 파견하고 프랑스 함대와 일본 군함까지 출동해 사태를 진압했다. 1897년 1월에는 일본 불교 정토교가 전래되었다. 1903년 12월에는 대한적십자사가 발족되었으며, 『신약성서』 번역이 완료되었다. 1902년 강일순은 증산교를 창시했고, 손병희는 1905년 12월에 동학을 천도교로 개칭했다.

대중문화의 가교인
정보·통신·기술의 보급

대중문화예술의 발전과 연관이 깊은 정보·통신·기술 분야도 급진전되었다. 열강은 자원 수탈을 목적으로 전신, 전화, 우편, 철도, 전기 등을 가설했다. 우편의 경우 1884년 2월 우편 기관인 우정총국 설치를 시작으로 1990년 1월 만국우편연맹에 가입해 외국과 처음으로 우편물을 교환했다. **전등**電燈은 1887년 12월 경복궁 건청궁乾淸宮에서 처음 사용했다. 이후 황실이 미국인과 합자해 1898년 한성전기회사를 설립하고 전등 가설을 점차 확대했다. 한성전기회사의 전기는 전차 운행의 에너지원으로 사용되었다. 1990년 4월에는 서울 종로 거리에 처음으로 전등이 설치되었다. 1885년 8월에는 조선과 청의 합작으로 서로전선西路電線을 구축하기 위해 한성전보총국을 개국하고, 한성(서울)과 인천 사이에 **전신**傳信을 먼저 개통했다. 이듬해인 1886년 청이 한성-부산 간 전선電線을 가설했다. 1893년 8월에는 조선전보총국을 조선전우총국으로 바뀌었다. 해상 교통 부문에서는 1883년 9월 인천과 중국 상하이 간에 **기선항로**汽船航路가 개설되고, 1884년 부산과 일본 나가사키 사이에 해저전선이 착공되었다. 뒤이어 청이 서울-인천, 서울-의주 구간에 해저전선을 설치했다.

전화기는 독일의 루돌프 디젤Rudolf Diesel이 디젤기관을 개발한 1893년에 처음으로 도입되었다. 전화는 1898년 경운궁에 처음 가설된 후 점차 서울 시내로 확대되었는데, 전화망은 1902년 5월 한성-개성을 시작으로 1903년 개성-평양, 1904년 인천-원산에 차례로 개통되었다. **철도**는 1897년 3월 경인선 기공식 이후 1899년 한성 서대문-청량리 구간에 최초로 **전차**가 개통되었다. 러일전쟁을 치르던 일본은 국토 침략과 자원 수탈의 목적을 품고 경인선·경부선·경의선 철도를 차례로 개설해 X 자 형태의 전국망을 완성했다. 고종은 1883년 기지창과 전환국을 설치해 근대식 무기와 화폐를 만들었다. 1896년 9월 9일에는 처음으로 **태양력**太陽曆을 사용하기로 하고 1895년 11월 17일을 1896년 1월 1일로 선포했다. 1902년 10월에는 **도량형 규칙**을 공포했다. 1900년 7월에는 1897년에 착공한 **한강철교**를 준공했다.

제2장

일제강점기

을사늑약부터 해방까지

(1905~1945)

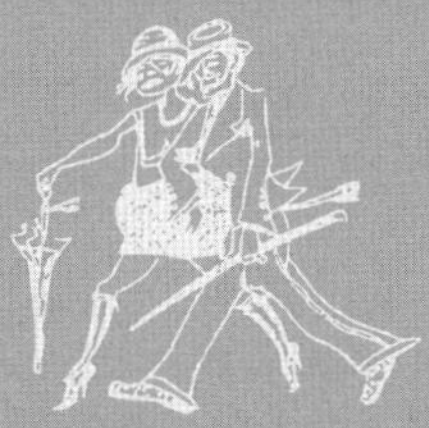

일본은 청일전쟁(1894)과 러일전쟁(1904)에서 각각 승리해 조선에 대한 독점적 권리를 확보했다. 이에 따라 한일의정서 체결(1904.2.23), 제1차 한일협약 체결(1904.8.22), 을사늑약 체결(1905.11.17), 한일신협약 체결과 군대 해산(1907.7.24), 한일병합조약 체결(1910.8.29)을 차례로 강제해 조선(대한제국)의 국권을 강탈했다. 고종은 12세에 왕위에 오른 지 40년 만에 일제의 강압과 이완용, 송병준 등 친일파 대신들의 간교한 매국 행각으로 강제 퇴위했다. 일본이 조선의 국권을 빼앗고 식민지로 만든 이유는 자국의 경제 운용에 필요한 원료와 식량을 수탈하고 팽창정책에 필요한 전쟁 물자를 확보하기 위해서였다. 아울러 메이지 유신(1868) 이후 일본의 상품생산이 활발해지면서 이를 판매할 시장을 확보하려는 목적도 있었다. 일본의 통치 전략은 국제정치의 상황과 조선 내 정세에 따라 무단통치기, 문화통치기, 민족말살통치기로 구분할 수 있다.

무단통치기(1910~1919)

을사늑약 체결 후 일제는 통치기관으로 통감부를 설치하고 이토 히로부미를 조선통감으로 임명해 내정과 외교를 장악했다. 을사늑약이 체결되자 이준, 이상설, 이위종은 1907년 6월 네덜란드 헤이그에서 열린 세계평화회의에 특사로 파견되어 고종의 친서와 신임장을 의장에게 전달하고 늑약의 부당성을 세계에 알리려 했으나, 일본과 영국의 방해로 회의에 참석하지 못했다. 일제는 헤이그 밀사 사건 등을 핑계로 고종을 강제 퇴위시키고 순종을 즉위시켜 이완용 등 친일 내각의 도움을 받아 한일신협약을 체결했다. 이 소식이 알려지자 서울 시내 전역에서 국민의 분노와 통곡이 비등했다. 이어 매국노 이완용의 집이 불타고 통감이 저격 대상으로 지명되는 등 큰 저항과 폭동이 일어났다. 이 조약에 따라 일제는 조선 통감의 권한을 강화하고, 고문을 폐지하는 대신 조선 통감이 임명한 각부 차관들이 분야별 실권을 장악하는 '차관 정치'(1907~1910)를 실시했으며, 대한제국 군대를 해산하고 사법권과 경찰권을 빼앗아갔다. 이에 맞서 안중근은 1909년 조선 침략의 원흉 이토 히로부미를 하얼빈 역에서 사살하는 등 크게 저항했다.

무단통치기(武斷統治期)는 한일병합조약 체결 직후부터 3·1 운동까지의 시기로 '헌병경찰통치기'라고도 불린다. 총리대신 이완용과 조선 통감 데라우치 마사타케(寺內正毅)는 1910년 8월 한일병합조약을 체결했다. 일제는 이렇게 국권을 피탈한 후 사회 전체에 공포 분위기를 조성하고, 회사령, 삼림령, 어업령, 은행령, 광업령 등을 제정한 뒤 상황에 따라 제도 개선을 모색하며 일본 시스템의 이식과 수탈에 나섰다. 이어 우리 국민의 토지를 빼앗고, 곡물·특산품·자원의 강제 반출을 효율적·체계적으로 수행하기 위해 철도망을 확충했다. 항일운동에 대한 탄압도 구체화했다. 일제는 1905년 을사늑약 이후 신설한 통감부를 계승해 식민 통치 기구인 조선총독부를 설치하고, 천황이 직접 데라우치를 총독으로 임명해 입법·사법·행정권을 장악하도록 했다. 조선총독은 육해군 대장 가운데서만 임명했다. 불필요한 반발을 고려해 대한제국 황실은 존속시키되 '황제'는 '왕'으로 격하했다. 대외적으로 조선인도 정치에 참여하고 있다는 점을 보여주기 위해 총독 자문기관으로 실권이 없는 중추원을 두어 이완용 등의 친일파를 고문으로 임명했다. 또한 전국을 13도 12부 220군으로 나누고 군 아래에 면을 두어 전통적인 공동체 조직을 무너뜨린 뒤 효율적인 식민통치를 꾀했다. 친일 단체를 포함해 모든 정치·사회단체를 해산하고 정치 집회, 강연회, 연설회를 금지했다.

치안 유지를 명목으로 악명 높은 헌병을 두어 경찰을 지휘하고 경찰의 임무를 수행하도록 했다. 일제는 이들에게 재판을 거치지 않고 벌금과 구류 처분 등을 내릴 수 있는 즉결처분권을 부여했다. 헌병은 산림 감시, 정치 협조, 농사 개량 등 행정 업무까지 관여했다. 1912년에는 조선인에게만 적용되는 '조선태형령'을 공포해 헌병이나 경찰은 재판 없이 즉결심판을 통해 작은 형장으로 사람의 볼기를 내려치는 형벌인 태형(笞刑)을 집행할 수 있도록 했다. 이후 우리 독립운동가는 물론이며 크고 작은 일반 형사범들이 반인권적인 태형으로 많은 피해를 당했다. 민간에서 아이들이 울 때 어머니가 "순사(경찰)가 온다"라고 말하면 울음을 그칠 정도로 일제의 헌병과 경찰은 공포와 악몽의 대상이었다. 인권을 침해하는 '조선태형령'이 국제 문제로 비화되자 1920년에 폐지되었다. 헌병경찰을 동원한 일제의 가혹한 통치는 결국 1919년 3·1 운동 등 거대한 민족적 저항을 야기했다.

무단통치기에 일제는 ≪황성신문≫ 등 민족지의 발행을 전면 금지했다. 그 대신 ≪매일신보≫와 ≪경성일보≫ 등 일제 통치와 체제를 선전하는 조선총독부의 기관지만 발간을 허용했다. 애국지인 ≪대한매일신보≫를 어용신문인 ≪매일신보≫로 개편하고, 일본어판 총독부 기관지 ≪경성일보≫와 선전용 영자지 ≪서울프레스≫를 발간했다. 1911년에는 '조선교육령'을 발표해 일제의 식민 통치에 순응하는 조선인 육성을 목표로 하는 교육에 착수했다. 사립학교들이 일제의 탄압을 피해 서당으로 전환하려 하자 일제는 1918년 '서당규칙'을 제정해 통제했다.

일제의 조선총독부는 이 시기 토지조사, 동양척식주식회사 설립 등을 활용해 토지 등 국내 자원을 수탈했기 때문에 많은 국민이 소작농이나 빈민으로 전락했다. 우리 민족은 일제의 탄압에 맞서 국내외 양면 전략으로 저항했다. 국내에서는 의병의 항쟁과 독립의군부(1912), 대한광복회(1915)와 같은 비밀결사 운동을 통해 국권 회복 운동을 전개했다. 해외에서는 만주와 연해주에 자치 기구와 독립운동 단체를 결성하고 민족학교를 세워 독립운동의 전초기지를 마련했다. 독립운동가 39명은 1918년 만주에서 대한독립선언을, 도쿄 유학생들은 1919년 2·8 독립선언을 발표했다. 이어 1919년 3월 1일 민족 대표 33인이 태화관에서 「독립선언서」를 낭독하며 3·1 독립운동이 불타올랐다. 같은 해 김원봉은 의열단을 조직하고, 강우규는 사이토 마코토(齋藤實) 총독에게 폭탄을 투척했다. 일제는 '제암리 사건' 등을 일으키며 독립운동과 관련된 시위를 무자비하게 탄압했다.

문화통치기(1920~1930)

러시아 제정을 무너뜨린 1917년 러시아혁명과 1918년 독일 항복 직전 미국 대통령 우드로 윌슨(Woodrow Wilson)이 약소국 독립에 대해 밝힌 민족자결주의 선언의 여파로 우리나라 문화에서도 민족자결 의식이 암암리에 확산되어 자발적으로 독립운동 의식이 싹트기 시작했다. 가혹한 무단통치로 3·1 운동과 같은 거대한 민족적 저항이 일어나자 일제는 1920년부터 군대식 통치에서 벗어나 회유 전략이 반영된 새로운 통치 전략을 내놓았다. 그것이 바로 문화통치(文化統治)다. 새로 부임한 총독 사이토 마코토는 "조선의 문화와 관습을 존중하고 조선인의 행복과 이익을 존중하겠다"라는 취임사 발언을 통해 문화통치를 가시화했다. 그러나 문화통치의 실상은 식민 통치를 은폐하고 지배와 수탈을 강화하기 위한 선전용 술책에 불과했다. 일종의 민족 분열을 통해 독립운동 세력을 약화하려는 의도가 숨어 있었다.

일제는 육해군의 현역 대장 가운데 임명해온 조선총독에 문관 출신도 임명될 수 있도록 제도적으로는 길을 열었다. 그러나 해방 전까지 실제로 문관 출신의 총독을 임명한 사례는 없었다. 조선인의 참여를 위한다면서 지방자치제도를 시행했지만, 선거로 임명된 도평의회와 부·면 협의회도 실권이 없는 자문기관에 불과했다. 일제는 악명 높았던 헌병경찰제를 폐지하고 보통경찰제로 전환했지만, 경찰관서 수, 경찰 인원수, 경찰서 예산 등을 이전보다 세 배 이상 늘리고 군대도 잔류했기 때문에 실상은 통제가 더욱 강화되었다. 1922년 '제2차 조선교육령'을 발표해 보통학교의 수업 연한을 6년으로 늘리고, 고등보통학교를 증설했으며, 조선 역사를 일본사에 편입해 가르치도록 했다. 교사나 관리가 제복을 입고 칼을 찬 채 근무하는 제도도 폐지했다.

언론·출판의 자유를 제한적으로 허용했으며, 한글 신문과 잡지의 발행이 허용되었다. ≪조선일보≫와 ≪동아일보≫도 이때 창간되었다. 그러나 일제는 검열, 압수, 기사 삭제, 정간, 폐간 조치를 남발해 통제를 강화했다. 마음에 들지 않는 기사는 삭제하기 일쑤였다. 그 대신 친일 세력을 육성해 이간질을 부추기며 민족 분열을 꾀했다. 수탈과 지배를 쉽게 만들고 우리 민족을 일제에 동화시키려는 목적이었다. 일제는 이 밖에도 정치적 문제를 단속하는 고등경찰제를 시행했으며, 1925년에는 '치안유지법'을 제정해 우리나라에 보급된 사회주의 사상을 통제하고 독립운동 세력을 탄압하는 데 이용했다.

일제의 민족 분열 정책으로 '민족 개조론', '자치론', '참정론' 등 일본의 주장에 쉽게 동조하는 지식인들이 생겨났다. 문인 이광수 등이 동조한 민족 개조론은 우리 민족의 열등감과 성격적 결함이 민족의 패배로 나타나 일본의 식민 지배를 받고 있으니 쓸데없는 민족해방운동이나 독립운동을 포기해야 한다는 내용이다. 자치론은 조선이 자주독립을 포기하고 일제가 허용하는 범위 안에서 자치를 하는 것이 옳다는 주장이다. 참정론은 식민 지배로 조선이 일본 영토의 일부가 되었으니 이를 현실로 받아들여 조선의 대표를 뽑아 일본 국회에 보내자는 주장이다.

일제는 자국 내 농민의 도시 이주 등으로 쌀이 부족해지자 1920년부터 15년간 산미증식 계획을 세워 전라북도 군산항과 전라남도 목포항 등을 통해 일본으로 쌀을 수탈해갔다. 농민들은 쌀을 빼앗기는 것 외에도 쌀을 생산하는 데 드는 농업용수 사용료인 수리조합비, 비료 값, 토지개량비 등을 부담해야 하는 등 이중적 수탈에 시달렸다. 그런 가운데 전라남도 신안 암태도의 소작인들은 1923년 지주와 일본 경찰을 상대로 1년간 소작쟁의 투쟁을 벌여 소작료를 낮추는 성과를 거뒀다. 소작인 조합은 자작농을 조합원으로 포함한 농민조합으로 개편되어 1927년 조선농민총동맹으로 발전해 농민운동을 이끌었다. 노동운동도 활성화되어 1929년에는 함경남도 원산에서 원산노동연합회 산하 노조원 2200여 명이 참여한 가운데 4개월간 총파업이 벌어졌다. 1924년 조직된 조선청년총동맹은 노동운동과 농민운동을 지원했다. 1927년 결성된 근우회는 좌우합작 여성 단체로서 남녀평등, 여성의 지위 향상, 교육 확대, 여성 노동자의 권익 옹호 등 여권신장 운동을 전개했다.

3·1 운동 이후 우리 민족은 임시정부를 수립하기 위한 노력에 몰두해 1919년 3월 만주 연해주에 대한국민의회를, 4월에는 중국 상하이 임시정부와 서울 한성정부를 각각 구성하고 독립운동의 중추 기관으로 만들려 했다. 9월에는 세 개의 임시정부를

통합해 상하이에 대한민국 임시정부를 세우고 우리 역사상 최초로 삼권분립과 민주공화제를 채택했으며, 대통령은 이승만, 국무총리는 이동휘가 선출되었다. 대한민국 임시정부의 '헌법'은 대한민국은 대한 인민으로 조직하고(제1조), 대한민국의 주권은 대한 인민 전체에 존재하며(제2조), 대한민국의 인민은 일체 평등하고(제3조), 대한민국의 입법권은 의정원이, 행정권은 국무원이, 사법권은 법원이 행사한다(제4조)고 규정했다. 임시정부는 독립운동 자금을 모으기 위해 비밀 행정조직인 연통제, 정보 수집기관이자 연락망인 교통국을 설치해 운용했으며, 무장투쟁에도 관심을 나타냈다. 국제사회에 대표단을 보내 한국의 독립 의지를 표시하며 도움을 호소했으나 성과는 뚜렷하지 않았다. 1987년 개정되어 1988년 시행된 우리나라 헌법은 "유구한 역사와 전통에 빛나는 우리 대한국민은 3·1 운동으로 건립된 대한민국 임시정부(1919.4.13)의 법통과 불의에 항거한 4·19 민주 이념을 계승하고"라는 문구를 담아 대한민국 임시정부에 건국에 대한 정통성을 부여했다.

1920년대 들어 러시아혁명 등의 영향으로 사회주의 사상이 유입되면서 국내 민족운동은 이상재·안재홍 중심의 비타협적 민족주의와 이광수·최린 중심의 타협적 민족주의로 분화했다. 독립 역량의 바탕을 형성하기 위한 실력 양성 운동이 전개되는 가운데 물산장려운동, 민립 대학 설립과 민족교육 운동, 문맹퇴치 운동, 한국사와 한글 연구 운동이 활발하게 일어났다. 민족주의와 사회주의 진영을 하나로 통합해 민족 유일당을 결성해서 독립운동을 하자는 운동이 일어났고, 그 결과로 1927년에 신간회가 출범했다. 학생들은 일제의 식민지 교육과 민족 차별 등에 맞서 6·10 만세운동(1926)과 광주학생 항일운동(1929)을 전개하며 항일 투쟁의 주역으로 성장했다. 무장투쟁의 일환으로 의열단 소속의 김상옥은 1923년 종로경찰서에, 나석주는 1926년 동양척식주식회사와 식산은행에 폭탄을 투척했다.

민족말살통치기(1931~1945)

서구 열강은 제1차 세계대전 이후 대공황으로 위기에 처하자 분할통치, 분열 정책을 통해 식민지 지배를 강화했다. 일본도 1931년부터 식민지 내부의 인종·계층·종교 간 대립을 완화하고 침략에 필요한 자원 보급 등의 경제적 문제를 해결하기 위해 '민족말살통치(民族抹殺統治)'로 전환했다. 민족 말살 정책의 사상적 기반은 '황국신민', '동조동근', '내선일체'였다. 이를 통해 일본 천황의 백성으로 영혼을 개조하려 한 것이다. 황국신민(皇國臣民)은 "천황이 통치하는 나라의 충성스러운 신하"라는 뜻으로 학교와 관청에서 일제에 대한 복종을 강제하는 「황국신민의 서사」 맹세를 강요했다. 일제는 민족 말살을 뒷받침하기 위한 이론으로 동조동근(同祖同根)과 내선일체(內鮮一體)를 강요했다. 일선동조(日鮮同祖)로도 불리는 동조동근은 "일본[日]과 조선[鮮]은 같은 뿌리에서 나와 일본이 형이고 조선은 동생"이라는 일본 우위의 사상이며, 내선일체는 "내지(內地)인 일본과 외지(外地)인 조선이 한 몸이니 조선이 일본에 동화되어야 한다"라는 뜻이다.

일제는 조선인의 민족의식과 민족문화를 말살하며 일왕에 충성하는 국민이 되도록 강요했다. 아울러 조선의 인적자원과 물적 자원을 수탈해 조선을 병참기지화하는 데 총력을 집중했다. 조선 청년과 여인에 대한 징용·납치는 만주사변(1931), 중일전쟁(1937), 미일전쟁(1941)에 필요한 전쟁 물자를 공급하고 전쟁을 원활하게 수행하는 데 목적을 두었다. 일제는 특히 계층 간 갈등 유발 전략을 구사해 친일 세력과 반일 세력을 양분한 뒤 친일 단체는 집중 육성·지원하고, 민족단체는 회유·매수·포섭하면서 반일 단체의 저항에 대한 탄압을 노골화했다. 대지주와 자본가에게는 특혜를 부여해 우군으로 포섭했다. 일제는 민족문화를 말살하기 위해 조선어(한글) 사용을 금지하고 일본어 사용을 강요했다. 이에 따라 친일적인 ≪동아일보≫, ≪조선일보≫도 폐간시키고 한글 신문과 잡지의 발행을 전면 금지했다. 민족문제연구소가 발간한 『친일인명사전』 등재자(4389명)를 분석한 결과, 식민 지배와 침략 전쟁에 협력한 사람들은 관료(고등문관 이상), 경찰, 친일 단체, 종교·문화예술·교육·학술계 종사자, 중추원 관계자, 장교(위관 이상), 판검사 순으로 많았다.

아울러 창씨개명(創氏改名)을 강제하고 따르지 않을 경우 자녀의 취학, 당사자의 취직, 행정사무, 식량 배급 등에 불이익을 주며 탄압했다. 창씨개명이란 일본식으로 성[氏]을 새로 지어 만들고(創氏) 이름을 바꾸는 것(改名)을 말한다. 황국신민화를 실현하기 위해 소학교를 황국신민의 학교라는 뜻의 '국민학교'로 개칭했다. 1937년 중일전쟁 이후에는 「황국신민의 서사」를 만들어 학생과 일반인에게 암송시켰다. 서울 남산 중턱에는 조선 지배를 상징하는 대형 신사를 세워 '신궁'이라 불렀다. 면 단위에는 일본 신앙인 신도(神道)의 사원, 즉 신사(神社)를 한 개씩 세워 신사참배를 강세했다. 궁성요배(宮城遙拜)도 강요했는데, 이는 아침마다 일왕이 거주하는 일본 도쿄의 궁을 향해 절하는 것을 말한다. 이에 윤동주, 이육사 등 일제의 민족 말살과 수탈에 저항하는 문인들이 등장했다.

일제는 1930년대부터 경제공황으로 헐값이 된 쌀의 증산을 중단시키고, 남쪽 지방은 면화를, 북쪽 지방은 양을 기르도록 해 방직 원료를 수탈했다. 1938년에는 '국가총동원법'을 제정해 물자 수탈을 강행한 데 이어 지원병제도를 실시했다. 같은 해 7월에는 민간 사회단체 대표자들을 종용해 친일 전시 동원의 선전 조직인 국민정신총동원조선연맹을 설립했다. 아울러 행정단위별로 지역 연맹 아래 가호를 10호씩 묶는 '애국반'을 편성해 주민들을 통제했다. 1940년 전시체제로 접어들자 일제는 미곡의 시장 유통을 금지하고 식량 배급제와 미곡 공출제도를 시행한 데 이어 무기 제조를 위한 각종 광물과 금속을 징발했다. 1943년에는 학도병 지원병제도를, 1944년에는 징병제를 실시해 조선 청년 2만여 명을 전쟁터로 끌고 갔다. 만주사변 당시부터는 군 위안소를 운영했고, 이를 점차 확대하면서 조선, 중국, 동남아 지역의 여성들을 일본군 위안부로 강제 동원했다. 1944년에는 '여자정신근로령'을 공포해 12세 이상 40세 미만의 여성들을 후방 군대의 지원 인력으로 차출한 뒤 일부는 '정신대'라는 이름 아래 군 위안소로 보내는 만행을 저질렀다. 이때 우리나라 여성들도 많은 피해를 당했으며, 일본이 과거를 반성하는 진정성 있는 사죄와 보상을 회피하면서 여전히 외교적 난제로 남아 있다.

우리 민족은 사회주의 세력의 이탈로 신간회가 해소된 이후 1940년에 세워진 한국독립당과 한국광복군의 활동을 중심으로 투쟁을 이어나갔다. 만주사변 이후 한중 연합작전을 전개하는 등 해외 무장투쟁도 강화했다. 1932년 이봉창은 일본 사쿠라다몬(桜田門)에서 궁내부 대신의 마차를 일본 국왕이 탄 것으로 오인해 수류탄을 던져 미수에 그쳤다. 같은 해 윤봉길은 상하이 훙커우 공원에서 열린 일본 전승 기념행사에 들어가 폭탄을 던져 일본군 장성들과 고관들을 살해했다. 한국독립당은 동학교도 출신의 독립운동가 김구가 1931년에 한인애국단과 1935년 한국국민당을 차례로 결성한 뒤, 지청천 중심의 조선혁명당과 조소앙 중심의 한국독립당 등 민족주의 계열의 독립운동 단체를 통합해 1937년 한국광복운동단체연합회를 결성한 후 발전시킨 조직으로, 임시정부의 여당과 같은 성격이었다. 한국광복군은 김구와 지청천이 중국 충칭에서 신흥무관학교 출신 인사들을 규합해 창설한 무장 조직으로, 미국 전략정보국(OSS)과 협력해 일제가 장악한 국내를 탈환하고자 진공 작전을 준비했으나 갑작스러운 일제의 패망으로 실현하지 못했다.

일제강점기 대중문화예술 연표

1905	11월	을사늑약 체결(우리 정부의 외교권 박탈)
1906	7월	이인직이 ≪만세보≫에 『혈의 누』 연재
	10월	천주교가 주간 ≪경향신문≫ 창간
1907	3월	평원반 레코드 국내 첫 발매(경기명창 한인오, 관기 최홍매, 연주자 3인)
	9월	한성에서 최초로 박람회 개최
1908	7월	국내 최초의 상설 극장 '원각사' 개장
	11월	원각사에서 신연극의 첫 작품인 〈은세계〉 공연
1909	10월	한국은행 설립
	11월	창경궁을 창경원으로 개칭, 동·식물원 개방
1910	7월	이해조 장편 신소설 「자유종」 발표
	8월	일본과 합병하는 조약을 강제 체결, 국권 피탈(경술국치)
1911	8월	'조선교육령' 공포
	12월	신파극단 '혁신단' 창립
1912	3월	육백남과 조중환 등이 극단 '문수성' 성립
	12월	경성에서 일본인이 첫 택시 영업 시작
1913	1월	부산-시모노세키 부관 연락선 취항
1914	1월	극장 '단성사' 건립
	2월	혁신단의 〈은세계〉(이인직 원작) 공연
1915	5월	한성-춘천 간 도로 준공
1916	5월	YMCA가 국내 최초의 실내 체육관 신축
	6월	경복궁 터에서 조선총독부 청사 설립 기공식 개최
1917	1월	이광수가 ≪매일신보≫에 소설 『무정』 연재
1918	3월	극단 '취성좌'가 신소설 『추월색』을 각색해 단성사에서 공연
1919	1월	고종이 덕수궁에서 사망(일본인 독살설 만연)
	3월	민족 대표 33인이 태화관에서 「독립선언서」 낭독
	4월	대한민국 임시정부 수립 선포(4월 13일)
	9월	조선총독부가 문화 정책 발표

	10월	단성사에서 최초의 한국 영화 〈의리적 구토〉 상영
1920	12월	가수 윤심덕이 일본에서 최초로 레코드 음반 취입
1921	3월	여류 화가 나혜석이 경성에서 첫 전시회 개최
1922	12월	방정환의 천도교소년회가 5월 첫 일요일을 '어린이날'로 제정
1923	4월	윤백남이 감독한 최초의 극영화 〈월하의 맹세〉 상연
1924	12월	≪조선일보≫에 '부인란' 신설, 최초의 여기자 최은희 등 채용
1925	8월	김기진과 박영희 등이 조선프롤레타리아예술가동맹(KAPF) 결성
1926	3월	가수 윤심덕과 극작가 김우진이 현해탄에서 동반 투신자살
	10월	단성사에서 나운규 감독 · 각본 · 주연의 〈아리랑〉 개봉
1927	2월	일본인이 서울 정동에 국내 첫 방송사 경성방송국(JODK) 개국(1927~1947)
1928	11월	배우 겸 가수 이애리수, 「황성 옛터(荒城의 跡)」 발표(음반 5만 장 히트)
	12월	전국 호구조사 실시[332만 8663가구, 1866만 7334명(재일 조선인 244명)]
1929	4월	컬럼비아 레코드에서 국내 첫 창작가요 「낙화유수」(가수 이정숙) 발표
	12월	일제가 민요 「아리랑」을 금지곡으로 조치함
1930	12월	가수 이난영이 「목포의 눈물」 발표
1931	6월	≪동아일보≫가 '브나로드 운동' 시작
	7월	서항석과 김진섭 등이 '극예술연구회' 결성
	8월	이상의 「오감도」가 ≪조선일보≫에 발표됨
1932	3월	김성수가 보성전문학교 인수
1933	11월	조선어학회에서 '한글 맞춤법 통일안' 발표
		김재철의 『조선연극사』 발간
1934	12월	김태준의 『조선가요집성』 발간
1935	7월	경성방송국을 '경성중앙방송국'으로 개칭(이후 부산 · 평양 · 청진 등 지역국 확충)
	10월	단성사에서 조선 최초의 발성(유성)영화 〈춘향전〉 상영
1936	6월	일제가 『조선민력』 발간, 음력 폐지, 안익태가 「애국가」 작곡
	7월	극단 '청춘좌'가 〈사랑에 속고 돈에 울고〉 공연
1937	2월	신도 300여 명이 살해된 '백백교 사건' 발생
1938	7월	조선총독부가 교원과 공무원에게 제복 착용 지시

	10월	덕수궁미술관 개관
1939	미상	한국 최초의 걸그룹 '저고리스시터스' 결성 · 데뷔(음반은 미발견) (최초 구성원: 이난영 · 장세정 · 박향림 · 이화자)
	12월	라디오 보급 대수 16만 7049대 집계
1940	2월	조선총독부의 창씨개명 강제 실시
	8월	≪조선일보≫, ≪동아일보≫ 강제 폐간
1941	6월	조선연극인총력연맹 결성
	12월	무용가 한성준이 조선총독부 예술 부문 무용상 수상
1942	2월	조선총독부가 조선의 음력설(구정)을 폐지함
	12월	노기남 신부가 한국인 최초로 천주교 주교로 임명됨
1943	10월	토요일 절반 휴무제 폐지 미국 잠수함이 일본 부관 연락선 격침(544명 사망)
1944	2월	'국가총동원법'에 의해 전면 징용 실시(국민학교 4학년 이상)
	8월	'여자정신근로령' 공포
1945	2월	시인 윤동주가 후쿠오카 형무소에서 옥사함
	8월	일본의 무조건 항복으로 일제에서 해방됨 여운형이 조선건국준비위원회 결성

비관과 망향, 해방 염원의 정서

일제강점기 대중문화예술은 **계몽주의**와 **항일 정신**이 깃든 콘텐츠가 주류를 이룬 가운데 조국을 잃은 슬픔, 해방 염원, 망향, 패배 의식과 자학, 이별과 슬픔 등이 각론을 이뤘다. 민족적이고 주체적인 것과 그것을 말살하려는 시도가 공존했으며, 특히 **자기 연민**自己憐憫과 **우울증**憂鬱症이라는 심리적 외상을 품고 있었다(조형근, 2013; 문경연, 2013). 을사늑약이 있었던 1905년부터 1910년까지는 **조국을 잃은 비분**悲憤으로 전국이 들끓었다. 1920년대부터는 **청춘**青春이 열정과 사랑의 주체이자 신문명을 일궈낼 주도 세력으로 인식되면서 낭만적·감상적 이미지와 더불어 사랑과 젊음을 결합한 대중문화의 지배적 표상으로 자리 잡았고, 이후 이를 소재로 한 콘텐츠가 많이 제작되었다(김지영, 2011). 이 시기 일본과 서구 열강의 영향으로 **도시**와 **교통수단**이 발달하고 각종 **커뮤니케이션**이 확산되면서 민중의 시야가 국내에서 세계로 확장되었다. 신문, 잡지, 영화, 라디오 등 새로운 매체를 통해 들어온 서양의 문화가 급속도로 전파되었다. 특히 1920년 미국에서 시작된 **라디오 방송**은 방송을 이어나가기 위한 새로운 음반 수요를 창출하며 녹음과 복제 기술 발달의 전기를 마련했다(이수완, 2014). 최초의 라디오 방송은 1927년 2월 서울 정동 1번지 2층 건물에 **경성방송국**이 설립되면서 시작되었다. 호출부호 'JODK'를 통해 일본어와 조선어로 하

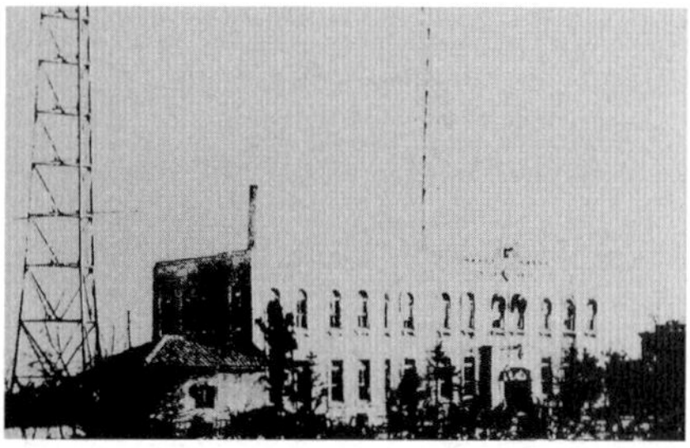

▌서울 정동 1번지에 세워진 경성방송국

자료: 원로 방송인 이장춘(춘하추동방송 운영자) 제공.

루 6시간 30분 동안 방송했다. **라디오 수신기**는 도입 초창기에 1440대 정도여서 지금의 사치품처럼 희소가치가 높았으나, 1932년 2만 565대, 1940년 22만 1000대로 점차 늘어났다.

언론은 일제의 통제를 받는 시기였지만, 각종 연주회와 전시회 등 문화 행사와 스포츠 경기의 소개를 빼놓지 않았다. **잡지** 또한 영화 등에서 볼 수 있는 서양식 결혼 풍속도와 연애 스타일, 새로운 패션과 화장법을 소개하며 유행을 이끌었다. **스포츠**는 외국 선교사들을 통해 신체 단련 수단으로 보급되었으며, 일제가 지배 수단으로 활용하면서 빠르게 확산되었다. 축구, 야구, 농구, 사이클링 등이 인기를 끌었다. 일제는 기호품인 **담배**에 대해 조선총독부 관할 아래 전매제를 실시했으며, **술**은 일정 규모 이상의 업체가 허가를 받고 생산할 수 있도록 했다. 개항 이후 점차 들어오기 시작한 다양한 먹거리는 도시의 상류층을 중심으로 의식의 변화를 야기하며 대중문화를 혁신적으로 발전시키는 촉매제로 작용했다. 비스킷, 캐러멜, 맥주, 자장면, 호떡 등이 이때 들어왔다. 특히 **자장면**과 **호떡**은 우리나라에 정착한 중국 상인들의 영향으로 널리 보급되었다. 서울에는 각종 **신식 백화점**, **은행**, **상가**가 생기고 거리마다 상품 판매를 위한 광고판이 점차 늘어났다. 농촌과 서민촌의 주택은 초가집이나 구식 기와집이 주류를 이뤘다. 도시를 중심으로 **문화주택**이라 불리는 2층 양옥집과 콘크리트로 만든 집이 건축되어 상류층 사이에서 유행하기 시작했다.

식민지 시대에 **영화**는 가장 흥미 높았던 대중오락의 수단인 동시에 서양 문화의 유입 창구로 기능했다. 형태는 초기의 **연쇄극**kinodrama에서 **무성영화**로, 다시 무성영화에서 **발성영화**發聲映畵, talkie, talking picture로 전환이 이뤄졌다(김소연, 2013). 외국에서 들여온 영화나 외국인이 만든 무성영화가 먼저 상영되는 가운데 1900년대부터 경성에는 극장가가 형성되었다. 1903년 영

국의 담배 회사가 판촉용 활동사진을 들여와 보여준 이후, 1906년 한미전기 회사는 전차 승객을 늘리기 위해 서울 동대문에 **활동사진 관람소**를 만든 뒤 해설을 곁들여 미국 영화를 상영했다. 이어 광무대, 장안사, 단성사, 연흥사와 같은 상설 영화관이 설립되었다. 특히 서울 종로의 **단성사**團成社는 1907년 안창묵, 이장선, 주승희가 공동출자해 만든 우리나라 최초의 사설 극장이었다. 단성사는 1939년 일본인 다무라 미네田村ミネ가 인수해 '대륙극장'이라는 이름으로 운영하다 경영이 어려워지자 박승필에게 위탁 경영을 맡겼다. 박승필은 은행 대출을 받아 목재 건물을 헐고 시멘트로 신축 건물을 지은 뒤 영화와 연극을 상영해 흥행을 이끌었으며, 해방 후 다시 '단성사'로 바뀌었다. 일본인들을 대상으로 한 어성좌, 경성좌, 개성좌, 명치좌, 고등연예관, 대정관, 황금연예관 등의 극장도 문을 열었다.

변사와 연쇄극,
유성영화의 등장

무성영화의 흥행으로 재능 있는 **변사**辯士가 늘어났는데, 이들은 영화의 해설과 진행을 이끌어가며 큰 인기를 누렸다. 당시 단성사를 운영하던 **박승필**은 1910년 무렵 **전속 변사**로 **우정식**을 발탁해 무대에 세웠는데, 우정식은 우리나라 영화관 최초의 변사로 평가받는다. 단성사 외에 우미관, 조선극장 등도 변사를 채용했는데, 영화가 장편으로 길어지면서 점차 한 사람이 진행하기 어려워지자 2~3명이 교대로 해설을 맡았다. **김덕경**, **서상호**, **박응면**, **김영환**, **성동호** 등이 이때 인기를 누린 변사들이다. 변사는 당시 영화의 성패를 좌우할 정도로 그 비중이 컸다. 변사는 1900년대 서양에도 존재했으나 주로

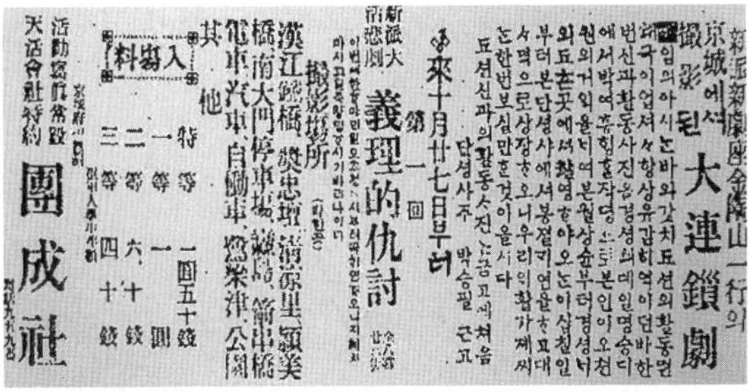

新派新劇座 金陶山 一行의
京城에서 撮影된 大連鎖劇
임의 아시는바와갓치 됴션의활동
국이업셔々항상유감히역이던바한
번신파활동사진을경성의뎨일명승디
에서박여흥행홀작뎡으로본인이오천
원의거익을니여본월상순부터경성닉
외됴흔곳에셔촬영하야오는이삼칠인
부터본단셩사에셔봉절개연을하오니대
사뎍으로상쟝하오니우리의활가졔씨
는한번보실만한것이올시다
됴션신파의활동사진은참고에처음
단셩사주 박승필 근고
來十月廿七日부터
第一回
新派大活劇 義理的仇討
撮影場所
漢江鐵橋, 獎忠壇, 淸凉里, 永美橋, 南大門停車場, 鷺梁, 箭串橋, 電車, 汽車, 自動車, 鷺梁津, 公園
其他
入場料
特等 一圓五十錢
一等 一圓
二等 六十錢
三等 四十錢
活動寫眞常設 天活會社特約
團成社

▌≪매일신문≫에 실린 우리나라 최초 연쇄극 〈의리적 구토〉의 광고

동양에서 성행했다.

한국인이 만든 최초의 영화는 **김도산**이 극본·연출·주연을 맡은 연쇄극 〈**의리적 구토**義理的 仇討〉였다. 이 영화는 1919년 10월 27일 단성사에서 개봉되었다. 훗날 이를 기려 10월 27일은 '**영화의 날**'로 제정된다. 〈의리적 구토〉는 흥행을 목적으로 제작한 최초의 한국 영화이자 우리나라 최초의 기록영화이기도 하다. **연쇄극**이란 무대 위의 실연實演과 영화를 혼합한 형식을 가리키는데, 대부분은 연극을 보여주다가 무대에서 처리하기 어려운 장면의 경우 미리 촬영해놓은 동영상으로 선보이는 것을 말한다. 무대 위 스크린에 영상을 삽입해 영화와 연극을 연결함으로써(연쇄되어) 줄거리를 완성하는 형식이므로 영화보다 연극에 가깝다거나, 연극과 영화의 중간 단계라고 보는 시각이 많았다. 실제로 〈의리적 구토〉에는 약 1000피트의 필름이 삽입되었다. 연쇄극은 연극 입장료가 40전일 때 1원을 받을 정도로 인기를 누렸다. '의리적 구토'라는 제목에서 '구토あだうち'는 일본어로 '복수', '앙갚음'이란 뜻이다. 이 영화는 간악한 계모(여장 남우) 밑에서 오로지 가문의 체통을 위해 갖은 수모를 참아온 마쓰야가 계모 일파의 흉계(아버지의 재산을 가로채고 가문을 더럽힘)가 기사화되자 의형제인 다케야마와 우메쿠사와 더불어 응보의

칼을 뽑는다는 권선징악적 이야기를 다룬다. 남배우가 여장을 하고 여자 역할을 수행한 것이 특징이다.

1921년 5월에는 윤백남이 만든 〈**월하의 맹세**〉가 개봉되었다. 조선 최초의 극영화이며, 조선총독부 산하 체신국이 저축을 계몽하기 위해 월하가 이렇게 저축하기로 맹세했다는 내용을 담아 만든 관제 홍보 영화다. 이 영화에 출연한 **이월화**는 극단에서 수련한 연극배우 출신이며, 한국 최초의 여배우로 기록되었다. 이월화는 일제강점기에 각종 연극과 스크린을 누비며 인기를 누렸다. 그러나 지나치게 자유분방한 생활, 남배우들과의 잦은 염문, 음주벽, 부잣집 아들과의 상하이 도피 스캔들 등으로 비난받기도 했다. 결국 무대를 떠나 중국 상하이로 건너간 뒤 댄서로 살다 귀국해 기생으로 일하던 중 29세에 안타깝게도 심장마비로 요절했다.

일본 마쓰다케松竹 키네마는 당시로서는 거액인 2만 원의 제작비를 들여 열 권 분량의 무성영화 〈국경〉을 제작해 1923년 1월 13일 서울 단성사에서 개봉했다. 1923년에는 일본인이 〈**춘향전**〉을 제작했는데, 이 작품은 우리나라 최초의 극영화로 평가된다. 1924년에는 한국인이 제작한 최초의 영화로 평가받는 〈**장화홍련전**〉이 제작되었다. 이렇듯 1920년대 한국 영화는 일본 영화처럼 단조로운 화면 일색에 변사의 설명으로 리듬감을 더했고, 필름에 색을 넣어 시각적 자극을 강조했다. 뒤이어 **나운규**가 〈**아리랑**〉(1926)을 내놓으면서 우리 영화는 할리우드 스타일로 점차 변모했다(한상언·정태수, 2013). 서구 영화의 번안이나 모방에 그쳤던 시대를 뛰어넘어 한국 영화 도약의 전환

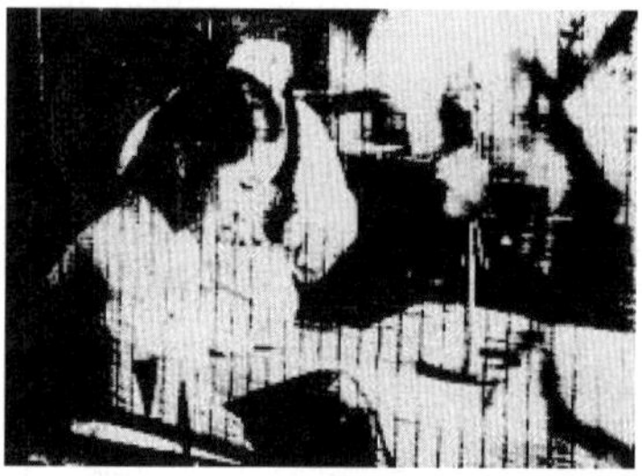

▌우리나라 최초의 발성영화인 이명우 감독의 〈춘향전〉

영화 <아리랑>과 춘사 나운규

영화 〈아리랑〉은 독립운동가 출신의 영화인 나운규(羅雲奎, 1902~1937)가 만들어 1926년 10월 1일 박승필이 운영하던 서울 단성사에서 개봉했다. 조국을 잃은 백성의 슬픔과 한을 집약시켜 표현해 역사적 가치가 높다. 대중의 의식을 일깨우고, 민족성이 반영되어 있으며, 농촌 사회를 배경으로 사실주의 시각을 보여주었다는 점은 예술적으로도 높게 평가받는다. 일제강점기 부산에서 일본인 실업가들이 20만 원의 자본금을 공동출자해 설립한 우리나라 최초의 주식회사 형태 영화사 조선키네마프로덕션의 2호 작품이다. 나운규는 사실 이 영화에서 연출·출연·각본·각색을 맡아 1인 4역을 했는데, 일제의 검열을 피하고자 일본인 스모리 히데카쓰(津守秀一)가 쓰던 한국 이름(김창선)을 빌려 감독·각본으로 내세우는 묘수를 썼다. 나운규는 고향인 함경북도 회령에서 청진까지 철도를 부설하던 노동자들이 일할 때 부르던 애달픈 「아리랑」에서 영화의 스토리라인을 착상했다고 한다.

변사를 통해 주인공 영진을 서울에서 철학 공부를 하다가 3·1 운동의 충격으로 미쳐버린 인물로 설정·소개함으로써 식민지 현실에 대한 반항을 우회적으로 표현했고, 프롤로그를 '고양이와 개'로 설정해 지배당한 민족과 지배하는 민족 간의 대립 구도를 명확히 했다. 극 중 오기호는 악덕 지주 천 가의 머슴이자 일본 경찰의 앞잡이로서 마을 사람들을 괴롭히며 자신의 여동생을 겁탈했고, 영진은 낫을 휘둘러 그를 죽인다. 영진이 일본 경찰에 붙잡혀 가자 구슬픈 「아리랑」이 흘러나온다. 영화 삽입곡 「아리랑」은 당시 '영화소패(映畵小唄)', '영화소곡(映畵小曲)', '영화창가(映畵唱歌)'라는 이름으로 불렸는데, 모두 '영화 주제곡'이라는 뜻이다. 영화의 필름은 불행히도 일본의 수집가 아베 요시시게(安倍能成)가 소장하고 있었으며, 그는 1998년 9월 필름을 우리나라에 돌려줄 뜻을 나타낸 이후 2005년 2월에 사망했다.

당시 〈아리랑〉은 전국의 극장은 물론 극장이 없는 산간벽지까지 상영되어 1926년 상반기에만 110만 명의 관객이 관람해 20명 중 한 명이 볼 만큼 히트했다(이준식, 2014). 이로써 주연배우 나운규(남자 배우)와 신일선(여자 배우)이 유명 배우로 떠올라 우리나라 최초로 슈퍼 스타덤에 오른 영화배우로 기록

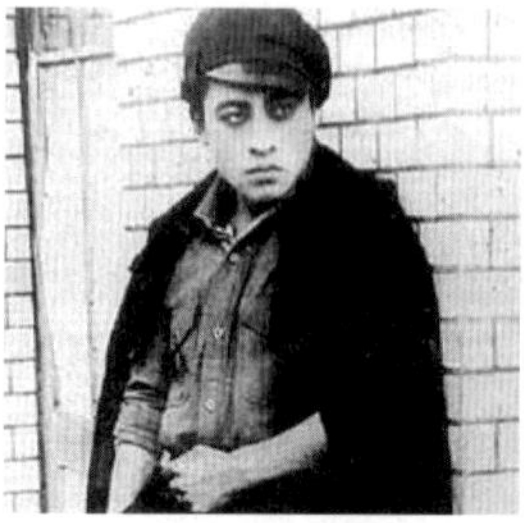

▌영화 〈아리랑〉의 감독 겸 주연 배우 나운규

자료: 경향신문.

되었다. 한국영화감독협회는 나운규의 업적을 기리기 위해 1990년 12월 24일 그의 호 '춘사(春史)'를 따서 '춘사영화제(춘사영화상)'를 제정했다.

나운규는 독립군 단체와 연계해 독립운동을 하다 '청회선 터널 폭파 미수사건'의 용의자로 붙잡혀 1년 6개월의 형기를 마친 뒤 1923년에 출소했다. 1924년 부산에 조선키네마주식회사가 설립되는 것을 보고 부산으로 내려가 영화 연구생이 되어 영화를 공부했다. 조선키네마가 제작한 윤백남 감독의 영화 〈운영전〉에 단역인 가마꾼으로 데뷔했다.

그 뒤 1925년 백남프로덕션의 창립작 〈심청전〉에서 주연인 심봉사로 출연하고, 조선키네마프로덕션의 영화 〈농중조(籠中鳥)〉('조롱속의 새'라는 뜻)에서 여배우 복혜숙과 함께 나와 연기력을 높이 평가받은 후 명배우로 떠올랐다. 그는 제작자가 되기로 결심하고 항일 정신을 짙게 담은 영화 〈아리랑〉과 〈풍운아〉에서 각본·각색·감독·주연을 맡아 제작했다. 1927년 윤봉춘 등과 함께 나운규프로덕션을 세워 영화 〈옥녀(玉女)〉, 〈사나이〉, 〈사랑을 찾아서〉, 〈벙어리 삼룡〉, 〈잘 있거라〉, 〈임자 없는 나룻배〉, 〈사나이〉, 〈철인도〉, 〈종로〉, 〈무화과〉, 〈그림자〉 등 여러 작품을 제작·발표했다. 1931년에는 1년여간 도쿄에 머물기도 했으며, 시나리오 『황무지』를 탈고하고 〈송도 말년의 불가사리〉를 구상하던 중 지병이 악화되어 35세의 나이로 사망했다. 나윤규는 영화를 통해 민족의식을 고취하고 민족의 숙원인 독립을 실천하려 한 예술인이다. 그는 독립운동에 기여한 공로를 인정받아 1993년 정부로부터 건국훈장 애국장을 추서받았다.

점을 마련한 것이다. 〈아리랑〉은 35mm 흑백 무성영화로, 민족의 아픔을 그리며 항일·독립 정신과 민족의식을 고취했다.

한편 1920년대에는 **문화영화**라는 용어가 처음 언론에 등장했다. 이는 흥행과 무관한 논픽션nonfiction 영화나 기록영화를 가리키는데, 일종의 관제 홍보성 영화다. 일제가 문화정치를 실시하면서 ≪동아일보≫를 통해 체육을 장려하는 문화영화를 소개한 것이다. 최초의 문화영화는 기록영화인 **이충직**의 〈경성 전시의 경京城全市景〉(1919)으로 보며, 이런 영화는 해방 이후에도 역대 정부의 공보 정책·활동과 연계해 계속 제작되었다(위경혜, 2010). 주로 국가적 이벤트나 전국적 행사, 주요 정책, 국민을 상대로 계도해야 할 내용을 담았으며, 오랫동안 극장 등에서는 본영화에 앞서 의무적으로 상영되었다.

변사가 대사를 읽던 무성영화 시대를 지나 1935년에는 최초로 발성영화(대사가 녹음되어 직접 전달되는 영화)인 **유성영화**有聲映畵가 등장했는데, 그것은 이명우 감독의 〈**춘향전**〉이었다(정종화, 2014). 워너브라더스사가 제작하고 인기 가수 알 졸슨Al Jolson이 출연한 미국 최초의 유성영화 〈**재즈 싱어**The Jazz Singer〉(1927)가 나온 지 8년 만이었다. 따라서 〈아리랑〉부터 〈춘향전〉 발표 전까지를 무성영화기로 보고, 그 이후를 **유성영화기**로 구분한다(이영일 1969; 이효인, 1992). 영화관 수는 1915년 15개 관에서 1935년 90개 관 이상으로 증가했다. 학교와 마을 공회당에서도 영화가 상영되었다. 일제는 1939년 일본 국내에서 시행된 '영화법' 등 영화 정책과 연동해 1940년 '**조선영화령**'을 제정·공포함으로써 국내 영화에 대한 검열과 통제를 강화했으며, 특히 중일전쟁 이후 전시 총동원 체제가 공고해지면서 국가와 영화의 관계가 밀접해졌다(강태웅, 2014). 그러나 일제는 일본을 우호적으로 그린 〈지원병〉과 〈집 없는 천사〉 등 그들이 보여주고 싶은 영화에는 검열과 수수료 면제 혜택을 부여하는 이중적 태도를 보였다(이화진, 2008).

문학 부문은 1910년대에는 **계몽문학**과 **항일 문학**이 주류를 이뤘으며, 1920년대 후반부터는 사회주의의 영향으로 식민지 현실과 계급사회의 모순을 비판하고 사회참여를 촉구하는 신경향파의 **프로문학**proletarian literature이 유행했다. 전자에는 이광수, 최남선, 한용운, 이상화, 김소월, 심훈 등이 해당되며, 후자에는 김기진, 박영희, 최서해, 조명희, 조중곤, 임화 등이 포함된다. 1930년대부터 일제의 **문화 탄압**이 진행되면서 정치성과 사회성을 배제하는 대신 예술성과 작품성을 강조하는 **순수문학**이 주류를 이뤘다. 한일병합 직후인 1906년 6월 25일에는 우리나라 최초의 여성 잡지인 ≪**가뎡잡지**家庭雜誌≫가 창간되어 가정주부들의 개화에 기여했다. 이 잡지는 선각자들이 많이 모이던 상동교회의 상동청년학원에서 세운 가정잡지사가 발행했다(김진하, 2010). 근대소설의 개척자 문인 **이광수**는 『무정』과 같은 작품을 남겼지만 **민족 개조론**을 전개하고 "나는 천황의 신민이다. 내 자손도 천황의 신민으로 살 것이다"라며 **창씨개명**을 한 뒤 노골적인 친일 활동을 했다(홍서여, 2015). 천도교 제3대 교주 손병희의 사위였던 천도교 계열의 **방정환**은 잡지 ≪어린이≫를 발간하고 1922년 '**어린이날**'을 제정했다. 어린이날은 제정 당시에는 5월 1일이었으나 1927년에 5월의 첫째 일요일로, 광복 이후 다시 5월 5일로 변경되었다.

신파와 신극운동

연극 분야는 광대의 **판소리**, 탈꾼들의 **가면극**, 사당패의 **무동**이나 **꼭두각시놀이** 등 전통 공연 예술이 공존했지만 크게 위축되거나 쇠퇴했다. 일제의 **민족문화말살 정책** 때문이었다. 그 대신 일본을 통해 들어온 신파극과 근대극이 유행했다. 1910년대부터 등장한 **신파극**新派劇은 일제 식민지의 여파로 유입된 일본풍의 연극이다. 서양의 멜로가 일본식으로 변형되어 조선에 넘어온 뒤 조선식으로 정착한 것이라 할 수 있다. 노래·춤·연기가 어우러진 일본의 전통 연극 가부키歌舞伎와 엄숙하고 제의적인 가무극 노能 등이 메이지 유신 이후 서구 멜로드라마의 영향을 받으며 **혼종화**해 만들어진 정치 연극이다. 신파는 전근대성·도시성·통속성·저속성이 특징이다. 통속적인 사랑의 딜레마가 주된 구도로 설정되었으며, 등장인물로는 권력, 재력, 가부장적 질서에 무기력한 여성이나 외력에 흔들리며 **자기 연민**이나 **감상**에 빠지는 착한 기생 등이 많았다. 오늘날 악극으로 종종 재연되는 〈이수일과 심순애〉, 〈홍도야 우지마라〉 등도 여기에서 연유한다. 테마곡은 엔카에서 이식된 **트로트**trot가 중심을 이뤘다. 신파극이 국내에서 인기를 얻은 것은 원래 극의 주조가 인간의 정서에 호소해 감흥을 잘 일으키는 감상적인 내용인 데다, 식민지 상황에서 자신의 뜻이나 욕망에 반해 현실적 선택을 강요받은 민중의 아픈 정서가 적잖이 반영되었기 때문이다. 특히 국내에서 **가정 비극**이나 **애정 비극**이 인기를 누리며 1940년대까지 연극, 극영화, 장편소설, 희곡 등의 주조를 이뤘다. 현대극에서도 통속적 이야기를 바탕으로 감정에 호소하는 가정 비극을 **신파조**新派調라 칭한다.

신파극은 도입 초기에 소시 시바이壯士芝居나 쇼세이 시바이書生芝居, 신연극, 신극 등으로 불리다가 구파극舊派劇인 일본의 가부키에 대응하는 표현으로 자리 잡았다. 국내 신파극의 효시는 임성구가 이끈 극단 **'혁신단'**이 1911년 일본의 〈뱀의 집념〉을 번안해 공연한 〈불효천벌〉이다. 혁신단은 1912년 2월 18일 자 ≪매일신보≫에 낸 제2회 공연 광고에서 〈불효천벌〉을 "신파 연극의 원조新派演劇 元祖"라고 명명했다. 신파극은 정치극에서 출발해 군사극, 탐정극, 가정 비극, 화류 비련극花柳 悲戀劇 등으로 그 내용이 점차 확장되었다. 당시 〈금색야차金色夜叉〉, 〈불여귀不如歸〉, 〈하소수夏小袖〉, 〈상부련想夫戀〉,

〈고야성高野聖〉, 〈부자매浮姉妹〉, 〈여부파女夫波〉, 〈신생애新生涯〉, 〈기지죄己之罪〉, 〈협염록俠艶錄〉이 신파극의 **'레퍼토리 베스트 10'**으로 불릴 만큼 인기를 누렸다. 당시 국내에서는 개화·계몽 사상을 담아 〈육혈포 강도〉, 〈장한몽〉, 〈불여귀〉 등 일본 신파극 '베스트 10'의 극이나 소설을 **번안한 작품**이 주로 공연되었다. 우리나라에서는 혁신단을 이끈 임성구, 〈불여귀〉, 〈눈물〉 등을 공연한 윤백남, 1912년 개성좌에서 '유일단'을 창립해 〈처〉 등을 상연한 이기세 등이 초기 신파극을 이끌었으며, 김도산과 김소랑이 그 뒤를 이었다(이두현 외, 1999). 신파극계를 선도하던 연극인 가운데 이기세와 윤백남은 1916년 3월 질적으로 하락한 신파극계를 반성·개량하기 위해 극단 **'예성좌'**를 출범시키고, 창립 공연으로 톨스토이의 〈부활〉이 원작인 〈코르시카의 형제〉를 공연하는 등 번안극과 〈단장록〉, 〈쌍옥루〉 같은 기존 연극을 공연해 좋은 평가를 받았다(우수진, 2013). 〈부활〉은 나중에 주인공 이름을 따서 〈카츄샤〉로도 공연되었다.

서양 연극인 근대극도 일본에서 서양 연극을 접한 유학생들의 영향 등으로 도입되어 자유, 평등사상, 독립 정신 고취에 지대한 역할을 했다. 이인직은 1908년 7월 문 닫은 협률사터에 우리나라 최초의 상설 극장인 **원각사**圓覺社를 개장했다. 소설을 극화한 신연극을 본격적으로 공연할 목적이었다. 원각사는 처음에 협률사와 비슷한 레퍼토리를 선보이다가 같은 해 11월 이인직의 신소설을 원작으로 하는 신연극의 첫 작품인 〈**은세계**〉를 공연하며 신연극 공연을 본격화했다. 그러나 원각사의 신연극 공연은 크게 성공하지 못했으며, 일제가 국권을 침탈하면서 결국 극장 문을 닫고 말았다. 소설가 이광수가 『규한』과 『순교자』, 조일재가 『병자삼인』이라는 희곡을 차례로 발표한 이후 1920년 현철은 예술학원을 세우고, 이어 일본 유학생들이 극예술연구회, 동우회 순회연극단, 토월회 등을 세우면서 **신극운동**이 활발해졌다.

이들은 민족의식을 고취하는 문학성 짙은 사실주의 중심의 연극을 만들어 현실을 비판하고 독립 정신을 고취했다.

이러한 연극 운동은 중일전쟁을 계기로 일제의 통제와 탄압이 극심해지면서 크게 위축되었다. 동우회 순회연극단은 일본 와세다 대학교 영문과 출신의 극작가로 〈이영녀〉, 〈난파〉 등을 공연한 **김우진**이 주도했다. 호가 수산水山이라서 '김수산'으로도 불린 김우진은 전라남도 장성군수의 아들로 태어나 일본 유학 시절부터 연극에 몰입했다. 이후 1920년 조명희, 홍해성, 고한승 등과 함께 **극예술협회**劇藝術協會를 결성했다. 김우진은 고향인 전라남도 목포로 돌아와 사업과 연극 활동을 병행했지만 유부남 신분으로 미혼의 여성 음악가인 **윤심덕**과 사랑에 빠져 사회와 가정 문제로 괴로워했으며, 일본으로 건너갔다 돌아오는 길에 1926년 현해탄에서 윤심덕과 함께 투신자살했다. **토월회**土月會는 1923년 2월 도쿄 유학생 박승희를 중심으로 김기진, 이서구, 김을한, 김복진, 박승목, 이제창 등이 참여·결성해 1923년 7월 4일 조선극장에서 첫 공연을 했다. 유진 필롯Eugene Pillot의 〈기갈〉, 안톤 체호프Антон Чехов의 〈곰〉 등 번역극과 박승희의 창작극 〈길식吉植〉 등을 공연했다.

토월회는 "이상理想은 하늘月에 있고, 발은 땅土을 디딘다"라는 뜻이다. 사실주의 연극에 영향을 받은 토월회는 상연 대본을 정착시켜 사실적인 무대장치와 의상을 선보였으며, 자연스러운 일상적 대사와 연기를 강조했다. 한성전기회사 동대문 활동사진소의 후신인 광무대光武臺가 직영한 **토월회 극장**은 1932년 '태양극장'으로 이름이 바뀌었으며 1940년대까지 존속했다. 광무대 직영 시절에는 배우 서월영, 복혜숙, 윤심덕, 석금성, 극작가 이서구, 연출가 박진, 무대장치가 김우전 등이 참여해 〈산송장〉, 〈춘향전〉, 〈카르멘〉 등을 공연했다. 조명희의 『**파사**婆娑』(1923)는 우리나라 역사극의 기원으로서 잡지 ≪개벽≫에 발표되었다. 이 작품은 중국 고대 은나라 말기의 통치

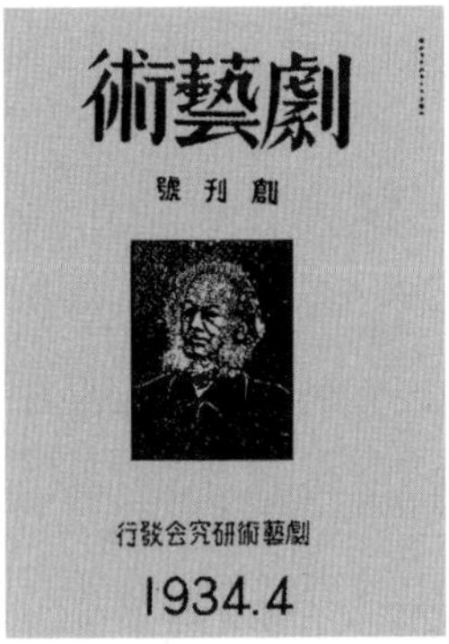

▌극예술연구회가 발간한 소식지 ≪극예술≫ 창간호

자 주왕紂王과 왕비 달기妲己의 폭정에 맞서 민중 혁명이 일어나 해방을 쟁취하는 내용을 그린 희곡이다(김성희, 2010).

1931년 7월에는 극예술에 대한 이해를 넓히고 상업주의에 물든 기성극단과 국내 연극 풍토를 개선하는 데 신극운동의 목표를 두고 **극예술연구회**劇藝術硏究會가 창립되었다. 일본 유학생 김진섭, 서항석, 유치진, 이하윤, 이헌구, 장기제, 정인섭, 조희순, 최정우, 함대훈 등과 이들의 연극계 선배 윤백남, 홍해성 등 12명으로 발족했다. **사실주의 연극**을 공연했으며, 연극에 대한 이해를 넓히기 위해 하계 강좌를 열었다. 극단 '**실험무대**'를 만들어 신인 배우들을 양성했고 소식지 ≪극예술≫도 발행했다. 이 가운데 **유치진**은 1931년 첫 희곡 『**토막**土幕』을 써서 공연했는데, 흙집에 사는 가난한 일가에서 벌어지는 일들을 생생한 사투리로 담아 식민 시대의 비극성을 잘 표현했다고 평가받았다. 이 단체는 일제에 의해 1938년 3월 강제해산되었다. 그 대신 서항석과 유치진이 남아 **극연좌**劇硏座로 명칭을 변경해 1939년 5월까지 명맥을 유지했다. 유치진은 극예술연구회 시절에 주로 농촌의 현실 문제에 초점을 맞춘 사실주의 극을 선보여 우리나라 근대극의 문을 연 인물로 평가받았다. 그러나 1941년부터 4년간 친일 어용극御用劇을 선보인 **현대극장**의 대표로서 친일파 이용구를 찬양하는 〈북진대〉를 공연하고, 일제의 강제 동원에 협력한 사실이 밝혀져 '친일 연극인'이라는 평가를 받았다. 유치진은 1962년 전문 예술인을 길러내기 위해 한국연극아카데미를 세웠다. 한국연극아카데미는 이후 초급대학인 서울연극학교로 발전해 오늘날 **서울예술대학**이 된다.

1930년대 중반 이후 중일전쟁 등의 정세 위기로 토월회나 극예술연구회 중심의 연극 운동은 쇠퇴했다. 그 대신 1935년 11월 1일 무용가 **배구자**와 그의 남편인 평양 출신 재력가 **홍순언**, 극작가 **최독견**이 서울 충정로에 함께 개관한 **동양극장**(648석)이 신파의 정서를 주조로 상업극을 선도해 많은 직업 배우, 극작가, 연출가를 배출했다. 회전무대와 함께 하늘을 표현하기 위한 **호리촌트**horizont를 갖춰 연극 전문 극장으로 출범한 동양극장은 전속 극단인 '청춘좌', '동국좌', '희극좌'를 두고 공연 참여자에게 월급을 주었다(이두현 외, 1999). 호리촌트는 넓게 트인 하늘과 같은 배경을 나타내기 위해 무대 뒷면에 설치한 'U' 자 모양의 굽은 막을 말한다. 동양극장은 〈홍도야 우지마라〉의 다른 이름인 〈사랑에 속고 돈에 울고〉, 〈춘향전〉, 〈어머니의 힘〉 등의 악극을 주된 레퍼토리로 삼아 지방 공연과 **만주 지역** 순회공연을 펼쳤다. 이 극단에서는 박제행, 서월영, 심영, 황철, 한은진, 조미령 등의 배우가 배출되었다. 전속 작가는 최독견, 송영, 이서구, 박영호, 김태진, 연출가는 극예술연구회 출신인 홍해성, 박진, 안종화, 한노당, 이서향 등이 있었다.

악극단의 순회공연은 신파극과 창작극의 구전 확대 외에도 대중가요를 널리 전파하는 데 크게 기여했다. 전축, 라디오, 음반 산업을 비롯한 대중매체나 미디어 기기가 지금처럼 발달되지 않았기 때문이다. 음반이 도입되면서 오케레코드 산하 **조선악극단**朝鮮樂劇團은 1935년 2~3월에 이난영, 임방울, 고복수 등이 출연하는 〈오케 예술의 밤〉을 순회공연했다. 이때 **만주의 유랑극단**은 한류 예술 활동의 원조로 일컬어진다. 우리나라 연극은 일제가 1940년 12월 조선연극협회를 만들어 극단을 통제하면서 **암흑기**를 맞이했다. 일제는 1942년 7월 조선연극협회와 조선연예협회를 통합해 조선연극문화협회를 발족시킨 뒤 민족정신을 말살하고 침략 전쟁을 정당화하는 **내선일체** 등의 내용을 작품에 반영하도록 했다.

유행가와 트로트, 라디오의 인기

가곡과 동요 분야에서는 1920년대부터 **서양 음계**에 바탕을 두고 민족의식을 고취하는 노래가 등장해 홍난파의 「봉선화」, 윤극영의 「반달」, 현제명의 「고향생각」 등이 인기를 끌었다. 해외에서 활동하던 안익태는 「애국가」와 「코리아 환상곡」을 작곡했다. 유성기 음반이 일본을 통해 조선에 들어오고, 1910년 무렵부터 **일본 축음기상회**와 **서양 음반 회사**의 지사가 서울에 설립되면서 가수들이 **레코드**로 음반을 내기 시작했다. 일반 대중도 이를 사서 감상할 수 있는 환경이 조성된 것이다. '유성기'란 소리를 머무르게 하는 기계, 즉 레코드에서 녹음한 음을 재생하는 장치인 축음기를 지칭하는데, 여기서 재생되는 음반을 **유성기 음반**이라 불렀다. 일본 축음기상회는 서울에 지사를 두고 1913년부터 1925년까지 **'나팔통식 취입'**이라 불리는 기계식 취입법을 통해 우리 음악을 많이 녹음·발매했다. 라디오 방송국이 생기고 음악을 즐기는 사람들이 늘어나면서 레코드의 보급은 점차 늘어났다. **유행가**도 등장했다. 일제강점기에 유성기 음반을 제작한 주요 레코드사는 미국의 **컬럼비아** columbia(1927년 설립), **오케** Okeh(1927년 설립), **빅타** victor(1928년 설립), **다이헤이** Taihei(1930년 설립) 등이 있었다. 이 가운데 오케레코드는 일본과 제휴했으나 **이철** 李哲 이 독자적으로 운영했다는 점에서 한국인 최초의 레코드사로 평가될 수 있다. 음반의 인기가 높아지면서 1930년대에는 5만 장까지 팔리는 음반이 등장했다.

대중가요는 크게 **트로트·신민요·재즈·만요**가 유행했으며, **군국 가요**도 불렸다(장유정, 2004, 2006a, 2006b). 가요 중에는 번안한 노래가 많았다. 전통적인 민요와 창가 唱歌 도 꾸준히 불리고, 일본에서 유입된 엔카 演歌 의 영향으로 1920년대부터 왜색 풍의 **트로트**(뽕짝)가 유행했다. 트로트에 대해서는 왜색성이 짙다고 비판하거나 하위문화로 폄훼하는가 하면 어엿한 전통 가요라는 의견까지 다양한 시각이 존재하며, 특히 일제 치하의 트로트는 식민지 대중의 애환을 담고 있다(전지영, 2016). 신민요는 전통 가요를 대중가요로 만든 것이고, 재즈는 서양 대중음악의 영향을 받아 이뤄진 것이다(장유정, 2013). 창가는 갑오개혁 이후에 발생한 근대음악 형식의 하나로 서구의 곡조에 맞춰서 지어 부른 시가를 말한다.

그중 일제강점기에 대중을 깊게 파고든 트로트는 독특한 형식과 특징이 있다. 형식은 5음계로 구성된 지극히 단순한 4분의 2박자(쿵짝 쿵짝 쿵짜짜 쿵짝) 또는 4분의 4박자를 기본으로 한다. 이른바 식민지 사회에서 계속 반복해 가창되다 보니 유행가로 통칭되는 성인가요의 한 장르로 정착해서 오늘날까지 이어진 것이다. 이때까지 전래되거나 창작된 우리나라 전통 민요는 대부분 굿거리장단(8분의 12박자)이거나 세마치장단(8분의 9박자)이었다. 이 때문에 원래 우리 노래는 엔카 풍에 맞지 않았지만, 국권 피탈로 일본의 문화가 이식되면서 트로트가 강제로 전파된 것이다. '트로트'라는 말은 1910년대 초기 미국에서 시작된 사교춤곡 중 하나인 **폭스 트로트** fox trot 에서 유래했다. 폭스 트로트는 '여우의 걸음'이라는 의미로 여우가 사냥감을 향해 살금살금 걸어가듯이 추는 춤이라는 뜻이다.

요나누키 음계 ヨナ抜き 音階가 특징인 일본 민요 창가는 메이지 유신 이후 **엔카**로 발전한 뒤 국내에 들어와 한국 트로트로 정착했다. 기본 리듬인 '쿵짝 쿵짝 쿵짜짜 쿵짝'이라는 소리를 따서 속되게 '**뽕짝**'이라고 부른 것이다. 메이지 유신 이후 메이지 시대(1868~1912)에는 차별 철폐 등을 담은 자유민권사상이 일본 전역에 유포될 당시 가두연설을 단속했는데, 이를 대신해 장엄한 계몽적 성격의 정치적인 노래를 만들어 유포한 것이 엔카의 유래가 되

었다. 한자는 '연설하다'라는 뜻의 '연演' 자를 반영해 '演歌'로 썼다. 그러다가 1890년대에 이러한 정치 운동을 하던 '엔카시演歌師'가 군국주의자들의 탄압을 받으면서 1910년대 이후부터는 정치사상보다 남녀의 사랑, 이별, 술, 인정, 의리 등을 다뤘다. 따라서 한자 표기도 '요염할 연艶' 자를 담은 비가풍悲歌風의 '엔카艶歌'로 바뀌었으며, 이런 흐름은 1926년 쇼와 시대昭和時代(쇼와 천황의 재위 기간)부터 정착되었다.

트로트의 근간을 이루는 **요나누키 음계**는 일본 전래 민요에서 쓰던 기본 음계로, 서양의 7음계 가운데 '파'와 '시'를 뺀 '도-레-미-솔-라'만을 사용하는 것을 말한다. '도-레-미-솔-라'가 장음계라고 한다면 여기서 3도씩 내린 '라-시-도-미-파'는 단음계가 된다. 따라서 일본 음악계에서는 '도-레-미-솔-라'를 **장조 요나누키**라 하고, '라-시-도-미-파'를 **단조 요나누키** 또는 **미야코부시都節 음계**라 했다(이건용·노동은, 1993; 김창남, 2010). 일본에서는 7음계를 '하후미요이무나'로도 읽는데 '요四'는 7음계 가운데 네 번째 음인 '파'를, '나七'는 일곱 번째 음인 '시'를, '누키抜き'는 '빼기'라는 뜻이기 때문에 요나누키는 "요(파)와 나(시)를 뺀다"라는 의미다.

이 시기에는 특히 **해방의 염원**을 담은 노래가 많았다. 일제는 1933년 5월 22일 '축음기 레코드 취체取締(규칙, 법령, 명령을 지키도록 통제한다는 뜻으로 순화어는 '단속'이다) 규칙'을 제정하고, 가장 먼저 「아리랑」과 「봉선화」의 유통과 가창을 금지시켰다. 이어 「황성옛터」, 「목포의 눈물」은 가사에 문제가 있다며 재갈을 물렸다. 트로트 중에는 이애리수의 「황성옛터」, 김정구의 「눈물 젖은 두만강」, 이난영의 「목포의 눈물」 등이 해방의 염원을 짙게 담아 사랑받았다. 옛 고려 궁터였던 개성의 만월대를 보고 시대상에 빗대어 만든 **「황성옛터」**는 1928년 '황성荒城의 적跡'이라는 제목으로 발표되었는데, 한국인이 처음 작사(왕평)·작곡(전수린)한 대중가요다. 「눈물 젖은 두만강」은

1936년 발표된 가요로 가사(두만강 푸른 물에/ 노 젓는 뱃사공/ 흘러간 그 옛날에 내 님을 실고/ 떠나간 그 배는 어디로 갔소/ 그리운 내 님이여/ 그리운 내 님이여/ 언제나 오려나/ 님 가신 강 언덕에 단풍이 물들고/ 님 잃은 한숨을 지니/ 추억에 목 메인 애달픈 하소/ 그리운 내 님이여/ 그리운 내 님이여/ 언제나 오려나)에도 드러났듯이 두만강 건너편 용정촌에서 조국의 독립을 위해 싸운 투사들을 그렸다.

「**목포의 눈물**」은 1934년 가사 모집 대회에서 입선한 문일석의 작품에 손목인이 곡을 붙이고, 순회 극단 출신의 가수 이난영이 불러 대히트했다. 일제는 가사 중 "삼백 년 원한 품은 노적봉 밑에 ……"라는 부분을 문제 삼아 삼백 년 쌓인 원한의 대상이 일본을 지칭하는 것 같다는 이유를 들어 금지곡으로 지정했다. 사실 "**삼백 년 원한**"이란 1592년 임진왜란 때부터 1910년 한일병합으로 국권이 강탈될 때까지 300년간 쌓인 민족의 한을 상징한다. 당시 일제의 조사 과정에서 검열을 통과하기 위해 불가피하게 가사를 "삼백연의 바람이 목포항 앞 세 개 섬으로 이뤄진 삼학도를 거쳐 유달산 노적봉 쪽으로 분다"라는 뜻의 "**삼백연**三栢淵 **원안풍**願安風"으로 바꿨으나 해방 이후 되돌렸다. 가수 이난영(1916~1965)은 병으로 요절했는데, 전라남도 목포시는 그의 업적을 추모하고자 매년 6월 현지에서 '이난영 가요제'를 개최한다. 목포 유달산에 세워진 '목포의 눈물 노래비'는 우리나라 최초의 노래비다.

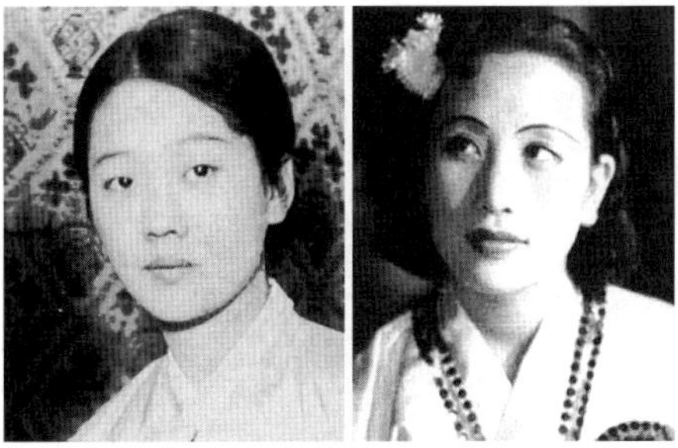

가수 이애리수(왼쪽)와 이난영의 당시 모습

이 시기에는 서양 가요, 일본 가요, 전통 가요의 영향을 받아 해학과 웃음을 유발하는 가사로 만들어진 **만요**漫謠가 서민들 사이에 널리 유행했다. 어두운 식민 시대에

가수 박향림과 「오빠는 풍각쟁이야」

이 노래는 가수 박향림(朴響林, 1921~1946)이 1938년 컬럼비아 레코드를 통해 발표하고 부른 **만요**(漫謠, comic song)적 성격의 노래다. 박영호가 작사하고 김규송이 작곡했다. "난 실여"(난 싫어), "나한테 주구"(나한테 주고), "모두쟁이"(모주쟁이, 고주망태), "대표쟁이"(대포쟁이) 등 표기법을 무시한 발음 위주의 구어체 어휘를 사용하며 앙증맞고 애교스러운 창법을 쓰는 것이 특징이다. 가녀린 음성과 콧소리의 사용도 특징적이다. 가사 내용을 보면 맛있는 것은 동생 것까지 다 뺏어 먹고, 여동생한테 온 편지도 몰래 훔쳐 보며, 공연 구경은 여동생을 떼놓고 혼자 가는 못된 짓을 일삼는 오빠를 꾸짖고 탓하는 내용이다. 오빠는 돈을 잘 쓰고 놀기 좋아하는 한량(閑良) 기질과 바람기가 많은 캐릭터이고, 여동생은 이를 지켜보며 걱정하는 한편 동경하는 빛을 내보인다. 가정의 사소한 일상들을 비틀어 재미있는 노래로 승화한 것인데(박애경, 2006), 당시 남매가 있는 집안 오빠들의 이기적이고 장난스러운 행동을 재미있게 표현했다. 신랑감으로 인기가 높던 명동 샐러리맨 오빠들에 대한 원망과 동경을 담았다는 평가도 있다. 다음의 가사를 상세히 살펴보면 이 노래에 중산층 이상 가정의 풍경이 담겨 있다고 추론할 수 있다. "콩나물 무침", "오이지무침" 등이 등장하는 것으로 보아 평범한 가정 같지만, 당시 오빠가 회사를 다니며 한국인으로서 일본인이 애용한 명치좌(明治座) 같은 극장에 다녔다는 점에서 상당한 특권과 여유가 묻어나기 때문이다.

오빠는 풍각쟁이야, 머, 오빠는 심술쟁이야, 머
난 몰라 난 몰라 내 반찬 다 뺏어 먹는 거
난 몰라 불고기 떡볶이 혼자만 먹고
오이지 콩나물만 나한테 주구
오빠는 욕심쟁이 오빠는 심술쟁이
오빠는 깍쟁이야

오빠는 트집쟁이야, 머, 오빠는 심술쟁이야, 머
난 실여 난 실여 내 편지 남몰래 보는 것 난 실여

명치좌 구경갈 땐 혼자만 가구
심부름시킬 때면 엄벙땡하구
오빠는 핑계쟁이 오빠는 안달뱅이
오빠는 트집쟁이야

오빠는 주정뱅이야, 머, 오빠는 모주군이야, 머
난 몰라이 난 몰라이 밤늦게 술 취해 오는 것 난 몰라
날마다 회사에선 지각만 하구
월급난 안 오른나구 짜증난 내구
오빠는 짜증쟁이 오빠는 모두쟁이
오빠는 대표쟁이야

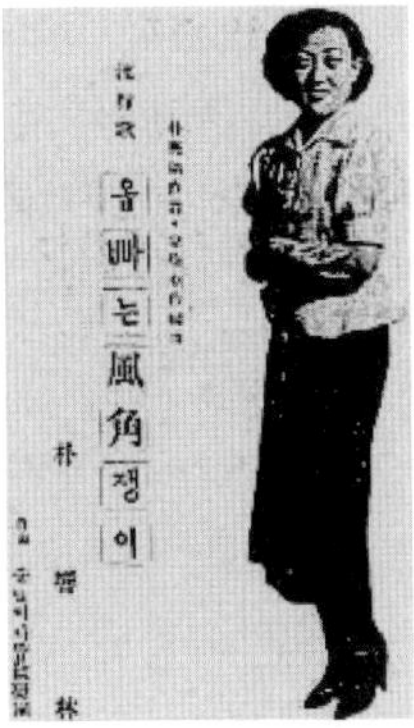

▌컬럼비아 레코드사에서 나온 박향림의 앨범

노래의 제목이자 가사로 나오는 "**풍각쟁이**"는 시장이나 집을 돌아다니며 노래를 부르거나 악기를 연주하고 돈을 얻는 사람을 말한다. 오늘날 거리를 돌며 노래나 연주를 하고 돈을 받는 버스커(busker)족과 유사하다고 할 수 있다. 일종의 거리의 악사다. '**풍각**(風角)'은 악기나 악기 연주를 속되게 부르는 말이다. "엄벙땡하구"란 엄범덤벙하다는 말로 얼렁뚱땅한다는 뜻이며, "안달쟁이"는 잘 참지 못하고 속을 태우며 조급하게 구는 사람을 나타낸다. "모주쟁이"는 술을 너무 좋아하거나 술에 취해 만날 고주망태가 되는 사람, "대표쟁이"는 '대포(大砲)쟁이'의 다른 표현으로 허풍쟁이나 거짓말쟁이를 빗댄 말이다. '모주'는 술찌끼를 거르거나 끓인 술로, 전국 콩나물 국밥집에서 흔히 볼 수 있다. '명치좌'는 1936년 10월 일본인 이시바시 료스케(石橋良介)가 건축가 다마다 기쓰지(玉田橘治)에게 의뢰해 지은 일본인들을 위한 위락 시설로, 다마다는 미쓰코시 백화점 경성 지점(현 신세계백화점) 공사 주임으로 입국해 일하다가 독립해 다마다 건축사무소를 운영하고 있었다. 명치좌는 옥탑을 갖춘 3층짜리 영화·연극 전용 극장이다. 명동 한복판에 자리 잡아 미도파 백화점, 명동성당과 함께 문화와 소비의 중심으로서 명소를 이뤘다. 부민관, 약초극장, 황금좌 등과 함께 1930년대의 일본 영화 상영을 주도했다.

'명치좌'는 해방 후 미 군정청 시대가 되면서 '국제극장'으로 이름을 바꾸었으며, 이후 이를 인수한 서울시가 '시공관(市公館)'으로 개칭해 집회·공연 시설

로 활용한다. 6·25 전쟁 이후 1952년 개수 과정을 거쳐 1957년 6월 1일 국립극장인 명동예술회관으로 출범했다. 그 후 명동 국립극장, 대한투자금융 사옥(민간 매각), 국립 명동예술극장(정부 매입)으로 차례로 바뀌었다(이근혜, 2008). 이 노래는 특유의 흥미성과 해학성 때문에 현대에 이르러 다시 재연되거나 활용되고 있다. 1990년대 중반 SBS 예능 프로그램 〈좋은 친구들〉에서 1930년대 노래로 소개된 데 이어 1999년 MBC 드라마 〈국희〉에 배경음악으로 삽입되었다. 영화 〈태극기 휘날리며〉의 배경음악(OST), 드라마 〈각시탈〉의 배경음악(주원 버전)으로 등장했다. 상품 방송 광고(CF)의 경우 2004년 웅진식품의 음료 '초롱이'와 2014년 '미스터피자'의 광고에서 각각 활용되었다.

박향림은 함경북도 청진 출신으로 원산의 루씨여자고등보통학교를 나왔다. 본명은 박억별이다. 가수가 되고 싶어 오케레코드 관계자를 찾아갔으나 성과가 없어 1937년 경쟁 레코드사인 태평레코드를 통해 '박정림'이라는 예명으로 첫 노래 「청춘극장」과 「서커스 걸」을 발표하며 데뷔했다. 「고향의 녹야」, 「연지 찍고 곤지 찍고」, 「꼭 오세요」 등을 발표한 후 컬럼비아 레코드사에 영입되어 '박향림'이라는 예명으로 「사랑 주고 병 샀소」, 「찻집 아가씨」, 「선창에 울러 왔다」, 「오빠는 풍각쟁이」 등을 부르며 모던함을 상징하는 인기 가수로 떠올랐다. 야무지고 정확한 창법이 특징이었다. 컬럼비아 레코드사에서 명성을 얻은 다음 그는 처음 거절당했던 이철의 오케레코드에 스카우트되어 「코스모스 탄식」, 「순정특급」 등을 히트시켰다.

가수 박향림은 나중에 백년설, 남인수와 함께 일제의 전시 동원을 촉구하는 **친일 가요**를 불러 비판의 대상이 되었다. 소속사인 오케레코드사가 친일 전시 동원 가요를 보급하는 데 활용되면서 박향림 또한 천황의 병정이 되는 것이 소원이어서 혈서를 쓰며 지원한다는 내용의 「혈서지원」과 「진두(陳頭)의 남편」, 「총후(銃後)의 자장가」, 「화랑」 등 **군국 가요**를 불렀기 때문이다. 장유정(2004, 2006a, 2006b)의 분류에 따르면 박향림은 민족적 예술철학의 부재로 시류에 순응함으로써 만요의 주인공이면서도 불명예스러운 군국 가요의 장본인이 된 것이다. 박향림은 1946년 출산 직후 강원도 홍천 공연에 나섰다가 산후 중독증이 악화되어 만 25세의 나이로 요절했다.

그나마 위안을 주는 대중문화 콘텐츠였다. 한복남의 「빈대떡 신사」, 김용만의 「회전의자」, 강홍식의 「유쾌한 시골 영감」, 김정구의 「세상은 요지경」 등이 대표적이다. 1938년에 가수 박향림이 발표한 **「오빠는 풍각쟁이야」**도 여동생이나 여자들을 상대로 장난치듯 괴롭히는 심술꾸러기 남자들을 재미있게 묘사한 점에서 만요라 할 수 있다. 만요는 당시에 **'유행 만곡'**, **'유행 만요'**, **'희가요'**, **'난센스 송'**이라는 다양한 명칭으로 불렸는데, '코믹송comic song'이나 '풍자·해학송'이라는 뜻이다(장유정, 2013). 만요 중 「유쾌한 시골 영감」은 코미디언 양석천과 서영춘이 각각 1950년대와 1960년대에 「유쾌한 시골 영감」과 「서울 구경」으로, 「세상은 요지경」은 1993년에 배우 겸 가수 신신애가 같은 이름으로 리메이크해 많은 인기를 누렸다. 당시 미디어를 통해 유명해진 자전거 선수 **엄복동**과 국내 상공을 비행한 최초의 비행기 조종사 **안창남**의 이야기가 대중가요에 반영되어 「떴다, 올려 보아라 안창남의 비행기, 달린다, 내려다 보아라 엄복동의 자전거」라는 노래가 유행하기도 했다.

한편 조선 최초의 소프라노이자 음악 교사, 그리고 신극운동을 하던 배우였던 **윤심덕**은 1926년 8월 1일 **「사**死**의 찬미**讚美」를 발표했다. 이 음반은 우리나라 대중음악의 효시로 평가받는다. 일본 도쿄 대학교 성악과 출신으로 미혼이던 윤심덕은 신극운동을 주도한 유부남 극작가 김우진과 불륜 끝에 동반 자살했다. 이 사건이 사회적 관심을 끌면서 이후 음반 판매가 급증해 무려 10만 장 이상이 팔려나갔다. 이 노래는 이오시프 이바노비치Iosif Ivanovici가 작곡한 「도나우Donau강의 잔물결」에 윤심덕이 직접 죽음을 찬미하는 염세적인 내용의 노랫말을 쓰고, 동생 윤성덕이 피아노 반주를 입혀 취입했다. 다음의 가사를 보면 죽음을 예고한 듯하다. 그는 음반 발매 후 3일 뒤인 1926년 8월 4일 일본 시모노세키에서 부산항으로 오는 **관부연락선**에서 애인 김우진과 함께 투신자살해 세상을 안타깝게 했다.

사의 찬미

광막한 황야에 달리는 인생아
너의 가는 곳 그 어데냐
쓸쓸한 세상 험악한 고해(苦海)에
너는 무엇을 찾으러 가느냐
눈물로 된 이 세상에
나 죽으면 그만일까
행복 찾는 인생들아
너 찾는 것 설움
웃는 저 꽃과 우는 저 새들이
그 운명이 모두 다 같구나

삶에 열중한 가련한 인생아
너는 칼 위에 춤추는 자로다
허영에 빠져 날뛰는 인생아
너 속혔음을 네가 아느냐
세상의 것은 너에게 허무니
너 죽은 후에 모두 다 없도다
눈물로 된 이 세상에
나 죽으면 그만일까
행복 찾는 인생들아
너 찾는 것 설움

윤심덕과 김우진의 염문은 배우 신성일과 문희가 주연을 맡고 안현철 감독이 연출한 영화 〈윤심덕〉(1969), 배우 장미희와 임성민이 주연을 맡고 김호선 감독이 연출한 영화 〈사의 찬미〉(1991)로 각각 재탄생되어 조명받았다. 2013년에는 공연 제작사가 뮤지컬 〈글루미데이Gloomy Day〉(2013~2014)와 〈사의 찬미〉(2015)로 재해석해 각각 대학로 극장에서 공연함으로써 대중의 관심을 끌었다. 당시 윤심덕과 김우진의 동반 투신자살 사건은 ≪부산전보≫라는 매체에 보도되었는데, 그 내용은 다음과 같다.

지난 3일(1926) 오후 11시에 시모노세키(下關)를 떠나 부산(釜山)으로 향한 관부연락선(關釜連絡船) '덕수환(德壽丸)'이 4일 오전 4시경에 대마도 옆을 지날 즈음에 양장을 한 여자 한 명과 중년 신사 한 명이 서로 껴안고 갑판에서 돌연

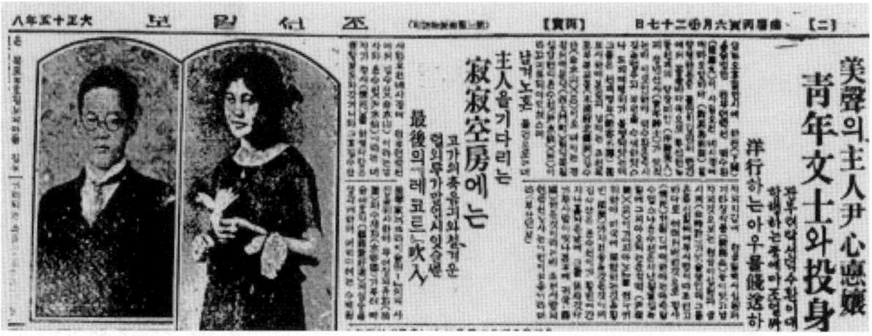
조선일보

美聲의 主人尹心悳孃 青年文士와 投身

洋行하는 아우를 餞送하

主人을 기다리는 寂寂空房에는

最後의 「레코드」吹入

▌윤심덕·김우진의 동반 자살 사건을 다룬 당시 ≪조선일보≫ 보도

히 바다에 몸을 던져 자살을 했는데, 즉시 배를 멈추고 부근을 수색했으나 그 종적을 찾지 못했다. 그 승객 명부에는 남자는 전남 목포부 북교동 **김수산**(金水山, 30), 여자는 경성부 서대문정 1 정목 73번지 **윤수선**(尹水仙, 30)이라 했으나 그것은 본명이 아니요, 남자는 **김우진**이오 여자는 **윤심덕**이었다. 유류품으로는 윤심덕의 돈지갑에 현금 140원과 장식품이 있었고 김우진의 것으로는 현금 20원과 금시계가 들어 있었다. 연락선에서 조선 사람이 **정사**(情死)를 한 것은 이번이 처음이라더라.

신여성, 교복, 근로복, 화장품의 등장

중일전쟁 이후 일제는 문화예술 활동을 강력하게 통제했다. 문인과 예술인에게 침략 전쟁을 찬양하는 작품을 만들도록 강요했으며, 일부는 그런 흐름에 자발적으로 가세해서 **친일 단체**에 **가입**하고 일제의 **식민 지배**를 **찬양**하는 활동을 펼쳤다. 특히 이광수, 최남선, 홍난파 등은 친일 예술 활동에 앞장섰다. 그러나 자신의 의지를 지키려고 작품 활동을 아예 중단하거나 **절필**하는 예술인도 늘어났다. 미술에서는 서양화 분야에 고희동, 김관호, 나혜석, 이중섭, 박수근 등이, 한국화 분야에서는 안중식, 이상범, 허백련이 있었다. 특히 일본에서 미술을 공부하고 돌아온 **이중섭**은 민족적 정서와 정기를 표현하는 그림을 많이 그렸다. 그의 주된 소재는 소, 닭, 어린이, 가족 등이었다.

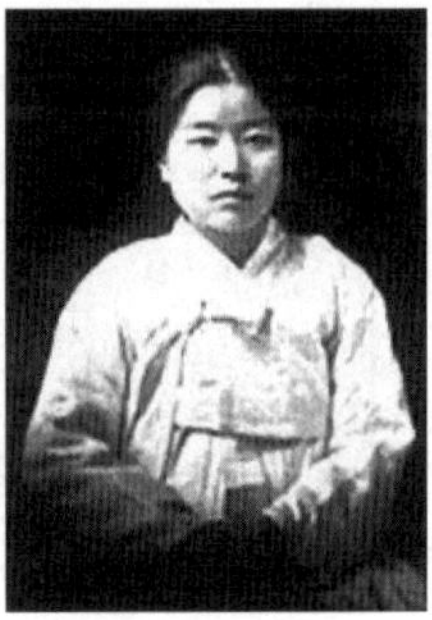

▌우리나라 최초 여류 화가 나혜석

여권신장과 자유연애론을 주창했다.

조선미술전람회朝鮮美術展覽會 입선 출신인 **박수근**은 주로 농가의 진실하고 서정적인 풍경을 그려 각광을 받았다. **나혜석**은 우리나라 최초의 여성 화가이자 시인·소설가로 활동했는데, 봉건적인 남존여비男尊女卑 사상에 맞서 근대적인 여권론과 자유연애론을 주창한 대표적인 신여성이었다(김육훈, 2006). 특히 나혜석은 당시로서는 파격적으로 아이를 둔 이혼남과 결혼하고, 식민지 조선 사회의 가부장제를 비판한 글 「**이혼고백장**」(1934)과 「**신생활에 들면서**」(1935)를 각각 발표해 주목을 받았다.

일제는 전통적으로 우리 백성이 입던 **흰옷**을 입지 못하게 했다. 그 대신 생활복으로 **검정 옷**을, 학생·군인·공무원에게는 **제복**을 입혔다. 선교사들의 옷차림에 영향을 받아 한복 저고리의 길이가 길어지고, 활동성을 강화하기 위해 짧은 치마와 긴치마의 이중 구조로 된 **통치마**도 유행했다. 남성의 **양복**과 여성의 **양장**도 속속 도입되었다. 1918년에는 남학생이 **양복 교복**을 입기 시작했다. 1920년대부터는 양장 제조와 보급이 활성화되고 각종 스포츠웨어가 등장했다. 처음에 양복은 매국 활동을 한 **일진회** 구성원들이 주로 입어 국민들 사이에 배타적 경계심을 일으킨 복장이었다. 그러나 1919년 3·1운

'모던 보이'와 '모던 걸'의 출현

'모던 보이(modern boy)'와 '모던 걸(modern girl)'은 조선의 근대화 과정에서 나타난 새로운 스타일의 인간형이다. 서양 문물이 계속 유입되는 가운데 조선의 유교적 스타일과 구습에서 탈피하고 서구 풍조를 받아들여 근대적 인간이 되려는 욕망이 강하게 투영되어 있다. 내재된 변화의 욕망을 대리하는 상징일 수도 있고, 허영과 허세 욕구의 표현일 수도 있다. 모던 걸과 모던 보이란 1920년대부터 경성을 중심으로 도시 문화가 성장하는 가운데 의복, 언어, 행동, 동작, 사고방식까지 몸소 서구화를 이뤄냄으로써 근대화되지 못한 사람들과 크게 차별화한 사람들을 말한다. 이들은 패션과 스타일에 민감했지만 남의 시선을 별로 의식하지 않는 대담성을 보였다. 백화점, 카페, 바, 다방과 같은 소비 공간이 도시 문화의 핵심으로 자리 잡으면서 이곳을 주 무대로 소일했다. 1925년 9월에 창간된 취미·문예 잡지 ≪신문춘추(新聞春秋)≫와 1926년 11월에 창간된 풍속 잡지 ≪별건곤(別乾坤)≫(제호는 '별천지'라는 뜻) 등에는 이러한 세태를 풍자하는 만화와 기사가 자주 등장했다. 모던 보이들은 나팔바지 양복에 맥고모자(麥藁帽子, 챙이 넓은 보릿짚 또는 밀짚 모자)를 쓰고, 모던 걸은 야한 화장과 단발머리를 한 채 홀쭉한 치마를 입고 카페나 재즈 바에서 흥얼거리며 칼피스와 고히(커피)를 마셨다고 기록되어 있다. 당시 잡지의 만평에 "이러고 다녀야 배우인 줄 알아주니"라는 표현이 있듯이 배우, 가수 등을

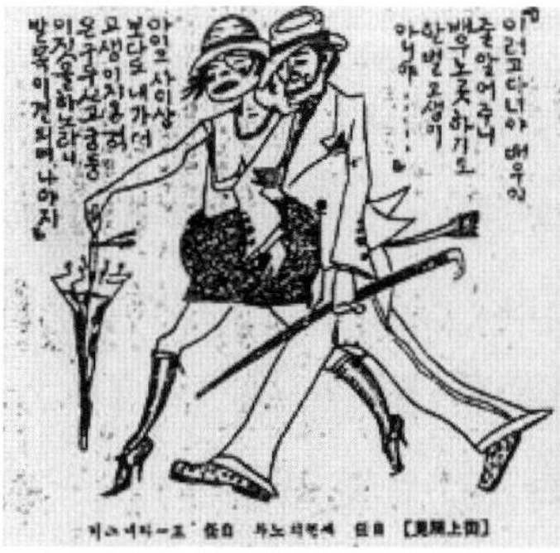

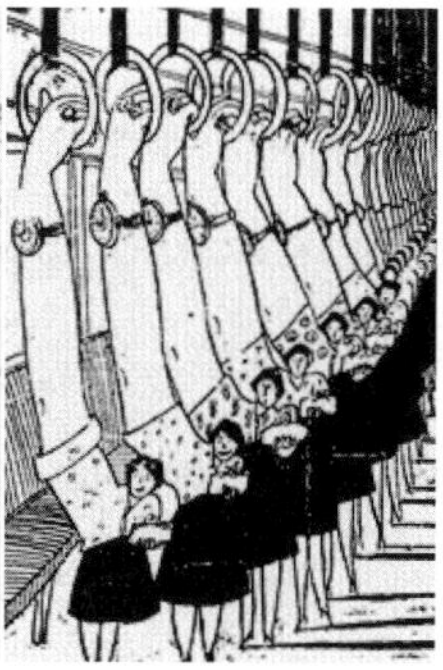

▌풍속 잡지 ≪별건곤≫에 실린 모던 걸의 연애·패션 스타일 삽화(왼쪽)
▌취미·문예 잡지 ≪신문춘추≫에 실린 모던 걸의 키 크기 운동 풍자 만평

흉내 내는 부류도 많았다. 이들에 대해서는 찬사와 비난이 엇갈릴 만큼 논란이 뜨거웠다. 지식인들은 모던 보이와 모던 걸이 졸부 근성과 속악 취미로 뭉친 유한계급으로, 서양인의 외양을 모방하며 다른 정체성을 구축하려 한다고 비판했다. 다른 한편으로 일부 민중에게 이들은 서양에 대한 추종과 변화 욕구를 움트게 하고, 새로운 스타일을 이끌어가는 인간형으로서 관심과 추종의 대상이 되었다. 2008년 개봉된 박해일, 김혜수, 김남길 주연의 영화 〈모던보이〉에서도 이들의 모습을 엿볼 수 있다.

동의 주축 세력이 양복을 입으면서 인식이 긍정적으로 바뀌었으며, 이때부터 양복이 전국적으로 확산되었다. 1910년대에는 서울에 40개에 이르는 양복점이 있었다. 음악도였던 **최경자**는 재봉술을 배웠는데, 일본 유학 후 1937년 함흥에 여성용 양장점 '은좌옥'과 양재학원을 세워 운영했다.

양장과 함께 목도리나 숄shawl을 두르고 멋으로 양산을 쓰는 스타일도 유행했다. 1934년 6월 16일 조선직업부인협회는 서울 인사동에서 '**여의**女衣 **감상회**'라는 패션쇼를 열어 다양한 여성복을 선보였다. 1937년 중일전쟁 이후 일제는 우리 국민을 전장에 투입하기 위한 목적으로 1940년 '국민복령'을 제정했다. 남자에게는 근로 효율을 높일 수 있는 군복 스타일로 앞 단추가 5~6개 달린 '**국민복**'을, 여자에게는 일하기 편한 헐렁한 왜바지인 **몸뻬**(もんぺ)를 입도록 강요했다. 몸뻬는 **근로복**이라 불렸다. 1930년대 중반까지 여학생들 사이에서는 **단발**이 유행했고, 1937년부터는 젊은 여성을 중심으로 전기나 불로 머리를 마는 **파마**(퍼머넌트) 스타일이 시도되어 유행했다. 이후 도시가 발달하면서 **단발**을 하고 **면도**를 하는 남성과 단발머리를 하는 여성이 점차 늘어나기 시작했다.

양복과 함께 착용하는 모자, 양말, 구두도 속속 도입되었다. 1912년에는

미투리 고무신이, 1915년에는 일제 **고무신**이 등장했다. 화장품이 국내에 등장하자 여성의 생활도 달라졌다. 화장품은 프랑스 화학자 마르셀랭 베르틀로Marcellin Berthelot가 1860년대 유기합성과 화학 반응을 연구한 이후 19세기 말부터 **화장품** 제조가 활발해지고 **백화점**에 저가 화장품

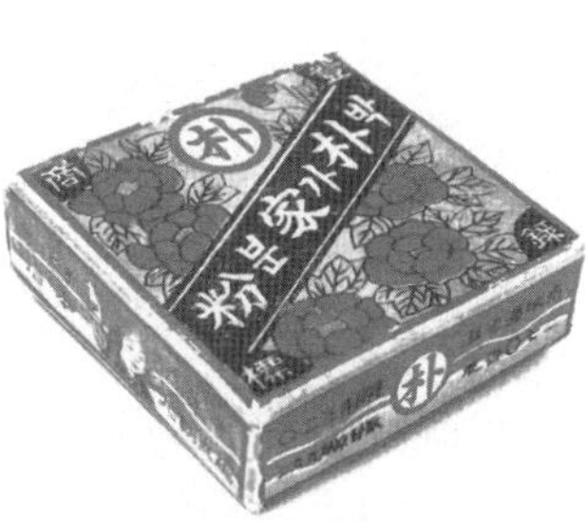

▌우리나라 최초의 시판 화장품 '박가분'

자료: 근현대디자인박물관(서울 창전동) 제공.

이 대량 공급되었다(파케, 1998). 우리나라에서는 1916년 미백용 백분인 **박가분**朴家粉이 출시되었다. 박가분은 국내 최초의 국산 시판 화장품으로 상표 등록을 한 뒤에 생산되었다. 납 가루를 식초에 처리한 후 열을 가해 생성한 하얀 가루인 납꽃에 조개를 태운 흰 가루, 칡가루, 쌀가루, 보릿가루를 혼합해 만들었다. 여성들은 이것을 물에 개어 피부에 발랐다. 박가분은 훗날 두산그룹 창업주가 된 **박승직**이 판매하고 박승직의 아내 **정정숙**이 제조했다. 1920년부터는 박승직이 기업화했다.

제3장

해방기와 이승만 정부 시대

해방부터 이승만 하야까지

(1945~1960)

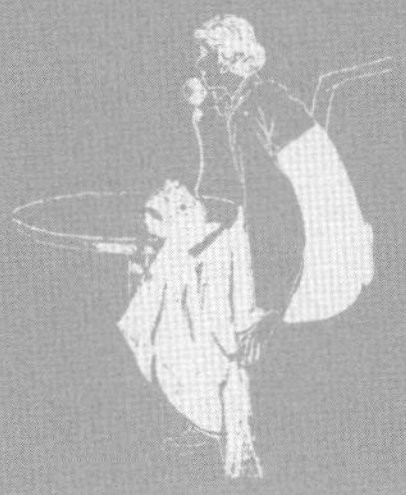

일제의 탄압과 압제에도 불구하고 1919년 3·1 운동 이후 국내외에서 독립운동이 더욱 활발해져 1919년 4월 13일 중국 창장(長江) 강 하구의 상하이(上海)에 대한민국 임시정부가 수립되는 성과를 거뒀다. 1930년대에는 무장 독립운동기를 거치며 구체적인 건국 논의와 준비가 활발했다. 1940년대에 이르러 일제의 패망을 예측한 민족주의 계열의 대한민국 임시정부, 사회주의 계열의 조선독립동맹, 그리고 좌우합작으로 여운형이 주도해 국내에서 조직된 조선건국동맹은 각각 1941년, 1942년, 1944년에 건국 강령을 만들었다. 이어 조선의 국권을 회복해 새 국가를 만들기 위한 논의를 거쳐 준비에 착수했다. 대한민국 임시정부의 강령은 조소앙의 삼균주의(三均主義)를 기초 삼아 보통선거로 민주공화국 건설, 대기업의 국유화, 경자유전(耕者有田)의 토지제도 확립, 의무교육의 실시 등을 담았다. 삼균주의는 정치·경제·교육의 평등을 통해 개인 간 균등을, 식민정책과 제국주의의 침략을 배제해 국가 간 균등을, 민족자결의 실천을 통해 민족 간 균등을 실현한다는 내용을 담은 주장이다. 조선독립동맹의 강령은 보통선거로 민주공화국 수립, 대기업 국유화, 토지 분배, 의무교육을 핵심 내용으로 포함했다. 조선건국동맹은 민족주의와 사회주의 계열의 주장을 수용해 민주주의 원칙에 따른 국가 건설을 주장했다.

해방 직후의 정부

국제 정세가 급변하는 상황에서 독일이 1939년 9월 1일 폴란드를 침공하자 영국과 프랑스가 독일에 선전포고를 함으로써 역사상 가장 큰 전쟁인 제2차 세계대전이 발발했다. 1941년 독일이 소련을 공격하고, 일본이 미국 하와이 오하우 섬 앞 진주만(Pearl Harbor)을 공격해 태평양전쟁 등이 발발하며 세계적 규모로 확전되었다. 전쟁 양상은 독일·이탈리아·일본의 삼국 동맹 조약으로 짜인 추축국(Axis Powers) 진영과 영국·프랑스·미국·소련·중국 중심의 연합국(Allied Powers) 진영으로 나

뉘어 격화되었다. 추축국에 속한 일본은 청일전쟁(1895), 러일전쟁(1904), 만주사변(1931), 중일전쟁(1937)을 차례로 거치며 기세가 올라 1941년 미국 하와이의 진주만을 기습 공격하며 태평양전쟁에 나섰다. 그러나 연합국 진영인 미국과 소련의 반격으로 궁지에 몰렸다.

결국 미국이 1945년 일본의 히로시마(8월 6일)와 나가사키(8월 9일)에 원자폭탄을 투하하자 일본은 항복문서에 즉시 서명하고 1945년 8월 15일 낮 12시 일본 천황이 라디오를 통해 무조건 항복을 선언했다. 이로써 제2차 세계대전이 종결되고 우리나라도 갑작스럽게 해방되었다. 그간 우리나라 독립운동 세력이 준비한 대한민국 임시정부의 국내 진공 작전도 무산되어 복잡한 국제 정세 속에서 우리 민족은 스스로 운명을 결정하지 못하게 되었다. 이에 앞서 1945년 2월 소련은 미국·영국과 함께 얄타 회담에 참여해 일본과의 전쟁에 참여하는 대신 러일전쟁 당시 빼앗긴 사할린 남부와 쿠릴 열도를 반환받기로 밀약을 맺었다. 이에 따라 소련은 동북아시아의 정세를 주도하고자 1941년 8월 급히 참전을 결행해 만주국을 멸망시키고, 위도 38선 이북의 한반도를 점령했다.

1943년 11월 연합국 구성원인 미국·영국·중국은 카이로 회담을 통해 전후 일본의 처리 문제를 논의하며 "적절한 시기에 적절한 절차에 의해 한국을 자유 독립하게 한다"라고 결의했다. 이는 구체성을 결여한 모호한 문구였기 때문에 훗날 한반도의 불행한 운명을 예고했다. 1945년 7월 미국·영국·소련이 포츠담 회담을 통해 합의한 포츠담 선언도 한반도의 독립은 인정했지만, 열강의 속셈이 숨어 있는 카이로 회담의 모호한 문구 때문에 결국 한반도의 분할 신탁통치와 분단이라는 참혹한 결과를 초래했다. 전쟁이 끝나자 초강대국으로 부상한 미국과 소련은 전후 처리를 비롯한 이해관계를 둘러싸고 대립하며 냉전 체제에 접어들었다. 냉전 체제의 주축인 미국과 소련은 직접적인 충돌을 피하는 전략을 구사했지만, 양국의 영향력이 미치는 접점에 있던 국가들은 국지전과 국가 분할 등 혹독한 고통과 희생을 치러야 했다.

얄타 회담 이후 소련이 지정학적 요충지인 한반도로 진격하자 미국은 소련의 한반도 점령을 막기 위해 38선을 경계로 미소 간 분할통치를 제안했고, 이를 소련이 수용했다. 이로써 해방 이후 북위 38도선 이남에는 미국 군정의 직접 통치가, 이북에는 소련군의 간접 통치가 이뤄졌다. 미국은 1945년 9월 한반도에 들어와 군정청을 설치하고 조선총독부로부터 통치권을 넘겨받은 뒤 남한에 단독정부가 구성된 1948년 8월 15일까지 약 3년간 집권했다. 미국은 대한민국 임시정부나 조선인민공화국 등을 인정하지 않았고, 한국민주당 등 우익 세력의 지원을 받으며 조선총독부의 관료와 경찰 조직을 이용해 군정(軍政)을 시행했다. 소련은 같은 해 8월 북위 38도선 이북 지역을 장악하고 일본으로부터 행정권을 넘겨받아 북한 각지의 인민위원회에 이양했으며, 단일 독립국가 수립을 염원한 민족주의자들을 탄압하며 친공산주의 정권을 수립하기 위한 준비에 나섰다. 일본의 항복 이후 국내에서는 여운형이 좌우합작 형태로 조선건국준비위원회를 만들고 1945년 9월에 조선인민공화국을 선포했지만, 미국 군정이 이를 인정하지 않아 실현되지 못했다.

북한에서는 조만식을 중심으로 평남건국준비위원회를 조직해 건국 준비 작업을 했으나 소련군이 이를 강제해산시키면서 무산되었다. 그 대신 소련은 민족주의와 사회주의 인사의 연합체인 북조선 5도 인민위원회연합회의와 북조선 임시인민위원회를 1945년 10월과 1946년 2월에 차례로 열어 조만식 등 민족주의 인사들을 제거하고 김일성 중심의 권력 체제로 재편하도록 했다. 1945년 12월 미국·소련·영국 등 3개국 외무장관이 모스크바에 모여 한반도 처리 문제를 논의했으며(모스크바 3상회의), 미국·영국·중국·소련 4개국이 최장 5년간 신탁통치를 하기로 의결했다. 이에 국내 좌우 세력들은 일제에 이어 또다시 식민 통치를 받아야 한다는 사실에 저항하며 모두 신탁통치 반대 운동에 나섰다. 하지만 얼마 후 좌익 세력이 모스크바 3상회의의 결정 내용 중 본질은 임시정부의 수립이라며 찬성으로 돌아서면서 좌우 간 반목과 갈등이 격화되었다. 모스크바 3상회의의 결정을 실행하기 위해 1946년 3월부터 서울에서 미소공동위원회가 열렸지만, 양국의 속내가 달라 이후 회의는 중단되거나 결렬되었다.

국내에서는 좌파인 여운형과 중도 우파인 김규식을 중심으로 통일 정부를 구성하는 데 노력하기로 의견을 모아 좌우합작위원회를 구성했다. 그 후 모스크바 3상회의 결정 내용 지지, 친일파 처단, 토지개혁 실시 등을 기치로 내세웠지만, 좌우 정당의 갈등으로 제 기능을 하지 못했다. 미국 군정은 좌우합작위원회에 참여한 인물들을 주축으로 남조선과도입법의원을 구성하고, 미국인 고문의 지휘 아래 두는 남조선과도정부를 구성했다. 1947년 5월에 미소공동위원회가 최종 결렬되자 미국은 유엔에 한국 문제를 상정했다. 이에 따라 1947년 11월 유엔총회는 유엔의 감시 아래 남북한이 동시에 총선거를 치러 국회를 구성한 뒤 통일 정부를 세우도록 결의했다.

그러나 소련은 유엔에서 한국 문제를 다루는 것이 부적절한 데다 북쪽 인구가 남쪽보다 상대적으로 적다는 등의 이유를 들어 총선거를 반대하는 입장을 정하고 유엔한국임시위원단의 입국을 거부했다. 1948년 2월 유엔 소총회는 결국 선거가 가능한 지역, 즉 남한에서라도 총선거를 치르도록 결정했다. 그러나 이 결정은 결과적으로 남북 분단의 도화선을 제공했다. 이승만과 한국민주당 등 우파는 남한만의 총선거를 지지했으나, 김구와 한국독립당 등 좌파와 중도 세력은 남북 분단을 초래할 것이라며 반대했다. 김구와 김규식이 남북한 지도자 회담을 제안하자 1948년 4월 평양에서는 남북 제정당 사회단체 대표자 연석회의가 열려 한반도에서 단독정부 수립 반대, 미소 군대의 철수 등을 담은 공동성명을 채택했다. 그러나 남북 협상파의 이런 계획은 남한 내 단독정부 수립을 추진한 세력들의 방해로 무산되었다.

이승만 등이 주장한 남한만의 단독정부 구성을 위한 총선거가 1948년 5월 10일로 확정되자 김구와 김규식 등 남북 협상파는 선거에 불참했으며, 남조선노동당(남로당) 등 좌파 세력은 파업과 시위 등의 반대 운동을 벌였다. 특히 남한만의 단독정부 수립을 반대하는 세력들이 무장봉기해 투쟁하는 일이 벌어져 많은 사람이 희생되었다. 이 가운데 1948년 4월 3일 그간 누적되어온 미국 군정에 대한 불만과 남한의 단독정부 수립에 불만을 품은 제주도민들이 경찰서와 우익 단체를 습격하고, 이에 미국 군정이 군경을 동원해 토벌한 '제주 4·3 사건'이 발생했다. 이 사건으로 수만 명의 무고한 도민이 희생되었다.

같은 해 10월 19일에는 대한민국 정부 수립 이후 저항이 심했던 제주도의 세력들을 토벌하기 위해 이승만 정부가 여수와 순천에 주둔 중이던 군대를 제주도로 파견하는 과정에서 '여수·순천 사건'이 일어났다. 부대 내의 남로당 세력들은 제주도로 출동하라는 명령을 거부하고 친일파 처단과 통일 정부 수립 등을 구호로 내걸며 무장봉기했다. 이들이 경찰서와 관청을 습격하고 인근 지역과 지리산까지 진출하자 미군의 지원을 받은 정부가 무력 진압해 많은 사람이 희생되었다. 이승만 정부는 집권 직후 '제주 4·3 사건'과 '여수·순천 사건'을 계기로 좌익 세력 척결에 착수해 군대를 '정화'하고, '국가보안법'을 제정해 반대 세력을 탄압했다. 1948년 12월 시행된 '국가보안법'에 따라 좌익 활동을 하던 사람들을 전향시켜 자유민주주의로 인도한다는 명분 아래, 일제의 사상 탄압 전위대였던 '시국대응전선사상 보국연맹'을 모방해 지역별 할당을 바탕으로 '국민보도연맹(國民保導聯盟)'(약칭 '보도연맹')을 조직했다. 이승만 정부는 이를 정치 선전에 이용했으며, 6·25 전쟁 때는 이들을 학살하는 사건도 발생했다. 1949년 말에는 30만 명에 이를 정도로 회원 수가 많았던 보도연맹의 강령은 대한민국 정부 절대 지지, 북한 정권 절대 반대, 인류의 자유와 민족성을 무시하는 공산주의 사상 배격·분쇄, 남로당과 북로당의 파괴 정책 폭로·분쇄 등을 담고 있었다.

이승만 정부

줄기차게 이어진 남한만의 단독정부 구성 반대 운동에도 불구하고 남한만의 총선거는 예정대로 실시되었으며, 무소속의 강세(200석 가운데 85석) 속에 이승만이 이끈 독립촉성국민회가 제1당(55석)이 되었다. 1948년 7월 17일 '대한민국 헌법'이 제정·공포되었다. 이어 이승만과 이시영이 대통령과 부통령으로 각각 선출되어 8월 15일 대한민국 정부 수립을 공포했다. 이승만 정부는 남한만의 단독정부 수립이라는 부담감과 그에 따른 좌우 갈등, 일제 잔재의 청산, 공산주의 확산 방지, 전후 복구와 심각한 경제난 등의 위기에 둘러싸여 험로를 예고하고 있었다. 특히 생산 시설 파괴와 물자 부족, 군사비 증가로 인한 재정 적자 확대, 물가 급등은 난제였다. 따라서 정부는 미국의 원조를 받아 생필품과 식량 문제를 해결했다. 또 정경유착을 통해 대기업에 원조 물품의 가공과 유통을 맡기고, 일제강점기에 일본 정부나 일본인이 소유했다가 미국 군정을 거쳐 우리나라로 소유권이 넘어온 주택, 농지, 공장 등 귀속재산(歸屬財産)을 대기업에 헐값에 불하하는 특혜를 제공하며 문제를 해결하려 했다.

먼저 제헌국회는 1948년 9월 일제의 앞잡이나 일제 찬동 행위를 통해 부역(附逆)한 친일파를 청산하는 등의 내용을 담은 '반민족행위처벌법'을 제정하고, 이를 실행할 반민족 행위 특별조사위원회(반민특위)와 특별 재판부를 구성해 대상자 7000명을 추려 200여 건을 기소하는 등 처벌을 시도했다. 그러나 이승만 정부는 소극적 태도로 일관했으며, '반민족행위처벌법'을 발의한 국회의원 13명을 간첩 혐의로 체포(국회 프락치 사건)하는 등 정치적 탄압과 무력화 공작을 가하고, 위기에 처한 경찰과 친일 세력들의 방해 공작이 이어지면서 특위의 활동이 무산되었다. 친일파를 청산하고 역사의 정기를 바로 세울 절호의 기회를 놓친 것이다.

북한은 남한에서 단독정부가 구성되자 더 이상 단일 정부 구성에 매달릴 수 없다고 판단해 1948년 8월 25일 총선거를 치르고 최고인민회의를 구성했다. 이어 공화국 헌법을 채택한 뒤 소련의 지원을 받은 김일성을 수상으로 선출해 1948년 9월 9일 조선민주주의 인민공화국을 수립했다. 이로써 한반도에는 이념과 체제가 다른 두 개의 정부가 들어섰으며, 6·25 전쟁을 치른 후 오늘날까지 분단이 고착화되었다. 대한민국 정부 수립 이후 미군은 500여 명의 군사고문단만 남기고 남한에서 철수했다. 이때 겉으로는 잠시 남북 간 평화 무드가 조성되었지만, 간헐적으로 지리산 등에서 무장 유격대나 좌익 세력의 공세와 경계지의 군사 충돌이 일어났다.

1950년 미국의 국무장관 딘 애치슨(Dean Acheson)은 중국과 소련의 세력 확장을 막기 위한 미국의 태평양 지역 방어선을 발표하면서 한반도와 타이완을 제외하고 말았다. 북한이 소련의 지원 아래 남침을 하더라도 지원·개입하지 않겠다는 메시지를 국제사회에 던진 것이다. 1950년 소련은 중국과 상호우호동맹 조약을 맺어 미국이 개입할 경우 중국의 참전을 약속받은 뒤 북한의 남침 계획을 승인해 한반도에서 북한의 남침을 시작으로 6·25 전쟁이 일어났다. 유엔은 북한을 침략자로 규정하고 16개국이 연합군을 구성해 참전했다. 국군과 유엔군은 처음에 낙동강 전선까지 밀렸으나 1950년 9월 15일 인천상륙작전을 통해 28일에는 서울을 수복하고, 10월 1일에는 북위 38도선을 돌파해 압록강까지 진격했다. 그러나 30만 명에 이르는 거대한 병력을 앞세운 인해전술(人海戰術, human-wave tactics)과 전선의 맹점을 공략하는 전술적 지략을 구사한 중국 군대가 북한군을 지원하기 위해 25일부터 참전하면서 전세가 역전되었다.

한국의 정세를 미리 파악하고 있었던 중국은 전선에서 연합군이 담당하는 지역을 피하는 대신 한국군이 지키던 빈약한 전선을 위주로 지능적인 공세를 취했다. 이에 따라 1951년 1월 4일 우리 국군은 서울을 다시 내주고 경기도 평택과 오산 부근까지 밀려났다. 이를 '1·4 후퇴'라 하는데, 한겨울에 피난 행렬이 줄을 잇고 이산가족이 속출했다. 국군과 연합군은 전열을 가다듬어 38선 부근까지 진격했으나 교착 상태에 빠진 후, 소련의 제안으로 미소 양국의 회의를 거쳐 유엔·중국·북한이 휴전 문제를 논의하기로 결정했다. 유엔·중국·북한은 1951년 7월부터 논의를 시작해 1953년 7월 27일 휴전협정을 체결했다. 이렇듯 휴전협정은 초기의 역동적인 전쟁 양상과 달리 협상 주체들조차 예상치 못한 채 장기간의 지루한 협상을 통해 마무리되었다(정일영, 2013).

이승만은 휴전 이후 정적인 남로당 계열을 숙청하며 독재 체제를 강화했고, 1953년 10월 한미상호방위조약을 체결해 취약한 국방과 안보를 강화했다. 6·25 전쟁 중에는 부역자, 보도연맹원, 형무소 재소자를 각각 처형하고 좌익 혐의자들을 탄압했다. 이 과정에서 1950년 7월에는 '노근리 사건', 1951년 2월에는 '거창 사건'이 발생해 무고한 민간인이 참혹하게 희생되었다. 노근리 사건은 충청북도 영동군 황간면 노근리에서 미군이 한국 피난민들(희생자 신고 226명)을 철길 쌍굴 앞 다리 밑에 모아놓고 무차별 총격으로 사살한 사건이다. 이 사건은 1999년 9월 AP통신의 특종 보도로 세상에 실체가 알려졌으며, 2009년에 개봉된 영화 〈작은 연못〉에서 재연되었다. 거창 사건은 국군 11사단 9연대 3대대가 거창의 지리산을 근거지로 활동하는 유격대를 토벌하는 과정에서 지리산 주변의 주민들이 공비들과 내통했다고 몰아 신원면 주민 700명 이상을 학살한 사건이다. 이후 국회 결의로 사건의 진상이 공개되자 내무부·법무부·국방부 장관이 사임하고 군 지휘부가 처벌을 받았다. 그러나 이승만 대통령은 나중에 이들을 특별사면하고 일부는 경찰 간부로 특채했다. 반면 북한은 인민재판을 통해 지주나 공무원을 숙청하고 김일성 독재 체제를 공고히 다져갔다.

이승만 정부는 전후 복구와 경제 재건이 큰 걱정거리였다. 물자가 수요에 비해 크게 부족했고, 물가는 높았다. 농업 중심 체제 속에서 국민들의 소득은 여전히 낮았으며 철강, 기계 등 중공업은 미진했다. 따라서 미국의 경제원조를 발판 삼아 전쟁으로 파괴된 산업 시설을 복구하고 식량 부족 문제를 해결하려 했다. 원조 경제 덕분에 밀가루, 설탕, 면화 등 원조 물자를 가공하는 제분(밀가루), 제당(설탕), 면방직(면화) 등 이른바 '삼백산업(三白産業)'이 활기를 띠면서 제조업 중심의 공업화 정책도 추진되었다. 그러나 그 기반이 약해 미국 의존 경제체제를 벗어나지 못했다. 아울러 이승만 정부는 일제의 조선총독부, 일본인 단체와 기업, 그리고 일본인이 패망(8·15 광복) 직전까지 국내에서 보유했다가 해방 후 법령 공포로 소유권이 넘어온 토지, 건물, 공장 등 '귀속재산(歸屬財産)'을 민간 기업에 불하하고 원조물자를 배정하는 특혜를 부여해 정경유착과 재벌 독점 경제의 모태를 마련했다. 이병철이 세운 삼성 등 많은 대기업이 당시 삼백산업에 대한 지원과 귀속재산 헐값 불하와 같은 특혜 속에서 탄생했다.

그러나 미국 경제의 불황으로 1950년대 말부터는 원조액이 크게 줄어들어 채무와 같은 유상 차관에 의존하게 되었다. 원조 물자로 들여온 미국 농산물과 면화 등의 영향으로 국내 농산물 가격이 하락하면서 농가 소득도 크게 낮아졌다. 여기에 도시를 중심으로 산업이 형성되면서 농촌인구가 도시로 빠져나가는 이촌향도(離村向都)

현상이 심화되었다. 도시의 주택난과 실업난도 심각했다. 아이를 많이 낳는 베이비붐 현상도 두드러져 1955~1960년 평균 출산율이 6.3명으로 집계되었다. 교육에 대한 중요성이 부각되면서 우리말 교과서가 보급되었다. 초중등 교육 학제가 6-3-3년제로 새롭게 마련되면서 국민학교 학생을 대상으로 의무교육이 실시되었다.

이승만은 권위주의 통치와 장기 집권을 위한 독재정치를 획책해 12년 동안 집권하면서 과욕을 부리다 자멸하고 말았다. 1950년 5월에 실시된 제2대 국회의원 선거에서 무소속이 돌풍을 일으켰고, 초대 내각 구성에서 소외된 한국민주당은 민주국민당으로 개명해 내각제 개헌을 추진하며 정부를 견제했다. 그러자 이승만은 1951년 12월 임시 수도인 부산에서 자유당을 조직하고, 공비 출현을 구실로 계엄령을 선포해 반대파 국회의원을 탄압하는 등 공포정치를 실시했다. 이어 대통령 직선제에 내각책임제를 가미한 '발췌개헌안'을 제출한 뒤 경찰의 호위 아래 통과시키고, 이를 토대로 1952년 제2대 대통령이 되었다. 그러나 당시 헌법이 대통령 중임을 제한하고 있어 3선이 불가능해지자 장기 집권을 위해 1954년 11월 대통령 후보 출마 횟수에 제한을 두지 않는다는 내용이 담긴 '사사오입(四捨五入) 개헌안'을 억지 논리로 통과시켰다. 발췌개헌안은 자신의 장기 집권에 유리한 조항만을 뽑아내 헌법을 개정했다는 뜻이다. 사사오입 개헌안은 헌법을 개정하려면 전체 국회의원 203명의 3분의 2인 136명의 동의가 필요한데, 찬성자가 135명으로 나와 부결되자 이틀 뒤 수학자까지 동원해 "재적 의원의 3분의 2(135.333)는 반올림(사사오입)하면 136이 아닌 135다"라고 주장하며 개헌안 통과를 선언한 데서 붙여진 명칭이다.

야당 정치인들은 이 같은 행태에 반발해 민주당을 창당했다. 민주당은 1956년 제3대 대통령 선거에 신익희와 장면을 대통령과 부통령 후보로 내세우고 "못 살겠다 갈아보자"라는 구호를 앞세워 선거운동을 했다. 그러나 선거운동 도중 신익희 후보가 열차 안에서 갑자기 심장마비로 사망했다. 평화통일과 혁신 등을 주장한 진보당의 조봉암 후보가 예상보다 많은 지지율(30%)을 얻었지만, 결국 이승만 후보(실제 55.6%, 70%)가 당선되었다. 부통령 선거에서는 민주당의 장면 후보(46.4%)가 자유당의 이기붕 후보(44.0%)를 누르고 당선되었다. 당선 후 야당 후보의 선전으로 체제 유지에 불안을 느낀 이승만은 1958년 1월 '진보당 사건'을 조작해 진보당의 정당 등록을 취소한 데 이어, 정부 수립 후 초대 농림부 장관을 지낸 진보당 당수 조봉암을 평화통일 주창자란 이유로 간첩 혐의로 몰아 구속한 뒤 사형시켰다. 이어 반공 체제 강화를 명분으로 반공청년단을 조직하고, 정부에 반대하는 세력을 탄압할 수 있는 내용이 담긴 '신국가보안법'(1958)을 통과시켰으며, 비판적 논조를 보인 ≪경향신문≫을 1959년 4월 30일 폐간(대법원 판결로 1960년 4월 27일 복간)하는 등 독재 체제를 강화했다.

1960년 3월 15일에 실시된 제4대 대통령·부통령 선거에서 자유당의 이승만 대통령 후보와 이기붕 부통령 후보는 민주당 구파인 조병옥 대통령 후보와 신파인 장면 부통령 후보와 겨루기로 예정되어 있었다. 이승만은 상대 후보 조병옥이 신병 치료차 미국으로 간 것을 고려해 두 달 앞당겨 선거를 실시하는 반칙을 범했으나, 조병옥이 미국에서 갑자기 사망하는 바람에 무난하게 '4선 대통령' 당선을 예상했다. 그러나 부통령이 문제였다. 이승만이 85세의 고령이라 앞날이 걱정되었다. 당시 헌법에는 대통령이 사망해 유고시 부통령이 승계하도록 규정되어 있어 어떻게든 이기붕을 부통령으로 당선시킬 필요가 있었다. 여론을 고려할 때 자유당 후보의 패배가 확실해지자 자유당은 부정선거를 획책했다. 그 결과 자유당 후보의 득표율이 95~99%로 나왔으나 일부러 낮춰 이승만 88.7%(960만 표), 이기붕 79%(830만 표)로 발표했다.

그러나 국민들은 자유당 정부에 대한 불신이 극에 달해 이런 득표율 수치를 믿지 않았다. 급기야 야당인 민주당은 내무부 장관 최인규의 지휘 아래 공무원이 총동원되어 40% 사전 투표, 야당 참관인 축출, 유권자 위협, 3인조에 의한 반공개 투표, 기권자 대리투표, 투표함 바꿔치기, 득표수 조작 등 조직적인 관권 부정선거를 했다는 「부정선거지령서」의 사본을 말단 경찰관에게 받아 공개함으로써 대대적인 부정선거의 흑막이 밝혀졌다. 이로 인해 4·19 혁명이 일어나 국민적 저항에 부딪힌 이승만은 대통령직에서 물러났고 국내에서 더 이상 살 수 없는 신세가 되었다.

4·19 혁명은 3·15 부정선거가 발단이 되었지만, 미국의 경제원조 축소로 경제가 어려워지고 실업자 수가 증가한 가운데 이승만 정부와 자유당의 부패가 극에 달한 점도 원인으로 작용했다. 4·19 혁명은 대구의 고교생들로부터 시작되었다. 정부는 민주당 후보들의 유세일인 1960년 2월 28일 대구 지역 학생들에게 등교를 지시했다. 일요일인데도 학교에 나오라고 한 것은 유세장에 가지 못하도록 막기 위한 조처임을 간파한 대구고등학교와 경북고등학교 학생들이 시위를 벌였다. 이를 시작으로 독재 정권 타도와 부정선거 규탄 등을 외치는 대규모 시위가 마산, 서울, 부산 등 전국으로 확산되었다. 4월 11일에는 부정선거 규탄 시위에 참여했던 전라북도 남원 태생의 마산상업고등학교 학생 김주열이 오른쪽 눈에 최루탄이 박힌 채 마산 앞바다에서 시신으로 발견되었다. 4월 18일에는 시위를 마치고 돌아가던 고려대학교 학생들을 정치 깡패들이 습격하자 분노가 폭발해 시위대의 숫자는 10만 명에 달했다. 현재의 청와대인 경무대로 진격하는 시민들에게 경찰이 발포를 하면서 100여 명이 숨지고 수천 명이 부상을 입었다.

이승만 대통령은 시위가 격화되자 4월 19일 계엄령을 선포했다. 그러나 진압을 위해 출동한 군대가 평화적 시위를 보장했고, 미국 또한 그를 걸림돌로 판단해 퇴진을 권유했다. 서울 지역 대학교수 300여 명도 "학생들의 피에 보답하라"며 시국 선언문을 발표하고 침묵시위를 벌였다. 결국 이승만 대통령은 1960년 4월 26일 하야 성명 발표한 후 5월 29일 극비리에 자신이 과거에 활동한 미국 하와이로 망명함으로써 12년 독재가 막을 내렸다. 부통령을 사임한 이기붕도 경무대에 피신해 있다가 4월 28일 육군 장교였던 아들 강석의 권총으로 자살했다. 이어 새로운 공화정 준비를 위한 과도 정권이 들어섰는데, 당시 외무부 장관이었던 허정이 대통령 권한대행을 겸직했다. 부정선거 관련자들은 이후 재판에 회부되었으며, 5·16 군사정변 이후 이어진 재판에서 당시 내무부 장관 최인규가 발포 책임자로 밝혀져 사형에 처해졌다. 다른 관련자들도 실형을 받았으나 그 뒤 감형과 특사 등으로 대부분 풀려났다.

해방기와 이승만 정부 시대 대중문화예술 연표

1945	9월	더글러스 맥아더(Douglas MacArthur)가 북위 38도선을 경계로 남북 분할 점령책 발표, 미 군정 시작
		미국 군정청이 경성방송국을 공보부의 방송국으로 개편
		좌파 성향의 연극인 모임 '프로연극동맹' 결성
1946	1월	전국연극인대회 개최
1947	1월	우파 성향의 연극인 모임 '조선연극문화사' 출범
	2월	공민증(오늘날의 주민증) 제도 실시
	10월	가수 현인 「신라의 달밤」, 남인수 「가거라 삼팔선」 발표
		우파 성향 연극인들 '전국연극예술협회' 결성
1948	4월	제주 4·3 사건 발생
	8월	대한민국 정부 수립 선포(제1공화국)
		초대 대통령 이승만, 국회의장 신익희, 대법원장 김병로 취임
		문교부와 공보처 설치
	9월	북한에서 조선민주주의인민공화국 수립(수상 김일성)
	10월	여수·순천 사건(10·19 사건) 발생
1949	1월	국회 반민족행위특별조사위원회(반민특위) 발족
	8월	가수 현인 「럭키 서울」, 백난아 「낭랑 18세」 발표
	12월	국내 첫 징병검사 실시
1950	6월	국내 첫 의무교육 실시(국민학교), 한국전쟁(6·25 전쟁) 발발
1951	9월	국내 첫 여군 창설
1952	8월	제2대 대통령 이승만, 부통령 함태영 당선
1953	4월	장준하가 시사 잡지 ≪사상계≫ 창간
	하반기	6·25 전쟁 휴전(7.27) 이후 서울 명동에 음악다방 '세시봉' 오픈
	미상	한국 최초로 정규 음반을 낸 걸그룹 '김시스터즈' 데뷔
		구성원: 숙자 · 애자 · 민자
1954	1월	≪서울신문≫에 정비석의 소설 『자유부인』 연재(~1954.8.6, 총 215회)
	4월	국산 영화 입장세 면세 조치
	12월	국내 첫 민간 방송 기독교방송(HLKY) 개국
1955	1월	이규환 감독의 영화 〈춘향전〉 개봉(서울 관객 18만 명 돌파)

	5월	'카사노바 박인수 사건' 발생(1심 무죄, 2심과 대법원 유죄)
1956	5월	제3대 대통령 이승만(자유당), 부통령 장면(민주당) 당선
		국내 첫 상업 TV 방송 대한방송(HLKZ-TV) 개국(첫 TV 광고)
	6월	최창봉 PD가 국내 최초의 TV 드라마 〈사형수〉 연출(HLKZ-TV)
		한형모 감독의 영화 〈자유부인〉의 개봉과 대히트(한국 영화의 산업화 시작)
	미규명	가수 옥두옥이 미국에서 「East of Make Believe」 발표(서양 한류 1호곡)
1957	1월	'저작권법' 공포
	10월	『우리말 큰사전』(전 6권) 완간
1958	1월	진보당 당수 조봉암, 국가보안법 위반 혐의 체포(한 달 뒤 정당 등록 취소)
	5월	홍성기 감독의 영화 〈별아 내 가슴에〉 개봉(12만 7000명 관람)
	12월	극장 '원각사' 개관
		음악다방 '무시로' 오픈
1959	4월	정부가 ≪경향신문≫의 「여적」 코너에 불만을 품고 폐간 조치(1960년 4월 복간)
		언론인 김지태가 상업 라디오 문화방송(현 부산 MBC) 개국
	7월	제1회 '우수국산영화상' 개최(1962년 시작된 '대종상 영화제'의 기원)
	11월	금성사(현 LG전자)에서 라디오 80대 첫 생산
		영화 〈벤허〉 상영
		국내 첫 서양식 예식장 '중앙예식장'(영등포) 개업
1960	3월	제4대 정부통령 선거에서 부정선거 실시, 야당이 선거무효 선언
	4월	시민혁명인 4·19 혁명 발생, 이승만 하야, 과도 내각 수반 허정 취임
	5월	이승만 미국 하와이로 망명
	6월	국회 내각제 개헌 의결, 곽상훈 국회의장이 대통령 권한대행으로 취임

냉전 체제 반공주의와 대중문화 통제

이승만 정부의 핵심 과제는 전쟁 이후 어떻게 경제적 어려움을 극복하느냐였다. 미국에 의존해 폐허가 된 인프라와 산업 시설을 되살리는 **전후 복구 사업**을 진행하면서 물자 절약을 위해 신문과 방송 등으로 **절미운동**과 **혼·분식 장려운동**을 전개했다. 특히 농촌 지역은 식량 부족 상태가 매우 심각했다. 대부분의 농촌 지역에서 새해 3월이 되면 식량이 떨어졌기 때문에 이런 춘궁기에는 소나무 속껍질을 삶아 우려낸 물에 수수·조·메밀을 넣고 끓인 **송기죽**과 미군이 먹고 남은 음식을 모아 잡탕으로 끓인 **꿀꿀이죽** 등으로 허기를 채웠다(이임하, 2014).

이런 분위기 속에서 이승만 정부는 대중문화를 통해 남북 분단과 6·25 전쟁(한국전쟁) 이후 **전쟁의 비극성**을 강조하면서도, 냉전 구조에 발맞춰 **공산주의와 북에 대한 적개심**을 고취하고 **분단 구조와 친미주의를 정당화**했다. 1948년에는 반국가 활동을 규제한다는 명분으로 '국가보안법'을 제정했는데, 국민들이 막걸리를 마시며 이승만 대통령을 욕하다 처벌되는 사례가 언론에 실제 소개되면서 국민에 대한 편의적 탄압을 상징하는 용어로 '**막걸리 보안법**'이라는 말이 유행하기도 했다(백유선, 2015). 해방 전후의 **좌우 갈등기**와 **6·25 전쟁**을 거치며 **반공**反共을 정치 지배 이데올로기로 삼아 외부적으로는 북한을 견제하고, 내부적으로는 언론과 대중문화를 통제하며 정적을 견제해 통치를 수월하게 만들기 위한 목적이었다. 이런 이유로 당시 신문과 잡지에는 '공비共匪 소탕', '잔비殘匪 소탕', '토벌 작전' 등 간첩과 관련된 기사 내용이 다수를 차지했다(김봉국, 2012). 문화 정책과 통제는 1948년에 생긴 문교부와 공보처가 주도했다. 영화, TV, 드라마, 만화 등에는 **반공주의**를 강

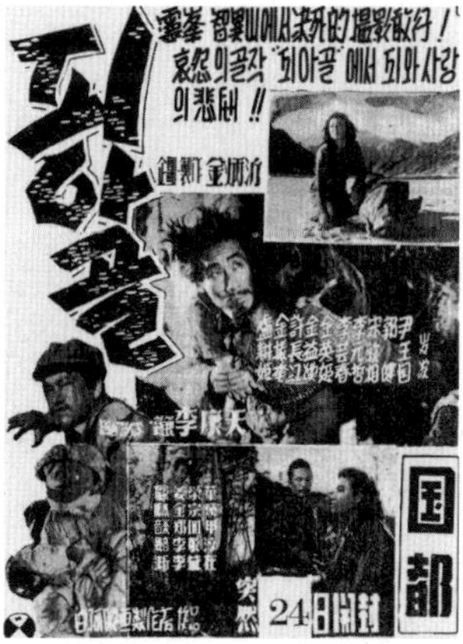

▌김진규 · 허장강 · 노경희 · 이예춘 주연의 영화 〈피아골〉

조하는 내용이 많았으며, 정부의 방침에 위배되거나 눈에 거슬리는 작품이 있으면 **검열**을 통해 유통 금지 조치를 취했다.

이런 분위기 속에서 월북·납북 작가의 작품은 모두 **판매나 방송이 금지**된 반면, 반공 만화인 김종래의 『붉은 땅』은 1만 부나 팔려나가는 선풍을 일으켰다. 이강천 감독의 영화 〈**피아골**〉(1955)은 당대의 대표 배우 김진규가 출연한 반공 영화였으나 기존의 소련 대 미국, 북한 대 남한이라는 대결적 구도와 다르게 빨치산 대원의 성격을 매우 인간적으로 묘사했다는 이유로 **상영 금지 조치**를 당했다. 1954년 발표한 박재홍의 가요 「**물레방아 도는 내력**」은 자유당 정권을 비판("새들이 우는 속을 알아보련다, 물레방아 도는 내력을 알아보련다")했다는 이유로 작사가가 경찰에 연행되는 수모를 당하고 유통·방송·가창 **금지곡**이 되었다. 이 노래는 이후 공화당 정권에서도 금지곡으로 유지되었다. 1959년 이승만 정부는 비판지였던 ≪**경향신문**≫을 **폐간** 조치했다.

해방 이후 미 군정기와 6·25 전쟁기, 전후 복구기를 거치며 대중문화에는 정치적으로 일제강점기의 상실감과 남북 분단의 고통, 남북 대치와 통치 목적을 겨냥한 통제와 반공주의가 반영되었으며, 사회문화적으로는 우방인 미국 등의 영향으로 **서구화 바람**이 강하게 불어왔다. 극장이 생기고 TV 방송이 시작되면서 미디어를 통한 대중문화의 전파와 생활화가 급속히 진행되었다. 1956년 5월 미국 RCA사와 민간 자본의 합자로 국내 최초의 상업 텔레비전 방송 HLKZ-TV가 개국하며 라디오극에 이어 TV 드라마가 첫선을 보였다. 초기 드라마는 문학작품을 배경으로 했다. 첫 작품은 홀워디 홀Holworthy Hall의 『용사Valiant』를 번역한 〈**사형수**〉로 1956년 6월 HLKZ-TV의 프로듀서 **최창봉**이 연출했다. 1956년 7월에는 국내 창작물을 원작으로 한 최초의 드라마 〈천국의 문〉(최창봉 연출)이 방송되었다. 1959년 11월에는 당시만 해도 외국산이 대부분이었던 라디오를 **금성사**(지금의 LG전자)가 처음 생산(80대)하면서 라디오 보급도 활기를 띠었다.

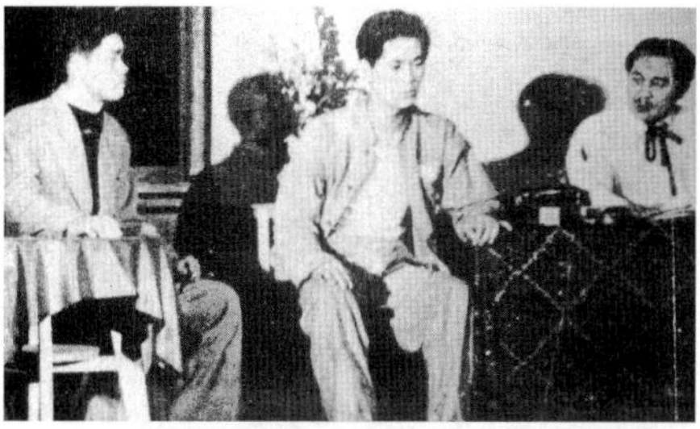

▌우리나라 최초의 TV 드라마 〈사형수〉
최창봉 연출, (왼쪽부터) 배우 오사랑·최상현·김경곽 등 출연. 자료: 원로 방송인 이장춘(춘하추동방송 운영자) 제공.

6·25 전쟁 이후 정세가 다소 안정되면서 영화 시장에도 새로운 바람이 불기 시작했다. 1953년 정부의 **영화제작 면세 조치**免稅措置가 배경으로 작용했다. 기존의 **문학작품**과 전쟁을 배경으로 한 **사극**과 **멜로 영화**가 히트한 가운데 서정성 깊은 작품, 광복의 기쁨과 일제에 대한 **저항 의식**을 다룬 영화가 다양하게 제작되었다. 사극은 이규환 감독의 〈춘향전〉(1955), 멜로는 한형모 감독의 〈자유부인〉(1956)이 대표적이었다. 특히 정비석의 소설을 원작으로 한 〈자유부인〉의 큰 흥행은 한국 영화의 산업화 가능성을 가늠하게 한 첫 작품이었다. 1958년에는 영화 〈별아 내 가슴에〉가 관객 12만 7000명을 모아 대히트했다.

이강천 감독의 〈피아골〉(1955), 신상옥 감독의 〈꿈〉(1955)과 〈십대의 반항〉(1959), 최훈 감독의 〈장마루촌의 이발사〉(1959) 등의 영화는 문학성이 돋보였다. 〈장마루촌의 이발사〉는 전쟁의 상처를 겪은 젊은이들이 참된 사

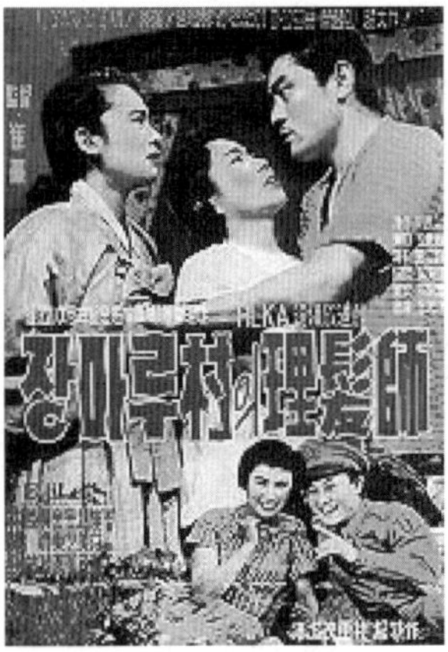

▎조미령 주연의 영화 〈장마루촌의 이발사〉

랑을 통해 고통과 비극을 승화한다는 주제를 담고 있다. 윤용규 감독의 〈마음의 고향〉(1949), 최인규 감독의 〈파시波市〉(1949)는 깊은 서정성이 드러났다. 광복의 기쁨을 다룬 영화는 최인규 감독의 〈자유만세〉(1946)가 대표적이었다. 항일 의식을 다룬 작품은 이구영 감독의 〈안중근 사기〉(1946), 윤봉춘 감독의 〈3·1혁명기〉(1947)와 〈윤봉길 의사〉(1947), 전창근 감독의 〈해방된 내 고향〉(1947), 김영순 감독의 〈불멸의 밀사〉 (1947), 안경호 감독의 〈민족의 절규〉(1948)와 이규환 감독의 〈민족의 새벽〉(1947), 신경균 감독의 〈새로운 맹서〉(1947), 최인규 감독의 〈독립전야〉(1948) 등이 있었다.

영화가 쏟아지면서 1950년대에는 **배우 김진규**, **조미령**, **김삼화**, **이민자** 등이 뜨거운 **스타덤**을 누렸다. 배우 김진규는 1955년 영화 〈피아골〉로, 조미령은 1955년 〈춘향전〉을 통해 스타로 부상했다. 영화 〈흑과 백〉(1927)의 제작·감독을 맡았던 김택윤의 장녀이자, 미대 출신으로 무용가의 길을 걸어온 김삼화는 1955년 김기영 감독의 〈양산도〉로, 이민자는 최인규의 〈태양의 아이들〉로 각각 데뷔해 신상옥의 〈악야〉 등에 출연하며 인기를 누렸다. 인기 배우에 대한 정치권력의 폭력도 자행된 것으로 보인다. 특히 인기 배우 김삼화가 훗날 독재자 박정희에게 지속적으로 성폭행을 당한 뒤 미국으로 추방당해 정신적 고통에 시달리다 세상을 떠났다는 주장(칼럼)이 제기되어 2012년 대통령 선거 국면에서 관련된 이해 당사자 측이 소송을 제기해 이에 관한 선거법 위반 혐의 재판이 진행되기도 했다(≪오마이뉴스≫, 2013.10.24).

미국·유럽 영화의 수입도 활발해지면서 국내 극장에서는 **외국영화**가 많이 상영되었다. 외화를 수입한 회사는 불이무역, 기신양행, 동아영화흥업, 세기상사, 아카데미영화사 등이었다. 1959년에는 연간 외화 수입 편수가 219편에 이를 정도로 활발했다. 그런 가운데 **오드리 헵번**Audrey Hepburn이 영화 〈로마의 휴일〉(1953)로 스타덤에 오른 후 그가 출연한 〈사브리나〉(1954) 등의 작품이 수입되면서 여성들의 패션에 변화가 나타났다. 그가 〈사브리나〉에서 입은 사브리나 팬츠가 인기를 끌면서 하단으로 갈수록 폭이 좁아지는 **맘보바지**mambo pants가 유행한 것이다.

6·25 전쟁으로 국립극장과 시공관 등을 빼놓고 모두 파괴된 극장과 영화관이 1951년부터 생겨나서 늘기 시작했다. 1958년 12월에는 1909년 문을 닫았던 소극장 **원각사**가 서울 을지로에 다시 개관해 민속극 등을 공연했다. 1951년 5월 **국도극장**과 **영보극장**(영등포)이 문을 연 데 이어 수도극장, 동도극장(성북), 평화극장(동대문), 명동극장, 한성극장(성동), 도화극장(마포), 중앙극장, 광무극장(성동)이 차례로 문을 열었다. 1952년 이후에는 성남극장(용산), 단성사(종로), 계림극장(을지로 6가), 아현극장, 동양극장(서대문), 문화관(종로), 서울극장(중구), 화신극장(종로), 우미극장(종로), 북성극장(북아현동), 신도극장(전농동), 남도극장(당산동) 등이 생겨 서울에만 20개가 넘었다.

해방의 분위기와 좌우 대립 속에서 **조선연극동맹**을 중심으로 친일 문제와 사회 비판 등을 다룬 **좌파 연극**이 한동안 연극계의 주조를 이뤘다. 여기에는 지식인 등 사회주의에 영향을 받은 연극인들뿐 아니라 직업 연극인도 많았다. 1948년 정부 수립 이후에는 정치 주도 세력의 영향을 받아 극작가 **유치진**과 연출가 **이해랑** 등을 중심으로 하는 **우파** 성향의 **극예술협회**가 다시 득세하기 시작했다(이두현 외, 1999). 이들은 조국을 잃은 슬픔, 민족애 등을 주제로 한 작품을 선보였다. 상업적 연극도 성행했는데, 과거를 답습하듯 감상적

멜로가 주된 레퍼토리였다. 정부와 국회는 연극인들의 건의를 받아들여 1950년 4월 국가의 재정 지원을 받는 독립채산제 방식의 **국립극장**國立劇場을 설립해 신라를 민족적 기원으로 설정한 창작극 〈원술랑〉과 〈뇌우〉 등을 각각 공연하며 흥행을 누렸으나, 6·25 전쟁으로 극장 문을 닫았다(이두현 외, 1999; 김성희, 2010). 전쟁과 피란으로 연극계는 **암흑기**에 접어들었으며, 국립극장은 1953년 대구에서 다시 문을 연 뒤 4년 4개월 만에 원래 있던 서울로 자리를 옮겼다.

민간에서는 **극단 '신협'**과 **'제작극회'**가 쌍벽을 이루며 연극계를 이끌었다. 신협은 유치진 등이 중심이 되어 우수한 배우와 작품을 확보해 윌리엄 셰익스피어William Shakespeare의 **4대 비극** 외에도 유진 오닐Eugene O'Neill, 테네시 윌리엄스Tennessee Williams 등이 쓴 미국 **브로드웨이 연극**을 국내에 소개하는 데 기여했다. 이들을 통해 외국 작품 10여 편이 국내에 들어왔다. 1956년 설립된 **제작극회**는 대학 연극반의 연합체로 기성 연극과 다른 새로운 흐름을 주도했다. 극작가 차범석 등이 이곳 출신이다. 이들은 1960년대 영국 극작가 존 오즈번John Osborne의 〈성난 얼굴로 돌아보라〉를 들여오기도 했는데, 이후 공동출자와 공동 운영을 원칙으로 단원 전체가 연극 제작자이자 극단 운영자 역할을 하는 **동인제**同人制 **극단**의 원류가 되었다. 일제강점기인 1934년에 완공되어 영화관 겸 공연장인 '명치좌'로 불리다 광복 후 '시공관'을 거쳐 국립극장으로 사용되었던 **명동예술극장**은 1949년 〈햄릿〉을 초연했다.

대중음악의 경우 해방 직후에는 일제강점기에 조국을 잃은 슬픔을 **내적 트라우마**로 간직한 가사나 정부의 시책을 추종하는 내용을 담은 노래가 발표되어 인기를 끌었다. 6·25 전쟁 이후에는 **분단**과 **이산**, **이별**을 주조로 한 노래들이 추가되었다. 가수 현인의 「신라의 달밤」(1947), 남인수의 「가거라 삼팔선아」(1947), 현인의 「서울야곡」(1948) 등은 **망향**望鄕**의 슬픔**을 담았으며, 김백희의 「아내의 노래」(1947)는 정부의 **무조건적 애국 담론**과 같은 통치 이데올로기에 부응하듯 군대에 보낸 남편을 칭송하는 내용이었다. 가수 함정무가 부른 「꿈에 본 내 고향」, 현인의 「굳세어라 금순아」(1953), 이해연의 「단장의 미아리고개」(1956) 등은 **분단과 이산의 슬픔**을 담은 노래였다.

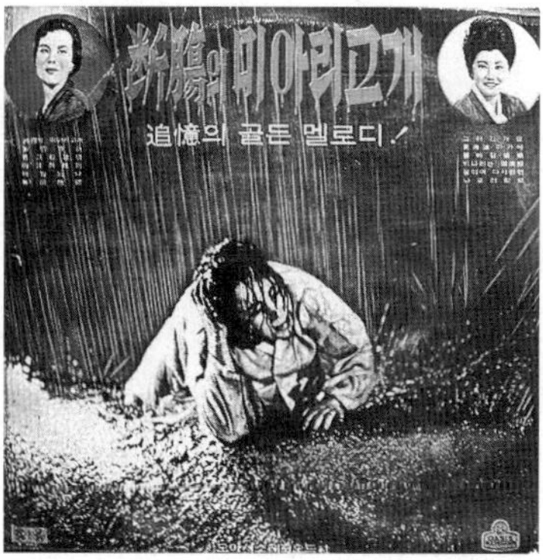

▌분단과 이산의 슬픔을 노래한 「단장의 미아리고개」

이 가운데 「**굳세어라 금순아**」는 6·25 전쟁 직후인 1953년 대구 오리엔트레코드사를 통해 발표되었는데, 전쟁으로 생이별한 뒤 피난 와 홀로 장사하며 살고 있는 남자가 북한 흥남 부두에서 헤어진 연인 금순이에게 자신의 안부를 전하며 재회할 때까지 굳은 마음으로 잘 지내길 바라는 마음을 노랫말로 담은 것이다. 훗날 관객 1000만 명을 돌파한 영화 〈국제시장〉에 삽입되어 화제를 모았다. 「**단장의 미아리고개**」는 6·25 전쟁 때 북한군이 탱크를 앞세워 아군과 치열한 공방을 벌이다 3개월 후 9·28 서울수복으로 쫓겨갈 때, 서울 돈암동 미아리고개를 넘어 퇴각하면서 많은 애국 인사를 북으로 끌고 가 그들이 영영 돌아오지 못하게 된 한恨 많은 사연을 담고 있다.

꿈에 본 내 고향

고향이 그리워도 못 가는 신세
저 하늘 저 산 아래 아득한 천 리
언제나 외로워라
타향에서 우는 몸
꿈에 본 내 고향이 차마 못 잊어
고향을 떠나온 지 몇몇해련가

타관 땅 돌고 돌아 헤매는 이 몸
내 부모 내 형제를
그 언제나 만나리
꿈에 본 내 고향이 마냥 그리워

굳세어라 금순아

눈보라가 휘날리는
바람 찬 흥남부두에
목을 놓아 불러봤다 찾아를 봤다
금순아 어디를 가고
길을 잃고 헤매었더냐
피눈물을 흘리면서
일사 이후 나홀로 왔다
일가친척 없는 몸이
지금은 무엇을 하나
이내 몸은 국제시장 장사치기다
금순아 보고 싶구나
고향 꿈도 그리워진다
영도다리 난간 위에
초생달만 외로이 떴다
철의 장막 모진 설움받고서
살아를 간들
천지간에 너와 난데
변함 있으랴
금순아 굳세어다오
남북통일 그날이 오면
손을 잡고 울어보자
얼싸안고 춤도 춰보자

전후 미 군정 체제와 서구 대중문화 유입

미국 군정시대 이후 미군의 주둔과 그 여파로 음악, 영화 등 서구의 대중문화가 유입되면서 대중음악은 일본식 5음계에서 **서양식 7음계**로 바뀌었다. 구체적으로 트로트가 서구의 팝을 만나 현대식으로 변화하는 모습이었다. **댄스음악**도 활기를 띠었다. 안정애의 「대전부루스」, 김정애의 「앵두나무 처

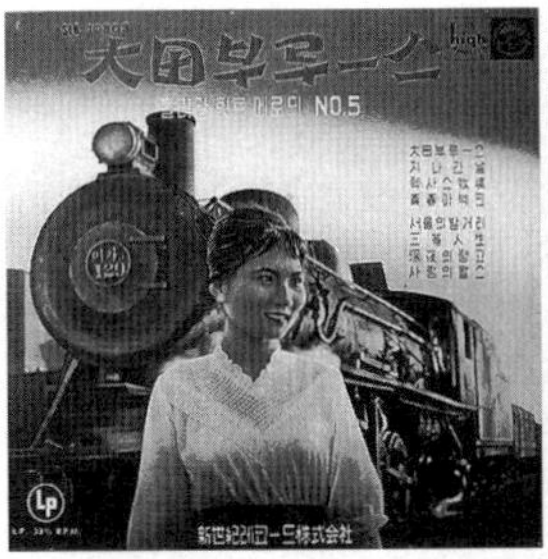
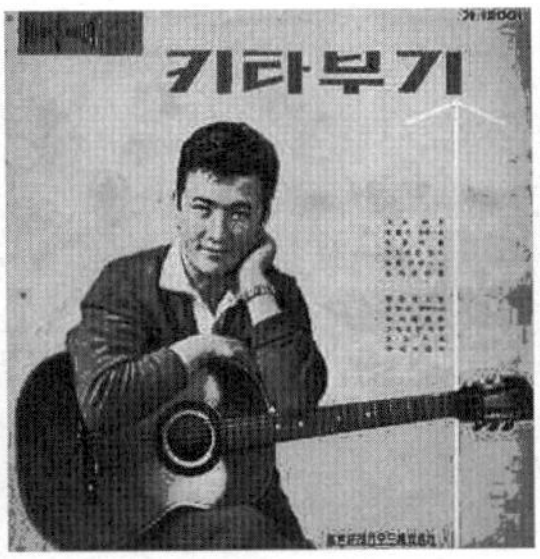

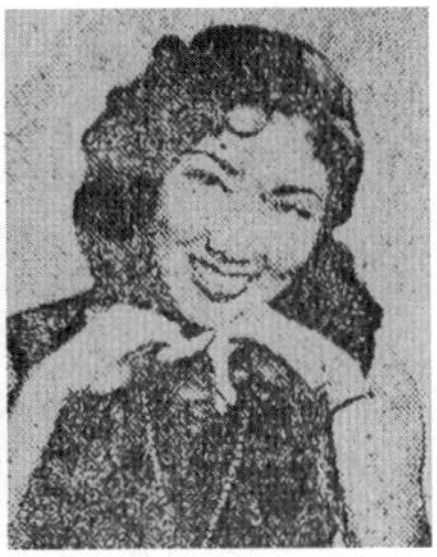

▌안정애의 「대전부루스」(왼쪽)와 윤일로의 「키타부기」(가운데)

▌한국 가요를 미국에 처음 소개한 가수 옥두옥

자료: 가요연구가 이준희(성공회대학교 교수) 제공.

녀」와 「닐리리 맘보」, 도미의 「비의 탱고」, 윤일로의 「키타부기」 등이 대표적이다. **미국 문화**를 **추종**하는 경향이 나타나 가요만 보더라도 영어나 미국 지명을 삽입한 노래가 많이 등장했다. 현인의 「럭키 서울」(1949), 장세정의 「샌프란시스코」(1953), 윤일로·차은희·안정애의 「청춘 아베크」(1957), 박경원의 「남성 넘버원」(1958), 명국환의 「아리조나 카우보이」(1959) 등이 대표적이다. 이런 가운데 가수 **옥두옥**玉斗玉(본명 김문찬, Moon Kim)은 재미교포와 결혼한 뒤 미국으로 건너가 1956년 현인의 「고향만리」를 영어로 바꾼 「East of Make Believe」[부제: 'Dong Chok Na Ra'(동쪽 나라)]를 알시에이 빅터RCA Victor에서 취입·발표해 **'서양 한류**韓流 1호곡'으로 기록되었다. 이 음반에는 가수 장세정의 「역마차」를 영어로 바꾼 「Kanda Kanda」도 함께 수록되었다. 이어 1959년 **김시스터즈**가 미국 라스베이거스 선더버드 호텔에서 자주 공연하는 등 미국에서 활동했다.

대중음악계는 1958년 한국음반도매상협회를 구성하며 **음반 산업**의 기초를 형성했다. 1959년에 **10인치 엘피**LP: Long Playing Record를 생산했다. **12인치 LP**는 1958년 KBS가 정부 지원을 받아 처음 만들었다. 12인치 LP로 처음 녹음한 사례는 1963년 오아시스레코드가 발매한 여성 듀엣 **김치캣**Kimchi Kats의 음반(12곡 수록)인 「검은 상처의 부루스」였다. LP가 나오면서 대중음악은 라디오에서 즐겨 찾는 장르가 되었다. 가수들도 자신의 곡을 취입하는 데 유리했기 때문에 이때부터 트로트 가수를 비롯한 많은 가수가 두각을 나타내기 시작했다(원용진, 2011). 대중음악이 점차 활기를 띠면서 미군 부대와 그 주변, 서울 명동, 충무로, 무교동 등 도심을 중심으로 **클럽**(댄스홀), **무도장**, **음악다방**, **음악 감상실** 등이 생겨났다. 서울 충무로의 **무시로**는 최초의 음악다방으로 기록되었다. 이러한 경향은 시민들에게 **서구화**, **개방화**, **향락주의**를 만연시켰고 아울러 **사교춤 열풍**, **춤바람**, **불륜**, **제비족**과 같은 신종 용어가 사회적 이슈로 떠올랐다. 서구화 바람을 타고 **서구식 혼례**를 치르는 서양식 결혼식장이 서울에 처음 생겼는데, 그곳은 영등포의 '중앙예식장'이었다.

자유연애와 **신분 상승 욕구**도 강하게 분출되었다. 특히 정비석의 **소설**『**자유부인**自由夫人』 출간과 제비족(카사노바) **박인수 사건**은 댄스음악 열풍과 어우러져 가장 큰 충격파를 던진 사건이었다. 가부장적 사고에 물든 교수의 아내가 **춤바람**과 **불륜**에 빠져 갈등하는 내용을 소재로 한 『자유부인』은 자유에 대한 갈망을 일깨우는 한편, 유교적 질서에 반한 문화적 도전으로 인식되어 큰 논쟁거리였다. 카사노바 박인수 사건은 특별한 직업이 없던 박 씨가 댄스홀을 드나들며 유명 여대생과 고위층 자제 등 미혼 여성 70여 명과 성관계를 한 사실이 알려져 구속되면서 사회적 파장을 일으켰다. 재판 당시 인파가 몰려 법원 유리창 수십 장을 파손했다. 1심 법원은 부녀자 농락에 대해 "**법은 정숙한 여인의 건전하고 순결한 정조만 보호할 수 있다**"라며 **무죄**를 선고했으나, 여론의 반발로 항소심에서 번복되어 대법원에서 **유죄**가 확정되었다.

소설 『자유부인』과 영화 <자유부인>

소설 『자유부인』과 영화 〈자유부인〉의 흥행은 6·25 전쟁 이후 분출한 우리나라 민중의 내적 욕망과 자유의지, 여기에서 비롯된 대중문화의 변화상을 엿볼 수 있는 상징적 사건이다. 정비석의 소설 『자유부인』은 1954년 1월부터 8월까지 ≪서울신문≫에 연재되었다. 이후 바로 출판사 정음사에서 단행본 소설로 출간했다. 특유의 흥미성, 신기성, 선정성 등에 힘입어 연재 기간 동안 ≪서울신문≫의 부수가 급증할 정도로 인기를 누렸다. 연재가 끝나자 ≪서울신문≫의 부수가 일시에 5만 2000부나 줄어들었다고 한다. 정음사의 단행본도 14만 부가 팔려나가 국내 최초로 10만 부 이상을 판매한 서적이라는 기록을 남겼다. 이 소설은 대학교수 부부의 불륜, 춤바람, 생계유지를 위한 전사자 아내의 직업전선 진출 등 당시의 향락과 퇴폐, 일탈적 세태, 변화된 사회상을 적나라하게 드러내며 사회적 논란을 불러일으켰다. 특히 도무지 상상하기 어려웠던 사회 지도층이자 보수층 가정의 불륜 문제를 다뤄 문란한 성 윤리가 도마 위에 오르기도 했다. 여권의 신장을 반영했다는 점에서 긍정적으로 평가하는 시각도 있다.

국문학과 교수 장태연의 아내 오선영은 정숙한 가정주부였지만, 사교 모임 참석을 계기로 양품점에 취직한 후 남편의 제자를 만나 춤바람에 빠져 가정이 깨질 위기에 처한다. 반대로 남편 장 교수는 여성 타이피스트에게 접근해 바람을 피우려 했지만 뜻을 이루지 못한다. 그 뒤 부부가 서로 각자의 과오를 반성하며 가정으로 돌아간다는 내용이다. 해피엔드였지만 극의 전개 과정은 독자들에게 충격을 안겨주었다. 따라서 신문에 소설이 연재되는 동안 사회적

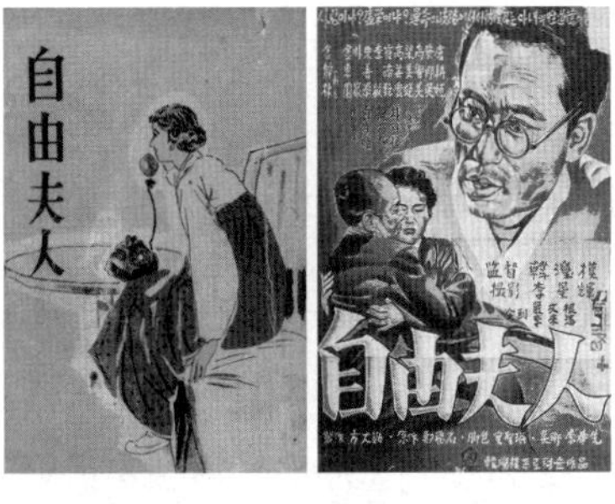

▌정비석의 소설 『자유부인』 초판(왼쪽)과 영화 〈자유부인〉(1959)

자료: 경향신문.

으로 '춤바람', '계바람', '댄스바람', '치맛바람', '최고급 사치바람'이라는 말이 이슈로 떠올랐다. 전국적으로 춤바람이 성행하면서 댄스홀을 무대로 여성들을 농락한 '**카사노바 박인수 사건**'이 터져 경종 효과를 거두기도 했다.
이 작품은 1956년 한형모 감독에 의해 영화 〈자유부인(Madame Freedom)〉으로 재탄생했다. 영화는 서울 수도극장에서 개봉되었는데, 서울에서만 관객 14만 명을 모아 그해 최고 히트작이 되어 한국 멜로 영화의 가능성을 엿보게 했다. 교수 역은 배우 박암, 아내 역은 김정림이 맡았다. 실제로 다방 마담 출신인 김정림은 일약 여주인공으로 캐스팅되어 화제를 모았다. 키스신, 러브신 등의 표현 수위가 이전 영화와 다른 데다, 대학교수의 아내가 젊은 남자와 춤바람이 나는 내용은 심의 당국을 고심하게 만들었다. 그래서 개봉일인 6월 9일을 하루 앞둔 8일 정오까지 상영 허가가 나지 않았다. 영화사는 이러한 논란을 흥행에 활용하려고 당시 영화 광고에 "당신이 장태연 교수라면 과실을 범한 아내에 대해서 어떻게 결정하겠습니까?"라는 문구를 앞세우기도 했다. 제작비 2300만 원을 들인 이 영화는 당시로서는 매우 큰 약 7000만 원이라는 수익을 올렸다. 이 영화가 인기를 얻은 이후 소설은 더욱 다채롭게 각색되어 김화랑 감독의 〈자유부인(속)〉(1957), 강대진 감독의 〈자유부인〉(1969), 박호태 감독의 〈자유부인〉(1981)과 〈자유부인 2〉(1986), 박재호 감독의 〈1990 자유부인〉(1990)과 같은 다양한 속편(spin-off)이 제작되었다.

현대 패션의 도입과 스타일 연출 바람

해방 이후 대중문화와 연관된 스타일에도 놀라운 변화가 생겼다. 1945년 9월 미군에 의해 **나일론**nylon이 수입되어 1959년 제일모직이 국내 최초로 나일론으로 만든 옷을 생산했다. 1946년에는 파리에서 **비키니 수영복**을 선보였다. 6·25 전쟁 이후 미군과 유엔이 **구호물자**로 들여온 군용 담요와 털

양말은 겨울옷과 스웨터 원단으로 활용되었다. 옷을 수선하고 고치기 위한 각종 **수선집**과 **염색집**도 성행했다. 6·25 전쟁이 끝나자 지방으로 피란했던 디자이너나 양장점 업자가 서울 명동으로 몰려들어 연예인과 부유층 여성이 즐겨 찾는 패션 타운을 형성함으로써 서울 패션의 중심을 상징하는 '**명동**'이라는 브랜드가 점차 자리 잡았다.

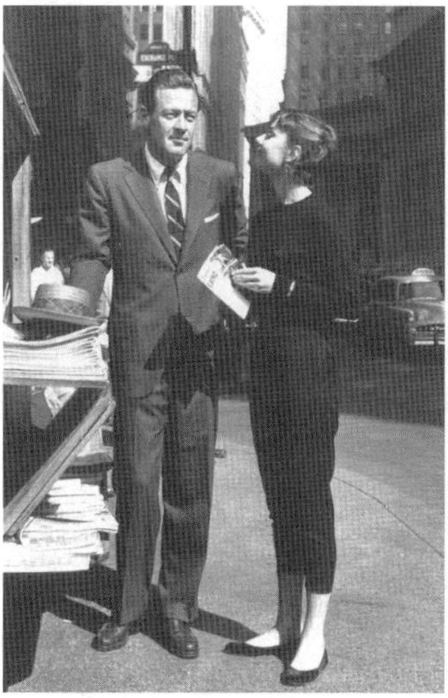

▌맘보바지 열풍을 일으킨 오드리 헵번의 영화 〈사브리나〉

긴 나팔꽃 모양으로 퍼지며 내려가는 코트에 모자가 달린 옷인 **롱 플레어 후드코트**long flare hoodcoat와 영화 〈자유부인〉에서 여주인공이 입은 **벨벳 의상**도 인기를 누렸다. 영화 〈사브리나〉에서 주인공 오드리 헵번이 착용했던 것으로 통을 매우 좁게 하여 다리에 꼭 달라붙게 한 7부바지인 **맘보**mambo **바지**와 납작한 구두, 그리고 **쇼트커트 헤어스타일**도 여성들의 마음을 사로잡았다. 당시 여성 잡지 ≪여원≫에는 처음으로 패션 화보가 실려 여성들의 관심을 끌었다.

1953년 5월에는 임시 수도 부산에서 국내 첫 미인 대회인 **여성경염**競艶**대회**가 열렸는데, 훗날 프랑스 고속철도사 알스톰의 로비스트로 활동하며 유명해진 강귀희가 1등으로 뽑혔다. 1957년에는 한국일보사 주최로 세계 미인 대회에 참가할 여성을 뽑는 **제1회 미스코리아 선발대회**가 열렸다. 당시 신청자는 57명이었다. 이 대회에서는 대한항공의 전신인 대한국민항공사KNA에 근무하던 23세의 **박현옥**이 우승해 상금, 양단 치마, 저고리, 목걸이, 은수저

한 벌을 받았다. 박 씨는 1958년 미국에서 열린 제6회 미스 유니버스 대회에 참가했다. **서구적 관점의 미**美**와 스타일**style에 대한 관심이 높아지면서 미국에서 귀국한 디자이너 **노라노**Nora Noh(본명 노명자)는 1956년 10월 서울 반도 호텔에서 처음으로 **디자이너 패션쇼**를 열었다(금기숙 외, 2012). 그는 1959년 한국 대표로 미스 유니버스 대회에 참가한 미스코리아 오현주의 의상을 신라 화랑도 풍이 가미된 문양과 스타일로 디자인해 각광받았다. 1954년 3월 7일에는 **우리나라** 축구 국가 대표 팀과 **일본** 축구 국가 대표 팀 간의 **첫 경기**(FIFA 월드컵 아시아 예선)가 열려 1차전 1 : 5, 2차전 2 : 2로 우리나라 대표팀이 승리를 거두고 아시아 대표로 **FIFA 월드컵**에 처음 출전했다. 이때 이승만 대통령이 일본 팀의 입국을 거부해 홈앤드어웨이home-and-away 방식으로 예정된 경기가 모두 도쿄에서 열렸다.

제4장

1960~1970년대

윤보선·장면 정부부터 박정희 서거까지

(1960~1979)

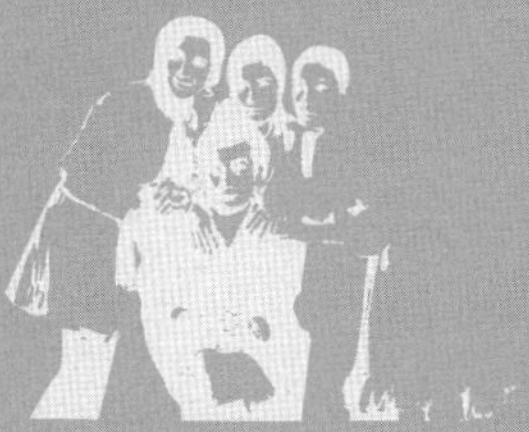

장면 정부

3·15 부정선거로 4·19 혁명이 발발해 자유당 정부(제1공화국)의 12년 독재가 국민들의 저항으로 무너졌다. 1960년 4월 26일 이승만은 국민이 원한다면 물러나겠다고 발표한 뒤, 5월 말 미국 하와이로 망명했다. 따라서 당시 외무부 장관 허정이 대통령 권한대행이 되어 과도정부를 구성했다. 과도정부는 대통령중심제가 독재를 야기할 수 있다는 야당의 의견과 여론을 받아들여 내각책임제와 양원제 국회 구성을 내용으로 하는 개헌안을 마련했다. 내각책임제로 헌법이 개정된 뒤 1960년 7월 20일 총선거가 실시되었으며, 민주당이 다수당(전체 의석 233석 가운데 175석 확보)을 차지했다. 이에 따라 형식상 국가를 대표하는 상징적 존재인 대통령에 윤보선이, 실질적으로 내각을 이끄는 국무총리에 장면이 선출되어 제2공화국이 출범했다.

장면 내각은 4·19 혁명을 동인으로 출범했기 때문에 처음에는 혁명으로 분출된 국민들의 요구를 수렴해 정치에 반영하려는 적극적이고 의욕적인 자세를 보였다. 학생들은 학교의 자율적 운영을 보장하고 중등 이상의 학생들을 군사 조직에 편입시킨 학도호국단을 폐지하라고 요구했으며, 교사들은 교원 노조의 결성을 주장했다. 6·25 전쟁 당시 양민 학살에 대한 진상 조사를 요구하는 주장도 제기되었다. 진보 세력 가운데 혁신론자들은 중립화 통일론과 남북협상 실시를 주장했다. 학생들은 "이 땅이 뉘 땅인데 오도 가도 못하는가? 가자 북으로, 오라 남으로, 판문점에서 만나자"라는 구호를 외치며 남북 학생 회담을 요구했다. 대다수 국민은 그간의 반공 이데올로기에 사로잡혀 있었던 터라 이러한 통일 운동에 큰 지지를 보내지는 않았다.

장면 정부는 가장 먼저 3·15 부정선거의 주모자를 처벌하기 위해 제4차 개헌으로 좀 더 강력한 처벌 규정을 담은 법을 소급해 만들었다. 아울러 언론 활성화, 학원 민주화, 노동운동 활성화, 지방자치제 실시, 관료제 개편, 남북 간 대화 추진 등 정치·사회 분야의 민주화와 개혁 조치를 단행했다. 공무원 공채와 경찰에 대한 대대적인 인사 조치도 이뤄졌다. 국민들이 여전히 가난에 허덕이고 있었기 때문에 경제 분야에서도 특단의 대책이 필요했다. 1950년대 후반부터 미국의 무상 원조 규모가 격감하고, 원조 방식이 현물 지원에서 차관 대여로 바뀌며 상황은 더욱 악화되었다. 장면 정부는 이를 해결하기 위해 경제제일주의 원칙에 따라 '경제개발5개년계획'을 수립했다. 아울러 중소기업을 육성하고 도로, 교량, 댐 등의 국토건설사업을 추진했다.

그러나 이를 실행할 내각이 보수적 인사들로 구성되어 개혁 조치에 미온적인 데다 실천력이 매우 미흡했다. 따라서 이승만 정부의 각종 부정과 비리에 대한 처벌과 청산은 이뤄지지 못했다. 3·15 부정선거의 주모자 처벌에도 소극적인 태도를 보였다. 오히려 '반공법'과 '데모규제법'까지 제정해 시민들이 반발했다. 이에 더해 국무총리직을 놓고 장면과 다투던 김도연 등이 민주당을 탈당하면서 집권당은 윤보선 중심의 구파와 장면 중심의 신파로 분열해 정치적 기반이 약화되었다. 학생들과 시민들은 다시 거리로 나와 정부를 비판하며 시위를 이어갔다. 장면 정부의 무능과 혼란은 외부 세력에 빌미를 제공했다. 박정희를 비롯한 일부 군인들은 사전 모의해 1961년 5월 16일 장면 내각의 무능과 사회 혼란을 구실로 군사정변을 일으켰다. 이어 정권을 탈취하고 사회통제를 강화했다. 따라서 장면 정부가 세운 '경제개발5개년계획'은 실행되지 못했으며, 뒤이은 박정희 정부가 다듬어 1962년부터 실행했다.

박정희 정부

박정희 정부는 육군 소장 박정희가 군사정변을 일으킨 1961년 5월 16일부터 부하 김재규의 저격으로 사망한 1979년 10월 26일까지 18년의 기간을 통치했다. 박정희는 이 기간에 유리한 통치 체제 확보와 장기 집권을 위해 무려 세 차례나 개헌했다. 대통령제와 단원제를 채택한 제5차 개헌(1963), 대통령의 3선을 허용해 '3선 개헌'이라 불리는 제6차 개헌(1969), 대통령 임기를 6년으로 하되 연임 제한을 없앤 '유신헌법'을 일컫는 제7차 개헌(1972)이 바로 그것이다. 아울러 박정희는 5·16 군사정변 초기 국가최고재건회의 의장 시절을 제외하고 네 차례(제5대, 제6대, 제7대, 제8대)

나 대통령이 되어 장기 집권을 이어갔다. 박정희 정권은 강력한 통제 중심의 정치로 일관했는데, 일사불란한 상명하달 방식의 국정을 통해 경제에서는 가난 극복과 근대화 기틀 마련이라는 성과를 거뒀지만, 정치에서는 혁명 공약과 달리 반대파 탄압, 인권침해 등으로 민주주의를 후퇴시켰다고 비판받았다.

박정희 정부는 전 정부가 마련해둔 '경제개발5개년계획'을 실행했다. 1960년대 실시된 제1차, 제2차 사업에서는 도로, 항만, 기간산업과 수출 위주의 경공업 발전에 주력해 연평균 성장률 9.2%를 달성했다. 1970년대의 제3차, 제4차 사업에서는 중화학공업과 전자·철강·조선·자동차·정유 산업 육성에 주력해 1977년에는 수출 100억 달러 돌파, 성장률 8.9%대를 보이며 고도성장기를 누렸다. 아랍과 이스라엘 간에 일어난 제4차 중동전쟁으로 유가가 1972년 대비 다섯 배 이상 오른 제1차 석유파동(1974) 때문에 경제 위기가 찾아왔지만, 중동 산유국들에 대한 대기업의 건설투자로 극복했다. 그러나 이란혁명을 계기로 유가가 2.4배가량 급등한 제2차 석유파동(1978~1980) 직후에는 경제가 크게 흔들렸다. 그간 중화학공업에 대한 과잉투자로 후폭풍이 밀려와 구조적으로 수습이 어려웠기 때문이다.

박정희 세력은 군사정변을 일으킨 직후 전국에 계엄령을 선포하고 집회를 금지했다. 언론과 출판에 대한 사전 검열도 강화했다. 이들은 서울중앙방송국을 통해 '쿠데타'가 아니라 '혁명'이라 강변하며 혁명 공약을 담은 담화문을 발표하고, 입법·사법·행정의 삼권이 집중된 국가재건최고회의를 구성해 군정을 실시했다. 반공을 국시(國是)로 하고, 국가정보원과 국가안전기획부의 전신인 중앙정보부를 설치했다. 민생 안정과 부정부패 청산을 강조하며 농가 부채 탕감, 화폐개혁 등도 제시했다. 그러나 군사정부는 정권을 민간 정부에 이양하겠다는 혁명 공약을 어기고 숨겨온 의도를 드러냈다. 1962년 12월 대통령중심제와 단원제 국회로 전환하는 헌법 개정을 실시하고, 1963년 2월 26일 민주공화당을 창당했다. 박정희는 군복을 벗고 민간인이 되어 1963년 12월 17일 대통령 선거에 출마해 야당의 윤보선을 누르고 제3공화국 대통령으로 취임했다.

박정희는 취임 후 장면 정부에서 마련한 '경제개발5개년계획'을 보완해 실시하고, 경제개발 자금 충당을 명분으로 1965년 한일 국교 정상화를 추진했다. 일본에게서 독립 축하금 명목으로 10년간 3억 달러를 무상으로 받고, 정부 차관 2억 달러와 상업 차관 3억 달러를 제공받기로 하는 등 총 8억 달러에 일본과의 국교 회복에 동의한 것이다. 중앙정보부장 김종필과 일본 외상 오히라 마사요시(大平正芳)의 비밀회담(1962)에서 합의된 이런 내용은 뒤늦게 밝혀졌다. 그러자 서울대학교 학생들과 시민들은 일본이 식민 지배를 사과하지 않고 이권을 앗아간 굴욕적이며 불평등한 외교라고 비판하며 박정희 정권 퇴진 시위를 벌였다. 이를 '6·3 시위'라 하고, 훗날 이 시위에 참여한 주도 세력을 '6·3 세대'라 불렀다. 정부는 비상계엄과 휴교령을 발동하며 한일회담을 강행해 1965년 6월 22일 20년 만에 국교를 정상화했다. 따라서 일본의 식민 지배 사죄와 희생자에 대한 피해 보상 등의 문제를 해결하지 못했다.

박정희 정부는 1963년 12월 21일 처음으로 서독에 광부를 파견했다. 아울러 1965년부터 1973년까지 약 9년간 여섯 차례에 걸쳐 30만 명의 군인을 베트남에 파병했다. 우리나라 최초의 해외파병이었다. 동북아시아에서 한·미·일 삼각 공동 안보 체제가 구축된 뒤 우방인 미국에 보답하고 사회주의 확산을 방지하기 위해 미군 다음으로 많은 병력을 베트남에 보낸 것이다. 미국은 「브라운 각서」(1966)를 통해 파병의 대가로 한국 군대의 현대화와 차관 제공, 한국산 군수물자 구매를 약속한 데 이어 우리 기업의 베트남 진출과 수출을 지원하기로 했다. 국군의 베트남 파병은 우리나라 내부에 경제 부양 효과를 일으켜 성장 발판을 마련하는 데 기여했지만, 많은 참전 장병이 희생되고 고엽제(枯葉劑) 피해와 후유의증을 겪는 참전 군인이 늘어났다. 아울러 우리 군인의 참전으로 수많은 베트남 양민이 희생되고 위안부 피해자가 발생했다. 특히 참전 군인과 현지 여성 사이에 '라이 따이한(Lai Daihan)'이라 불리는 혼혈아(한국 정부 1500명 추산, 베트남 단체 1만 명 이상 주장)가 태어나 국제사회에서 그 책임성 문제가 대두되었다. '라이'는 베트남어로 '혼혈'이라는 뜻이며, '따이한'은 '대한(大韓)'을 베트남어로 표기한 것이다.

공화당의 박정희는 1967년 5월 3일 헌법상 마지막으로 출마 자격이 있는 제6대 대통령 선거에 출마해 경제 발전을 주창하며 선거전을 펼쳐 야당인 신민당의 윤보선 후보를 큰 표 차이로 누르고 재선되었다. 1968년에는 북한의 무장 공비들이 청와대를 습격하고, 북한이 원산 앞바다에서 정보를 수집하던 미국의 정찰함 푸에블로호를 나포하는 일이 발생했다. 정부는 이러한 안보 이슈를 장기 집권의 호재로 이용하기 위해 야당과 학생들의 반대에도 불구하고 자신의 세 번째 집권을 허용하는 '3선 개헌'에 착수했다. 전초 작업으로 개헌에 필요한 정족수를 확보하고자 1967년 6월 8일 국회의원 선거에서 자당 후보를 당선시키기 위한 대대적인 부정선거를 자행해 전체 170석 중 130석을 확보했다. 박정희는 공화당 후보를 지원하기 위해 전라남도 목포까지 내려가 임시 각료 회의를 열고 전라남도의 공업화 문제를 논의하는 등 선거에 행정권을 총동원하는 무리수를 두었다.

야당과 학생들의 부정선거 규탄에도 불구하고 정부는 계획대로 1969년 9월 14일 국회 본회의장을 점거한 야당 의원들을 따돌리고 별관 회의실에서 '3선 개헌안'을 날치기로 통과시켰다. 국민들의 저항과 분노를 무력화하며 개헌안을 통과시켜 장기 집권의 길을 연 것이다. 경제 불황이 닥쳐 1969년 기업들의 도산이 이어지는 가운데 전국섬유노조의 쟁의를 시작으로 노사분규가 격화했다. 정부는 새마을운동을 시작해 차례로 농민의 의식 개혁과 소득 증대를 꾀했으나, 경제개발과 도시화라는 구조적 문제로 농촌이 어려워지면서 가톨릭농민회를 중심으로 농민운동이 시작되었다. 정부는 '선성장 후분배'를 강조하며 농민은 물론 노동자의 작업 여건과 임금 개선 등을 도외시했다. 이런 와중에 1970년 11월 14일 서울 평화시장의 봉제공장에서 일하던 재봉 노동자 전태일이 '근로기준법' 준수를 외치며 분신자살하는 사건이 발생했다. 전태일은 "하루 노동시간을 14시간에서 10~12시간으로 줄이고 휴일을 월 2회 더 늘려 일요일마다 쉬기를 희망하며, 이것은 인간으로서 최소한의 요구"라는 편지를 대통령에게 남겼다. 언론 자유화 운동과 성장 제일주의에 가려 권리를 누리지 못한 노동자·빈민·농민의 권리 찾기 운동도 본격화했다.

박정희는 1971년 4월 27일 치러진 대통령 선거에서 46세의 젊은 김대중 후보를 힘겹게 물리치고 당선되었다. 박정희는 "한 번만 더 기회를 달라"라고 외쳤으며, 김대중은 "이번에도 박정희가 집권하면 영구 집권을 꾀할 것"이라고 주장했다. 뒤이어 치러진 1971년 5월 25일 국회의원 선거에서 야당이 전체 204석 중 89석을 확보하자 박정희는 초헌법적으로 국가비상사태를 선포해 헌정을 중단시켰다. 각 대학에 무장 군인을 주둔시키고 야당 의원들의 참여를 봉쇄한 가운데 국회별관에서 '국가보위에 관한 특별조치법'을 통과시켰다. 이어 평화적 통일을 위한 정치체제 개혁을 명분으로 국회를 해산하고, 정당 활동과 정치 활동 금지를 명하며 비상계엄을 선포했다. 그 대신 비상 국무회의가 모든 권한을 행사했다. 비상 국무회의는 10월 27일 대통령 임기를 4년에서 6년으로 늘리고, 중임을 무제한 허용하며, 국회의원의 3분의 1을 대통령이 임명하고, 일반 국민이 아닌 통일주체국민회의가 대통령을 간접선거로 선출하며, 대통령에게 긴급조치권을 부여한다는 내용의 헌법 개정안을 마련해 국민투표에 붙여 이를 확정했다. 이에 따라 박정희는 1972년 10월 17일 사상 초유로 모든 권력을 대통령에게 집중시켜 장기 집권을 가능하게 만든 유신헌법을 발표했다. 이를 '10월유신(十月維新)'이라 부른다.

'유신'이란 원래 "낡은 제도를 고쳐 새롭게 한다"라는 의미로 '쇄신'이나 '혁신'과 뜻이 비슷한 말이다. 역사적으로 보면 국민이 아닌 박정희 정부의 입장에서 강변한 쇄신 조치였던 셈이다. 박정희 정부는 장기 독재의 길을 연 10월유신의 명분으로 평화통일 실현, 무질서와 비능률 체제의 극복, 국론 분열을 야기하는 대통령 직선제 개선을 통한 한국적 민주주의 구축을 내세웠다. 그러나 한국적 민주주의의 실체는 독재와 권위주의로 무장한 장기 집권의 청사진이었다. 박정희는 1972년 12월 23일 실시된 통일주체국민회의 회의에서 재적 의원 전원(2359명)이 참석한 가운데 무효표 두 명을 제외한 2357명의 찬성표를 받고 제8대 대통령으로 취임했다.

박정희는 이후 행정명령만으로 헌법에 보장된 국민의 권리와 자유를 제한하는 '긴급조치'를 남발함으로써 유신 체제를 비판하고 저항하는 민주화 운동 세력과 야당 세력을 탄압했다. 유신헌법 폐지 운동에 나선 전국민주청년학생총연맹 관련자를 국가 전복 혐의로 구속한 1974년 4월 '민청학련 사건'과 인민혁명당이라는 조직이 불온 세력의 지령을 받고 전국적 시위를 부추겼다며 180여 명을 구속하고 그중 여덟 명을 사형선고 바로 다음 날 처형한 1975년 4월 '인혁당 사건' 등이 대표적이다. 언론·출판·결사의 자유를 제한했으며, 널리 불리던 대중가요, 장발, 짧은 옷 등도 단속했다. 하지만 국민적 저항은 더욱 격화되었다. 천주교 신부들은 천주교 정의구현사제단을 조직해 투쟁에 나섰다. 장준하, 백기완 등 재야인사들은 100만 인 서명운동을 추진하고 명동성당에서 3·1 구국선언을 발표했다. 대학생들도 조직적인 유신헌법 폐지 운동에 나섰다. 김영삼 신민당 총재는 유신 반대 투쟁과 YH무역 사건 등을 이끌었다.

1978년 제2차 석유파동으로 경제가 어려워진 상황에서 서울 중랑구의 가발 수출업체 YH무역이 경영 악화를 이유로 갑자기 폐업하는 일이 발생했다. 1979년 8월 이 업체의 여성 노동자들은 야당인 신민당의 당사로 찾아가 회사의 정상화와 생존권 보장을 요구하는 농성을 벌였다. 신민당 김영삼 총재는 이들에 대한 지원을 약속하며 농성에 동참했는데, 정부는 곧바로 경찰을 투입해 이들을 강제해산시켰다. 이 과정에서 노동자 한 명이 추락해 사망하고 수십 명이 다쳤다. 김영삼 총재가 YH무역 사건과 관련해 기자회견을 열자 당시 여당 주도의 국회는 국가를 모독했다는 이유로 김영삼을 제명해 의원직을 박탈했다.

이 사건은 정부에 부메랑으로 돌아와 1979년 10월 정치인 김영삼의 정치적 기반인 부산과 마산에서 '부마항쟁'이라 불리는 반정부 시위가 일어났다. 정부는 계엄령을 발동하고 군대를 동원했지만 시위가 쉽게 진정되지 않았다. 청와대 참모 가운데 강경파인 경호실장 차지철은 강경 진압을 주장하며 온건파인 중앙정보부장 김재규와 대립했다. 권력층 내부에서 갈등과 암투가 발생한 것이다. 한미 관계에도 균열이 생기기 시작했다. 미국의 지미 카터(Jimmy Carter) 정부는 박정희 정부에 한국의 인권 상황을 개선하도록 권고하고, 정부가 자체 추진한 핵 개발을 중단하지 않으면 한반도에서 미군을 철수시키겠다고 압박했다.

박정희는 1979년 10월 26일 오전 충청남도 예산으로 내려가 삽교천 방조제 준공식을 마친 뒤 서울로 돌아와 저녁에 청와대 인근 궁정동 안전 가옥(안가)에서 열린 연회에 참석했다. 참모였던 김계원 비서실장, 김재규 중앙정보부장, 차지철 경호실장이 동석했다. 연회가 시작되어 분위기가 어느 정도 무르익자 김재규와 차지철 사이에 언쟁이 벌어졌고, 김재규는 오후 7시 50분쯤에 앙숙인 차지철과 왕조 국가를 계획한 것으로 보였던 박정희 대통령에게 차례로 권총을 발사해 살해했다(≪경향신문≫, 2015a, 2015b, 2015c). 이 연회에 불려간 대학생 가수 심수봉과 배우 신재순은 참화를 목격하고 심각한 충격에 빠졌을 뿐 아니라 나중에 장기간 방송 출연을 금지당하는 등 큰 시련을 겪었다. 10·26 사건으로 18년에 걸친 박정희 독재가 막을 내리면서 국민들은 민주 사회를 건설할 수 있다는 희망을 품게 되었다.

박정희가 사망하자 제주도를 제외한 전국에 비상계엄령이 선포되고 국무총리였던 최규하가 대통령 권한대행을 맡았다. 최규하는 1979년 12월 6일 통일주체국민회의에 의해 제10대 대통령으로 선출되었으나 무능한 데다 군부를 통제하지 못해 유명무실했다. 박정희 피격 사망 사건의 수사에서 합동수사본부장을 맡은 전두환 보안사령관(당시 육군 소장)과 그가 소속된 육군사관학교 출신 주축의 군내 사조직인 하나회 소속 장교들은 과도정부의 허술한 틈을 노려 상관인 계엄 사령관 정승화를 연행하고, 군대를 동원해 반대파를 제압하는 12·12 군사정변(coup d'état)을 일으켰다. 이들은 최규하 대통령을 압박해 물러나게 한 다음 정권을 탈취해 집권했는데, 이들을 박정희 정권의 옛 군부와 비교해 '신군부(新軍府) 정권'이라 불렀다.

1960~1970년대 대중문화예술 연표

1960	4월	자유당 정부 부정선거로 4·19 혁명 발생
	6월	제4대 대통령 윤보선과 국무총리 장면 취임(제2공화국 출범)
1961	1월	서울에 문화방송(MBC) 개국(라디오)
	2월	문교부가 반공 교육 강화책을 수립함
	5월	육군 소장 박정희가 5·16 군사정변을 일으킴(쿠데타로 정권 탈취)
	7월	중학교 무시험제 도입, 문화공보부 출범, 간첩 찾아내기 운동 시작
1962	1월	제1차 경제개발5개년계획 실시
	3월	'영화법' 제정·공포, 서울 텔레비전 방송국(KBS-TV) 정식 발족, 제1회 대종상 시상식(3.30)
	4월	남산 드라마센터 개관
	10월	화폐개혁을 단행해 '환(圜)'을 '원'으로 변경, 10 대 1 평가절하
1963	12월	제5대 대통령 박정희 취임(제3공화국), 서독에 광부 파견
1964	6월	한일회담 반대 운동
	8월	한국기자협회 발족
	10월	베트남과 파병 협정
	12월	민영방송인 TBC 방송국(HLCE) 개국
1965	6월	한일 협정 체결, 한일 국교 정상화
		청소년 선도를 위해 밤 10시부터 '사랑의 종'을 치기 시작함
	10월	합동통신이 국내 뉴스의 첫 해외 송신 개시
		해병대인 청룡부대 베트남 파병(전투부대 국내 최초)
1966	1월	계간지 ≪창작과비평≫ 창간
	8월	중국 문화대혁명 발발(홍위병 선풍 중국 전역 확산)
	10월	전국 인구조사 실시(2919만 4379명 집계)
1967	1월	국내 첫 장편 애니메이션 영화 〈홍길동〉 개봉
	7월	제6대 대통령 박정희 취임
1968	9월	한국아동만화윤리위원회 발족
	11월	주민등록증 발급 개시, 대중문화 잡지 ≪주간경향≫ 창간(1995년 폐간)
	12월	정부의 국민교육헌장 선포, 대중문화 잡지 ≪선데이 서울≫ 창간(1991년 폐간)
1969	3월	김수환 대주교가 한국인 최초 추기경으로 서품됨
	7월	경인고속도로 개통
	8월	MBC TV 개국

	11월	문공부가 일반 국민 보급용 표준오락 35종을 선정·발표함
1970	1월	한국도서잡지윤리위원회 발족(기존 출판 관련 심의 기구 통폐합)
	7월	경부고속도로 개통, 호남고속도로 부분(대전-전주) 개통(12.30)
	11월	양택식 서울특별시장이 남서울개발계획(영동 개발)을 발표함
1971	3월	MBC 수사 드라마 〈수사반장〉 방송(~1989.10, 총 880회)
	4월	제7대 대통령 박정희 취임
	7월	충청남도 공주에서 백제 무령왕릉 발굴
	8월	인천 실미도에서 특수부대원 24명이 탈출해 노량진까지 진출
1972	4월	대한항공 여객기 첫 태평양 횡단 취항
	10월	박정희 대통령 10월유신 발표(국회해산, 전국 비상계엄령, 대학휴교령)
	12월	제8대 대통령 박정희 취임(통일주체국민회의 선출, 제4공화국)
1973	3월	한국방송공사(KBS) 창설
	5월	서울에 어린이대공원 개원
	12월	함석헌·장준하·백기완 등이 개헌 청원 100만 명 서명운동 돌입
1974	1월	긴급조치 1호(개헌 논의 금지), 2호(비상군법회의 설치) 선포
	10월	≪동아일보≫ 기자들이 '자유언론실천선언' 발표
1975	8월	MBC에서 일본 후지TV의 인기 애니메이션 영화 〈마징가 Z〉 방송(~1976.2)
	12월	가수들의 대마초 파동(~1977), 「아침이슬」 등 금지곡 발표
1976	2월	공연예술윤리위원회 발족(1966년 출범한 한국예술문화윤리위 개편)
		정부(내무부)가 매월 말일을 '반상회 날'로 지정함
	7월	김청기 감독의 애니메이션 영화 〈로보트 태권 V〉 개봉
1977	9월	산악인 고상돈 등 에베레스트 정상 등정
	10월	문화공보부에서 TV 저질 코미디 퇴출 조치
	11월	전라북도 이리역(현재의 익산역)에서 화약 운송 열차 폭발 사고(59명 사망, 가수 하춘화 등 1300여 명 부상, 도시 기반 붕괴)
1978	1월	강북 10개 중·고교에 이어 서울 도심의 사설 학원을 강남으로 이전
	10월	MBC에서 일본 후지TV의 인기 애니메이션 영화 〈마징가 Z〉 재방송(~1980.7)
	12월	제9대 대통령 박정희 취임
1979	1월	어린이용 반공 애니메이션 영화 〈똘이장군: 제3땅굴〉 개봉
	3월	서울 강북 54개 유흥업소 강남으로 이전 허용
	10월	부산·마산 지역에서 유신 반대 시위(부마민주항쟁)
		김재규 중앙정보부장이 연회 도중 박정희 대통령 살해(10·26 사건)
	12월	제10대 대통령 최규하 취임, 12·12 사태(신군부 군사정변) 발생

통제·반공·계몽 중심의 1960년대

이승만 정부(1948~1960)와 장면 정부(1961)에 이어 출범한 박정희의 공화당 정부는 집권 직후부터 1950년대와 마찬가지로 문화에서도 **독재**, **반공주의**, **검열과 통제**를 강화했다. 박정희 정부는 6·25 전쟁으로 민족운동가들이 북한에 납치되었고 전쟁이 끝난 뒤 미국 대중문화와 일제의 식민 사관이 교육·사회·문화 전반을 지배한다는 점을 명분 삼아 **민족주의**를 국가 지도 이념으로 설정했다(한영우, 2016). 그러나 실제로는 5·16 군사정변(쿠데타)으로 집권해 정당성이 부족했으므로 통제를 강화해 안정을 꾀하려는 목적이 강했다. 이에 따라 박정희 정부는 문교부를 통해 1961년 2월 반공 교육 강화 정책을 수립하고 집권 이데올로기 전파, 반공과 북한의 도발 규탄, 사회 계몽 등을 주제로 **궐기대회**를 열었다. 도서, 영화, 음반 등의 검열도 강화했다. 특히 정부는 영화와 방송의 발전을 명분으로 언론 정책 시행 기준을 발표한 뒤 **'영화법'**(1962)과 **'방송법'**(1963)을 차례로 제정해 미디어와 대중문화를 통제했다. **제1회 '대종상 영화제' 시상**(1962.3.30), **국립극단 창립**, **드라마센터 개관** 등 문화예술 진흥책도 선보였다.

박정희 정부는 1965년부터 청소년 선도를 목적으로 그들이 일찍 귀가해 잠들도록 유도하기 위해 오후 10시부터 **'사랑의 종'** 치기를 시작했다. 아울러 1969년 일반 국민 보급 표준오락 35종을 선정·발표해 시행했다. 1968년에는 한국아동만화윤리위원회를 발족하고, 교육 지침인 「**국민교육헌장**」(1968)을 제정해 각급 학교에서 낭송하도록 했다. 문화예술에 대한 검열과 탄압도 이어나갔다. 이만희 감독의 영화 〈**7인의 여포로**〉가 대표적이다. 이 영화는 포로가 된 간호장교(문정숙)와 북한 장교(장동휘)의 인간적인 만남에 초점을 맞췄다. 그런데 당국은 북한 장교를 늠름한 미남으로 묘사하고 국군의 간호장교가 그 북한 장교에게 정신을 빼앗길 만큼 반해 빠져드는 극적 설정을 문제 삼았다. 여자 포로들을 겁탈하려던 중공군을 사살한 북한 장교에게 간호장교가 고마움의 표시로 "멋진 남자여, 안녕"이라고 한 대사도 마찬가지였다. 모두 북한 찬양이라는 이유로 감독이 **반공법 위반 혐의**로 끌려가 수사를 받고 중앙정보부에 40일간 구속되었다. 이만희 감독은 이 사건 때문에 만회의 차원에서 불가피하게 반공 영화 〈군번 없는 용사〉(1966)를 제작했다. 그런데 당대 최고 스타이자 미남 배우인 **신성일**을 북한군으로 캐스팅해 출연시킨 의도가 무엇이냐며 또다시 잡혀가 추궁을 당했다.

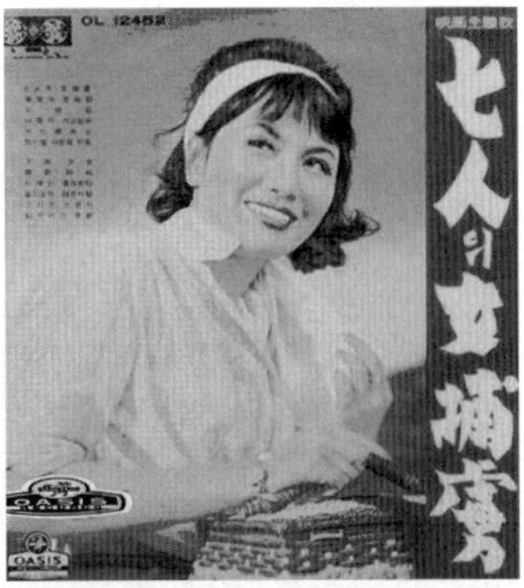

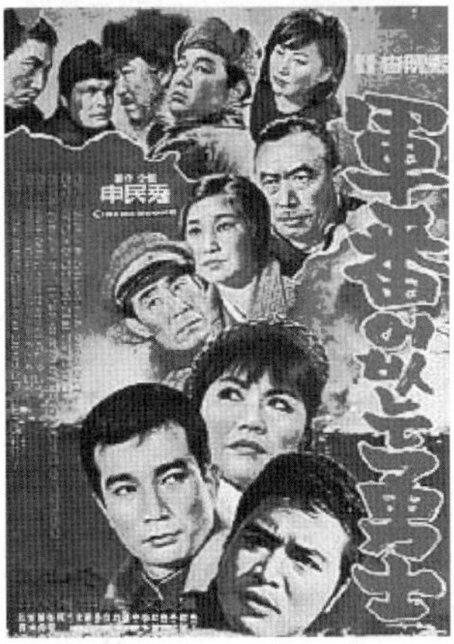

▌영화 〈7인의 여포로〉 주제곡 음반(위)
▌영화 〈군번 없는 용사〉 포스터

1930년대부터 형성된 '**대중**'이라는 개념은 1960년대부터 신문, 잡지, 라디오, TV 등 **대중매체**가 정비되면서 **대중사회**로 확장되었다(송은영, 2011). 대중매체를 통해 대중문화가 생산·확산되고, 대중은 이를 소비하면서 새로운 문화 환경을 접하게 된 것이다. 외국의 대중음악이 유입·정착되고 TV 방송이 본격화하면서 우리 사회에 **대중문화**가 **형성**되기 시작했다. 대중문화와 사건·사고 등 통속적인 세사를 다루는 ≪주간경향≫, ≪선데이 서울≫과 같은 **대**

중문화 잡지가 1968년 11월과 12월에 각각 창간되기도 했다. 1961년 12월 말에는 KBS-TV가, 1962년에는 **서울 텔레비전 방송국**이 각각 개국했다. 1964년에는 민간 상업방송인 TBC(HLCE)가, 1969년에는 MBC가 개국해 라디오와 TV 부문에서 다양한 프로그램을 선보이기 시작했다. 당시 텔레비전은 국영·민영 할 것 없이 새로운 국가 건설에 기여하고, 새로운 사회 건설에 필요한 정보를 제공하며, 새로운 기술을 통해 사회복지를 편다는 이념을 실천하기 위한 목적으로 도입되었다(원용진, 2011). 이런 정치적 목적이 있었기에 당시 우리나라 방송의 기술적 진보 속도에 비해 방송사를 다소 서둘러 도입했다는 비판을 받았다.

방송사 개국 이후 특히 TV 드라마 제작이 활기를 띠면서 **가부장적 질서**를 다룬 **홈드라마**가 많이 제작되었다. 〈나도 인간이 되련다〉(유치진 작, 차범석 각색), 〈불빛이 섬멸하는 설경〉(이용찬 작), 〈가족회의〉(김영수 작) 등이 각각 이기하, 황은진, 정학영 등의 연출로 방영되었다. 특히 라디오극 드라마 〈하숙생〉 등이 인기를 누렸다. **김재형** 프로듀서가 낙랑공주와 호동왕자의 전설을 극화한 드라마 〈국토만리〉를 만든 이후 **역사 드라마**도 지속적으로 제작되었다(주창윤, 2007). 초기 역사 드라마는 원전의 서사 구조에 충실해 인물 중심의 고사와 고전소설을 극화하는 데 집중했다. 이런 홈드라마에 사랑과 연애라는 멜로드라마적인 요소가 삽입되면서 홈드라마는 점차 **멜로드라마**와 같은 구조·표현이 반복·재연되는 방향으로 변모했다. 멜로드라마는 '노래'를 뜻하는 그리스어 '멜로스melos'와 '극'을 의미하는 '드라마drama'의 합성어로, 지식층이나 상류층의 극예술이라기보다는 **오락성**에 치중하는 형태라서 대중의 사랑을 가장 많이 받는 장르다(이근삼, 1980).

1964년 '**영화법**' 제정 이후 영화에 대한 진흥과 통제 정책이 병행되면서 영화 시장도 활기를 띠었다. 군사정권은 대중의 비판적인 시각을 이국적인

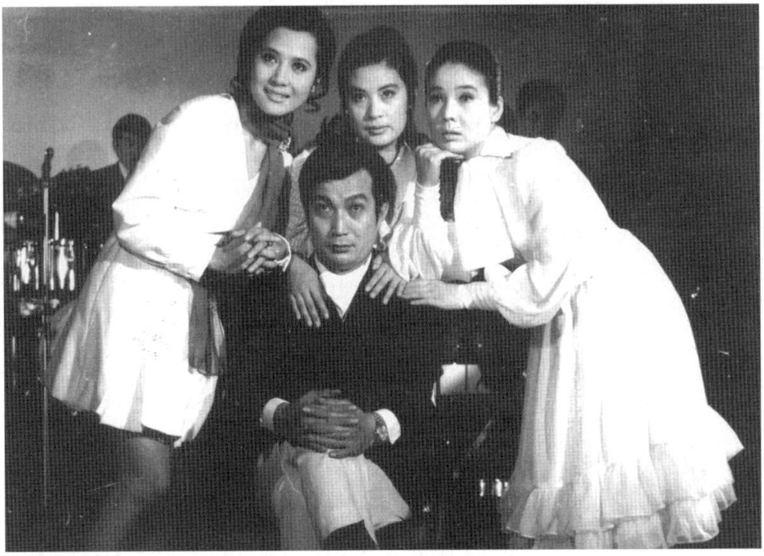

▌영화 〈결혼교실〉에 출연한 '여배우 3인방' 남정임, 문희, 윤정희(시계 방향으로)와 신성일

자료: 경향신문.

영화의 세계로 돌리기 위해 국산 영화를 제작하는 영화업자에 한해 외화 수입을 허가하고 국산 영화인 **방화**邦畵보다 선망의 대상으로 인기가 높았던 외화의 입장료를 비싸게 받을 수 있게 해 **외화**外畵가 강세를 누렸다. 방화를 상영한 서울의 국도극장, 국제극장, 명보극장, 을지극장, 아세아극장, 아카데미극장은 작은 규모였던 반면, 외화를 상영한 단성사, 대한극장, 피카디리극장, 중앙극장, 스카라극장, 세기극장, 허리우드극장이 대규모였던 것만 보더라도 이를 확인할 수 있다(이길성·이호걸·이우석, 2004). 이 시기 가장 인기를 누린 '여배우 3인방troika'은 **윤정희, 문희, 남정임**이었으며, 남배우 중에는 **신성일**이 이들 트로이카 여배우의 상대역으로 가장 많이 출연했다. 최무룡, 신영균, 남궁원, 황정순, 엄앵란, 태현실, 최지혜, 고은아, 김지미, 김혜정, 오수미, 황해, 허장강 등은 영화에 단골로 출연하며 스타덤을 누렸다. 신영균과

문희가 주연한 영화 〈**미워도 다시 한번**〉(1968)은 개봉 64일 만에 36만 명의 관객을 동원(당시 서울 인구 380만 명)하며 성공작으로 평가받았다.

영화 시장이 점차 활기를 띠면서 각종 영화상이 제정되어 영화계 발전과 영화인들의 화합을 도모하게 되었다. 1962년에는 국산 영화의 진흥을 목적으로 공보부가 주관하는 **대종상**大鐘賞이 생겨났다. 대종상 영화제는 1958년 문교부의 '우수 국산영화 시상제'가 기원이며, 1961년 공보부의 '우수영화상'과 1962년 '대종상'을 거쳐 1997년부터 민간인 한국영화인총연합회가 주최하는 '대종상영화제'로 변경되었다. 1963년에는 조선일보사가 한국 영화의 질적 향상과 국내 영화 산업의 진흥·발전을 돕기 위해 **청룡영화상**을 제정·운용했다. 청룡영화상은 1974년 한국 영화 산업의 침체를 이유로 중단되었다가 《스포츠조선》의 주최로 1990년 부활했다. 1964년에는 한국일보사가 대중문화 부문 종합예술상인 **백상예술대상**을 제정해 연극, 영화, TV 등 무대예술과 영상예술의 중흥에 기여했다. 이후 《한국일보》와 《일간스포츠》가 공동으로 운영하다 2005년 《일간스포츠》가 중앙일보사에 인수된 이후 운영 주체가 《중앙일보》의 자회사인 《일간스포츠》로 변경되었다. 《이데일리》를 인수해 운용하던 KG그룹(경기화학공업이 모태)이 2022년 5월 《중앙일보》 관계사인 《일간스포츠》와 주간지 《이코노미스트》를 매수함에 따라 주최사가 《중앙일보》와 《JTBC》를 소유 중인 중앙그룹으로 변경되었다. 2002년부터는 한국연극협회와의 이견으로 **연극 부문**을 **제외**하고 영화와 TV만을 대상으로 수상작을 선정하고 있다.

1966년 8월 3일 국내 영화 산업을 보호하기 위한 취지로 만들어진 '영화법'의 제2차 개정으로 1967년부터 연간 90일 국산 영화의 상영을 의무화하는 **스크린쿼터**screen quota 제도가 도입되었다. 스크린쿼터는 1995년 '영화법'이 '영화진흥법'으로 바뀐 이후 '연간 상영일(365일)의 5분의 1(73일)'로 축소·

유지되고 있다. 연극인들은 연극예술의 창달·발전과 연극인의 친목·복리 증진을 목적으로 1963년 1월 28일 **한국연극협회**를 설립하고, 협회의 초대 이사장으로 유치진을 선임했다. 한국연극협회는 한국예술문화단체총연합회(약칭 예총) 산하단체로 월간 ≪한국연극≫을 발간하며, 서울연극제와 전국 청소년연극제를 개최하고 있다.

연극계에서는 1960년대 중반부터 대학 연극반 출신들이 주축인 제작극회를 모태로 10여 개의 **동인제**同人制 **극단**이 생겨나 서구 번역극을 중심으로 공연하며 소극장 기점의 예술적·지적 연극 운동을 주도했다. 동인제 극단이란 연극에 뜻을 같이하는 사람들이 모여 구성원들이 공동출자·운영하고 수익을 나누는 방식을 갖춘 극단 형태를 말한다. '실험극단', '민중극장', '산하', '가교', '광장', '자유극장', '여인' 등이 대표적이다. 이낙훈, 김의경, 김동훈 등은 '실험극단', 차범석은 '산하', 최치림, 김혜자, 최불암, 김무생, 박정자, 김용림 등은 '자유극장'에서 활동했다. 1961년 **시민회관**(서울시 세종문화회관의 전신)이 종합예술 시설로 개관(1972년 화재로 소실)한 데 이어 1962년 극작가이자 연출가였던 **유치진**이 미국 록펠러 재단에서 5만 달러를 지원받아 현대식 실험극장인 **드라마센터**를 지었다(이두현 외, 1999). 아울러 **국립극장**이 **재개관**해 연극 무대가 확대되었다. 특히 박정희 정권은 통제를 강화하기 위해 국립극장을 공보처 산하로 배속시키고, 극장장을 예술인 대신 공무원 출신에게 맡겼다. 국립극장은 신인 극작가에게 창작극 공연의 기회를 제공했으나 비효율적인 운영과 관리 체제로 예술적 성과를 높이기 어려웠다. 이 시기 등장한 신인 극작가는 **차범석**, **오태석**이 대표적이다.

창작 뮤지컬도 싹을 틔웠다. 현재 서울시 세종문화회관 산하 서울시뮤지컬단의 전신 **예그린악단**(단장 박용구)이 1966년 10월 고전소설 『배비장전』을 각색한 뮤지컬 〈**살짜기 옵서예**〉를 선보여 4일간 7회 공연으로 1만 6000명의 관객을 기록할 만큼 흥행했다. 우리나라 **창작 뮤지컬 공연의 효시**로 평가받는 이 작품은 임영웅이 연출하고 최창권이 작곡과 지휘를 맡았으며, 임성남이 안무를 담당했다. 당시에는 뮤지컬 전문 배우가 따로 없어 애랑 역의 가수 패티김을 비롯해 곽규석, 김성원 등 인기 연예인이 배우로 출연했다.

대중음악에서는 **트로트**, **스탠더드 팝**standard pop, **포크송**folk song, **로큰롤** 등 다양한 장르의 음악이 전파되며 골고루 인기를 누렸다. 1960년대 가요는 내용 면에서 다른 시대와 마찬가지로 **사랑**을 다룬 노래가 가장 많았는데, '비'와 '안개'처럼 분위기를 유도하는 **감성적 소재**가 가사에 자주 등장했다. '**고향**'이라는 단어도 빈번하게 나와 전쟁과 피난, 도시화 등으로 비롯된 실향의 아픔과 연민을 표현했다(김용학, 2015). 서구에서는 **비틀스**The Beatles가 최고의 인기를 누리는 가운데 국내에서는 가요가 세부 장르로 분화했다. 트로트에서는 **남인수**, **고복수**, **백년설**, **현인** 등이 여전히 인기를 누렸다. **한명숙**과 **최희준**은 각각 「노란 샤쓰의 사나이」(1962)와 「하숙생」(1965)이라는 노래로 스탠더드 팝을 선도하며 인기 가수로 부상했다. **신중현**의 「비속의 여인」(1964), **김추자**의 「님은 먼 곳에」(1965) 등도 히트했다. 방송윤리위원회는 1965년 3월 1일 남인수의 「**기로의 황혼**」(조명암 작사, 박시춘 작곡)을 작사자가 월북했다는 이유로 **방송 금지곡 제1호**로 지정했다. 정부는 이후에도 공안과 풍속을 이유로 금지곡 지정을 남발했다.

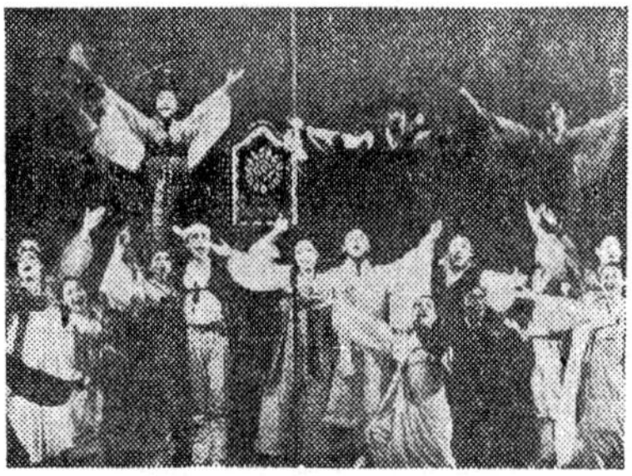

▌우리나라 뮤지컬의 효시 〈살짜기 옵서예〉 공연 모습(1967.2.25)

자료: 경향신문.

미 8군(주한 미군 제8군) **무대**에서는 **신중현**, **펄시스터즈**, **김**

1960년대 '스탠더드 팝'

스탠더드 팝(Standard Pop)은 근대성, 도시성, 낙관적 감성을 지닌 서구적 분위기의 팝형 트로트를 말한다. 서양의 근대음악의 체제에 충실해 7음계와 장음계, 단음계 위에 3도를 겹쳐 생기는 3화음을 적용한 이른바 '기능화성(機能和聲)'을 사용하며, 트로트나 신민요의 꾸밈음을 제거한 깔끔하고 단정한 가창 방식이다. 국내에서는 일제강점기 이후 인기를 누리던 트로트가 신파적이고 왜색이 짙다는 논란에 휩싸인 가운데 6·25 전쟁 이후 미군 부대를 중심으로 자리 잡은 미국 문화의 영향을 받아 1960년대부터 도입되었다. 미국에서는 1940년대부터 유행했는데 「화이트 크리스마스(White Christmas)」, 「마이 블루 헤븐(My Blue Heaven)」, 「갓 블레스 아메리카(God Bless America)」, 「서머 타임(Summer Time)」 등이 대표곡이다. 우리나라에서는 한명숙의 「노란 샤쓰의 사나이」(1962)를 그 시작으로 보고 최희준, 현미, 패티김 등이 유행을 주도한 것으로 평가한다. 작곡가 이봉조, 김인배, 길옥윤 등은 1960년대 중반에 등장해 당대 가수들과 호흡하며 레퍼토리를 풍성하게 만들었다. 1970~1980년대에는 포크, 로큰롤, 트로트 등 다른 장르와 결합되어 새로운 음악으로 진화했다.

스탠더드 팝은 1940~1950년대 미국에서 각광받은 장르로 고전성과 대중성을 결합한 것이 특징이다. 재즈의 쇠퇴기와 로큰롤의 도래기 사이에서 대중의 인기를 누렸다. 조지 거슈윈(George Gershwin) 등 20세기 초 작곡가들은 유럽 클래식 음악을 대중에게 좀 더 쉽게 전달하고자 노력했다. 그래서 곡의 길이를 조금 줄이고, 미국 민요인 블루스와 컨트리를 혼합해 멜로디와 가사를 대중적·감성적으로 만들었다. 재즈 연주가들도 재즈 악단을 통해 클래식 음악을 연주하며 좀 더 쉬운 접근을 시도했

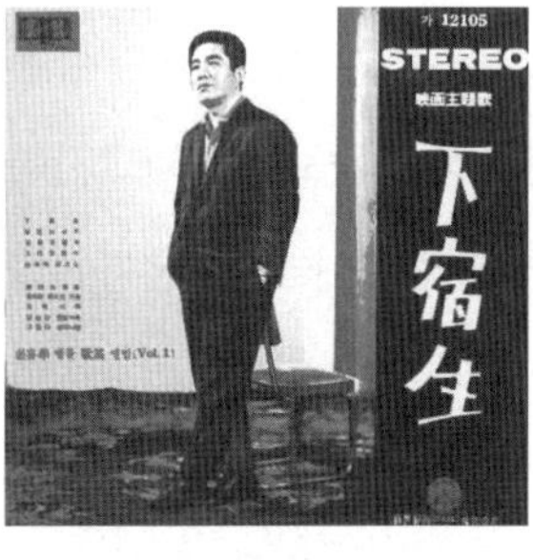

스탠더드 팝의 전형인 최희준의 「하숙생」

다. 스탠더드 팝은 이렇게 생겨났으며, 1960년대부터 이해하기 쉬운 음악이라는 뜻에서 '**이지 리스닝 뮤직**(easy listening music)'이라 불렸다. 「Songs For Swingin' Lovers!」 등을 부른 가수 프랭크 시나트라(Frank Sinatra)는 '스탠더드 팝의 대명사', 「Changing Partners」를 부른 가수 패티 페이지(Patti Page)는 '스탠더드 팝의 여왕'으로 불렸다. 제리 베일(Jerry Vale), 딘 마틴(Dean Martin), 밀스 브라더스(Mills Brothers), 냇 킹 콜(Nat King Cole) 등도 이 분야에서 활약했다.

추자, **장현**, **박인수** 등이 팝과 로큰롤을 결합한 음악을 선보이며 인기를 누렸다. 특히 미 8군 무대는 무교동 음악다방 **세시봉**(통기타), KBS 가수선발대회 등과 함께 신인들의 등용문으로 기능했다. 대표적으로 가수 **신중현**(1955)에 이어 **조용필**(1969)이 미 8군 무대 출신이다. **송창식**, **윤형주**, **김세환**, **조영남**, **이장희** 등은 무교동 음악다방 세시봉을 통해 얼굴을 알렸다. **장미화**는 KBS 가수선발대회로 데뷔했다. 신중현은 16세에 독학으로 기타를 공부하다가 1955년 미 8군의 스프링 버라이어티쇼 무대를 통해 데뷔했다. 1963년에는 기타·보컬·베이스·드럼으로 구성된 우리나라 최초의 록 밴드 '**애드포** The Add4'를 결성해 「비속의 여인」, 「커피 한 잔」 등의 노래로 인기를 끌었으며, 훗날 '한국 록의 대부'로 불리게 된다. 신중현의 노래는 미국의 표준형 로큰롤에 한국적 리듬을 결합하고 사운드의 울림을 크게 한 것이 특징이다.

대중음악계에서는 외형적으로도 새로운 스타일이 시도되었다. 선구적인 걸그룹 **저고리시스터즈**(1941년 데뷔)와 **김시스터즈**(1953년 데뷔)에 이어 본격적으로 **여성 듀엣**(2인조)과 **트리오**(3인조)가 생겼고 **미니스커트**를 입는 가수도 처음 나타났다. 감동과 팬덤의 단계를 넘어 격한 응원을 선보이는 '**오빠부대**'의 원형도 만들어졌다. 여성 듀엣 '은방울자매', 여성 트리오 '펄 시스터즈'가 데뷔해 많은 사랑을 받았다. 이런 시도는 1970년대에도 이어져 '희자매', '토끼자매(바니걸스)' 등 그룹형 가수들이 속속 나타났다. 가수 **윤복희**는 1967년 1월 미국에서 귀국하면서 미니스커트를 몰래 들여와 추후 선보임으로써 전국적 유행의 계기를 마련했다. 청춘의 아이콘으로 불린 영국 가수 **클리프 리처드**Cliff Richard는 **광적 팬덤**과 **오빠부대** 형성의 계기가 되었다. 그는 1969년 10월 내한해 서울시민회관(현 세종문화회관)과 이화여자대학교 대강당에서 한 차례씩 공연했다. 이때 여학생 팬들은 "사랑해, 클리프 오빠!"를 외쳤으며, 흥분한 일부 여고·여대생 관객들은 속옷까지 벗어 무대로 던지고 실신했다.

1960년대 전반기 여가 문화의 경우 대학생은 **음악 감상**, **독서**, **사색**, **무전여행** 등을, 일부 상류층은 **등산**, **낚시**, **하이킹** 등을 즐겼으나, 1966년 이후 경제가 고도로 성장하면서 여름철 바캉스가 보편화되고 회사 단위 들놀이가 새롭게 성행했다(송은영, 2013). 패션과 스타일에도 혁신적인 변화가 일어났다. 1960년대에는 섬유산업이 발달하면서 원단과 의류의 수출이 크게 증가했고, 머리를 크게 부풀려 올리는 스타일이 유행하면서 국산 **가발 수출**도 활기를 띠었다(금기숙 외, 2012). 외국산 합성섬유로 만든 신축성 뛰어난 **나일론** 스타킹의 보급이 늘어나고, 1965년에는 동양나이론(지금의 효성)이 나일론 원료를 만드는 데 성공해 울산 공장에서 생산·수출에 나섰다. 북한에서는 1961년 월북한 과학자 이승기가 주도해 '**비날론**vinalon'이라는 합성섬유를 개발한 뒤 함경남도 흥남의 공장에서 제품을 생산했다(김육훈, 2006). 정부는 경제개발을 위해

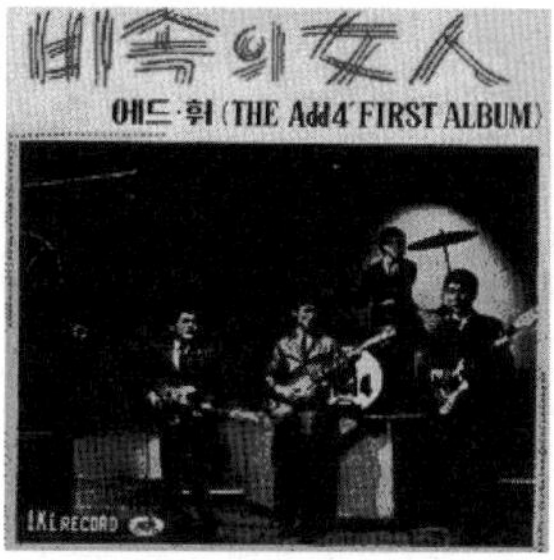

▌「빗속의 연인」이 담긴 신중현의 애드포 1집 앨범

가수 윤복희와 미니스커트 신드롬

미니스커트는 1966년 영국의 디자이너 메리 퀀트(Mary Quant)가 발표해 전 세계에 유행을 불러일으킨 의상이다. 유행되기 전 첫선을 보였을 때 우리나라를 비롯한 지구촌 전체에 '문화적 충격'을 던져주었다. 여성의 아름다움과 맵시, 그리고 발랄함을 강조하는 이 의상은 보수적인 우리 사회에도 많은 변화를 야기했다. 특히 변화를 갈망하는 여성들에게 단비 같은 역할을 했다. 발표 초기에는 치마 길이가 무릎 바로 위까지였지만, 시대가 흐르면서 유행을 창조하는 디자이너들의 고유한 구상에 따라 더욱 짧아지는 경향을 나타낸다. 경제가 어려우면 옷을 잘 구매하지 않기 때문에 새로운 패션을 부각시켜 소비를 유도한다는 마케팅 전략 등이 반영되면서 "경기가 불황이면 여성들의 치마 길이가 짧아져 미니스커트가 뜬다"라는 속설이 생겨났다.

가수 윤복희는 우리나라에 월남치마가 유행하던 시대인 1967년 1월 6일 미국에서 귀국하며 미니스커트를 여러 벌 챙겨왔다. 미국에서 자유로운 생각을 지닌 사람들과 어울리며 살았기 때문에 종종 미니스커트를 입고 생활할 수 있었다. 그는 귀국 몇 개월 뒤 디자이너 박윤정의 패션 발표회에서 여섯 벌의 미니스커트를 입고 무대에 선 것을 계기로 '미니스커트의 창시자'로 불렸다. 앨범 재킷에도 미니스커트 입은 사진을 사용했다. 일반인이 먼저 들여왔다는 기록이 아직까지 제시되지 않고 있어 그가 처음으로 미니스커트를 들여온 것으로 회자된다. 그러나 귀국 당시 미니스커트를 입고 김포국제공항의 항공기 트랩을 내려왔다는 것은 사실이 아니다. 1996년 유통 기업인 신세계가 다른 모델을 써서 윤복희가 실제 트랩에서 내려온 것처럼 보이게 만들고 "미쳤군, 미쳤어. 신세계가 온다"라는 카피의 CF를 기록영화 형태로 찍은 뒤 스틸 사진을 유포해 벌어진 혼란이다.

윤복희는 2011년 11월 20일 MBC 〈무릎팍도사〉에 출연해 "친오빠(가수 윤항기)를 만나러 1967년 1월에 귀국할 때는 새벽에 긴 코트에 바지를 입고 왔으며 미니스커트를 입은 것은 한참 뒤의 일"이라며 미니스커트를 입고 귀국한 사실을 부인했다. 그러나 그는 "내가 나중에 미니스커트를 입었을 때 그 모습을 보고 걸어오던 남자가 놀라 맨홀에 빠진 적도 있다"라며 짧은 치마에 대한 관심에 극에 달한 당시 상황을 묘사했다. 미니스커트가 점차 퍼지면서 많은 일이 벌어졌다. 전국의 유림과 보수층이 반발하는가 하면 사회적 파장이 확산되자 경찰이 1971년부터 단속을 시작한 것이다.

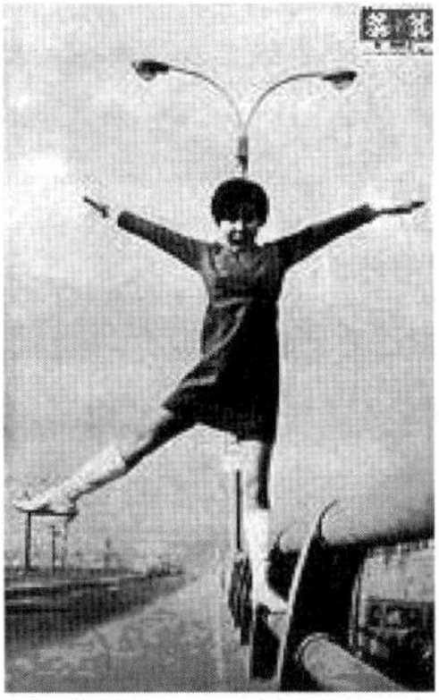

▌윤복희의 1집 앨범에 실린 미니스커트 사진

자료: 경향신문.

경찰의 단속 근거는 "공공의 장소에서 신체의 전부를 노출해 타인에게 혐오감을 준 자"를 처벌할 수 있다는 '경범죄 처벌법'의 조항이었다. 경찰은 지나가는 여성들을 붙잡은 뒤 직접 허벅지에 대나무 자를 대고 치마가 무릎 위 15센티미터 이상인지 아닌지 측정하는 촌극을 연출했다. 여성들은 곳곳에서 경찰과 실랑이를 벌이고, 단속을 피하려 미니스커트 밑단에 살구색 옷감을 덧댄 기형 패션을 연출했다. 일부 민간인들이 경찰의 그런 처지를 부러워하면서 "경찰이나 되지 뭐"라는 농담이 유행했다. 미국에서도 1968년 미니스커트 착용으로 동상 환자가 속출하자 착용 금지 방안을 검토했다. 영국에서는 미니스커트에 세금을 부과하자는 주장이 나오기도 했다.

검소한 생활과 전후 재건을 강조하며 한복을 개선한 **신생활복**이나 한복을 대신한 **표준 간소복**을 입도록 독려했다. 공무원의 근무복도 생겨 1996년까지 유지되었다. 또한 젊은 층을 중심으로 남녀가 함께 입을 수 있는 **유니섹스 의상**과 미니스커트가 인기를 끌기 시작했다. 1962년에는 **국제 패션쇼**가 열렸고 **최경자, 노라노, 앙드레 김** 등의 디자이너들이 패션 잡지를 통해 자신의 의상을 소개했다.

1970년대
청년문화와 향락주의

1970년대에는 서구의 사조와 문화의 영향으로 **청년문화**青年文化가 태동해 젊은이들 사이에서 급속히 확산되었다. 청년문화는 기성세대에 대한 반발, **베트남 전쟁** 이후 **반전과 평화운동** 기류, 성과 중심 **자본주의의 폐해** 등에 대한 각성으로 태동해 서구 사회를 휩쓴 **진보적 운동**이 국내에 유입되며 형성되었다. 이런 흐름은 우리나라 대학생 등 20대를 사로잡아 **팝 음악**, **생맥주**, **티셔츠**와 **청바지**, **장발** 등으로 대표되는 대중문화적 요소와 결합해 급속히 퍼졌다. 특히 **로큰롤 가수**와 **포크 가수**가 이러한 풍조를 견인하는 역할을 했다.

한편 **유신 체제 강화**를 위한 도구적 성격으로 **향락주의**가 확산되었으며, 대중문화가 사업이 된다는 인식이 널리 퍼지면서 대기업이 참여하는 가운데 **문화산업**의 기초적인 토대가 형성되기 시작했다. 이 시대 초기 TV는 오락물이 50% 이상일 정도로 **시청률 중심주의**를 고수하고 있었다. 드라마는 1970년대부터 활발하게 제작되어 시청자들의 사랑을 받으면서 대중문화 텍스트의 중심으로 부상했다(임종수, 2012). TBC 〈아씨〉(1970), KBS 〈여로〉(1972), 〈신부일기〉(1975), 〈결혼 행진곡〉(1976), 〈청실홍실〉(1977), 〈청춘의 덫〉(1978) 등이 히트한 일일 드라마다. 일반 드라마는 남성 중심의 **가부장적 체제**에서 순종하는 여성상을 강조하는 내용이 주류였으며, 역사 드라마는 유신 정권의 이데올로기에 맞춰 **국난 극복과 통치 이데올로기 실현**에 적합한 인물을 그려내는 데 집중했다(조항제, 2007;

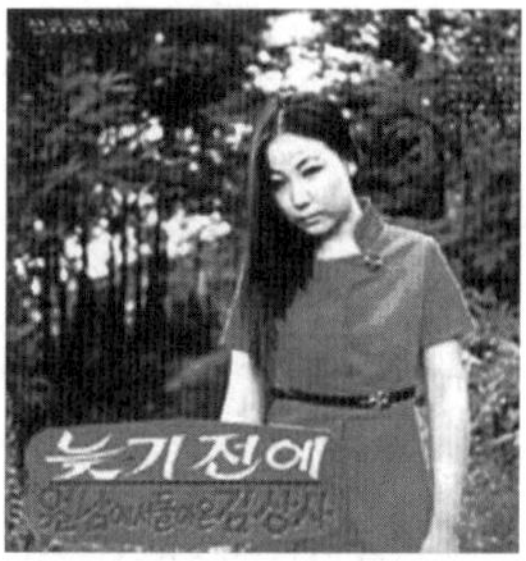

▌「월남에서 돌아온 김상사」가 수록된 김추자의 앨범

주창윤, 2007; 임종수, 2012).

1965년에 시작되어 1973년까지 이어진 우리 군인의 **베트남 파병 여파**도 고스란히 투영되어 대중문화에서 **애국주의**, **국가 시책**, **군인 예찬** 등이 강조되었다. 가수 김추자의 1969년 데뷔 앨범 수록곡으로 신중현이 작사·작곡한 「월남에서 돌아온 김상사」가 히트했다. 반야월이 작사하고 김성근이 작곡한 윤일로의 「월남의 달밤」 등도 불렸다. 1971년에는 이상구 감독이 제작하고 배우 신영균과 윤정희가 주연한 영화 〈**월남에서 돌아온 김상사**〉가 상영되었다. 패티김, 김세레나, 이미자 등 당시 인기 가수들은 현지 **파병 부대**를 찾아 **위문공연**을 하는 일이 빈번했다. 가수 **남진**은 해병대에 자원입대해 베트남 전선에서 2년간 근무했다. 파병 당시 배경과 상황은 배우 수애 주연의 영화 〈님은 먼곳에〉(2008)와 황정민 주연의 〈국제시장〉(2014)에도 등장한다. 김추자가 부른 「월남에서 돌아온 김상사」의 노랫말은 호국을 강조하고 군인 칭송과 예찬 일변도의 흐름을 이어가고 있어 국가 시책에 부응해 만들어진 가요라 평가할 수 있다.

월남에서 돌아온 김상사

월남에서 돌아온 새까만 김상사 이제사 돌아왔네
월남에서 돌아온 새까만 김상사 너무나 기다렸네
굳게 닫힌 그 입술 무거운 그 철모 웃으며 돌아왔네
어린 동생 반기며 그 품에 안겼네 모두 다 안겼네
말썽 많은 김 총각 모두 말을 했지만
의젓하게 훈장 달고 돌아온 김상사
동네사람 모여서 얼굴을 보려고 모두다 기웃기웃

우리 아들 왔다고 춤추는 어머니 온 동네 잔치하네
폼을 내는 김상사 돌아온 김상사 내 맘에 들었어요
믿음직한 김상사 돌아온 김상사 내 맘에 들었어요

말썽 많은 김 총각 모두 말을 했지만
의젓하게 훈장 달고 돌아온 김상사
동네사람 모여서 얼굴을 보려고 모두다 기웃기웃
우리 아들 왔다고 춤추는 어머니 온 동네 잔치하네
폼을 내는 김상사 돌아온 김상사 내 맘에 들었어요
믿음직한 김상사 돌아온 김상사 내 맘에 들었어요

박정희 정부는 1973년 '제4차 영화법' 개정을 통해 국산 영화 세 편에 외화 수입권 한 편을 배정하는 **수입영화쿼터제**를 실시했다. 정부가 영화사들을 기업 형태로 구축하려는 의도에서 외화 수입권을 이권으로 관리하는 특례 조치를 취한 것이다. 정부는 영화 정책을 잘 따르는 일부 영화제작자들에게만 제한적으로 **외화 수입권**이라는 특혜를 부여함으로써 영화계가 정치권력에 예속되고, 정부 편향적 정서의 영화나 저질 영화가 양산되는 부정적 결과를 초래했다(김정환, 2013). 당시 제작사들은 흥행이 예상되는 **외국영화**를 수입하려면 **국산 영화 세 편**을 의무적으로 제작·상영해야 했기 때문에 반공, 새마을, 사회 계몽 등 정부가 선호하는 주제를 담아 제작비가 덜 드는 영화를 손쉽게 만들어내거나 통속소설 원작의 **상업 영화**, **호스티스 영화**, **하이틴 영화**를 만드는 데 집중했다.

호스티스 영화는 술집에서 손님을 접대하는 여성인 호스티스hostess를 중심으로 일어나는 이야기를 피해자 또는 선정적 관점에서 다룬 것이 많았다.

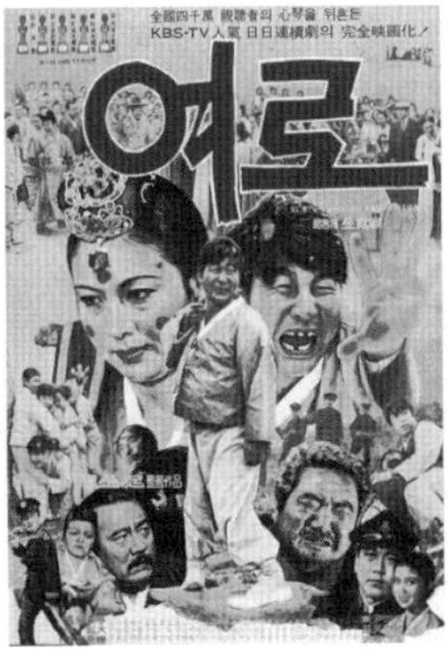

▍드라마 흥행으로 제작된 영화 〈여로〉

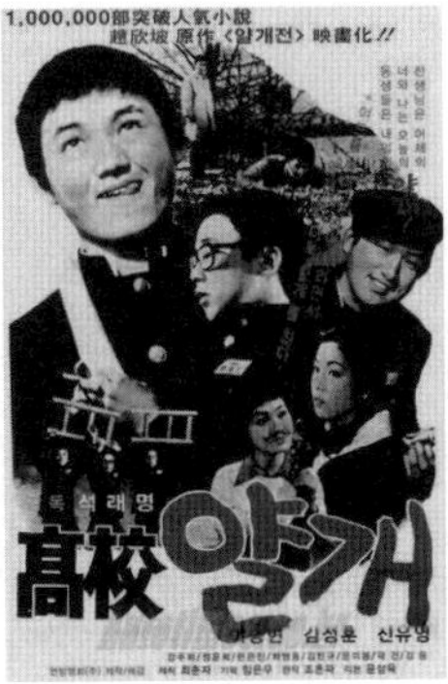

▍대표적 얄개 영화 〈고교 얄개〉

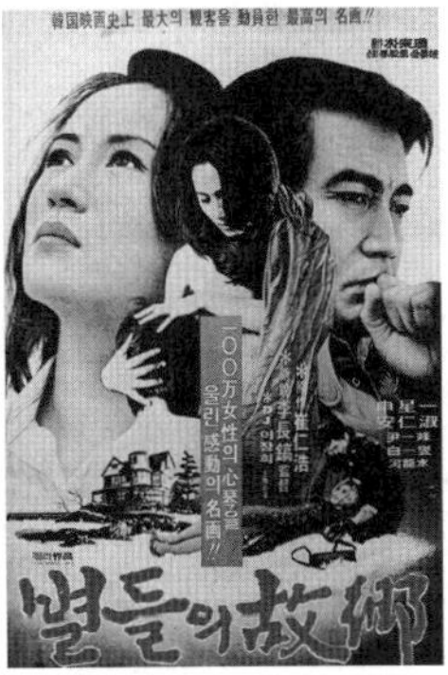

▍호스티스 영화 〈별들의 고향〉

하이틴 영화는 '얄개 영화'라 불렸다. '**얄개**'는 야살스럽거나 얄궂은 짓을 하는 아이를 뜻하는 말이다. 당시 하이틴 영화로 〈고교 얄개〉, 〈고교 우량아〉, 〈명랑교실〉, 〈진짜진짜 좋아해〉 등이 대표적이었는데, 10대 배우인 **김승현**, **송승환**, **김정훈**, **임예진** 등이 출연해 인기를 누렸다. 오늘날 '난타 신화'로 유명한 송승환은 드라마 〈여로〉로 데뷔해 얄개 영화 〈꿈나무〉 등에 출연했으며, 이후 인기를 발판 삼아 가수 왕영은 등과 짝을 이뤄 라디오 방송 DJ로도 활동했다. 호스티스 영화는 〈영자의 전성시대〉, 〈별들의 고향〉 등이 대표적이었는데 **삼각관계**, **처첩**妻妾 **갈등**, **버림받은 처지** 등 예술적·사회적 가치와 관계가 없는 통속적인 내용이 주류를 이뤘다.

연극계는 연극의 형식과 극단의 체제가 이대로 좋은가라는 본질적 고민과 함께 서양에서 들여온 새로운 연출 기법을 시도하는 가운데 **소극장**을 중심으로 **동서양 연극**을 **융합**해 관객에게 다가서려는 노력에 집중했다(이두현 외, 1999). 미국과 영국에서 연극을 공부하거나 체험하고 돌아온 연극인들에 의해 〈햄릿〉, 〈고도를 기다리며〉, 〈에쿠우스〉 등 서구의 전위적인 작품들이 소개되었다. 이 작품들은 미국의 브로드웨이나 웨스트엔드의 원형 연극과 달리 한국적 연극 형식과 결합된 **혼종**hybrid **형식**이었다. 다른 한편으로는 **동인제 극단**이 명맥을 이어가며 전통 신연극 양식에서 한 단계 발전된 한국적 연극을 주도했다. 이들은 〈허생전〉, 〈달하 노피곰 도다샤〉 등 해학·풍자나 문학성을 시대적 상황과 연결 지어 해석하는 **전통 민중 연극**을 주도했다.

이때 등장해 후대까지 왕성하게 활동한 극작가와 연출가로 유치진의 아들 유덕형과 외조카 **안민수**, 그리고 임영웅, 박조열, 오태석, 노경식, 이강백, 윤대성 등이 있다. 연출가 안민수는 1977년 셰익스피어의 『햄릿Hamlet』을 우리 형식으로 번안한 〈하멸태자Hamyul〉를 선보여 호평을 받았다. **임영웅**은 처음으로 사뮈엘 베케트Samuel Beckett의 『고도를 기다리며Waiting for Godot』를 들여와 각광받았다. **오태석**은 연극에 풍물과 고풀이를 가미한 〈물보라〉(1978)를 선보여 실험적 연극에서 두각을 나타냈다. 그는 훗날 극단 '목화'를 이끌었다. 극작가 **이강백**은 연극 〈셋〉, 〈알〉, 〈파수꾼〉 등을 통해 독재정치의 위선을 폭로하기도 했다. 드라마센터에서는 유덕형, 안민수, 오태석 등이 주축을 이뤄 주로 실험적인 작품들을 무대에 올렸다. **국립극장**은 새로운 전용 극장을 마련해 다양한 장르의 공연을 시도했다. 1970년대 중반에 '문화예술진흥법'이 통과된 이후 창작극의 진흥을 위해 1977년 한국문화예술진흥원과 연극협회가 **대한민국연극제**를 제정해 운용하기 시작했다.

대중음악에서는 **팝**과 **포크**가 주류를 이루는 가운데, 감상적인 내용이 담긴 **트로트**도 계속 발전했다. 당시 인기를 누린 가수로는 트로트에서 **남진**, **나훈아**, **이미자**, **패티김**, **송대관**, 포크에서는 **이장희**, **김민기**, **양희은** 등이 있었다. '포크의 선구자'로 평가받는 이장희는 싱어송라이터로 활동했으며, 김민기와 양희은은 노래를 통해 독재 정부에 저항하는 가수의 이미지를 형성했다. 가수 **박인수**는 1960년대 미 8군 무대의 경력을 바탕으로 불멸의 히트곡 「봄비」(1970)를 남기며 1970년대 초반 음악계를 풍미함으로써 '한국 소울

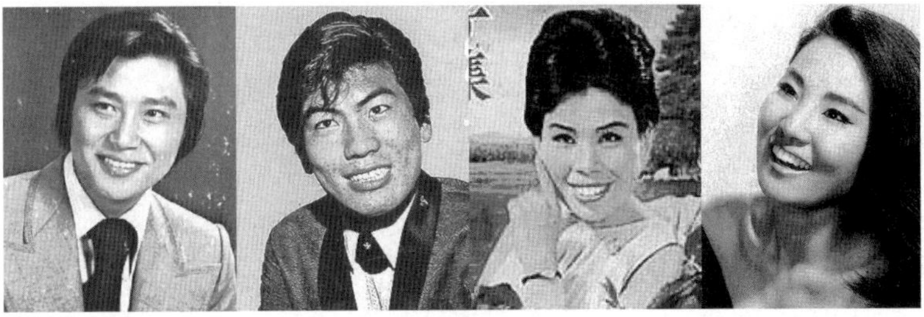

▌가수 남진, 나훈아, 이미자, 패티김(왼쪽부터)

soul의 대부'로 평가받았다. 가수 **신중현**은 싱어송라이터로서 로큰롤과 소울 음악의 대부로 평가된다. 가수 **임희숙**은 여가수로서 처음 소울 창법으로 노래를 불러 화제를 모았다.

가수 **한대수**는 명곡 「물 좀 주소」, 「행복의 나라로」 등이 수록된 1집 '멀고 먼 길'(1974)과 금지 앨범이 된 2집 '고무신' 등을 발표하며 **포크 록**의 시대를 열었다. 핵물리학자였던 부친(한창석)의 실종 사건을 겪은 한대수는 2집 발표 후 미국으로 망명해 이주해 반체제와 반물질, 그리고 자연 찬미 성향을 보이는 히피hippie 생활에 탐닉하며 수의사, 사진가 등의 새 길을 모색했다. 그러다가 다시 귀국해 12집까지 발표할 정도로 왕성하게 활동했는데, 신중현이 '**한국 록의 대부**'라면 한대수는 '**한국 포크 록의 대부**'이자 '한국 최초의 히피'로 평가받았다. 한대수는 1990년대 이후 귀국해 활동을 재개하며 음악 분야에서 선구적으로 혁신을 이룬 '1970년대의 서태지'로 재조명받았다. 음악다방 **세시봉**에서 활동하며 인연을 맺은 **이장희**, **조영남**, **송창식**, **윤형주**, **김세환** 등도 그룹과 개인 활동을 통해 스타로 부상했다. '세시봉C'est si bon'은 프랑스어로 '아주 멋지다', '매우 좋다It's so good'라는 뜻으로 1947년 앙드레 오르네즈André Hornez가 작사하고 앙리 베티Henri Betty가 작곡한 프랑스 샹송의 제목에서 유래했다. 음악다방 세시봉은 1953년 서울 명동에서 처음 문을

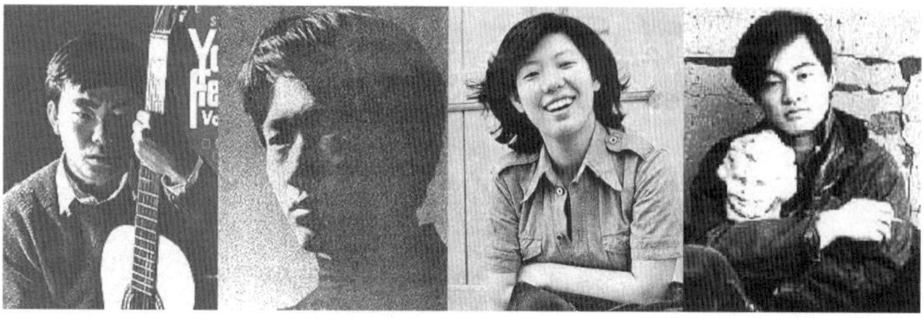

▌가수 이장희, 김민기, 양희은, 한대수(왼쪽부터)

열어 종로 2가와 서린동으로 옮기며 1960년대부터 1970년대까지 청춘 문화와 예술인들의 교류를 상징하는 음악 감상실로 자리 잡았다. 신인 가수 **혜은이**는 1975년 「당신은 모르실 거야」로 데뷔해 「진짜진짜 좋아해」, 「당신만을 사랑해」, 「제3한강교」 등을 연속 히트시키며 1977년 지상파방송 3사 통합 가수왕에 올랐다.

정부가 청소년 교육을 강조하면서 신동우의 『풍운아 홍길동』, 길창덕의 『꺼벙이』, 윤승운의 『요철 발명왕』 등 **어린이 명랑만화**가 인기를 끌었고, 만화 잡지 ≪만화왕국≫, 어린이 잡지 ≪소년중앙≫, ≪어깨동무≫(『주먹대장』 등 연재) 등이 각각 창간되었다. 1973년 **한국방송공사**KBS 발족 이후 TV 시대를 맞아 드라마가 자리를 잡고, 만화영화를 방송과 극장에서도 선보이기 시작했다. 1970년대 드라마를 통해 가장 인기를 누린 '여배우 3인방'은 **정윤희**, **유지인**, **장미희**였다. **반공 담론**과 **간첩 담론**이 여전히 강조되는 가운데 반공 만화영화 〈똘이장군〉 유가 계속 제작되었다. 공상 과학 영화 〈마징가 Z〉(1975~1976, 1978~1980), 〈로보트 태권 V〉(1976) 등도 인기를 끌었다. 코미디도 안방극장에서 인기를 누렸는데, 특히 **슬랩스틱 코미디**slapstick comedy가 주류를 이뤘다. 코미디언 **이주일**, **이기동**, **배삼룡**, **구봉서**, **남철**, **남성남** 등이 인기를 누렸으며, 그중 이주일은 정점에 이른 인기를 무기로 코미디 영화에 자

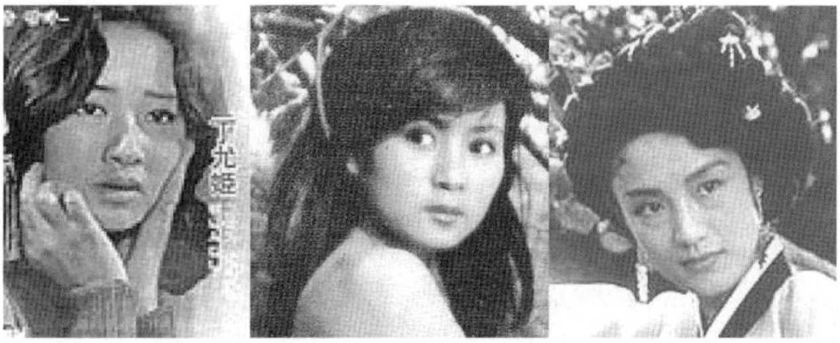

▌1970년대 최고 인기 여배우 정윤희, 유지인, 장미희(왼쪽부터)

주 출연했다. 토크를 통해 세사에 대한 풍자와 해학의 재미를 보여주는 **만담** 漫談도 인기였는데, **장소팔**과 **고춘자** 콤비가 가장 유명했다. 10월유신 이후 정부가 **엄숙주의**를 강조하면서 1977년에는 **억지웃음**과 **저질 시비**로 논란이 된 코미디를 방송에서 퇴출하기도 했다.

개발독재와
억압·통제 중심의 문화 정책

박정희 정부는 불법적인 군사 정변으로 집권해 민주 정부로서 **정당성**이 **부족**했으므로 야당과 시민들의 반발 등에 대비해 **억압과 통제 중심의 문화 정책**을 고수했다. 구체적으로 독재 체제의 **정치 현실**을 **미화**하고 **통치 이데올로기**와 **반공주의**를 전파하는 동시에 정부의 정책과 이념을 홍보하는 데 집중했다. 박정희는 산업 발전을 통한 '국민국가' 건설과, 무엇보다도 자신의 정치적 정당성을 입증하기 위한 '조국 근대화' 이데올로기의 정신적 기반으로서 '민족주의'를 강조했다(김지미, 2013). 아울러 **경제개발**을 최우선 명분으로 삼아 시민의 자유와 권리를 억압하고 노동력을 동원하며 단합을 강조하고 독재정치를 정당화하는 **개발독재**開發獨裁, developmental dictatorship 논리를 미디어를 통해 전파하려 했다. 개발독재는 인도네시아의 하지 모하마드 수하르토Haji Mohammad Soeharto, 필리핀의 페르디난드 마르코스Ferdinand Marcos, 태국의 사릿 타나랏Sarit Thanarat 등 강력한 권한이 있는 지도자가 과거에 공업화를 추진하며 도입한 정치 행태로, 경제개발의 성공으로 정치권력의 정당화를 꾀한다는 특징을 지닌다. 박정희 정부는 또한 1970년 도서잡지윤리위원회를 개편하고 문화예술윤리위원회를 재편해 1976년 공연예술윤리위원회를 발족시켰다. 1960년대에 신문윤리위원회(1961), 방송윤리위원회(1962), 도서잡지윤리위원회(1965), 한국예술문화윤리위원회(1966)에 이어 **사전 검열**과 **심의 기구**를 강화한 것이다.

10월유신(1972) 이후에는 1973년 방송윤리위원회를 법정 기관화해 사전 심의를 제도화하고, 1974년 긴급조치 1호 발표 이후 사회·문화 통제를 강화했다. 1975년에는 문화공보부가 방송편성 지침을 하달하는 등 **편성 규제**를 강화함으로써 미디어를 통한 국민 통제를 제도화했다. **유신 이념**을 전달·재생산해 국민들을 계도하고, 안보·새마을운동·서정쇄신 등 정부 시책을 홍보하려는 목적이었다. 이에 따라 방송사마다 심의실이 생기고 오락보다 교양이 강화되었다. 연속적인 긴급조치 이후 방송에서는 퇴폐성 프로그램, 모방이나 호기심을 자극하는 외화의 방영이 금지되었다. 아울러 박정희 정부는 10월유신 이후 서구 문화의 범람 속에 태동한 **청년문화**를 **억압**하며 **엄숙주의적 통제**를 강화했다(김창남, 2010; 김창남·최영묵·정준영, 2010). 1973년 '제1차 문예진흥계획'을 발표해 문화 정책의 기조를 민족 사관 정립, 전통문화 보호, 새로운 민족 예술 지원, 예술의 생활화·대중화로 국민 문화 수준 향상, 문화예술의 국제 교류를 통한 국위 선양 등을 강조했다.

이에 따라 **반공**, **새마을운동**, **전통**, **충효**, **호국**, **금욕** 등을 주제로 한 콘텐츠를 장려했다. 반대로 **경범죄 규정** 등을 통해 풍속을 단속하고, 방송에서 **저질 시비 코미디**를 **퇴출**(1977)하는 등의 조치를 취하며 교양물을 강화했다. 대중문화와 그 기틀을 이룬 청년문화에 대한 억압과 탄압도 빈번했다. 이에 따라 영화와 드라마 등에서 **남북 간 대결주의**를 고착시키고 우방인 **미국**을 **찬양**하는 반공주의와 친미주의적 성향의 콘텐츠가 더욱 증가했다. 1960년대에 이어 잦은 무장공비 남파, 어선 납북, 땅굴 사건 등의 북한의 도발도 이런 정책을 강화하는 배경이 되었다. 이런 영향으로 김청기 감독의 만화영화 〈**똘이장군**〉 **시리즈**(1978~1979) 등이 인기를 끌며 반공 교육에 기여했다. 영화 〈**7인의 여포로**〉(1965)는 북한군을 동일 '민족'의 범주 안에서 인간미 있고 친숙하게 형상화했다는 이유로 검찰이 **이만희 감독**을 **반공법 위반**으로 기소했고, 영화는 상영 금지 처분을 받았다(김지미, 2013). 이 감독은 한국전쟁 참전 용사로, 1960년대에 반공 영화를 제작할 때는 정부의 전폭적 지원을 받았다. 이 사건은 당시 수많은 영화 분야를 비롯한 모든 예술인의 창작 활동을 제한하는 결정적 계기가 되었다.

유신 정권 시기에는 유신 통치에 방해가 되는 '청년문화'의 확산을 방지하기 위해 젊은이들의 향유물이자 선망의 대상이던 **대중문화**와 **연예인**을 겨냥해 **억압**했다. 정부는 1975년부터 **금지곡**을 남발하고 연예인의 **외국 예명** 사용을 금지하는 동시에, **대마초**를 피운 가수 등 연예인을 대거 검거(1975년 연예인 대마초 파동)하는 등의 조치로 탄압을 가하며 사회에 경종을 울리려 했다. 정부는 안보 위해, 정부 비판, 퇴폐, 저속, 자학과 비판 등의 내용이 엿보이면 자의적으로 방송과 유통을 금지하는 조치를 내렸다. 박정희 정부 시기 **방송 금지곡**은 1976년 9월 30일까지 771곡에 달했다. 대표적으로 가수 한대수의 「행복의 나라」는 체제 불만을 연상시키는 데다 제목이 북한에 대한 동경을 의심하게 한다는 이유로, 김민기와 양희은이 차례로 부른 「아침이슬」

은 가사 내용 가운데 "붉은 태양"이 북한식 인사법이라는 이유로 금지했다. 양희은의 「작은 연못」은 정권을 연못에 비유해 비꼬았다는 이유로, 「이루어질 수 없는 사랑」은 비현실적인 내용을 담았다는 구실로, 「늙은 군인의 노래」는 가사가 불건전하다는 이유로 각각 금지 조치를 당했다. 가수 신중현은 가사가 퇴폐적이다거나 박정희 찬가 작곡에 협조하지 않았다는 이유로 「미인」, 「님은 먼 곳에」, 「비속의 여인」, 「커피 한 잔」, 「아름다운 강산」까지 노래 전체가 금지되었다. 특히 「미인」은 가사가 퇴폐적이고 선정적이라는 이유를 구실로 삼았다. 1973년 발표된 김정미의 로큰롤 가요 「바람」은 불건전하고 저속한 신음 소리 창법이 문제라며 금지시켰다.

이장희의 「그건 너」는 가사 가운데 잠 못 드는 책임을 박정희 정권의 유신 체제로 전가하는 점을 연상시킨다며, 「한 잔의 추억」은 퇴폐적이라는 이유로 각각 금지했다. 배호의 「0시의 이별」은 당시 통행금지 제도하에서 자정에는 이동이 불가능한데 비현실적인 내용을 담았다는 이유로 재갈을 물렸다. 이미자의 「동백아가씨」와 「섬마을 선생님」은 왜색이 짙거나 일본 노래와 비슷하다는 이유로 금지시켰다. 이미자의 「기러기 아빠」는 "아빠는 어디 갔나 어디서 살고 있나"라는 가사를 문제 삼아 베트남 파병 용사의 죽음을 암시하는 비관적인 내용이라는 이유로, 조영남의 「불 꺼진 창」은 창에 불이 꺼진 것은 절망적인 것을 표현했다며 각각 금지했다. 1979년 발표된 혜은이의 「제3한강교」는 가사 "어제 처음 만나서 사랑을 하고 우리들은 하나가 되었습니다"라는 부분이 '원나이트 스탠드one-night stand'를 연상하듯 선정적이고 퇴폐적이라는 사유로 심의에서 제동을 걸어 개사해 불러야 했다. 심지어 유대인계 미국 포크 가수로 2016년 **노벨문학상**을 받은 **밥 딜런**Bob Dylan의 「바람에 날려서Blowin' in the Wind」 등과 같은 노래조차 당시 반체제 및 민권 향상 운동을 하는 청년층에서 널리 불려 좌파적 색채가 짙다는 이유로 금지

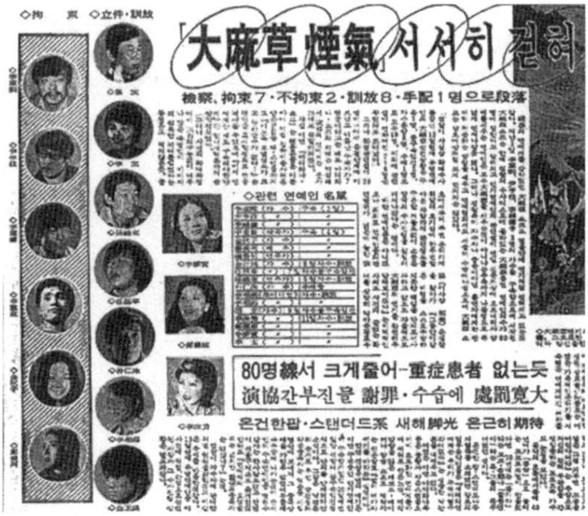
◇拘 束 ◇立件·訓放

「大麻草煙氣」서서히 걷혀

檢察, 拘束7·不拘束2·訓放8·手配1명으로段落

80명線서 크게줄어–重症患者 없는듯

演協간부진들 謝罪·수습에 處罰寬大

온건한팝·스탠더드系 새해脚光 은근히期待

▌ 대중문화 통제에 활용된 '연예계 대마초 사건' 당시 ≪일간스포츠≫ 기사

곡 리스트에 올랐다.

정부가 **외국식 예명**을 사용하지 못하게 하면서 가수들의 **개명**이 이어졌다. 가수 패티김은 '김혜자'로, 바니걸스는 '토끼소녀'로, 어니언스는 '양파'로, 블루벨스는 '청종'으로 이름을 바꿔 활동했다. 가수 김세레나는 세레나가 본명인데 외국 이름 같은 느낌을 준다고 해 이를 쓰지 못하고 '김세나'로 바꿔 써야 했다. **연예계 대마초 사건**은 1975년 12월에 연예인과 약사 등이 연루된 대마초 흡연 사건으로 이때 가수 이장희, 윤형주, 이종용, 신중현, 김추자 등 톱스타들이 구속되었다. 가수 김정호, 김세환, 장현, 박인수와 코미디언 이상한, 이상해 등은 구속 또는 불구속 입건되었다. **대마초 수사**는 1977년까지 이어졌는데, 이 사건은 국민들에게 충격 효과를 주며 유신헌법 찬반 국민투표, 인혁당 사건, 긴급조치 9호 발동 등의 정치적 이슈를 빨아들였다. 문화공보부는 당시 연예협회에 공문을 보내 대마초 관련 연예인들에 대해 강력한 제재 조치를 취하도록 지시했다.

유신정부는 그간 훈시적인 법률에 머물렀던 '가정의례준칙에 관한 법률'을 1973년 **허례허식 행위**를 한 자를 **처벌**하는 규정을 담아 '가정의례에 관한 법률'로 개정했다. 각 가정의 의례까지 간섭하고 통제하기 시작한 것이다. 또 일반 시민을 대상으로는 **경범죄 처벌** 조항을 들어 **장발**, **미니스커트** 등을 단속했다. 특히 1973년에는 경범죄 처벌 대상에 성별을 알아볼 수 없게 장발을 한 남자, 과도하게 노출한 사람, 은밀한 장소에서 무도dance 교습을 한 사람을 추가했다. 서울 **강남 개발**도 시작되었다. 1968년에 시작된 서울시의 '영동지구구획정리사업'에 따라 1970년대부터 본격 개발된 강남이 서서히 윤곽이 잡히면서 강남의 유흥 문화가 형성되기 시작했다. 1977년에는 강북의 경기고등학교, 휘문고등학교, 숙명여자고등학교 등 10개 중·고교가 강남으로 이전하고, 이듬해인 1978년에는 서울 도심의 사설 학원이 사대문 밖인 강남으로 이전했다. 1979년에는 서울 강북에 있던 54개 유흥업소가 강남으로 이전되었다. 강남 개발의 배경과 대중문화를 비롯한 당시 시대상과 배경은 유하 감독의 영화 〈강남 1970〉에 반영되어 있다.

스타일과 패션에도 해외의 유행 풍조가 그대로 나타났다. 1970년대에는 남녀 구분 없이 입을 수 있는 **유니섹스 의상**이 널리 확산되었다. **청바지**, **티셔츠**를 비롯한 캐주얼 의류도 유행했다. 양장과 양복 문화가 정착한 가운데 남자 바지의 경우 당시 프랑스에서 유행한 긴 바지를 뜻하는 **판탈롱**pantaloon의 영향으로 점점 폭이 넓어지고 길이도 늘어났다. 박정희 정권은 10월유신 이후 미풍양속 보호와 풍기문란 방지 등의 이유로 헤어스타일과 패션을 통제했다. 특히 미니스커트가 **무릎 위 20센티미터** 이상이면 경찰이 직접 자로 재며 단속해 경범죄 위반으로 처벌했다. 헤어스타일은 옆머리가 귀를 덮거나 뒷머리가 옷깃을 가린 경우, 파마한 경우를 거리에서 단속해 직접 삭발을 하고 즉결심판에 넘겼다. 장발 단속은 1980년까지 계속되었다.

제5장

1980년대

전두환 정부부터 노태우 정부 중기까지

(1980~1989)

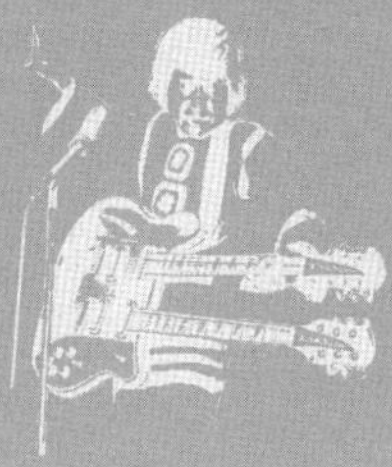

10·26 사태 이후 국민들은 머지않아 민주정치가 꽃피는 새로운 정부가 들어설 것으로 기대했으나 그들의 바람과 달리 신군부가 등장해 독재정치가 연장되고 말았다. 그러나 1980년대 내내 국민들은 민주화 의지와 역량이 결집된 항쟁을 전개해 대통령 직선제를 관철하고, 민주적으로 헌법을 개정하는 등 민주화를 상당 부분 실현했다. 경제적으로는 1978년 10월 석유 값 폭등(제2차 석유파동)과 원유를 원료로 하는 중화학공업에 대한 과잉투자 때문에 1980년 마이너스 성장률을 기록하는 등 구조적 위기가 닥쳤다. 그러나 정부가 중화학공업 대신 자동차, 해운, 기계, 철강, 가전, 반도체 등을 육성하는 대대적인 구조 조정에 나서고, 1980년대 중반 국제적으로 '3저(低) 현상'(저금리, 저유가, 저달러)이 나타나면서 위기를 극복했다. 그 결과 1980년대 후반에는 호황을 이뤄 연평균 10%대의 성장률을 기록했다. 그러나 세계무역기구(World Trade Organization: 이하 WTO)의 주축인 강대국들이 자본과 금융시장의 개방을 추진하고 우루과이라운드의 결과에 따라 우리나라 쌀 시장이 개방되면서 경제적 양극화와 불균형이 사회문제로 부각되기 시작했다. 특히 쌀 시장 개방과 산업구조 재편 등으로 이농(離農) 현상이 두드러지면서 서울, 부산, 울산, 마산, 포항 등 영남의 신흥 공업 도시에 사람이 몰려 도시의 과밀화가 촉진되었고, 농촌은 공동화(空洞化)가 심화되어 생계 터전으로서 경쟁력을 잃기 시작했다.

전두환 정부

전두환 정부는 쿠데타로 집권해 민주 정부로서 정통성을 결여했지만 경제 호황으로 체면을 유지했다. 국군보안사령관이었던 육군 소장 전두환은 박정희 대통령 피격 사망 사건인 10·26 사태를 계기로 정치권에 처음 얼굴을 드러냈다. 이 사건 직후 국무총리 최규하가 통일주체국민회의를 통해 대통령 권한대행에 취임했으나, 10·26 사태 당시 합동수사본부장으로서 수사 책임을 맡은 전두환 국군보안사령관, 전두환과 가까운 육군사관학교 출신들의 군내 사조직인 '하나회' 구성원으로서 국방부 군수차관보 유학성, 1군단장 황영시, 수도군단장 차규헌, 9사단장 노태우, 50사단장 정호용, 20사단장 박준병, 71훈련단장 백윤택, 제1공수특전여단장 박희도, 제3공수특전여단장 최세창, 제5공수특전여단장 장기오, 수도경비사령부의 30경비단장 장세동과 33경비단장 김진영, 보안사령부의 비서실장 허화평, 인사처장 허삼수, 대공처장 이학봉 등은 12·12 사태를 일으켜 무력으로 정권을 찬탈했다. 5·16 군사정변에 이은 또 하나의 군사정변이었다. 박정희의 옛 군부[舊軍部]와 비교해 '신군부(新軍部)'라 불렸다. 이들은 계엄사령관이자 육군참모총장인 상관 정승화가 10·26 사태와 관련이 있다는 구실로 군대를 동원해 체포하고 군권을 장악한 뒤 점차 정권 찬탈을 향해 나아가며 집권 야욕을 드러냈다. 하나회는 1963년 정치적 야심이 많았던 전두환, 노태우, 정호용 등 육사 11기 출신들의 야심찬 군인들이 주도해 결성한 기수별 군내 사조직이었으며, 김영삼 정부 출범 후 숙청될 때까지 전두환 정부와 노태우 정부에서 연이어 막강한 권력을 누렸다.

국민들은 박정희 대통령 피격 사망 이후 민주화에 대한 기대를 갖고 민간 정부 수립, 유신헌법 폐지, 계엄령 해제 등을 요구하는 목소리를 분출했다. 특히 10만여 명의 학생과 시민이 1980년 5월 서울역 광장에 집결해 유신 철폐, 신군부 퇴진, 계엄령 철폐 등을 외치는 시위를 전개했다. 이 시기를 '서울의 봄'(1979.10.26~1980.5.17)이라 하는데, 1979년 10·26 사건 이후 1980년 5·17 비상계엄 전국 확대 조치 전까지의 정치적 과도기를 1968년 체코의 민주화 운동인 '프라하의 봄(Prague Spring)'에 빗대 표현한 말이다. 신군부는 정권을 장악하기 위해 그 전 단계로 1980년 5월 17일 비상계엄령을 확대하는 등 이른바 5·17 비상조치를 취했다. 아울러 모든 정치 활동과 시위, 파업을 금지하고 대학에는 휴교령을 내렸다. 언론통제와 검열도 한층 강화했다. 야당 지도자 김대중을 민중 봉기에 의한 국가 전복 혐의로 체포했다. 대학 학생회 간부들도 체포한 뒤 구속했다.

신군부의 조치에 반대하는 시위는 전국으로 확산되었다. 이 가운데 전라남도 광주(현재 광주광역시)에서 전남대학교 학생들을 중심으로 신군부 세력의 퇴진과 김대중 석방 등을 주장하는 시위가 거세졌다. 신군부는 공수부대(공수특전단) 등 군대를 광주에 투입해 학생들과 시민들로 구성된 시위대를 10일간 무력 진압해 많은 희생자가 발생했다. 당시 신군부는 시위 도중 김대중 등 민주화 운동가 20여 명이 북한의 사주를 받아 광주 등에서 시위를 일으켰다는 내용의 '김대중 내란음모사건'을 발표해 시위대를 자극했으며, 언론 장악을 통해 광주에서 폭도들의 난동으로 사상자 200여 명이 발생했다고 공표했다. 그러나 당시 희생자 유족 측은 사망자만 2000명이 넘고 실종자도 많다고 반박했다. 훗날 민간 정부에서 진실이 규명되어 '5·18 광주민주화운동'으로 역사적 평가가 내려졌지만, 실종자 조사 등 후속 조치는 완결되지 못했다. 광주민주화운동은 1987년 6·10 민주화항쟁 등 1980년대 민주화 운동의 원동력이 되었다.

전두환 세력은 5·18 광주민주화운동을 진압한 후 5월 31일 국가보위비상대책위원회(국보위)를 설치하고 행정·입법·사법의 삼권을 장악했다. 국보위는 명분상 최고 군사 회의였지만, 실제로는 전권을 행사하는 무소불위의 초헌법적 기관이었다. 이어 민주화 운동에 앞장선 교수·언론인·교사를 해직하고, 언론사를 통폐합했으며, 보도 지침을 내려 언론통제와 검열을 강화했다. 5·16 군사정변 이후 국가재건최고회의가 사회악(社會惡)의 척결을 내세워 폭력배 소탕에 나선 것과 마찬가지로, 신군부도 사회악을 뿌리 뽑는다는 명분 아래 범법자와 폭력배 외에도 무고한 시민, 반대파 정치인, 노동운동가를 삼청교육대(三淸教育隊)에 보내 군대식 훈련과 강제 노동을 강요해 인권을 침해했다. 삼청교육대는 박정희가 5·16 군사정변 직후에 세운 국토건설단을 참고해 전국 각지의 군부대 등에 만든 것이다. 전두환 일파는 최규하 정부를 무력화해 물러나게 한 뒤 '신군부 정권'을 출범시켰다. 이어 전두환은 1980년 9월 1일 박정희가 만들어놓은 대통령 간접 선출 기관인 통일주체국민회의를 통해 제11대 대통령으로 취임했다. 이어 전두환은 효율적인 국가 통치를 명분으로 군 출신들이 기획하고 민간인들을 참여시킨 민주정의당을 1981년 1월 15일에 창당했으며 자신이 총재가 되었다.

전두환은 곧바로 대통령 선거인단에 의한 대통령 간접선거 실시, 대통령 7년 단임제 적용을 포함한 헌법 개정안을 국민투표에 부쳐 확정했다. 그 뒤 1981년 2월 제12대 대통령으로 취임해 '제5공화국'을 출범시켰다. 제5공화국은 정의 사회 구현과 복지사회 건설을 국정 과제로 제시했다. 그러나 민주적 정통성이 부족한 데다 국민적 반발이 심했기 때문에 검찰과 경찰, 그리고 중앙정보부가 이름을 바꾼 국가안전기획부 등을 동원해 억압·통제·사정의 칼날을 휘둘렀다. 언론을 강력히 통제해 정권 예찬 일변도의 보도나 '땡전뉴스'가 횡행할 정도로 저널리즘을 무력화했다. 반공법을 국가보안법에 흡수시켜 정치적 반대파를 탄압하는 데 악용했다. 사회정화운동을 빌미로 전두환과 신군부 정권을 반대한 야당 정치인들의 정치 활동을 금지했다.

신군부는 다른 한편으로 유화책을 적용해 학원 자율화, 교복 자율화, 두발 자율화, 해외여행 자율화, 통행금지 해제, 과외와 학원 수강 전면 금지, 컬러 TV 도입, '3S 정책'(스포츠·섹스·스크린 진흥) 등을 실시하며 비판적 시선을 다른 곳으로 돌리려 했다. 학원 자율화 조치는 민주화 운동으로 구속되거나 권리가 제한된 사람들을 석방·사면·복권 조치하고, 경찰의 학원 상주를 해제하며, 해직된 교수들과 제적된 학생들을 복교시키는 것이었다. 스포츠에서는 프로야구와 프로축구 등을 출범시킨 데 이어 1986년 아시안게임과 1988년 하계올림픽 유치에 착수해 모두 성사시켰다. 사창가와 술집 등에 대한 단속을 묵인하고, 선정성이 농후한 영화를 많이 유통시켰으며, 국제 미인 대회를 유치하기도 했다. 해외 순방에 나선 전두환은 1983년 10월 9일 버마(현 미얀마)를 방문했는데, 아웅산 국립묘지에서 북한의 테러로 공식 수행원인 서석준 부총리, 이범석 외무부 장관, 함병춘 대통령 비서실장 등 공식·비공식 수행원 17명이 사망하고 14명이 중경상을 입는 피해를 당했다.

이런 유화책에도 불구하고 국민들은 본질적으로 신군부 정권을 용인하지 않았다. 1980년대 중반부터 다시 5·18 민주화운동의 진상 규명과 책임자 처벌을 요구하는 시위가 빗발쳤다. 5·18 당시 신군부가 광주에 군을 투입한 것은 작전통제권이 있었던 미국의 묵인 때문이라는 시각에서 반미 운동이 일어나 일부 대학생들이 미군 철수를 주장하고 미국 대사관과 문화원에 들어가 불을 지르기도 했다. 야당 지도자들은 광주민주화운동 4주기를 맞아 1984년 5월 18일 민주화추진위원회(민주협)을 결성했으며, 뒤이어 야권 세력을 통합했다. 1985년 1월 18일 실시된 제12대 국회의원 선거에서 통합 야당인 신한민주당(신민당)이 선전했다. 1986년에는 군사독재 퇴진, 민주 헌법 쟁취, 민주 정부 수립을 위한 범국민 서명운동이 시작되었다.

신군부는 이를 묵과하지 않고 야당, 대학생 운동권, 노동계 등 민주화 운동 세력에 대한 탄압에 나섰다. 이 과정에서 반인권적인 경기 부천경찰서 성 고문 사건(1986), 서울대학교 학생 박종철 고문치사 사건(1987)이 일어나 대학생들을 중심으로 반정부 시위가 확산되었다. 1986년 11월에는 북한이 금강산댐을 무너뜨려 엄청난 양의 강물을 흘려보내 서울을 수공(水攻)할 우려가 있다는 공포심을 자아내며 '평화의 댐' 건설 계획을 발표해 국민들을 대상으로 모금 운동에 착수했다. 전두환 정권은 1987년 4월 13일 7년 단임의 대통령 간선제를 규정한 현재의 헌법을 유지한다는 이른바 '호헌조치(護憲措置)'를 발표했다.

그러나 같은 해 6월 9일 연세대학교 학생 이한열이 최루탄에 맞아 사망하는 사건이 발생하면서 국민들의 분노가 격화되었다. 6월 10일 전국 22개 도시에서 대규모 시위가 열려 수십만 명이 호헌 철폐와 독재 타도를 외쳤다. 6월 26일에는 약 100만 명이 서울시청과 광화문 주변에 운집해 시위를 벌여 민주화 운동의 절정을 이뤘다. 민주화 투쟁이 거세지자 정부는 결국 성난 민심을 받아들여 집권당인 민주정의당 대표위원 노태우의 이름으로 대통령 직선제 개헌, 대통령 선거법 개정, 인권 신장, 언론 자유 창달, 지방자치 확대, 사회 정화 조치 폐지, 시국 사범 사면·복권, 정당 활동의 자유 보장 등이 포함된 '6·29 선언'을 발표했다. 이렇듯 1987년 6월 10일부터 6·29 선언까지 약 20일 동안 계속된 민주화 시위를 '6·10 민주항쟁'이라 불렀다. 이에 따라 1987년 10월 29일 최초로 여야가 합의해 대통령 직선제와 5년 단임제, 언론 자유와 인권 보장 등 민주화 조치가 대폭 반영된 제9차 개헌을 완료했다. 그러나 이러한 여야 간 대화 분위기에도 불구하고 1987년 11월 29일 대선을 앞두고, 이라크 바그다드를 출발해 서울로 향하던 대한항공 858편 보잉 707기가 미얀마 안다만 해역 상공에서 북한 공작원에 의해 공중 폭파되는 사건이 일어나 분위기가 급랭되기도 했다.

노태우 정부

1987년 12월 치러진 제13대 대통령 선거에서 야당이 후보 단일화에 실패하고 김대중 세력과 김영삼 세력으로 분열하는 바람에 표가 분산되어 집권당인 민주정의당(민정당)의 노태우 후보가 어부지리(漁父之利)로 대통령에 당선되었다. 노태우는 "보통 사람의 시대"를 선거 구호로 내걸었는데, 과반에 크게 못 미치는 적은 표(노태우 36.64%, 김영삼 28.03%, 김대중 27.04%, 김종필 8.06%, 신정일 0.20%)를 얻고도 야권 분열 때문에 당선되었다. 그러나 5개월 후 실시된 1988년 4월 제13대 총선에서 집권당인 민정당이 125석, 야당인 평화민주당(평민당)이 70석, 통일민주당(민주당)이 59석, 신민주공화당(공화당)이 35석을 각각 얻었다. 세 야당의 의석을 합하면 164석으로 최초의 '여소야대(與小野大)' 국회가 구성되면서 '노동조합법'과 '노동쟁의조정법' 개정 등 야당이 주도하는 입법 개혁 조치의 실행이 가능해졌다.

노태우는 집권 후 '언론기본법'을 폐지한 데 이어 지방의회를 주민 투표로 구성하고 단체장은 대통령이 임명하는 수준의 지방자치제를 부분적으로 부활시켰다. 1988년 서울 하계올림픽 성공의 여세를 몰아 '북방정책'을 추진해 헝가리·폴란드·유고슬라비아(1989), 체코슬로바키아·불가리아·루마니아·소련(1990), 알바니아(1991), 중국·베트남(1992) 등 동유럽·아시아 국가들과 차례로 수교했다. 정부 특사를 북한에 보내 관계 개선과 교류를 모색했다. 경제적으로 산업화가 진전되어 소득수준이 높아지고 사회보장에 대한 수요가 증가하면서 1988년에는 국민연금제도를 도입했다. 재벌의 비업무용 부동산을 매각하도록 하고 서울 지하철 5~8호선, 인천국제공항, 경부고속철도, 서해안 고속도로, 서울외곽순환 고속도로, 제2경인고속도로, 부산과 대구의 지하철 1호선 등 사회간접자본(Social Overhead Capital: SOC) 확충에 착수했다. 주택 부족 문제를 해결하기 위해 앞서 추진한 주택 200만 호 건설은 건자재 품귀 현상과 물가 인상을 부추겼고, 아파트 분양가 자율화를 실시해 서울권 부동산의 폭등을 야기했다. 노태우는 재벌과 사돈을 맺어 제2이동통신 사업권을 사돈 기업인 SK에 주고 자동차 사업권을 삼성에 허가하는 등 특혜를 부여하며 재벌과 노골적으로 유착했다. 정치적으로는 국회에서 다수를 차지한 야당이 주도해 '5공 청문회'를 열어 전두환 정권의 비리와 5·18 민주화운동에 대한 진상 규명에 착수함으로써 정부의 국정 운영이 수월하지 못했다. 노태우 대통령은 급기야 1990년 김영삼의 통일민주당과 김종필의 신민주공화당과 합당해 거대 여당인 민주자유당(민자당)을 출범시켰다. 1991년에는 남북한이 동시에 유엔(UN)에 가입했다.

1980년대 대중문화예술 연표

1980	3월	가수 조용필 정규 1집 '창밖의 여자' 국내 첫 150만 장 판매
	5월	민주 정부 수립 모색기인 '서울의 봄' 도래(1979.10~)
		전두환의 신군부 비상계엄 전국 확대, 광주민주화운동 희생자 발생
	7월	첫 국제 미인 대회인 '미스 유니버스 대회' 개최
	8월	컬러 TV 시판 및 보급 장려, 최규하 대통령 사임
	9월	제11대 대통령 전두환 취임
	11월	신군부의 언론 통폐합(45개 언론사 재편) 강행
		KBS 〈전국 노래자랑〉 방송 시작(현재까지 방송 중)
1981	1월	컬러 TV 방송 전면 실시, '언론기본법' 발표(언론통제 목적)
	2월	KBS에서 교육방송 시작
	3월	제12대 대통령 전두환 취임(제5공화국)
		MBC 드라마 〈호랑이 선생님〉 방송(~1986. 10)
	5월	서울 여의도에서 관제문화 행사인 '국풍 81' 개막
	8월	해외여행 자유화 조치 발표(부분 자유화)
	10월	MBC에서 일본 애니메이션 영화 〈은하철도 999〉 방송(총 113화)
		MBC 농촌 드라마 〈전원일기〉 방송(~2002.12, 총 1088회)
1982	1월	야간 통행금지 전면 해제
	3월	정부 조직에 체육부 신설
		한국 프로야구 리그 출범[개막전(동대문야구장): MBC 청룡 vs 삼성 라이온즈]
	9월	서울국제무역박람회 개막
	10월	KBS 2TV에서 일본 애니메이션 영화 〈개구리 왕눈이〉 방송(~1983.3)
1983	2월	북한 이웅평 공군 대위가 미그기 몰고 귀순
	3월	중·고교생 교복 및 두발 자율화 실시
		KBS 2TV에서 미국 애니메이션 시리즈 〈개구장이 스머프〉 방송(~1984.11)
	4월	국립현대미술관 건립 발표
	5월	프로축구 슈퍼리그 출범(개막전 동대문운동장)
	6월	KBS에서 〈이산가족을 찾습니다〉 생방송(138일 방송, 2015년에 유네스코 세계 기록유산 등재)
	9월	서울무역박람회 개최
		대한항공(KAL) 여객기 사할린 상공 격추 사건 발생
	10월	버마(미얀마) 아웅산 테러 사건 발생으로 공직자 17명 순직
1984	3월	도서 벽지 중학교 의무교육 실시
	4월	KBS 예능 프로그램 〈가족오락관〉 방송(~2009.4), 최은희·신상옥 부부 납북

	9월	서울 잠실올림픽주경기장 개장
1985	10월	국내 최초의 시험관 아기 탄생
	11월	KBS 가요 프로그램 〈가요무대〉 방송(현재까지 방송 중)
	12월	문교부가 외래어표기법 개정안 확정
1986	1월	KBS의 불공정 보도에 반발해 국민들의 수신료 납부 거부 운동 시작
	4월	서울 올림픽공원 완공
	5월	부천경찰서 경장에 의한 여대생 성 고문 사건 발생
	9월	서울 아시안게임 개최, 아시안게임 기간 중 시위 방지 위해 서울 10개 대학에 휴교령 발동
		잡지 ≪말≫ 9월 호가 보도 지침(584건) 폭로
	11월	북한의 수공에 대비해 '평화의 댐' 건설 계획 발표
1987	1월	경찰에 의한 서울대학교 대학생 박종철 고문치사 사건 발생
	4월	대통령 호헌 선언 특별 담화(4.13)
	5월	천주교 정의구현사제단이 박종철 고문치사 사건 축소·조작 사건 폭로
	6월	연세대학교 학생 이한열이 시위 도중 경찰의 최루탄 맞고 사망
		6·10 민주항쟁(37개 도시 100만 명 확산) 발생, 6·29 선언(6.29)
	9월	영화 시나리오 검열 폐지, 배우 강수연 제44회 베니스 영화제 여우주연상 수상
	10월	헌정 사상 최초로 여야 합의로 대통령 직선제 개헌안 국회 의결, 국민투표 통과(찬성 93.1%)
	12월	국민 직선 제13대 대통령 선거 실시(야당 후보 김대중·김영삼의 분열로 민정당 노태우 후보가 36.6%로 당선)
1988	2월	서울 서초동에 국립 예술의전당과 국악당 개관, 제13대 대통령 노태우 취임(제6공화국 출범), 금호그룹에 제2민항 허가
	5월	국민 주주 진보 일간지 ≪한겨레신문≫ 창간
	7월	정부가 '중공'이라는 공식 명칭을 '중국'으로 변경
	9월	서울 하계올림픽 개막
	10월	서울 영등포 교도소 미결수 집단 탈주 사건(지강헌 사건) 발생
	11월	국회에서 1980년 언론 사태 진상 규명 청문회 실시
	12월	영화관에서 영화 상영 전 애국가 상영 폐지
		국회에서 5·18 광주민주화운동 진상 규명 청문회 실시
1989	1월	해외여행 완전 자유화 시행, 대우가 북한 예술품 도입(남북한 첫 직교역)
	2월	한국-헝가리 수교(동구권 공산국가와 첫 국교 수립)
	5월	전국교직원노동조합(전교조) 결성(85명 구속, 1527명 파면·해임·면직)
	9월	통방위성 사업 추진위원회 발족

대중문화를 통한
권력의 통제와 우상화

18년간 이어진 박정희 군사정권의 종식 대신 전두환 신군부 정권이 출범하면서 1980년대 대중문화는 통제와 유화의 두 가지 모습으로 흘러갔으며, 민주 대 반민주라는 정치적 대립과 갈등이 곳곳에 그대로 투영되었다. 신군부 정권은 **대중문화**를 **통해 국민들의 의식**을 **통제**하려 했고 대학가, 노동계, 재야, 시민사회에서는 그러한 정치적 의도를 저지하기 위해 다양한 문화 활동을 전개했다(김정락 외, 2011). 전두환 정권은 군사정변으로 정권을 탈취해 정통성이 취약했기 때문에 박정희 정부와 마찬가지로 **대통령 우상화**와 **통제 중심의 문화예술 정책**을 지속했다. 다른 한편으로는 서구 세계의 변화를 지켜보면서 체제 안정의 목적으로 정권에 대한 비판을 누그러뜨리거나 관심을 다른 데로 돌리기 위한 유화정책을 추진했다. 통제 정책의 측면에서는 **언론 통폐합 조치**(1980.11.14)를 통해 언론을 정권의 관리 체제에 예속시키고, **대통령**에 대한 **우상화 보도**를 강요했다.

전두환 정권은 표현의 자유, 학문과 예술의 자유를 크게 제한해 **검열**을 **강화**하고 **방송 출연 금지**와 **방송 및 유통 금지곡 지정** 등의 조치를 남발했다. 이러한 흐름은 민주화가 본격적으로 시작된 노태우 정부 때까지 크게 바뀌지 않았다. 그런 이유로 당시 일간신문에는 "인간 전두환"이라는 제목의 우상화 기사가 등장하고, 방송에서 메인 뉴스마다 관행적으로 전두환 대통령의 동정을 첫머리에 내보내는 이른바 '**땡전뉴스**'가 보편화되었다. 특히 외국 순방을 다녀온 대통령이 오픈카를 타고 로마의 개선장군처럼 카퍼레이드car parade를 하며 학생과 시민의 도열을 유도하는 장면과 대통령 전용기가 공항에 착륙한 뒤 대통령이 청와대에 도착하는 전 과정이 TV에 생중계되기도 했

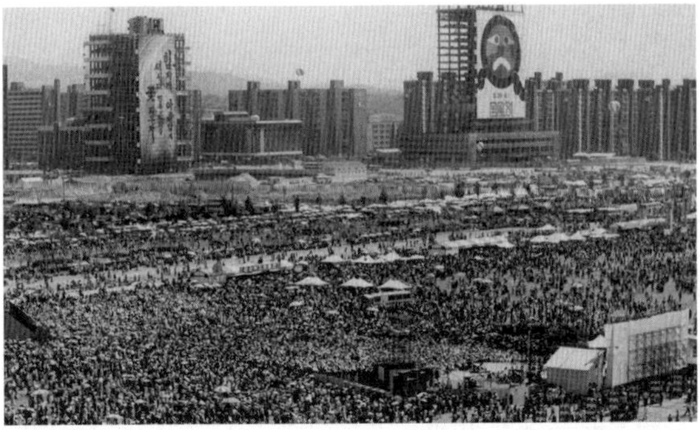

▌신군부 정권이 기획한 관제문화 행사 '국풍 81'(서울 여의도광장)

자료: ≪경향신문≫.

다. 정권을 비판하거나 사회를 강도 높게 풍자하는 도서와 음반은 유통이 불가능했다. 방송에서는 대통령처럼 머리가 벗겨지거나 외모가 비슷한 코미디언 **이주일**, 배우 **박용식** 등이 **출연 금지**를 당했다. 몇몇 여배우도 출연을 봉쇄당했는데, 대통령 부인의 질시 때문이라는 소문이 나돌기도 했다.

신군부 정권은 1980년 **미스 유니버스 대회**를 개최하고 '**국풍**國風 **81**'이라는 관제문화 행사를 열며 '3S'와 같은 본격적인 유화정책에 착수했다. 미스 유니버스 대회는 국내에서 최초로 열린 국제 미인 대회로 기존의 미스코리아 대회와 함께 **성**性**의 상품화** 논란을 야기하기도 했다. '국풍 81'은 1981년 5월 28일부터 6월 1일까지 민족문화 계승과 대학생들의 국학 관심 고취라는 명분을 앞세워 KBS 주관으로 서울 여의도 여의도광장에서 열린 문화 행사였다. 이 행사의 '젊은이의 가요제'를 통해 「바람이려오」를 부른 신인 가수 **이용**(금상)과 「날개」를 부른 건국대 학생 **홍서범**(은상, 그룹 '옥슨 81') 등이 스타로 부상했다. 아울러 청소년 계도를 목적으로 1981년 2월부터 한국방송공사KBS에서 **교육방송**(KBS-3TV)이 시작되었다. KBS의 교육방송은 오늘날 한국교육방송공사EBS의 모태가 되었다. KBS로부터 3TV와 교육 FM 라디오를 분리해 EBS라는 새로운 방송사가 1990년 12월 개국했기 때문이다. 1983년 KBS는 〈이산가족을 찾습니다〉 생방송으로 국민들의 깊은 감동을 자아내는 등 세계적으로 큰 관심을 끌었다. 1986년 11월 26일에는 북한의 수공水攻에 대비해야 한다는 구실로 공학자를 동원해 전혀 과학적이지 않은 논리를 제시하며 **'평화의 댐'** 건설 계획을 발표해 국민들을 모금 운동에 동원했다.

신군부의 **'3S 정책'**은 **영화·영상**screen, **성 풍속**sex, **스포츠**sports를 동원·진흥해 체제 비판을 무력화하고 관심을 다른 데로 돌리기 위한 **우민화**愚民化**정책**이었다. 스크린 분야에서는 자유연애, 집창촌(성매매 업소 집결지), 불륜, 바람 등 말초신경과 본능을 자극하는 소재의 영화가 쏟아졌다. 영화 〈젖소부인〉, 〈애마부인〉, 〈매춘〉, 〈뽕〉, 〈산딸기〉, 〈어우동〉, 〈매춘〉, 〈무릎과 무릎 사이〉, 〈어둠의 자식들〉, 〈빨간 앵두〉와 같은 19금 영화나 시리즈 에로물이 범람했다. 이런 영화 등을 통해 배우 안소영, 선우일란, 김부선, 이보희, 나영희, 이미숙, 원미경, 강리나 등이 스타덤에 오르기도 했다. 1980년 12월 1일에는 **컬러 TV 방송**이 시작되었으며, TV로 영화를 볼 수 있게 하는 VTRVideo Tape Recoder의 보급이 확산되면서 **비디오숍**도 생기기 시작했다. 미국과 일본 등에서 몰래 수입되어 들어온 포르노 테이프도 퍼져나갔다.

신군부 정권은 군사정권의 폐쇄적 이미지를 바꾸고, 아시안게임과 올림픽 경기대회를 추진하면서 국가의 이미지 개선 등을 위해 **해외여행 자유화** 조치를 1981년 8월 1일부터 단계적으로 확대해 실시했다. 1982년 1월 4일 학생 교복 및 두발 자율화 조치를 실시하고, 1월 5일에는 **야간 통행금지**를 **해제**했다. 특히 37년 만에 야간 통금이 해제되어 이른바 **'밤 문화'**가 형성되면서 성 풍속 분야에 많은 변화가 일어났다. 경찰은 사창가인 **집창촌**集娼村 단속을 묵인해 주요 도시마다 성매매 업소가 급증했다. 서울 청량리, 미아리, 용산역 앞, 영등포역 앞, 인천 학익동과 숭의동('옐로 하우스'), 부산 완월동,

광주 대인동 등에는 이런 홍등가紅燈街가 크게 늘어났다. 정부가 유흥업소 등을 활성화해 술집, 룸살롱, 극장식 레스토랑, 스탠드바, 극장식 카바레 등이 많이 늘어나 호황을 이뤘는데, 그 규모가 대폭 커지면서 '**향락 산업**'이라는 말이 등장하기도 했다. 연예인들의 향락 업소 출연도 활기를 띠었다. 당시 서울의 대표적인 **야간 유흥업소**는 서울 구락부(퇴계로), 초원의 집(북창동), 콜롬비아(영등포), 무랑루즈(종로), 홀리데이 인 서울(명동), 남태평양(광교) 등이었다.

스포츠 분야에서는 1981년 적극적인 준비 작업을 통해 1988년 하계올림픽과 1986년 아시안게임을 유치했다. 신군부는 그 후 이러한 국제 행사를 성공시키며 국민들이 질서를 지키고 화합하는 모습을 국제사회에 보여주어야 한다며 이를 **국민 계도**와 **내치용**으로 활용했다. 뒤이어 대기업에 영향력을 행사해 **프로스포츠 팀**을 만들게 함으로써 **프로스포츠 리그**를 차례로 **출범**시켰다. **프로야구**(1982), **프로축구**(1983), **프로씨름**(1983), **농구대잔치**(1983) 등이 이때 탄생했다. 이러한 스포츠 경기는 **컬러 TV**로 전국에 **생중계**되었다. 사회적인 비판도 있었지만, 새로운 스포츠와 여가의 세계를 갈망하던 많은 사람의 호응을 얻어 역설적으로 신군부 정권의 의도도 어느 정도 실현되었다. 이때 출범한 프로스포츠 리그는 결과적으로 당시의 정치적 의도와 무관하게 오늘날 축구와 야구가 '**국민 스포츠**'가 되는 바탕으로 작용했다.

컬러 TV의 보급과 비디오형 가수의 등장

컬러 TV의 보급은 정치적 목적에서 출발했다. 그러나 시대적으로 방송

기술의 발달 과정에서 도입이 불가피한 측면이 있었으며, 결과적으로 대중문화 형성에 지대한 기여를 했다. 특히 대중문화의 핵심 소비 계층인 **10대 청소년 문화시장**을 형성하는 데 크게 기여했다. 가수들의 노래를 쇼 프로그램을 통해 직접 보고 들으면서 가수 조용필을 시작으로 '**오빠부대**'가 등장했다. 10대 취향의 댄스곡이 선풍적 인기를 누리며 **전영록**, **김완선**, **김승진**, **박혜성**, **소방차**, **박남정** 등 **비주얼**과 **댄스**를 강조하는 젊은 **비디오형 가수**가 속속 등장했다(김창남 외, 2012). 라디오 음악 프로그램이 인기를 끌면서 서구의 팝 음악 대신 한국 가요가 음악 시장을 형성하게 되었다. 따라서 라디오 음악 프로그램인 **이종환**의 〈밤의 디스크 쇼〉, **이문세**의 〈별이 빛나는 밤에〉, **이수만**의 〈젊음의 음악캠프〉, **김기덕**의 〈2시의 데이트〉, **이택림**의 〈가요 중계실〉 등이 인기를 모았다. 거리에는 노점상들이 판매하는 **불법 복제 음반**이 등장해 인기를 끌었는데, 여기에서 팔린 테이프 순위도 팬들의 수요를 대변하는 가요 순위라는 뜻으로 '**길보드 차트**'라는 말이 유행했다. 이는 미국의 음악 잡지

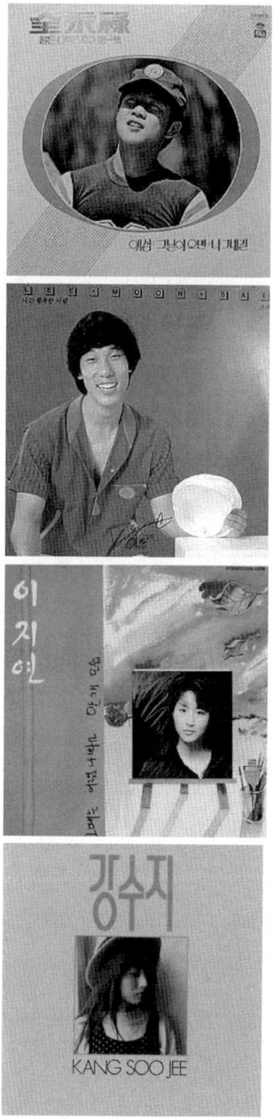

▌전영록 1집, 이문세 1집, 이지연 1집, 강수지 1집 앨범(위에서부터)

가 매기는 '빌보드 차트Billboard Chart'에서 따온 것이다.

이 시기 최고의 인기 가수는 **조용필**, **전영록**, **이선희**, **주현미**, **최성수**, **김완선**, **이지연**, **소방차**, **김범룡**, **이상은** 등이었다. 이 가운데 조용필은 국내 가수 최초로 두터운 팬 층을 갖춘 '오빠부대'를 이끌었다. 가수 **이지연**, **강수지**, **원준희**는 남성 팬들을 사로잡은 '청순형 가수'로 불렸다. 아울러 대학가요제 출신 가수 **심수봉**과 약사 출신의 **주현미**는 트로트 분야에서, 강변가요제 출신의 **이선희**는 가창력 분야에서 저력을 과시했다(장유정·서병기, 2015). 이광조, 이문세, 변진섭, 이승철 등 **발라드 가수**도 인기를 끌어 두터운 팬덤을 형성했다. 들국화, 임재범, 한영애 등은 **로큰롤**을, 김현식과 유재하는 **소울 블루스**에서 두각을 나타냈다. 1964년 드라마 〈남과 북〉의 주제가였던 가수 **곽순옥**의 「누가 이 사람을 모르시나요?」는 KBS 〈이산가족을 찾습니다〉란 생방송 프로그램의 테마곡으로 쓰이며 큰 인기를 누렸다. 이 노래는 그 후 이산의 아픔을 다룬 영화와 방송 프로그램에서 종종 사용되었다. 1980년대 대중가요의 가사를 분석해보면 사랑에 관한 것이 가장 많았고, '비'와 '고향' 같은 연민적 정서의 단어가 가사에서 사라졌으며, 좀 더 직접적으로 **사랑**을 어필하는 내용이 늘어났다(김용학, 2015).

가요 순위 집계 프로그램인 KBS 〈가요톱텐〉이 1980년대 방송 당시 선정한 **연도별 최고의 인기곡**은 조용필의 「창밖의 여자」(1980), 이은하의 「아리송해」(1981), 이용의 「잊혀진 계절」과 김수희의 「멍에」(1982), 설운도의 「잃어버린 30년」과 해바라기의 「모두가 사랑이에요」(1983), 이선희의 「J에게」와 김수철의 「못 다 핀 꽃 한 송이」(1984), 최진희의 「사랑의 미로」와 나미의 「빙글빙글」(1985), 김완선의 「오늘밤」과 이광조의 「가까이하기엔 너무 먼 당신」(1986), 유미리의 「젊음의 노트」와 이남이의 「울고 싶어라」(1987), 이상은의 「담다디」와 그룹 코리아나의 「손에 손잡고」(1988), 이승철의 「안녕

오빠부대

'오빠부대'는 특정 스타를 좋아하는 젊은 여성 팬 집단을 말한다. 국어사전은 "좋아하는 스타에게 열광하는 여성 팬 집단을 속되게 이르는 말"이라 풀이하고 있다. 대중문화에 대한 선호도가 높고 문화적 감수성이 뛰어난 여중·여고생들이 대부분을 차지한다. 이들이 TV, 라디오, 음반 등을 통해 좋아하는 가수의 노래를 듣고 TV 생방송 현장이나 콘서트에 참여해 환호하는 뜻으로 '오빠'를 연호하면서 이런 칭호가 붙었다.

'오빠부대'는 1969년 10월 17일 영국 젊은이들의 우상으로 떠오른 가수 **클리프 리처드**가 서울시민회관(현재 세종문화회관)과 서울 이화여자대학교 강당에서 차례로 공연할 때 열광과 환호를 보냈던 여성 팬들에서 비롯되었다. 한국일보사의 초청으로 이뤄진 공연에서 29세의 클리프 리처드는 「젊은이들(The Young Ones)」 등의 노래를 불렀다. 그러자 흥분한 여학생들이 꽃과 손수건을 던졌고, 일부 팬들은 미리 준비한 선물 더미를 투척했다. 일부 여학생들은 속옷을 무대 위로 던지는 열광적 행동을 보였다는 이야기도 나돌았다. 10월 15일 그가 김포공항에 도착했을 때도 500여 명의 여성 팬이 모여 "클리프 사랑해요", "생일 축하해요" 등을 외쳤다.

국내 스타를 대상으로 오빠부대가 생겨난 것은 가수 **조용필**의 인기 때문이었다. 조용필은 1976년 「돌아와요 부산항에」라는 노래로 유명해졌지만, 이듬해 대마초 파동에 연루되어 방송 활동이 금지되었다. 밤무대에서 활동하던 그는 1979년 12월 6일 해금과 함께 동아방송(DBS)의 라디오 드라마 주제곡 「창밖의 여자」를 불러 인기를 얻었다. 이어 곧바로 「창밖의 여자」, 「정」, 「돌아와요 부산항에」 등을 담은 1집 음반을 내놓았다. 이 음반이 예기치 않게 150만 장이나 팔리면서 조용필은 일약 스타로 등극했으며, 그가 출연한 생방송이나 콘서트 현장은 "오빠!"를 외치는 소녀 팬들로 가득 찼다. 1980년 9월 TBC 가요대상 최우수가요상, 최고인기가수상, 최고인기가요상 등을 시작으로 국제가요제와 국내 모든 방송사의 가요상을 휩쓸며 전성기를 누렸다.

조용필의 스타덤 형성은 **컬러 TV 방송**이 시작된 시기와 맞물린다. 컬러 TV는 가수나 팬의 입장에서 모두 생생한 느낌을 주고받을 수 있어 매우 유용한 소통

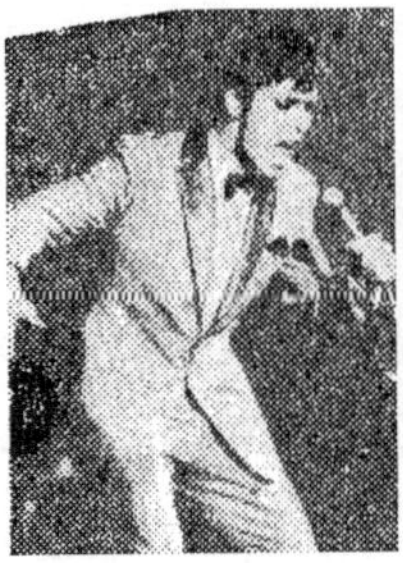

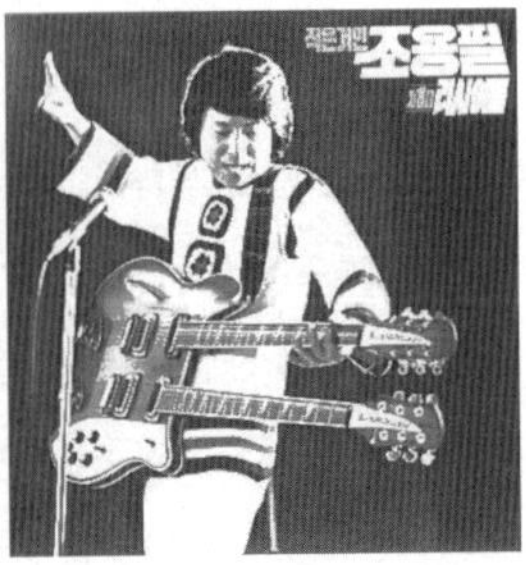

▌내한 공연 당시 선풍적 팬덤을 일으킨 클리프 리처드(왼쪽)

자료: 경향신문.

▌오빠부대의 원조 가수 조용필

수단이었다. 이러한 매개체를 통해 조용필과 그 이후에 등장한 많은 가수가 충성도 높은 소녀 팬을 거느리게 되면서 1980년대에 '오빠부대'라는 문화 담론(culture discussion)을 형성했다. 오빠부대는 1990년대 뉴 키즈 온 더 블럭(New Kids on the Block) 내한 공연, 서태지와 아이들의 등장, H.O.T.와 젝스키스의 출현 등을 차례로 거치며 '**빠순이**'라는 명칭으로 변화했다. 이 말은 "학교 공부는 잘 안 하고 아이돌 오빠들만 쫓아다니는 극성 소녀 팬"이라는 뉘앙스를 담고 있으며, 1990년대 말 걸그룹 S.E.S.와 핑클의 등장으로 형성된 극성스러운 남성 팬인 '**빠돌이**'와 대응하는 뜻으로 함께 사용되었다. 2000년대에 걸그룹 원더걸스와 소녀시대가 등장하면서 이러한 팬덤은 '**삼촌 팬**'으로 진화했다. 좋아하는 가수의 충성도 높은 팬의 단계를 넘어 심리적으로 집착해 가수에 대한 독점적 소유욕을 드러내거나 해당 가수의 일거수일투족을 간섭하는 '**사생팬**'도 나타났다. 선물 세례를 하는 '**조공 팬**'도 등장했다.

이라고 말하지 마」와 박남정의 「널 그리며」(1989)였다. **조용필**은 이 프로그램에서 「못 찾겠다 꾀꼬리」라는 노래로 1982년 8월 18일부터 11월 3일까지의 10주 연속 1위를 기록했다. 아울러 5주 연속 1위를 한 가수에게 수여하는 '골든컵'을 한 해에 두 차례나 차지한 가수는 1984년 조용필(「친구여」, 「정의 마음」)과 **윤수일**(「아파트」, 「아름다워」), 1985년 조용필(「어제 오늘 그리고」, 「그대여」), 1989년 **박남정**(「널 그리며」, 「사랑의 불시착」)으로 집계되었다.

한편 신군부는 정치적 이유로 대중가요를 철저히 통제했다. **방송 금지곡**은 1981년 9월 30일까지 787곡, 1983년 11월 30일까지 **834곡**으로 증가했으며, 방송 금지 조치가 사라진 1987년 9월 30일까지도 332곡에 이르렀다. 대표적으로 **심수봉**의 「무궁화」는 가사 내용이 선동적이라는 이유로, 「순자의 가을」은 대통령의 아내 이순자 씨의 이름을 함부로 노래에 쓸 수 없다며 금지 조치를 당했다. 「임을 위한 행진곡」과 「늙은 군인의 노래」는 학생들과 노동자들의 시위 현장에서 불린 반정부 선동 가요라는 이유로 재갈을 물렸다. 어처구니없게도 정광태의 「**독도는 우리 땅**」은 한일 관계에 악영향을 미친다는 이유로 방송을 금지했다.

한국 영화의 국제 무대 진출과 노래패의 활약

1980년대 에로티시즘 영화의 범람에도 불구하고 영화인들은 1970년대의 침체기를 탈피해 좋은 작품을 만들려는 노력을 다해 우리나라 영화의 **국제 무대 진출**이 활발했다. **이장호**와 **배창호** 감독은 흥행 감독으로서 입지를 굳혀 많은 작품을 제작했다. 이 시대 제작된 영화 가운데 이두용의 〈피막避幕〉, 〈여인 잔혹사: 물레야 물레야〉, 임권택의 〈만다라〉, 〈길소뜸〉, 이장호의 〈바보선언〉, 하명중의 〈땡볕〉, 배창호의 〈깊고 푸른 밤〉 등은 **국제영화제**에 출품되었다. 배우 **강수연**은 제44회 베니스 국제영화제와 제9회 낭트 3대륙영화제에서 〈씨받이〉(임권택 감독)로 각각 **여우주연상**을 받았다. 아울러 1989년

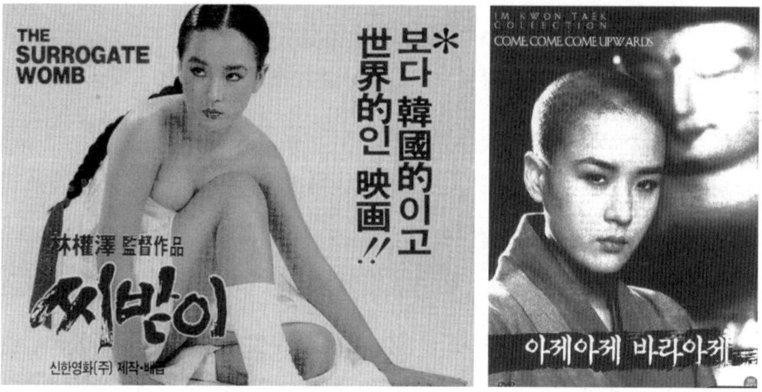

▌영화 〈씨받이〉와 〈아제아제 바라아제〉로 국제영화제에서 수상한 배우 강수연

제16회 모스크바 국제영화제에서 〈아제아제 바라아제〉(임권택 감독)로 최우수여우상을 받았다. 배우 **신혜수**는 1988년 제12회 몬트리올 국제영화제에서 〈아다다〉(임권택 감독)로 **여우주연상**을 받았다. 이장호 감독은 1987년 제2회 도쿄 국제영화제에서 〈나그네는 길에서도 쉬지 않는다〉로 국제영화비평가연맹상을, 배용균 감독은 1989년 제42회 로카르노 국제영화제에서 〈달마가 동쪽으로 간 까닭은〉으로 최우수작품상을 수상했다.

1973년부터 실시된 '**수입영화쿼터제**'가 1980년대 중반까지 계속되면서 정부와 20개 영화사들 간에 외화 수입·배급권을 둘러싼 유착이 고착화해 품질이 낮은 **방화**가 쏟아져 나왔다. 그러나 '영화법'이 1984년(제5차)과 1985년(제6차)에 연이어 개정되면서 이들 영화사의 특혜와 과점 구조가 무너졌다. 제작사의 의무 제작 편수 준수 제도가 없어지고 제작의 자유가 확대되어 신생 영화사와 독립 제작사가 많이 생겨났기 때문이다. 특히 제6차 개정에서는 미국의 개방 압력에 굴복해 추후 **미국 영화**들의 **직배**가 가능하도록 길을 열어놓았다. 결국 1988년 미국 영화 직배사인 유아이피UIP: United International

방화

'방화'는 1970~1980년대에 많이 쓰였으며 "자기 나라에서 제작된 영화"라는 뜻으로 '**한국 영화**'를 가리킨다. '나라 방(邦)'과 '그림 화(畵)' 자를 써서 '외화(外畵)'의 반의어로 사용되었다. 당시 수준이 높았던 할리우드 영화에 비해 변방의 영화로 비하하는 뉘앙스라고 주장하는 사람도 있지만 정확하지는 않다. 국립국어원은 '방화'가 일본식 한자어라며 '**국산 영화**'로 순화해 쓰도록 권했다. 방화가 생겨난 배경은 군사정부의 영화 정책과 관련이 깊다. 박정희 정부는 1973년 제4차 '영화법' 개정으로 외화를 수입해 상영하려면 국산 영화 세 편을 의무적으로 만들어야 하는 '수입쿼터제'를 실시했다. 영화사들은 관객이 몰릴 것 같은 외국영화를 상영하려고 많은 국산 영화를 만들었다. 이때 '방화'는 외화와 구분하는 말이었다. '방화관'은 국산 영화만 상영하는 극장을 지칭했다. 이로 인해 당시 정부 시책에 부응하는 영화나 선정적 코드의 영화, 호스티스물, 하이틴물 등 질 낮은 작품이 방화로 쏟아져 나왔다. 특히 1980년대 신군부의 '3S 정책'으로 내용 없이 선정적 · 자극적 장면들을 담은 방화가 양산되었다.

초라한 수준이었던 1970~1980년대 방화는 1990년대부터 질적 수준이 높아졌다. 특히 미국 할리우드 영화 등 세계 영화와 경쟁해 작품성과 예술성을 인정받는 영화가 늘어났다. 영화 발전을 위한 영화인들의 노력이 계속된 데다 외화와의 경쟁 체제가 강화되고 정부 지원과 민간투자가 점차 늘어났기 때문이다. 한국 영화에 대한 인식이 바뀌자 국내에서도 방화라는 말이 점차 사라졌다. 요즘은 사용하는 사람이 거의 없다. 굳이 구분한다면 외국영화와 비교해 '국산 영화'나 '우리 영화'로 부를 뿐이다.

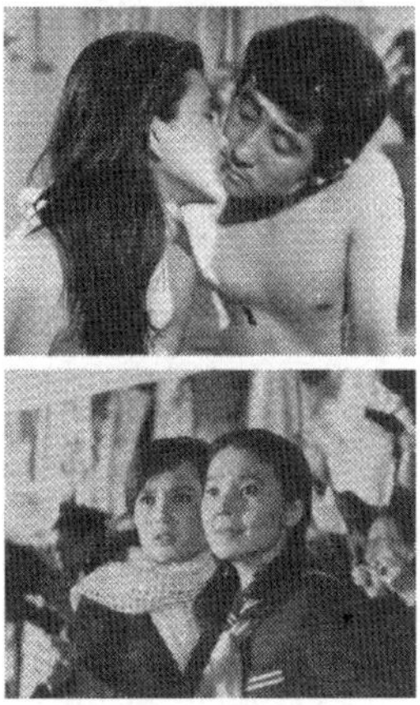

〈영자의 전성시대〉(위)와 〈태백산맥〉

자료: 경향신문.

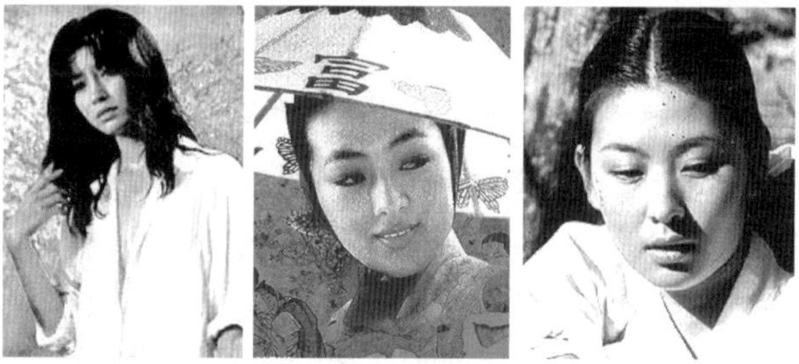

▌1980년대 톱스타 3인방 여배우 원미경, 이보희, 이미숙(왼쪽부터)

Pictures가 1988년 〈**위험한 정사**〉 배급을 시작으로 한국에 진출했다. 이어 1993년까지 20세기폭스코리아, 워너브라더스, 월트디즈니컴퍼니코리아 등의 미국 직배사가 모두 우리나라에 진출했다.

TV 시대를 맞아 여배우들이 영화와 드라마를 오가며 맹활약하는 가운데 1970년대의 트로이카 유지인, 정윤희, 장미희 대신 **원미경**, **이보희**, **이미숙**이 **1980년대 트로이카**(3인방) **스타**를 형성했다. **최명길**, **안성기**, **이영하**도 인기를 누렸다. 배우 **김혜수**, **채시라**, **하희라**, **박상아**, **김혜선**, **손창민**, **조용원**, **최재성** 등은 **하이틴 스타**로 부상해 10대들의 사랑을 한 몸에 받았다. 드라마의 경우 야사野史가 아닌 **정사**正史를 바탕으로 역사적 맥락을 재해석하는 기록적·개연적 역사 드라마가 부상했다(주창윤, 2007). 이 시기 패션과 스타일은 대학생의 경우 간편 복장인 **티셔츠**와 **청바지**를 주로 입었고, 모임이나 시위의 뒤풀이 과정에서 **막걸리**나 **생맥주**를 즐기는 모습이 일상적이었다. **최수지**, **심혜진**, **이혜영**, **김성희**, **최진실** 등 신인 배우들은 세련된 이미지와 CF, 패션모델 활동 등을 통해 자신만의 스타일을 이끌었다. **무쓰 김**, **트위스트 김**은 독특한 복장과 헤어스타일을 선보여 주목을 받았다. **앙드레 김**은 '여장 남자'로, 국회의원 **김옥선**은 '남장 여자'로 치장하고 다녀 눈길을 끌었다.

신군부의 독재정치가 계속되면서 억압·통제와 사전 심의 제도 등으로 인해 연극계는 암울한 시기를 보냈다. 장르별로는 〈티 파티〉, 〈에쿠우스〉, 〈신의 아그네스〉, 〈세일즈맨의 죽음〉, 〈유리 동물원〉, 〈수족관〉 등의 번역극과 〈둥둥 낙랑둥〉, 〈자전거〉, 〈부자유친〉, 〈농토〉, 〈봄날〉, 〈칠수와 만수〉, 〈식민지에서 온 아나키스트〉 등 **사회 비판극**이 주류를 이뤘다. 더불어 정치와 사회에 대한 비판적 분위기를 따라 **전통 연희**를 바탕으로 하는 **마당극**도 성행했는데, 〈토선생전〉, 〈장산곶 매〉, 코미디극 〈품바〉 등이 대표적이었다. 마당극은 대학가·노동계·재야를 중심으로 독재정치 규탄과 사회모순 **비판**을 위한 **집회**와 어우러지며 발전했다(이두현 외, 1999). 그러다 점차 고전 작품을 대본으로 한 연극이 사라지고, 〈아가씨와 건달들〉(1983년 초연)과 같은 **통속극**이 성행하며 음악 시장이 커지는 가운데 **뮤지컬** 공연이 점점 늘어났다. 이 시기 연극인 가운데 〈한씨 연대기〉를 연출한 김석만, 국내 첫 구조주의 연극인 〈내, 물 빛〉의 연출자 김우옥, 〈갑오세 가보세〉를 연출한 배우 김명곤, 〈수족관〉을 연출한 김광림 등이 두드러지게 활동했다.

공연장 설치가 허가제에서 **신고제**로 바뀌어 1980년대 서울에는 30여 개의 **소극장**이 운영되었다. 반면 같은 시기에 신설된 대극장은 세 개에 그쳐 소극장 중심의 관람 문화가 점차 정착되었다. 1983년에는 지방 연극을 진흥시키기 위해 '**전국연극제**'가 개설되어 부산에서 첫 대회가 열렸다. 1977년 출범한 전국연극제는 1987년부터 한국연극협회가 주관하며 '서울연극제'로 이름을 바꿔 우리나라의 대표적인 연극 축제로 성장했다. 아울러 제3세계연극제(1981), 국제연극제(1986), 서울국제연극제(1988)가 열려 많은 외국 작품이 초청 공연을 선보임으로써 우리나라 연극의 시야와 지평을 세계로 넓히는 데 기여했다. 1988년 서울 **바탕골 소극장**이 준비한 〈매춘〉은 외설적이니 개작하라는 공연윤리위원회의 통보를 무시하고 공연을 강행해 공연이 중단되고 공연장이 폐쇄되었다. 민주화 운동기 이후에는 **대본**의 **사전 심의 제도**가 철

폐(1989)되어 공연에서도 표현의 자유가 확대되었다. 대학로에 1981년 문화예술진흥원이 이전하고 샘터 파랑새, 연우소극장, 대학로극장 등 소극장이 속속 들어서며 서울 동숭동 **대학로**는 우리나라 연극의 중심지로 발전했다.

'3S 정책'과 컬러 TV 보급 정책으로 대중문화시장은 활기를 띤 반면, 전통문화 영역은 위축되거나 민주화 운동과 결부되어 **지하화**하는 모습을 나타냈다. 신군부 정권의 독재로 **금서**禁書가 난무하고, 대학가는 시위와 최루탄으로 뒤범벅되기 일쑤였다. 반민주적인 정권에 맞서 저항한 대학생들과 노동자들은 군사정권의 탄압을 피하기 위해 지하나 음지에서 주로 활동했다. 이들이 만든 **노래패**, **풍물패**, **춤패**, **영화패**, **놀이패** 등이 활기를 띠며 청년문화의 중심을 이뤘다. 대학생들은 이런 분야의 동아리를 결성해 독자적으로 실력을 키워 각종 시위에 참여함으로써 시위대의 뜻을 하나로 모아 투쟁의 열기를 드높이는 전위대 역할을 했다. 풍물패는 꽹과리, 징, 북, 소고 등의 악기를 수련해 제천의식에서 유래된 풍물굿을 선보였는데, 이는 집회와 시위의 분위기를 돋우며 군사독재라는 부정적 현실에 맞서는 억센 응집력, 삶을 적극적으로 이끌려는 치열함을 반영했다(김정락 외, 2011).

노래패들은 대학별 또는 대학 간 연합으로 결성되어 집회 현장을 돌며 분위기를 돋우는 역할을 했다. 메아리(서울대학교), 울림터(연세대학교), 노래얼(고려대학교) 등은 대학별 노래패였고, 새벽, **노래를 찾는 사람들(노찾사)**은 연합팀이었다. 이들이 부른 민중가요는 시위 현장은 물론 길거리 불법 복제 음반을 통해 폭넓게 유통되며 인기를 누렸다. 특히 노찾사는 1984년 문승현, 김제섭, 조

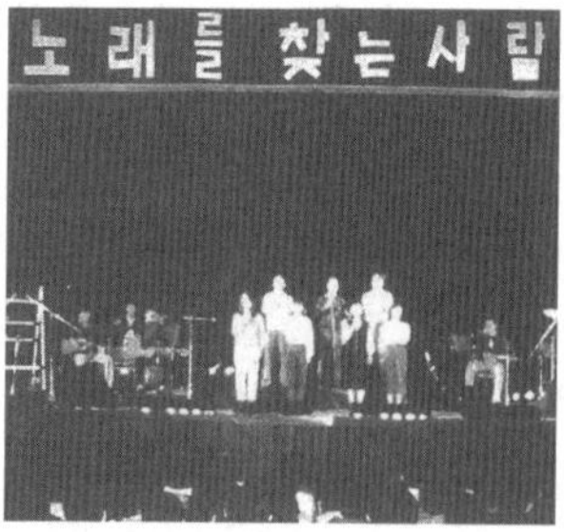

▌노찾사와 정태춘의 합동공연(1989.7.11)

자료: 경향신문.

경옥 등이 의기투합해 결성했는데, '노찾사'라는 이름은 가수 겸 작곡가 김민기의 연우 무대 동료인 연출가 **이상우**가 지었다(김정락 외, 2011). 노찾사의 첫 음반은 반응이 좋지 못했지만, 이후 공연과 집회를 통해 노래 운동의 진정성과 음악적 예술성을 인정받으며 1989년 2집과 1991년 3집 음반이 성공을 거뒀다. 대표곡은 「광야에서」, 「그날이 오면」, 「솔아 솔아 푸르른 솔아」, 「그루터기」 등이다. 이후 구성원이 교체되면서 **권진원**, **신형원**, **김광석**, **김은희**, **안치환**, **이정렬** 등의 스타를 배출했다. 이들은 각각 민중 가수로서 독자적인 영역을 구축했다. 김광석은 이후 민중가요와 자의식·사랑을 다룬 서정 가요를 넘나들며 활동했다. 노찾사의 성공은 수용자가 적었던 민중가요를 누구나 즐길 수 있는 대중음악 영역과 음악 산업에 편입시키는 데 기여했다.

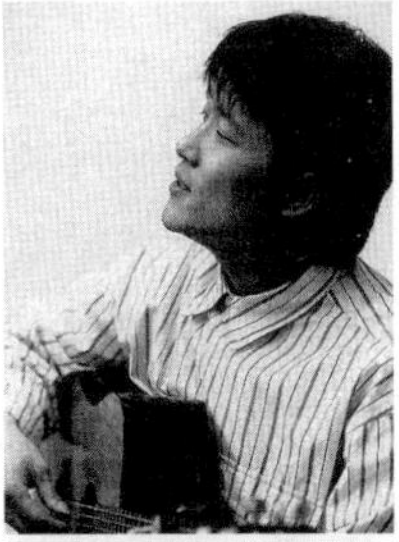

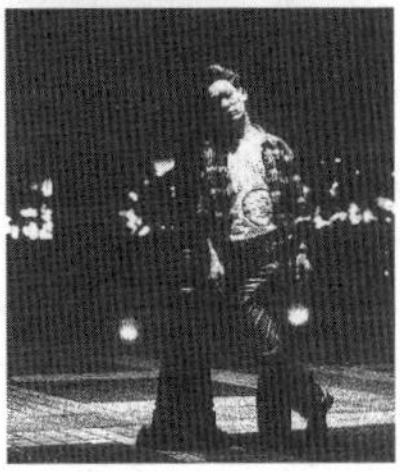

▮ 안치환 1+2 앨범(위)과 김광석 1집 앨범

민주화 이후 분출된 표현의 자유 욕구

6·10 민주항쟁 등이 있었던 1987년 이후 민주화 바람이 불면서 대중문화 시장에 표현의 자유가 확대되는 등 상황이 급변하기 시작했다. 6·29 선언 이후에 치러진 첫 총선으로 여소야대 정국이 형성되면서 '**방송법**' **개정** 등을 통해 **표현의 자유**가 제도적으로 **확대**되었다. 1987년 9월 1일 영화 **시나리오**

검열이 **폐지**되는 등 금지와 검열 조치도 완화되었다. 「동백아가씨」, 「아침이슬」 등 많은 금지곡이 풀렸다. 정부 예속의 국영방송 체제였던 MBC, KBS가 '방송법' 개정 등을 통해 **공영방송 체제**로 전환되었고, '정기간행물법' 개정으로 신문과 잡지의 자유발행제가 정착되면서 대중의 정치적 표현과 자기표현 욕구가 분출되었다. TV에서는 출연 금지를 당한 배우들이 다시 등장했고 **연기자들**도 **노동조합**을 **결성**했다. **김영철**, **한영수**, **현석**, **남일우**, **배한성**, **송기윤**, **조형기** 등 방송 연기자들은 권익 보호를 위해 1988년 '**한국방송연기자노동조합**'을 결성했다. 이들은 조합원을 배우로 국한하지 않고 확대해 탤런트지부, 코미디언지부, 성우지부, 무술연기자지부, 연극인지부 등 다섯 개 지부로 구성했다. 학생과 노동자 중심의 민중문화는 점차 대중 속으로 파고들었다. 대기업이 속속 문화시장에 참여하고 문화시장이 해외에 개방되기 시작했다. 이로써 WTO 체제의 탈규제 논리를 타고 풍부한 자본, 콘텐츠, 유통망을 확보한 **다국적기업**의 **국내 문화시장 점유**가 가속화되었다.

1980년대에는 대중문화예술에 많은 영향을 준 사건도 발생했다. 1980년 5월 31일 전국 비상계엄하에 설치된 **국보위**는 사회정화책의 일환으로 전국 각지의 군부대에 **삼청교육대**를 설치했다. 조폭과 강력 범죄 척결이 명분이었지만, 무고한 시민들을 연행해 강제수용소 같은 곳에 가두고 고된 훈련을 시켜 그들이 죽거나 다치는 사례가 많이 발생했다. 배우 김정은과 김민종이 출연한 영화 〈나비〉(2003)에서 심청교육대의 모습을 일정 부분 엿볼 수 있다. 한편 신군부의 **사회정화운동**이 무색하게도 서울 한복판에서 조직폭력배의 난투극에 의한 집단 살인 사건이 벌어져 사람들을 놀라게 했다. 이런 사건들은 훗날 '조폭 영화'의 주된 소재나 모티브로 활용되었다. 가장 대표적인 사건이 '**서진 룸살롱 사건**'이다. 1986년 8월 14일 오후 열 시경 서울 강남의 서진 룸살롱에서 맘보파(원섭이파) 일곱 명이 모여 교도소에서 출소한 부하의 축하 파티를 벌이던 중 옆방에 있던 서울 목포파 아홉 명과 시비가 붙어 집단 난투극이 벌어지면서 목포파가 생선회칼 등으로 맘보파 조직원 네 명을 잔인하게 살해한 사건이다.

1988년 서울 하계올림픽 직후에는 사법부를 질타하는 "**유전무죄 무전유죄**有錢無罪 無錢有罪", 즉 돈 있으면 죄가 없고 돈 없으면 죄가 있다는 말을 유행시킨 **지강헌 탈주 사건**(1988.10.8~16)이 발생했다. 미결수로 서울 영등포 교도소에 수감 중이던 강·절도범 12명이 집단 탈주해 그중 지강헌 등 네 명이 서울 북가좌동 한 가정집에 들어가 가족을 인질로 잡고 경찰과 대치하다 10시간 만에 자살하거나 경찰에게 사살된 사건이다. 인질범들은 당시 취재 중인 언론을 향해 "5공 비리의 주범인 전두환 동생 전경환의 형량(7년 선고, 2년 실형 후 석방)이 나(10~20년)보다 적은 것은 말도 안 된다. 대한민국의 비리를 밝히겠다. 돈이 있으면 판검사도 살 수 있다. 유전무죄 무전유죄, 우리 법이 이렇다"라고 외쳤다. 마지막으로 남아 있던 인질범은 **비지스**BeeGees의 「홀리데이Holiday」를 듣다 자살했다. 이 사건은 배우 이성재와 최민수가 출연한 영화 〈홀리데이〉(2005)의 모티브가 되었다.

1980년대에는 패션에 대한 **취향과 감각**이 **고급화**하며 좀 더 감각적이고 멋스러운 스타일이 각광을 받게 되었다. **명품**과 **중저가**의 **해외 브랜드**도 라이선스 행태로 많이 들어오면서 패션과 스타일에서도 국제적인 소통이 활발하게 이뤄졌다. 청소년의 경우 **교복 자율화 조치**로 사복 수요가 늘면서 학교를 다니거나 활동하는 데 편리한 진jean과 셔츠 등 **캐주얼 의류 시장**이 급성장했다. 운동화와 운동복 등 **스포츠웨어**도 크게 발달했다. 프로스포츠의 출범과 1986년 아시안게임, 1988년 서울 하계올림픽의 영향으로 **스포츠 붐**이 형성되었기 때문이다.

제6장

1990년대

민자당 합당부터 김대중 정부 중기까지

(1990~1999)

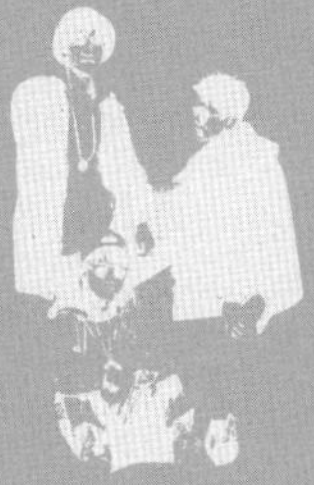

1990년대 초기에 노태우 정부에서 김영삼 정부로 정권이 평화적으로 이양되어 처음으로 '문민정부(文民政府)'가 구성되었다. 뒤이어 야당 지도자 김대중에 의해 여야 간 수평적 정권 교체가 이뤄졌다. 완전하지는 않았지만 민주주의가 진전되었고 남북 관계의 물꼬가 트여 상호 대화와 교류가 활성화되었다. 민주화가 진전되면서 국민들의 관심은 점차 국가에서 개인으로, 정치에서 탈정치로 옮아갔다. 매체의 발달과 통신 기술의 진전으로 대중문화는 비로소 꽃을 피우기 시작했다. 경제적으로는 우루과이라운드 타결 이후 WTO가 설립되면서 개방 압력이 본격화했다. 이로써 1차 산업인 국내 농·축산업이 크게 타격을 받기 시작했다. 세계시장에서 정부의 통제·조정 기능이 약화되는 대신 기득권자들의 논리가 통용되는 신자유주의도 높은 파고로 밀려왔다. 김영삼 정부는 내실을 기하기보다 성장·팽창주의에 치중해 결국 국제통화기금(IMF)의 긴급 금융 지원을 받음으로써 초유의 '국가 부도 사태'를 초래했다. 뒤이은 김대중 정부는 위기 탈출에 국가적 역량과 국민적 에너지를 집중시켜 급한 불을 껐다. 그러나 경제 실정의 후유증이 막심해 이후 수십 년간 경제 기반 약화, 성장률 정체, 소비 침체, 실업 증가, 가계 부채 증가, 양극화 심화 등의 경제적 악순환이 나타났다.

김영삼 정부

김영삼 정부의 연원은 민주정의당·통일민주당·신민주공화당의 '3당 합당(三黨合黨)'에서 출발했다. 일생을 민주화 운동에 헌신한 야당 지도자 김영삼은 1987년 통일민주당을 창당해 대통령 선거에 출마했으나, 평화민주당 후보인 김대중과 야권 후보 단일화가 성사되지 않아 패배했다. 김영삼은 집권을 위해 국민들의 예상을 깨고 지지자들의 거센 비난을 무릅쓰는 모험을 했다. 비밀 회합 끝에 1990년 1월 22일 여당인 노태우 대통령의 민주정의당과 자신이 이끌던 통일민주당, 김종필 총재의 신민주공화당을 합당해 '민주자유당(민자당)'을 만들고 대표최고위원이 된 것이다. 김영삼의 민자당 합류를 반대한 야권과 옛 동지들은 김영삼은 "민주화 운동의 상징"이 반역사적인 야합(野合)을 하여 변절자가 되었다는 따가운 비판을 들었지만, "호랑이를 잡으려면 호랑이 굴에 들어가야 한다"라고 강변하며 여당의 지도부로 변신했다. 이때 동지였던 노무현 의원 등 통일민주당의 일부는 합당에 참여하지 않았다. 합당 후 김영삼은 노태우를 압박해 여당 대표가 된 후 1992년 12월 대통령 후보로 출마해 정치적 동지이자 경쟁자였던 김대중 후보를 누르고 제14대 대통령으로 당선되었다. 그는 사상 처음으로 민간 정부를 구성했기에 '문민정부'라 불렀다.

김영삼 대통령은 문민 시대라는 역사적 의미를 강조하며 '신한국 창조'를 기치로 내걸고 역사 바로 세우기, 군부독재와 비민주적 폐습 청산 등 강도 높은 개혁 조치를 실행했다. 특히 김영삼 대통령은 민자당을 신한국당으로 개명해 친정 체제를 구축하고, 1993년 소신파 대법관 이회창을 감사원장과 총리에 차례로 발탁했다. 작은 정부를 지향해 행정 기구를 축소하고 정치 개혁에도 나서 '공직선거 및 선거부정방지법', '정당법', '정치자금법' 등을 개정했다. 부패 방지를 위해 대통령의 재산을 스스로 공개하고 정치자금 근절을 선언했다. '공직자윤리법'을 제정해 1급 이상 고위 공무원의 재산을 의무적으로 등록하도록 했다. 지방자치제도도 전면 실시했다. 역사 바로 세우기를 위해 군내 사조직으로 12·12 사태를 주도했던 하나회를 숙청하는 작업부터 시작했다. 군사독재 시절 권력의 상징이던 안전 가옥(안가)을 철거하고 청와대 앞길을 시민들에게 개방했다. 이어 전두환과 노태우를 반란 및 내란죄 혐의로 구속하고 재판에 회부했다. 일본 침략의 상징인 과거 조선총독부 건물(중앙청)을 철거하고, 역사의 진실성을 존중한다는 차원에서 서울역사, 한국은행 본관, 서울시청은 존속시켰다. 1996년 1월 일제강점기의 잔재로서 황국(皇國, 일본제국)의 신민을 육성한다는 뜻이 내포된 '국민학교'를 순수한 뜻인 '초등학교'란 명칭으로 바꾸었다.

경제 부문에서도 연이은 개혁 조치를 실행했다. 김영삼 정부는 탈세와 부정부패를 뿌리 뽑고 투명한 금융거래 관행을 정착시키기 위해 1993년 금융실명제를 실시했다. 각종 규제 완화, 공기업 민영화 등 성장에 방점을 둔 신자유주의(新自由主義) 정책을 펼쳤다. 김영삼 정부가 채택한 신자유주의는 20세기 이후의 관점에서 다시 국가권력의 시장 개입을 비판하고 시장의 기능과 자유경쟁, 민간의 자유로운 활동을 중시하는 이론이다. 개방화, 세계화, 자유화, 민영화, 탈규제, 탈복지 등을 강조하는 강대국 중심의 논리라 할 수 있다. 세계의 경제 시스템은 봉건주의(14세기, 지주와 농노) → 중상주의(16세기, 보호무역주의) → 고전자본주의(18세기, 시장 의존) → 수정자본주의(20세기 초, 정부의 개입 강조) → 신자유주의(20세기 중·후반, 시장의 자유 강조) → 대안자본주의(자본주의 4.0, 시장의 자유와 정부 개입의 조화 강조)로 발전해왔다. 이 가운데 신자유주의는 국제적으로 경제 기반이 튼튼한 강대국에게, 국내적으로 시장에서 많은 기회를 누리며 시장을 좌우하는 힘이 큰 대기업과 부유층에게 유리한 결과를 가져다주는 이론이다. 따라서 경제적 양극화와 빈부 격차 심화, 빈곤층의 사회 안전망 결여 등 많은 문제점을 내포하고 있었다.

김영삼 정부는 우리나라가 1995년 12월에 1인당 국민소득 1만 달러를 돌파한 것 등을 기념해 국제적 위상을 높이고자 1996년 10월 선진국들이 가입하는 경제협력개발기구(Organization for Economic Cooperation and Development: 이하 OECD)에 가입했다. 대전엑스포(1993.8), 제1회 광주비엔날레(1995.9), 무주·전주동계유니버시아드(1997.1) 등 대형 국제 행사도 개최했다. 우리나라도 이제 국제 수준의 노동 규칙을 따른다는 의미로 1991년 국제노동기구(ILO)에 가입했다. 민주화 이후 노동조합 결성이 활발해지면서 1995년에는 전국민주노동조합총연맹(민주노총)이 결성되어 한국노동조합총연맹(한국노총)과 함께 양대 노총 시대를 열게 되었다. 국제적으로는 1993년 우루과이라운드가 완전히 타결되고 1995년 WTO가 출범하면서 무역 개방에 대한 요구가 높아졌다. WTO의 거센 압력에 굴복해 정부가 약속한 쌀 시장 개방은 국민적 반대에 부딪혔다. 특히 농민들은 결사적으로 농·축산물 시장 개방 반대 운동을 펼쳤다.

김영삼 정부는 이렇듯 정치·경제·사회 분야의 개혁 조치들로 인해 집권 초기 국민들의 높은 호응과 지지를 받았다. 그러나 문민정부라는 이름에 걸맞지 않은 보수적인 한반도 정책과 외교로 남북 대결과 평화 공존이라는 갈림길에서 갈팡질팡해 이념 갈등이 격화되었다. 일례로 정부는 남북 관계를 개선하기 위해 이인모 등 비전향 장기수를 인도적 차원에서 조건 없이 북에 보냈으나 남북 관계는 획기적으로 진전되지 않았다. 시민사회에서도 방북 인사들이 줄을 이었는데, 1989년 밀입북한 소설가 황석영을 1993년 4월 구속했다. 아울러 산업화 시대 고도성장의 그늘에 가려졌던 구조적 부패와 사회시스템의 부실이 노출되어 경제계의 부패와 경제정책의 실정이 드러나고 각종 대형 사고가 터지면서 비판 여론이 높아지기 시작했다.

김영삼 정부가 경제적으로 성장주의에 치중해 지나친 산업 확대와 수출산업 강화, 규제 완화 정책을 펴다 보니 그 부작용으로 임금 인상, 물가 상승, 외화 낭비가 나타났다. 부실 대출로 부문별한 사업 확장에 나섰던 기업들이 연쇄도산하고 국가가 보유한 외환이 크게 부족해지면서 국가파산 위기에 몰렸다. 결국 1997년에 사상 초유로 IMF에서 긴급 구제금융을 지원받는 수모를 당했다. 외환위기로 많은 실업자와 노숙인이 생겨 사회문제로 부각되면서 사회 안전망(social safety nets)을 구축해야 한다는 여론이 비등해 '국민기초생활보장법'이 제정되었다. 전라북도 부안 위도 앞바다의 서해 페리호 침몰 사고(1993), 서울 한강의 성수대교 붕괴(1994), 서울 서초구의 삼풍백화점 붕괴(1995) 등 대형 사고가 빈발해 건설과 안전 시스템에서도 총체적 부실이 드러났다. 여기에 김영삼 대통령의 차남 김현철 씨가 1992년 대통령 선거에 깊이 관여하고 정치적 영향력을 행사하며 대기업에서 금품 등을 받은 사실이 드러났다. 결국 1997년 김현철 씨가 검찰 수사 끝에 구속되어 민심이 이반하면서 정권은 내리막길에 접어들었다.

김영삼 정부는 초기에 여러 개혁 조치를 실행해 호응을 얻었지만 경제에 실패한 정부라는 오명을 남겼다. OECD 가입도 허장성세 속에 이뤄진 성급한 정책 결정이라는 비판을 받았다. 문민정부 1기로서 초기에는 이전과 다른 개혁성을 강조했지만, 부패 정치 스캔들이 속속 드러나고 나라의 재정이 파탄 나는 국정 무능을 보여주어 그 의미가 퇴색했다. 집권당인 신한국당에서는 대법관과 감사원장 출신의 국무총리 이회창이 헌법에 규정된 국무총리의 역할을 강조하며 김영삼 대통령과 충돌해 총리 임명 4개월 만에 경질되었다. 이후 이회창은 '원칙과 소신'이라는 대쪽 이미지를 바탕 삼아 1996년 총선에서 대선 후보로 부상했다. 그러나 각종 사고와 전대미문의 환란을 체험한 국민들은 집권당에 큰 지지를 보낼 수 없었다. 이러한 배경 속에 치러진 제15대 대통령 선거에서 호남에 정치 기반을 둔 새정치국민회의와 충청에 지지세를 둔 자유민주연합(총재 김종필)은 김대중을 단일 후보로 내세웠다. 결국 김대중 후보는 신한국당의 이회창 후보를 누르고 당선되었다. 역사상 처음으로 여야 간 수평적인 정권 교체가 이뤄진 것이다.

김대중 정부

대선에서 'DJP 연합'(김대중, 김종필, 박태준의 연합)이라는 합종연횡 전략을 구사한 새정치국민회의의 김대중 후보는 '준비된 경제 대통령론'을 앞세워 외환위기로 궁지에 몰린 여당 후보를 물리치고 네 번의 도전 끝에 대통령이 되었다. 사업가, 정치인, 사형수, 사상가, 민주화 운동 지도자, 경제 전문가로 이미지를 확장해온 김대중은 야당 정치인 시절에도 "서생(書生)적 문제 인식과 상인(商人)적 현실감각"을 강조한 데다 사형선고와 암살 시도 등 극심한 정치 탄압을 받은 경험이 있었기에 정권 교체 후 어떤 정치를 보여줄지가 관심사였다. 김대중은 1998년 2월 25일 제15대 대통령으로 취임해 새 정부의 주권이 국민에게 있다는 뜻의 '국민의 정부'로 명명했다. DJP 연합이라는 공동 정부 구상을 실천하고자 자유민주연합의 김종필을 국무총리로 임명하고, 각부 장관을 양당 인사로 안배해 공동 정부를 구성했다. 소수 정권이었던 김대중 정부는 출범 초기 국회의 과반 의석을 초과 확보한 한나라당의 제동으로 국무총리와 감사원장의 국회 인준이 지연되는 등 정국 운영에 어려움을 겪었다. 그러나 옛 여권의 국회의원들을 대거 영입해 가까스로 국회에서 안정적 기반을 확보했다.

국민의 정부는 대통령 취임사에서 밝힌 대로 총체적인 개혁의 실행을 약속했다.

민주주의와 경제 발전의 병행 실천을 의미하는 'DJ노믹스'를 모토로 외환위기의 조기 극복에 나섰다. 남북 관계에서는 '햇볕정책(Sunshine Policy)'을 내세워 남북 화해와 협력의 시대를 여는 데 주력했다. 햇볕정책은 1998년 4월 3일 영국을 방문한 김대중 대통령이 런던 대학교 연설에서 처음 사용한 말로, 『이솝 우화』(겨울 나그네의 외투를 벗기는 것은 거센 바람이 아니라 따뜻한 햇볕이라는 내용)를 인용해 경제 지원 등을 통한 대북 유화정책의 필요성을 강조한 것이다. 언론 자유 확대, 제주 4·3 사건 등 과거 정권에서 벌어진 미해결 사건의 진실 규명 등 각종 민주개혁을 추신했다. '생산적 복지'라는 개념을 도입해 '국민기초생활보장법'을 제정한 후 저소득층, 노인, 장애인 등 소외 계층의 복지를 향상시키고 학교급식을 실시했다. 여성의 인권 신장과 사회적 지위 확대를 겨냥해 여성부를 신설하고 여성 장관의 임용을 늘리면서 양성평등의 개념을 확립하려 했다.

특히 전 정부가 초래한 IMF 외환위기를 극복하기 위해 집권 초기 대대적인 기업 구조 조정, 금융 개혁 등 경제개혁에 몰두했다. 이해관계가 첨예하게 맞서는 노동조건 등을 협의하기 위해 1998년 노사정위원회도 설치했다. 민주노총과 전국교직원노동조합도 합법화되었다. 특히 정부는 시대의 흐름을 반영해 정보기술(IT) 육성에 적극성을 보이며 정보통신부를 만들고 인터넷과 디지털 분야를 크게 성장시켜 훗날 모든 기업의 IT화를 견인했다. 특히 전 국민이 집에 보관하던 금을 모아 외환 보유고를 높이려는 '금 모으기 운동'에 나서 각광을 받았다. 이런 노력으로 2001년에 IMF 지원금을 모두 조기에 상환할 수 있었다. 그러나 외환위기 극복 과정에서 기업, 금융, 공공, 노동 등 4대 개혁을 추진하는 가운데 기업 구조 조정과 통폐합으로 많은 실업자가 발생했으며, 부실해진 은행들과 기업들을 외국자본에 매각해 국내 자본의 해외 유출을 심화했다고 비판받았다. 정부의 조정·규제 기능을 강화하기보다 대기업과 부유층 등 시장 주도 세력에게 좀 더 많은 자유를 주는 '신자유주의 정책'을 고수해 빈부 격차 등의 부작용이 나타났다.

김대중 대통령은 햇볕정책의 일환으로 분단 이후 대통령으로서는 처음 2000년

6월 15일 평양을 방문해 김정일 국방위원장과 함께 남북정상회담을 열었다. 그 결과 이산가족 상봉, 경의선·동해선 철도 연결 등 교류 활성화, 민간 통일 운동의 활성화, 금강산 관광 등 남북 경제협력의 확대를 통해 화해·협력 체제 구축 등에 합의했다. 야당은 대북 송금 과정에서 국민적 동의가 소홀히 취급되었다며 "북한 퍼주기"라고 비판하기도 했으나, 김 대통령은 이에 대한 공로가 국제사회의 인정을 받아 2000년에 우리나라 최초로 스웨덴 한림원에서 노벨평화상을 받았다. 2002년에는 사상 최초로 우리 축구 국가 대표 팀이 4강에 오른 데다 응원 문화의 새로운 전형을 보여준 월드컵과 부산 아시안게임의 성공적 개최를 통해 국가의 위상을 높였다. 한일 간 대중문화를 개방해 양국 간 이해와 교류를 넓혔으며 훗날 우리나라 대중문화예술을 획기적으로 발전시킨 '한류 열풍'의 기틀을 마련했다.

김대중 정부는 외환위기의 극복, 남북 관계 개선, 복지 정책의 추진 등에서 긍정적 평가를 받았지만, 소수 정권의 한계로 절충형 정치에 치중해 반민주적 제도의 청산, 부정부패 인사의 척결, 지역감정의 극복과 국민 통합, 권력을 감시하고 비리를 원천 봉쇄하는 제도 마련 등의 정치 개혁에는 미진했다. 외환위기를 활용해 재벌 중심의 경제구조를 혁파하고 경제의 새 틀을 짜지 못하고 경제적 양극화 심화를 야기한 점도 아쉬웠다. 신자유주의 확대, 부동산 가격 상승, 빈부 격차 심화 등의 경제 이슈와 임기 말 불거진 김대중 대통령의 두 아들과 측근들의 비리는 국민에게 실망을 안겨줬다.

1990년대 대중문화예술 연표

1990	1월	문화공보부 폐지 후 문화부와 공보처 신설
	9월	북방정책을 추진해 소련(러시아)과 수교
		KBS 농촌 드라마 〈대추나무 사랑 걸렸네〉 방송(~2007.10, 총 852회)
	10월	가수 신승훈 데뷔('발라드의 황제' 등극), 태영을 새로운 민영방송 주주로 선정
1991	초반	서울 강남에 '오렌지족', '야타족' 등장
	9월	남북한 동시 유엔 가입, 서울 강남 개발(영동택지개발) 사업 종료
	10월	MBC 드라마 〈여명의 눈동자〉 흥행(시청점유율 58.4%)[한중 수교 이전 한국 드라마 최초 중국 수입·방송(하얼빈TV)]
	11월	MBC 드라마 〈사랑이 뭐길래〉 흥행(시청점유율 64.9%, 역대 2위)
	12월	수도권 민영방송 SBS TV(서울방송) 개국(대주주 태영)
1992	2월	제14대 대통령 김영삼 취임
	4월	그룹 서태지와 아이들 데뷔(1996년 공식 은퇴)
	7월	최수종·최진실 출연 MBC 드라마 〈질투〉 흥행(시청점유율 56.1%)
	8월	중화민국(타이완)과 단교, 중화인민공화국(중국)과 수교
	10월	가수 김건모 데뷔
		MBC 드라마 〈아들과 딸〉 흥행(시청점유율 61.1%)
1993	1월	MBC 드라마 〈질투〉 하얼빈TV에 방송(한중 수교 후 첫 수출)
	4월	임권택 감독의 영화 〈서편제〉 개봉
	8월	금융실명제 실시
	10월	부안 위도 해상에서 서해 페리호 침몰 사고 발생
1994	2월	MBC 드라마 〈마지막 승부〉 흥행, '다슬이(심은하) 신드롬'
	3월	생수 국내 시판 허용
	9월	가수 박진영 데뷔, 살인극 벌여온 지존파 다섯 명 구속
	10월	서울 한강 성수대교 붕괴
1995	1월	정부가 세계화추진위원회 발족
		SBS 드라마 〈모래시계〉 흥행(시청점유율 64.5%, 역대 3위)
	3월	케이블 TV 개국(다매체 다채널 시대 도래)
	5월	KBS 2TV 드라마 〈젊은이의 양지〉 히트(시청점유율 62.7%)
	6월	서울 서초동 삼풍백화점 붕괴
	7월	부동산실명제 실시
	8월	국내 최초의 위성인 '무궁화 1호' 발사 성공
	9월	제1회 광주비엔날레 개막

1996	1월	'국민학교'를 '초등학교'로 명칭 변경, 서울 버스전용차로제 첫 실시
	9월	KBS 2TV 드라마 〈첫사랑〉 흥행(시청점유율 65.8%, 역대 1위)
		아이돌 그룹 H.O.T. 데뷔, 제1회 부산국제영화제 개막
	10월	OECD 가입
1997	2월	황장엽 북한 노동당 비서 한국 망명 요청(4월 서울 도착)
	3월	MBC 드라마 〈별은 내 가슴에〉 흥행(시청점유율 49.3%)
		중국 한류의 시작이 된 최초의 한국 드라마로 평가
	4월	아이돌 그룹 젝스키스가 「학원별곡」으로 데뷔
	10월	MBC 드라마 〈그대 그리고 나〉 흥행(시청점유율 62.4%)
	11월	걸그룹 S.E.S. 데뷔, IMF 구제금융 신청
1998	2월	제15대 대통령 김대중 취임, 주 5일 근무제 부분 도입 추진
	5월	걸그룹 핑클 데뷔
	10월	일본 대중문화 1차 개방(2004년 제4차 개방으로 최종 완료)
1999	2월	영화 〈쉬리〉 개봉
	6월	서해상에서 남북 함정 교전(한국전쟁 이후 남북 간 최대 무력 충돌 사건)
		화성 수련 시설 씨랜드 화재 사건(유치원생 등 23명 사망)
	9월	KBS 코미디 프로그램 〈개그콘서트〉 방송 시작(현재까지 방송 중)
	11월	MBC 사극 〈허준〉 흥행(시청점유율 63.7%), '예진 아씨(황수정) 신드롬'

민중문화의 대중문화화와 국제화 바람

1990년대는 군사정권의 독재정치와 잘못된 역사 인식의 그늘에서 벗어나 대중이 능동적인 사회변혁의 주체로 나서면서 표현의 자유를 비롯한 민주주의가 확대되는 계기를 마련했다. 대중문화예술 분야에서도 반독재 투쟁을 이끄는 데 앞장섰던 **민중문화**民衆文化가 대중문화大衆文化와 어우러지며 점차 **제도권**으로 **편입**되었다. 민주화 초기인 1990년대 초반에는 **민중가요**가 대중가요 차트를 휩쓸고, 정치 비판을 담은 진보적 영화가 개봉되는 **대중문화의 정치화** 현상이 두드러졌으나, 1990년대 중반부터는 민주화라는 정치적 욕구가 많이 해소되어 개인화·탈정치화 현상이 나타났다. 따라서 대중문화예술은 매체의 발달, 자본의 시장 진입, 여가·오락 욕구의 증가 등과 결합되어 **상업주의**의 길로 접어들었다. 특히 **방송·통신의 발달**과 **비주얼 시대**의 도래, 해외여행 자유화 이후 **사고의 지평 확대**, **감성적인 신세대의 출현**, **문화시장의 개방·교류 확대** 등 이전 시대와는 다른 놀라운 변화가 나타났다.

다른 한편으로 국제화 바람과 신자유주의 확산 속에 우리 **문화계**도 **개방**하지 않을 수 없는 상황이 되었다. 문화 부문은 강력한 자본·기술·유통망을 무기로 하는 서구 국가에 비해 기반과 경쟁력이 크게 약했기에 우려가 적지 않았다. 1995년 1월 WTO 체제가 국내에서도 비준되면서 관세 인하, 반反덤핑 규제 등 각국에 탈규제를 요구하는 움직임이 본격화하는 가운데, 김영삼 정부는 방송 등 **대기업의 문화산업 진출**을 **허용**했으며, 미국 등 서구 강국의 시장 개방 압력으로 농산물에 이어 **통신**, **지적재산권**, **문화**(영화, 방송) **분야**까지 **개방**해야 했다.

방송·통신이 급격히 발전하면서 정치적 대립 구도에 천착한 **민중문화**가

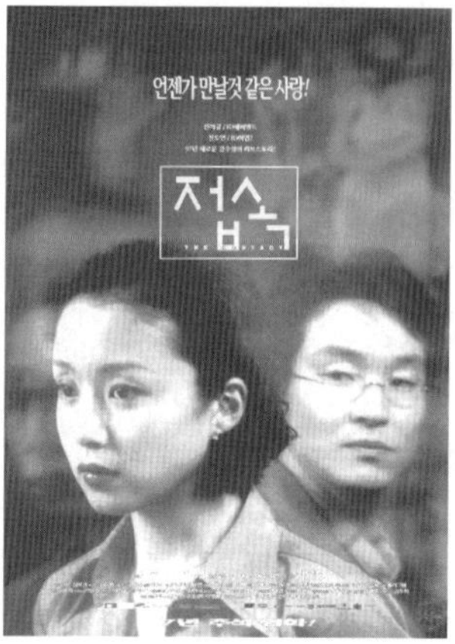

▌PC 통신 시대를 맞아 이를 통한 만남을 소재로 만든 영화 〈접속〉

대중문화에 **흡수**되고 상업화가 촉진되었다. 영화, 드라마, 가요 등 대중문화 전반이 활기를 띠며 대중의 문화 소비가 급속히 늘어났다. 미디어 기술의 발전으로 정부와 기업은 새로운 기업과 먹거리를 찾으려 했다. **PC 통신**, **휴대전화**, **인터넷**, **다운로드 기술**, **무선 전송 기술** 등이 차례로 도입되면서 커뮤니케이션과 대중문화의 유통 방식에도 일대 변화가 일어났다. 유선방송인 **케이블 TV**, 제3의 지상파방송인 **SBS**, 추가적인 **지역 민방**, **위성방송**이 차례로 도입되면서 **다매체 다채널 시대**가 열렸다. 특히 영화·방송·통신의 진보는 국민을 **비주얼 혁명**과 **쌍방향 소통** 시대로 이끌었다. **감성적인 신세대** 취향의 드라마·영화가 히트하고 국내 영화의 해외 진출이 더욱 활발해졌다. 유학과 해외여행, 민주화 이후 개성과 감성을 중시하는 흐름을 체화한 신세대들이 가요계에 등장하면서 시대를 이끄는 대중적인 아이콘으로 자리 잡았다.

영화계의 끈질긴 스크린쿼터 사수 운동

영화 부문에서는 다양한 국산 상업 영화의 제작이 이어졌고, 해외에 진출하는 작품이 늘어났다. 1966년에 도입된 스크린쿼터를 1990년대 후반 미국의 통상 압력으로 축소하겠다는 정부의 방침이 발표되자 영화계와 시민단체를 중심으로 현행 **스크린쿼터 사수 및 축소 반대 운동**이 일어났다. 미국이 한국 내 영화관에서 한국 영화 의무 상영 일수 규정인 스크린쿼터(146일)를 대폭 축소해야 자국의 영화 유통이 증가할 것이라 보고 계속 압력을 행사했기 때문이다. 1993년 10월 27일에는 **감독 임권택·정지영**, **배우 안성기·박중훈** 등 영화인 300명이 영화진흥공사에서 스크린쿼터 축소 반대 규탄대회를 연 데 이어 1994년 6월 23일 전국극장연합회가 '영화법'에 대해 헌법소원을 제기했다. 1998년 7월 30일에는 문성근, 한석규 등의 영화인들이 정부종합청사 앞에서 스크린쿼터 폐지 반대와 한미투자협정에서 영화 분야 제외를 요구하는 집회를 개최했다. 국회도 1999년 1월 5일 스크린쿼터 유지 촉구 결의안을 채택했다.

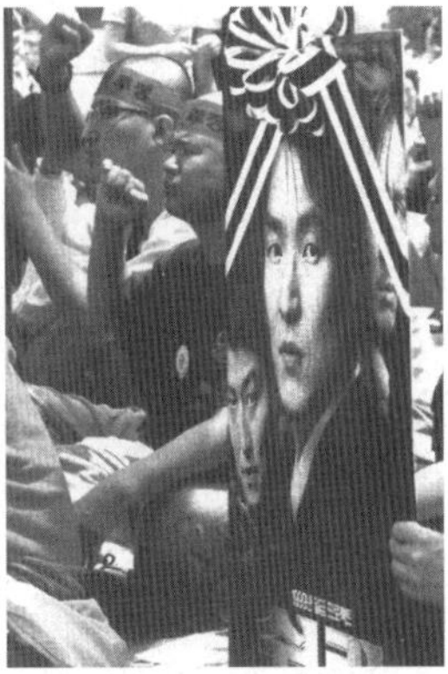

'스크린쿼터 축소 저지를 위한 범영화인 규탄대회'에 참석한 영화인들(1988년 서울 광화문)

자료: 경향신문.

그러나 문화부는 같은 해 6월 9일 미국의 통상 압력을 이기지 못한 채 단계적 축소 방침을 발표했다. 이에 '스크린쿼터 사수를 위한 범영화인 비상대책위원회'는 1998년 6월 18일 **배우 최민식**, **한석규**, **이미연**, **최지우**, **황신혜**, **심혜진** 등 영화인 700여 명이 참석한 가운데 서울 광화문에서 규탄대회를 열었다. 이 자리에서 **정지영**, **박찬욱**, **박광춘**, **박광수**, **이미례** 감독 등 참석자 99명이 삭발했다. 영화인들의 투쟁은 2006년 3월 7일 '영화진흥법' 시행령이 개정되어 스크린쿼터가 146일에서 **73일**로 **축소**되는 날까지 줄기차게 진행되었다.

한국 영화는 미국 영화사들의 할리우드 영화 직배 공세에 맞서 작품의 질적 개선과 기획·제작 체제의 내실화를 위해 노력함으로써 크게 **도약**하며 점차 경쟁력을 갖추기 시작했다. 국산 영화인 〈그들도 우리처럼〉, 〈태백산맥〉, 〈서편제〉, 〈은마는 오지 않는다〉, 〈우리들의 일그러진 영웅〉, 〈장미빛 인생〉, 〈투캅스〉 등이 관객의 사랑을 받았다. 1993년 개봉된 〈서편제〉는 최다 관객을 동원했다. 강우석 감독은 〈투캅스〉 시리즈 등 액션 코미디물을 개척했다. 해외 영화제 출품과 수상도 활발해졌다. 배우 심혜진은 1990년 〈그들도 우리처럼〉으로 제12회 낭트 3대륙영화제 여우주연상을, 배우 이혜숙과 감독 장길수는 1991년 〈은마銀馬는 오지 않는다〉로 제15회 몬트리올 국제영화제 여우주연상과 각본상을 각각 받았다. 1992년에는 정지영 감독이 〈하얀전쟁〉으로 제5회 도쿄 국제영화제 최우수작품상과 감독상을, 박종원 감독이 〈우리들의 일그러진 영웅〉으로 제16회 몬트리올 국제영화제 최우수제작자상을 수상했다.

1993년에는 배우 이덕화가 〈살어리랏다〉로 제18회 모스크바 국제영화제 남우주연상을, 배우 오정해와 감독 임권택은 〈서편제〉로 제1회 상하이 국제영화제의 여우주연상과 감독상을 수상했다. 1994년 배우 최명길은 〈장미빛 인생〉으로 제16회 낭트 3대륙영화제 여우주연상을 받았다. 같은 해 장선우 감독은 〈화엄경〉으로 제44회 베를린 국제영화제 알프레드 바우상을, 정지영 감독은 〈허리우드 키드의 생애〉으로 제42회 산세바스티안 국제영화제 국제영화비평가연맹상을 받았다. 이런 흐름 속에서 영화계는 영화 발전을 위해 1990년에 **춘사 나운규 영화예술제**(현 '춘사국제영화제')와 1996년에 **부산국제영화제**Busan International Film Festival: BIFF를 제정했다. 춘사 나운규 영화예술제는 항일 독립투사이자 한국 영화의 선구자 역할을 한 춘사 나운규의 영화 열정과 삶의 투혼을 기리고자 마련한 것이다. 부산국제영화제는 한국 영화의 발상지로 평가받는 부산을 영화의 도시로 발전시키기 위해 마련한 정책적 행사로, 오랜 준비 끝에 1996년 9월 13일 제1회 행사가 열렸다.

감성 코드 드라마의 봇물과 연극의 상업화

드라마에서는 다양한 감성을 자극하는 작품들이 쏟아지면서 안방극장의 집중도를 높이는가 하면 **감성적 코드**를 지닌 신세대들이 스타로 떠올랐다. 한중 수교 이후 1993년 MBC 드라마 〈**질투**〉(1992)가 중국에 처음으로 수출되고 나서 1997년부터 〈**별은 내 가슴에**〉, 〈**사랑이 뭐길래**〉 등이 인기를 누리며 중국 한류의 계기를 마련했다. 안방극장은 황금기를 맞이해 1992년 방송된 MBC 〈사랑이 뭐길래〉는 **평균 시청점유율 59.6%**로 당시 기준으로 역대 최고 시청률을 기록했다. 1992년의 〈여명의 눈동자〉(44.3%), 1992~1993년에 방송된 〈아들과 딸〉(49.1%), 1995년 민영방송인 SBS의 개국 프로젝트였던 〈모래시계〉(46.3%), 1996년에 방송된 KBS 2TV의 〈첫사랑〉(47.1%), 1997~1998년의 〈그대 그리고 나〉(42.5%), 1998년에 방송된 MBC 〈보고 또 보고〉(45.0%), 1999년 11월부터 2000년 6월까지 방송된 〈허준〉(48.3%) 등도 각광을 받았다.

특히 드라마 〈허준〉에 '예진 아씨' 역으로 출연한 배우 **황수정**은 드라마가 히트하면서 신드롬을 불러일으킬 만큼 뜨거운 인기를 누렸다. 신인 배우 **최진실**, **고소영**, **심은하**, **김희선**은 드라마와 영화를 넘나들며 스타로 떠올라 광고와 패션 스타일을 주도했다. 이 시기부터 〈허준〉과 같은 사극 드라마는 작가적 상상력을 가미해 스토리를 만들고 형식 면에서 멜

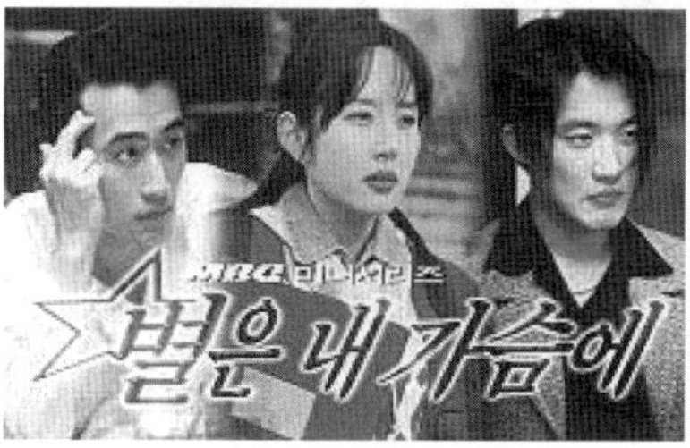

▌중국 한류의 시초가 된 MBC 드라마 〈별은 내 가슴에〉

로, 코미디, 트렌디 등 다양한 장르를 혼합했으며, 역사적 공간을 재현한 대형 세트장을 만들어 스펙터클한 영상미를 구현했다(주창윤, 2007). 당시 드라마를 살펴보면 전체적으로 여주인공의 외모는 여성성을 탈피하고 극 중 능동적 인간관계가 뚜렷해지는 경향을 보였지만, 주 시청자가 여성인 멜로드라마에서는 여성의 모순적 욕망을 반영하듯 전형적인 외모의 수동적인 여성상이 공존하는 모습을 나타냈다(이화정, 2013).

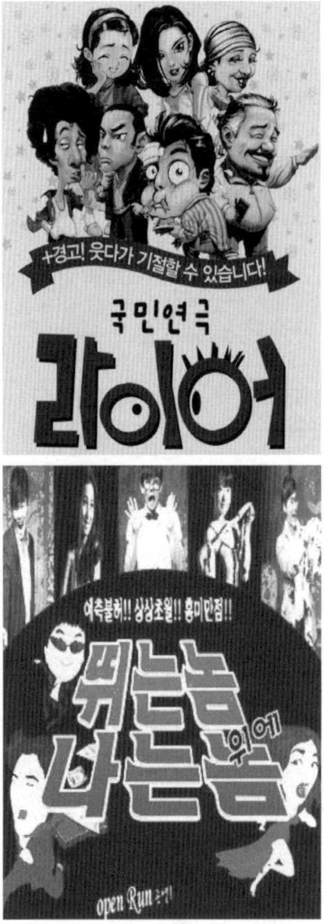

▌1990년대 초연해 장기 공연한 연극 〈라이어〉와 〈뛰는 놈 위에 나는 놈〉

연극계에서는 1987년부터 시작된 민주화 바람을 타고 1990년대 중반까지 정치적·사회적 소재를 가볍게 풀어낸 **연성 비판극**이 성행했다. 그러다가 민주화와 자유라는 국민적 갈망이 점차 해소되면서 〈라이어〉[원작은 레이 쿠니(Ray Cooney)의 *Run for Your Wife*], 〈누가 누구〉[원작은 마르크 카몰레티(Marc Camoletti)의 *Don't Dress for Dinner*], 〈사기꾼들〉[원작은 마이클 제이콥스(Michael Jacobs)의 *Cheaters*], 〈심바새메〉[원작은 레이 쿠니의 *Run for Your Wife*]처럼 **감각주의**나 **쾌락주의**에 호소하는 **브로드웨이의 상업적 코미디**나 **가벼운 희극**이 점차 자리를 잡았다. 이런 장르에서는 주인공들이 엎치락뒤치락하며 사건을 이끌어가는 **슬랩스틱** slapstick **기법**이 많이 사용되었다. 이 가운데 흥행한 〈라이어〉와 1980년대부터 이어온 〈보잉보잉〉(원작은 마르크 카몰레티의 *Boeing Boeing*), 〈뛰는 놈 위에 나는 놈〉[원작은 로베르 토마(Robert Thomas)의 *Double Game*]은 2010년 이후까지 장기 공연을 이어갔다. 이런 부류의 연극은 처음에는 브로드웨이의 첨단 공연을 소개한다는 의미가 있었지만, 영상 매체와는 다른 웃음의 제공, 지속적인 반전 구조의 삽입 등 **정교한 기획과 대중화 과정**을 거치면서 다소 논리적으로 전개되는 창작극과 달리 소구력 있는 상품으로 정착했다(김유미, 2012).

다른 한편으로 **역사극**이 유행했는데, 역사적 이야기를 현실에 맞게 재해석한 〈문제적 인간 연산〉, 〈백마강 달밤에〉, 〈영월행 일기〉 등의 작품이 등장해 대중의 역사의식을 일깨우는 데 일조했다. 동시에 〈자기만의 방〉, 〈욕탕〉, 〈엄마 안녕〉, 〈소녀와 죽음〉 등 **여성주의** 또는 **페미니즘**feminism을 주제로 한 작품이 공연되어 이 시기 확산되기 시작한 우리 사회 여권신장 운동과 흐름을 맞췄다. 고전 작품을 특정 사상과 결합하거나 한국적 사회 상황에 투영·각색한 **실험극**도 선보였다. 이런 부류의 작품은 〈햄릿 머신〉, 〈외디푸스와의 여행〉, 〈피의 결혼〉, 〈리시스트라타〉, 〈로미오와 줄리엣〉 등이다.

정부는 1991년을 '연극·영화의 해'로 지정해 봄철에 극단과 관객을 함께 지원하는 '사랑의 연극제'를 시작했다. 1993년에는 서울 서초동에 재단법인 형태로 **예술의전당**을 준공·개관해 연극인들의 업적을 기리는 '오태석 연극제'와 '최인훈 연극제'를 개최했다. 1995년에는 국립극장의 별관 형식으로 서울 정동에 **정동극장**(소극장)을 개관해 **외국인 관객**에 초점을 맞춘 공연을 선보였다. 한편 아시아의 한국·중국·일본이 문화 블록을 형성해 교류를 이어가고자 1994년에 '**베세토 연극제**'를 열었다. 1997년에는 국제극예술협회International Theatre Institute: ITI 총회와 함께 '세계연극제'가 서울에서 열려 연극의 국제화에 기여했다.

신세대 가수와 아이돌 그룹의 등장

미디어와 **신세대 문화**가 선순환해 발전하면서 대중음악은 여러 색깔로 분화하기 시작했다. 1980년대에 데뷔한 가수들이 1990년대 들어 황금기를 누리는가 하면 **랩**rap, **힙합**hiphop, **리듬앤드블루스**R&B처럼 세부 장르를 파고든 가수들이 속속 등장해 새로운 스타일을 주도했다. 1990년대 후반부터는 **서태지와 아이들, H.O.T., 젝스키스**를 비롯한 감성세대 그룹 가수들이 속속 등장해 10~20대 팬들을 주축으로 폭발적 인기를 누리며 2000년대까지 **아이돌 음악 전성시대**를 열었다. 대중가요 금지곡은 1990년대 들어 **월북작가**越北作家의 노래를 포함해 대부분 해제되었지만 표절과 왜색성倭色性, 체제 불신성이 짙은 노래는 여전히 해금되지 않아 문민정부 시기인 **1994년 6월까지 301곡**이 **금지곡**으로 존속했다. 대표적으로 쟈니 리의 「내일은 해가 뜬다」(원곡은 「사노라면」)는 "사노라면 언젠가는 좋은 때도 올 테지"라는 가사가 현실을 부정해 권력자의 기분을 상하게 한다는 이유로 묶여 있었다. 1995년 말 나온 서태지와 아이들의 「시대유감」도 가사 "정직한 사람들의 시대는 갔어. ……" 등이 체제 불신과 분노의 표현이 심하다는 이유로 심의에서 거절당하자 가사 수정을 거부하고 연주곡 행태로만 음반에 수록했다. 1996년 **음반 사전 심의제**가 없어지면서 공식적으로 금지 음반은 사라졌다. 그러나 방송사의 자체 심의 등을 통해 방송 금지곡이 종종 설정되고 있다.

발라드ballad와 **댄스**dance 장르에서는 **신승훈**, **김건모**, **조성모**가 100만 장 이상의 음반 판매 기록을 세우는 가운데 **변진섭**, **이상우**, **윤상**, **이승환**, **양수경**, **김민우**, **심신**, **이승철**이 인기를 누렸다. 특히 신승훈은 1991년 「미소 속에 비친 그대」로 데뷔해 '발라드의 황제'로 떠올랐으며, 이승환은 열정적이고 품격 있는 공연 태도로 '라이브 무대의 황제'라는 평가를 받았다. 조성모는 「투헤븐」, 「아시나요」 등 흡인력 있는 발라드 곡으로, 국악 전공자인 김건모는 경쾌한 댄스와 레게 풍 음악으로 두터운 여성 팬덤을 확보했다. 가수 현진영은 기교가 뛰어난 격렬한 힙합 댄스로 팬들을 동화시키는 에너지를 발산했다. 신인 가수 가운데는 **이상은**과 **김승진**이 신선한 퍼포먼스로 인기를 누렸다. **트로트** 분야에서는 **송대관**, **태진아**, **설운도**, **현철**이 전성기를 맞았다. **신해철**, **윤도현**, **강산에**는 저항과 자유의 상징으로 자리매김했으며 **이은미**, **이소라**, **공일오비**, **윤종신**, **김동률**, **이적**, **박정현**은 뛰어난 감성과 가창력을 과시했다. 유희열의 토이는 **객원 가수제**를 도입하는 실험을 선보이며 대중의 눈길을 끌었다.

서태지와 아이들은 랩과 힙합 댄스를 가미한 파격적인 댄스음악으로 기존 음악 시장에 새롭게 도전해 **신세대의 아이콘**으로 부상했다. 이들은 1992년 3월 14일 MBC TV 〈토요일 토요일은 즐거워〉에서 「난 알아요」라는 노래로 데뷔했다. 처음 등장했을 때는 음악과 안무 스타일이 생소하여 대중음악 전문가들로부터 혹평을 받았지만, 나중에는 거의 모든 청소년이 흠모하고 추종할 정도로 인기가 치솟으며 '**서태지 신드롬**'을 일으켰다. 급기야 이들은 '신세대 대통령' 또는 '**문화 대통령**'으로 불릴 만큼 우상이 되었다. 서태지와 아이들은 1995년 10월 컴백 무대에서 4집 앨범 '컴백

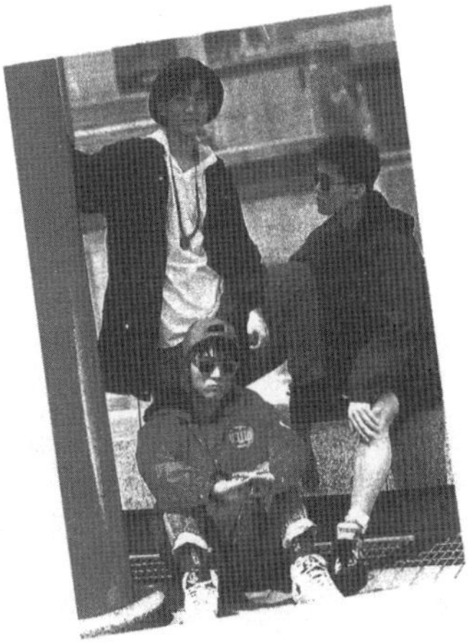

▌신세대 문화와 아이돌 댄스음악의 붐을 이끈 '서태지와 아이들'의 데뷔 2개월 뒤 모습

자료: 경향신문.

홈'을 발표했는데, 많은 가출 청소년이 이 노래를 듣고 감화되어 노랫말처럼 집으로 돌아갔다는 기사가 언론에 보도되기도 했다. 이 그룹의 멤버 **양현석**은 훗날 YG 엔터테인먼트를 창업했다. 1993년에는 섹시한 힙합 댄스로 무장한 가수 **박진영**이 데뷔해 「허니」, 「날 떠나지마」, 「그녀는 예뻤다」 등의 노래로 팬덤을 확보했다. 박진영은 훗날 JYP 엔터테인먼트를 설립했다.

서태지와 아이들을 시작으로 가요계에는 서양의 치어걸 문화와 일본의 아이돌 그룹 형태를 결합하고 댄스와 힙합, 랩을 가미한 **한국형 아이돌 그룹**이 속속 생겨나 신세대 문화를 이끌었다. 가수 겸 작곡가 **이수만**이 세운 SM 엔터테인먼트는 1996년 남자 아이돌 그룹 H.O.T.를 선보였는데, 1997년 음반 제작자인 **이호연**이 이끌던 DSP 엔터테인먼트(당시 회사명 대성기획)가 **젝스키스**를 데뷔시키면서 팬덤 간 라이벌이 형성되었다. 양 그룹 간 대결은 사회적 논란이 될 정도로 뜨거웠다. 다시 SM 엔터테인먼트가 1997년 걸그룹 S.E.S.를 데뷔시키자 1998년 DSP 엔터테인먼트는 **핑클**을 선보였다. 이런 흐름 속에 아이돌 그룹이 상업적으로 성공할 것이라는 확신이 깊어지면서 다른 회사들도 속속 아이돌 그룹을 기획해 데뷔시켰다. 2000년에 접어들면서 핑클 멤버 중 가장 인기가 많았던 **이효리**가 **'섹시 아이콘'**으로 떠올라 CF를 비롯해 대중문화 영역에서 전방위로 활동하며 선풍적인 인기를 누렸다. 이어 스타제국이 기획해 2001년 데뷔시킨 걸그룹 **쥬얼리**의 **박정아**도 이효리를 잇는 '섹시 아이콘'으로 떠올라 한동안 CF를 휩쓸었다. 2000년대까지 신생 아이돌 그룹의 데뷔전이 본격화하면서 SM 엔터테인먼트는 체계적인 트레이닝과 관리 시스템을, JYP 엔터테인먼트는 아티스트의 기본기와 성장 가능성을, YG 엔터테인먼트는 개성과 끼를 강조하는 특성을 갖추었다(장유정·서병기, 2015)고 평가받았다.

홍대 인디 음악의 형성과 감성세대 파워

인디 음악도 크게 성장하면서 인디 뮤지션 가운데 **크라잉넛**, **노브레인**, **자우림**과 같은 스타가 배출되었다. 1990년대 중반부터는 서울 신촌과 홍익대학교 주변 상가에 위치한 **클럽·소극장**을 **중심**으로 젊은이들이 **인디 문화**를 즐기며 소통하는 **홍대 문화**가 본격적으로 형성되었다. 홍대의 인디 클럽 공연은 1996년 클럽 '**드럭**Drug'에서 열린 록그룹 너바나의 보컬 **커트 코베인**Kurt Cobain 사망 1주기 추모 공연이 시초가 되었다. 이어 프리버드, 재머스, 롤링스톤즈 등의 클럽이 생겨나 펑크 밴드, 얼터너티브 록 밴드의 공연이 정기적으로 열렸다. 크라잉넛과 노브레인은 이때 배출된 대표적인 그룹이다. **크라잉넛**의 「말 달리자」와 **노브레인**의 「넌 내게 반했어」는 높은 인기를 얻어 TV로 진출했다. 기타리스트 **원종우**는 1996년 우리나라 최초로 혼자 작사·작곡·연주·레코딩·믹싱한 독립 앨범을 발매했다. 자우림은 4인조 혼성 모던록 밴드로 활동했다. 홍대 클럽은 **언더그라운드 음악**을 정착시키고, 음악적으로 **창의적인 아이디어**와 **도전 정신**을 지닌 다양한 뮤지션을 배출했다. 그러나 주한미군들과 유학생들이 합세해 환각제를 흡입하는 **광란의 댄스파티**를 벌이는 등 문제가 나타나 사회적 지탄을 받기도 했다.

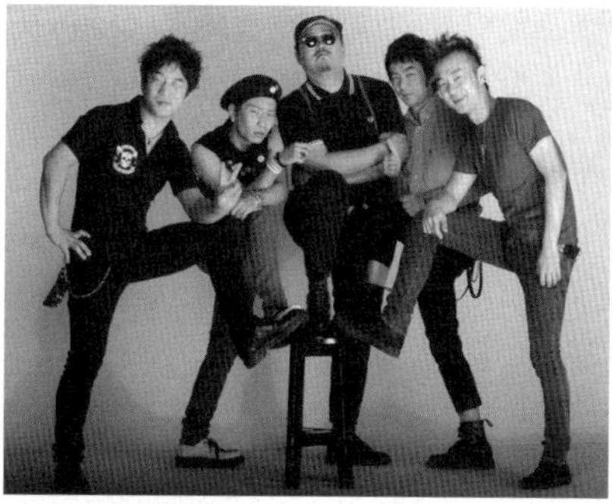

▌홍대 클럽 문화를 이끈 크라잉넛

자료: 경향신문.

대중문화의 발달과 분화

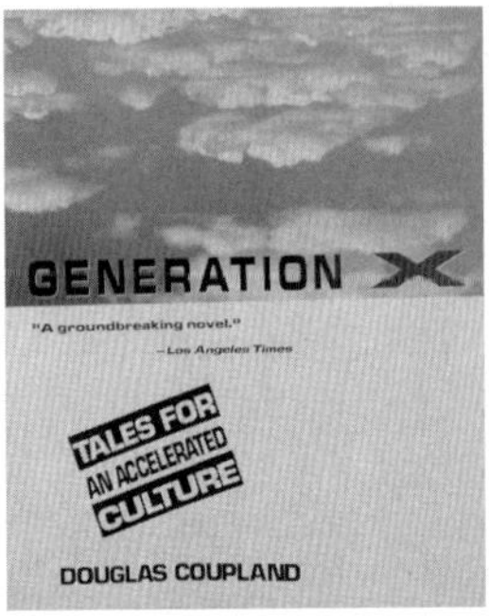

▌X세대 붐을 일으킨 소설 *Generation X*

에는 감성세대와 신세대 문화의 등장이 선순환 기능을 했다. 1980년대 경기 호조와 서울 강남 지역 부동산 가격 상승 등으로 중산층이 확대된 데다 **해외여행 자유화**(1989년 1월 1일에 완전 자유화 시행)로 여행이나 유학을 갔다 오는 사람들이 늘면서 전반적인 의식이 개방적·감성적·개성적으로 변한 것이다. 신세대들은 학창 시절 군사독재 문화를 경험하지 않았으므로 자연스레 생각·행동에서는 억압보다 발산을, 스타일에서는 일반적인 것보다는 튀는 것을 중시했다. 방송 영상, 인터넷, PC 통신, 인터넷 기술, 무선 전송의 발달과 자동차 보급 확대는 이들을 하나로 묶는 매개 기능을 했다. 감성세대는 '신세대' 또는 '**X세대**'라 불리게 되었다. 'X세대'는 당시 캐나다의 소설가 더글러스 쿠플랜드Douglas Coupland의 소설 『제너레이션 엑스Generation X』(1991)가 인기를 끌며 붙여진 이름이다.

신세대들은 의식에서는 표현의 자유와 개방적 사고를, 외적 스타일에서는 편안함과 개성을 추구했다. 유학이나 해외여행을 다녀온 사람들이 하나 둘씩 메고 온 '잔스포츠', '이스트백' 등 미국산 브랜드의 백팩이 유행하고, 국산 중에는 '아이찜'이 인기를 끌며 **백팩 패션**을 주도했다. 의류업계에서도 게스, 캘빈클라인, 리바이스, 마리떼프랑소 등 **해외 캐주얼 브랜드**가 국내에서 인기를 끌고, 뒤이어 1994년부터 닉스, GV2, 베이직, 스톰 등 **국산 진 캐주얼 브랜드**가 자리를 잡았다. 대학에서는 예전과 달리 **자동차**를 몰고 등교하는 학생이 급증했으며, 의식 변화에 따라 화장실이 아닌 공개된 장소에서 **흡연**하는 여학생이 점차 늘어났다. 전통적인 대학생 패션인 청바지-티셔츠 조합을 벗어나 젊은 세대의 정체성을 상징하듯 힙합 스타일의 캐주얼 의류나 스포츠웨어를 입고 등교하는 학생도 늘어났다.

특히 서태지와 아이들 같은 아이돌 그룹의 여파로 그들이 무대에서 착용한 큰 사이즈 상의, 자루처럼 넉넉하고 폭이 넓은 **배기 바지**baggy pants, **라벨을 떼지 않은 옷**을 입는 청소년과 청년이 적지 않았다. 당시에 스타일을 중심으로 자기 정체성을 설정하는 것이 교육, 노동, 가족 상황 등 자신이 처한 삶에 대한 회피라는 지적도 뒤따랐다(강명구, 1992). 아울러 자유분방함이 지나쳐 일부 부유층 자녀들을 중심으로 **과시적 · 일탈적 소비**가 나타나는 가운데 서울 강남 유흥가를 중심으로 **쾌락과 일탈**에 치중하는 '**오렌지족**'과 '**야타족**'이 등장해 사회적 지탄을 받았다. 중산층이 늘고, 자녀에 대한 투자 욕구와 여가 문화가 확산되면서 놀이 문화도 널리 퍼졌으며, 컴퓨터 산업의 발달로 PC 등을 통해 게임을 즐기는 사람들이 늘어났다. 경기 용인의 에버랜드, 과천의 서울랜드, 서울 잠실의 롯데월드 등 놀이공원이 새롭게 단장되면서 활기를 띠었다. 리조트와 골프장도 곳곳에 생겨나 이용객이 늘어났다.

한일 대중문화 개방과 다채널 시대 개막

서구의 개방 압력과 다른 차원에서 김대중 정부는 한일 간 문화 교류 확대를 추진해 훗날 **한류 열풍**韓流熱風의 위대한 불쏘시개를 마련했다. 우리나라에 일본 대중문화가 들어오고 우리 대중문화가 일본에 진출할 수 있게 된 것이다. 다만 우리 사회에 미칠 영향을 고려해 **영화 · 비디오 · 만화를 우선 개방**한 뒤 단계적으로 개방 장르를 넓혀가기로 했다. 구체적으로 김대중 정부는

'오렌지족'과 '야타족'

'오렌지족'과 '야타족'은 감성세대인 'X세대'가 향락과 소비에 과몰입하며 생겨난 일탈적 인간형이다. 이들은 서울 강남의 압구정동 로데오 거리를 중심으로 외제 차를 몰고 다니며 과시적 소비를 하고 이성을 유혹해 차에 태우며 쾌락을 즐기는 일이 빈번했다. 당시 배우 이정재·신은경 주연의 영화 〈젊은 남자〉와 문성근·박상민·심혜진·신은경·정선경 주연의 〈비상구가 없다〉 등이 오렌지족과 야타족의 일탈을 다뤄 화제를 모았다. 1994년 7월 서울 서초동의 한 유흥업소에서 오렌지족과 마약 사범을 단속하는 현장이 신문 기사로 보도되었는데, 이를 통해 그들의 실상을 파악할 수 있다.

당시 신문 기사에 따르면 '오렌지족'이란 젊은 남녀가 열대 과일인 오렌지를 주고받는 방식으로 짝짓기 수락 신호를 교환하며 카페 → 당구장 → 로바다야키(손님이 보는 앞에서 어패류 · 육류 · 야채 등을 화로에 구워 내놓는 일본식 음식점) → 노래방 → 나이트클럽 → 호텔의 풀코스 데이트를 신청·허락한다고 해서 생겨난 신조어다. 이는 현란한 옷차림을 하고 돈을 물 쓰듯 하는 일부 특수층 신세대를 풍자하는 용어로 널리 쓰였다. 이들은 주로 18~25세가량의 서울 강남 8학군 출신의 부유층 자녀들로 파악되었다. 자기 소유인 1800cc급 이상의 고급 외제 승용차를 끌고 다니며 유행을 앞서가는 패션과 지나칠 정도로 일탈적인 성도덕을 드러냈다. 대부분이 허위 진단을 통해 병역을 면제받았으며, 때로는 마약에까지 손을 대는 것으로 알려졌다. 하루에 수십만 원의 용돈을 쓰며, 수십만 원대의 고가 수입 의상을 입고, 나이트클럽에서 '쭉쭉이'라는 늘씬한 몸매의 여성을 선택해 '원나이트 스탠드'로 한때의 향락을 즐기는 등의 행태를 보였다. 다리를 훤히 드러낸 초미니스커트에 상체를 지나

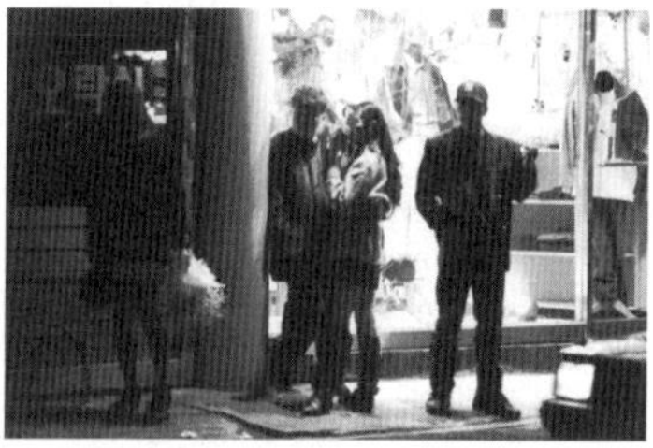

▌길에서 서성거리는 오렌지족의 모습

자료: 경향신문.

치게 노출한 선정적인 배꼽티, 게스와 같은 고가 브랜드의 수입 청바지, 가발과 모자를 주로 착용하는 것으로 묘사된다.

1998년 10월 8일 한일 정상 간 '한일 파트너십 공동선언'을 통해 "두려움 없이 임하되 단계적으로 **일본 대중문화**를 **개방**할 것"이라고 발표했다. 이에 따라 **1차**(1998.10.20)로 **한일 공동 제작 영화, 일본 배우가 출연한 한국 영화, 4대 국제영화제 수상작, 일본어판 만화**와 **만화 잡지** 등을 개방했다. **2차**(1999.9.2)로 **정부가 공인하는 국제영화제**(총 70여 개) **수상작, '전체 관람가' 영화**(애니메이션 제외), **2000석 이하 실내에서 벌이는 대중 가수 공연**에 대해 문호를 열었다. 이에 따라 일본 영화 중 〈하나비はなび〉, 〈카게무샤影武者〉가 1998년에, 〈러브레터Love Letter〉가 1999년 한국에 수입·상영되었으며, 우리나라 영화 〈쉬리〉가 일본에 상영되어 인기를 끌었다(한영우, 2016).

3차(2000.6.27)로 **'12세 관람가' 및 '15세 관람가' 등급의 영화, 국제영화제에서 수상한 극장용 애니메이션, 모든 대중 가수의 공연, 일본어 가창을 제외한 음반, 게임기용 비디오게임을 제외한 게임물**을 개방했다. 그러나 2001년 7월 12일 일본이 자국의 중학교 역사 교과서에서 독도 등 한국사 부문을 왜곡한 내용을 포함하자 이에 대한 항의로 우리 정부는 일본 대중문화 추가 개방을 무기 중단하는 조치를 취했다. 그러나 개방의 추세를 거스를 수 없어 2003년 **4차** 개방(2003.9.16)으로 이어졌다. 양국은 2003년 6월 7일 한일 정상회담을 통해 '일본 대중문화 개방 확대' 원칙을 표명했으며, 곧바로 4차 개방을 통해 2004년 1월부터 **영화·음반·게임 분야를 완전 개방하고 방송과 극장용 애니메이션은 보완 조치를 마련해 개방 범위를 조율**하기로 했다. 대중문화 개방은 일본에 한류 열풍을 일으키고 국내 드라마와 영화제작 시장에 활기를 불어넣었지만, 역풍으로 일본에서 **반한류**反韓流 또는 **혐한류**嫌韓流 조짐이 나타나기도 했다.

1990년대 급속한 경제성장 속에서 대중문화예술이 크게 발전했지만, 이런 **급속한 성장**의 **그늘**에 가려졌던 후진적 시스템으로 인해 각종 **대형 참사**가 일어나면서 사회 분위기는 물론 **대중문화**가 크게 **위축**되었다. 특히 1990년대 후반에는 **외환위기**가 찾아와 IMF에 빚을 내 살림살이를 꾸려야 했는데, 이 때문에 기업의 문화 투자와 국민의 문화 소비가 급감하며 음반, 영화, 케이블 TV 등 문화산업이 위기에 접어들었다. 1993년 1월 청주 우암아파트 붕괴(29명 사망), 3월 부산 구포역 열차 전복(68명 사망), 7월 아시아나항공 여객기 전라남도 해남 추락(66명 사망), 10월 서해 페리호 침몰(292명 사망), 1994년 10월 한강 성수대교 붕괴(32명 사망), 1995년 4월 대구 지하철 공사장 도시가스 폭발(100여 명 사망), 6월 서울 삼풍백화점 붕괴(418명 사망), 1996년 10월 강원도 고성 산불(7개 마을 160명의 이재민 발생), 1997년 8월 대한항공 여객기 괌 추락(226명 사망) 등이 이 시기 발생한 대표적인 대형 사고다. 그간 경제의 고도성장 과정에서 면밀히 체계화하지 못한 **안전 의식과 관리 체제의 후진성**을 노출한 사건이었다. 때아닌 국가 부도 사태는 **영화계**와 **음악계**를 크게 **침체**시켰으며, **방송 산업**을 **위축**시켜 도산 후 인수합병을 당하는 케이블 TV 채널도 늘어났다. 음반 시장의 위축은 인터넷 등 **디지털 기술**이 발달하면서 음반 구입 대신 **디지털 파일**을 다운로드받아 감상하는 쪽으로 대중의 취향이 변한 탓도 있었다. 따라서 오프라인 음반 시장은 쇠락의 길로 접어든 반면 **인터넷 음악 시장**은 **성장세**를 가속화했다.

패션과 스타일에도 신세대 감성이 가미되기 시작했다. 1990년대에는 편안한 옷으로만 인식된 진과 셔츠에 다양한 문양·디자인·장식이 가미되면서 멋을 내는 패션 아이템으로 승화했다. 이 때문에 **고급 캐주얼 브랜드**도 급증했다. 속이 훤히 비치는 원단으로 만든 **시스루 룩**see-through look과 배꼽티, 슬립 드레스 형태의 상의, 골반 바지, 초미니 핫팬츠 등 **과감한 노출을 강조한 패션과 사이버 펑크 룩**cyber punk look도 유행했다. 여성복에서는 블라우스, 조끼, 재킷 등 다양한 조합이 강조되었다. 남성복은 통이 좁아지거나 몸에 딱 붙어 활동성을 강조하고 스판덱스나 광택, 링클 가공을 통해 편리성이 가미된 것들이 인기를 끌었다. 전체적으로 해외 유명 브랜드 수입이 늘어나고 백화점, 브랜드 매장, 패션타운, 대형 할인점 등 다양한 층위의 판매점이 형성되어 다양한 가격대에서 의류를 구입할 수 있게 되었다. 서울 명동 외에도 강남 로데오 거리 인근의 상가들이 고급 손님을 대상으로 하는 하이엔드 high end 마켓을 구성했다. 동대문 패션타운은 중저가 의류 시장의 중심을 이뤘다.

케이블 TV 개국으로 생겨난 홈쇼핑 채널들도 **안방 쇼핑**의 편리성 때문에 인기를 끌며 급성장하기 시작했다. 서태지의 힙합 패션 등 연예인들이 입고 나온 의상이 히트해 새로운 **스타 패션**star fashion 시장을 형성했다. 이 때문에 방송 프로그램에 의상을 보급하고 히트를 기대하는 의류 협찬 시장이 발달하게 되었다. 이신우, 이영희, 진태옥, 홍미화 등 디자이너들의 해외 진출도 활발했다. 지상파방송으로 생중계되던 **미스코리아 대회**는 1990년대 들어 여성 단체들이 여성의 성 상품화 문제를 집중적으로 제기하면서 **중단**되었다. 또한 미스코리아 대회에 대한 반작용으로 1999년에는 미인의 기준을 획일화하거나 여성의 몸을 규격화해서는 안 된다는 취지로 '**안티미스코리아 대회**'가 열렸다. 아울러 이 시기에 성적 매력을 강조하고 아름다운 몸을 당당히 과시한다는 인식이 확산되면서 남녀 배우들의 **누드 화보집 출간**이 러시를 이뤘다. 영화 포스터 등에도 노출이 심한 자극적 포즈가 많이 적용되었다. 걸그룹도 노출 수준이 높거나 선정성이 심한 의상·춤·포즈로 어필하는 경우가 많아졌다.

이런 **노출 풍조**는 표현의 자유가 확대된 것이라는 긍정적 해석도 있지만, **선정성 심화**나 여성 몸에 대한 **성 상품화 논란**을 피해갈 수 없었다. 노출 풍조에 대해 비판적 태도를 견지하는 연구자들은 콘텐츠 기획자들이 수익성에 초점을 두고 여성의 이미지를 편향적·제한적 범주로 국한시켰다고 보며, 여성의 몸을 상품으로 위계 지을 경우 여성의 몸이 성적 대상화되어 열등화되고 폭력적으로 지배될 가능성을 높인다고 우려했다(이선옥, 2003; 이수안, 2011). 특히 ≪뉴욕 타임스The New York Times≫ 칼럼니스트 윌리엄 새파이어William Safire는 **외모지상주의**를 뜻하는 **루키즘**lookism이라는 말을 처음 사용하며 외모 차별은 인종, 성, 종교, 이념에 이은 21세기의 새로운 차별이라고 주장했다(이선옥, 2003). 그러나 루키즘은 오늘날 대중문화예술에서 사회적으로 반드시 극복해야 할 대상임에도 산업의 현실에서 여전히 수익에 직결되는 **상업적인 흥행 필수 요소**로 인식된다. 외모의 수려함이나 우월성은 배우와 모델, 보이그룹, 걸그룹 등 가수의 세계에서는 좀처럼 외면하기 어려운 요소다. 따라서 엔터테인먼트 업계에서는 외모란 말을 차별의 부각성이 덜 도드라지는 '**비주얼적 요소**'라는 다소 중립적인 말로 대체 사용하고 있다. 외모란 차별적 요소를 대중문화에 반영하고 그것을 평가 잣대로 적용하는 것은 사회적으로는 부작용이 크다는 것이 중론이지만, 극심한 경쟁 속에 문화산업을 일궈야 하는 경제적인 측면에서는 그 위력이 대단하기에 문화상품의 설계와 창안에는 용인되어야 한다는 것이 수용자들이나 평론가들의 견해다.

제7장

2000년대 이후

김대중 정부 후반에서 윤석열 정부 중반까지

(2000~2024)

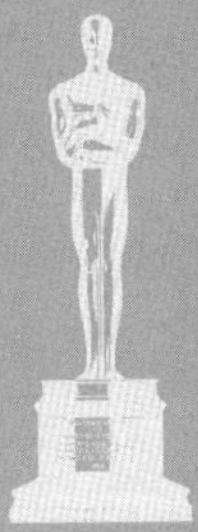

2000년대 초반에는 외환위기의 여파에서 완전히 벗어나지 못한 가운데 균형 있고 짜임새 있는 경제정책의 부재, 구조 개혁의 미진, 경제적 양극화, 일자리 문제, 사회 안전망의 부실, 저출산 고령화에서 비롯된 육아·탁아 문제와 노인복지 문제 등으로 진통을 앓았다. 진보와 보수 세력은 번갈아 정권 교체를 했지만 극단적인 대결에 치중함으로써 국민과 사회가 바라는 역동적인 변화 욕구를 집권 기간에 제대로 수용하지 못했다. 진보 정권은 권위주의 청산과 민주주의 확산의 다양한 개혁을 추진하려 했으나, 이상론에 치우쳐 여론의 두터운 지지를 받지 못했다. 보수 세력은 경제성장을 앞세웠지만, 대기업과 부유층 등 기득권 중심의 정책에 치중해 성장은 물론 국민들의 안정적 삶의 토대를 구축하는 데 실패했다. 전체적으로는 국민 통합 등 새로운 천 년(new millennium)에 걸맞은 청사진을 마련하는 데 실패한 보수·기득권 세력과 이상의 관철에 집중한 진보 세력 간의 첨예한 갈등, 경제 권력의 기득권 고착화와 경제구조 개혁의 미진, 계속된 남북 대결 등으로 많은 에너지를 낭비했다. 기회균등을 실현하기 위한 각종 법제 개혁도 미진했다. 정치적·사회적으로 국민들의 변화 욕구가 표출되면서 권력관계, 교육, 고용, 상거래 등에 만연한 갑(甲)의 횡포나 특권층의 반칙을 바로잡고 법제를 마련해 부정부패를 청산하려는 노력이 전개되었다. 박근혜·최순실 게이트와 측근들의 국정 농단 사태로 야기된 박근혜 정부의 몰락은 권력 구조와 견제 등 민주주의 전반에 대한 회의와 각성의 계기가 되었다.

노무현 정부

김대중 대통령에 이어 2002년 12월 19일 치러진 제16대 대통령 선거에서 새천년민주당의 노무현 후보가 한나라당의 이회창 후보를 누르고 당선되었다. 노무현 대통령은 민주 정부 2기(2003.2.25~2008.2.24)를 구성했다. 노무현은 노동자 등을 변호한 인권 변호사 출신으로 국민의 정부에서 해양수산부 장관을 지냈으며, 당시 야당의 불모지인 부산에서 낙선을 무릅쓰고 여러 차례 총선에 도전함으로써 지역 구도 타파의 상징으로 떠올라 국민적 지지를 얻고 집권하게 되었다. 특히 온라인 선거 전략을 잘 구사해 당선된 만큼 공유·개방·참여를 중시하는 웹 2.0 시대를 맞아 국민의 자발적 참여를 이끌어낸다는 뜻에서 '참여정부'를 표방했다.

이어 '국민과 함께하는 민주주의 실현', '더불어 사는 균형 발전 사회 건설', '평화와 번영의 동북아시아 건설'이라는 3대 국정 목표와 '원칙과 신뢰', '공정과 투명', '대화와 타협', '분권과 자율'이라는 4대 국정 원리를 제시했다. 외교·통일·국방에서는 한반도 평화 체제 구축, 정치·행정에서는 부패 없는 사회, 봉사하는 행정, 참여와 통합의 정치 개혁, 지방분권과 국가 균형 발전, 경제에서는 동북아시아 경제 중심 국가 건설, 자유롭고 공정한 시장 질서 확립, 과학기술 중심 사회 구축, 미래를 열어가는 농어촌 건설, 사회·문화·여성 분야에서는 참여 복지와 삶의 질 향상, 국민 통합과 양성평등의 구현, 교육개혁과 지식 문화 강국 실현, 사회 통합적 노사관계 구축 등 12대 사안을 국정 과제로 삼았다.

노무현 대통령은 집권 후 주류 위주의 인재 발탁 관행을 탈피해 86 운동권 세력(1980년대 학번으로 1960년대에 출생한 학생운동 주도 세력)과 시민운동 세력, 새천년민주당의 신주류 등 젊고 개혁적인 비주류 그룹을 청와대 비서진과 각 부처의 장관으로 발탁하는 등 새로운 인사 정책을 추진했다. 권위적 정치의 타파, 정경유착 근절, 과거사 진상 규명과 왜곡된 현대사 바로잡기, 정권과 언론 유착 근절, 남북 화해 정책 계승, 국토 균형 발전과 지방분권 정책 실시, 행정수도 이전 추진, 칠레·싱가포르·미국 등과 자유무역협정(Free Trade Agreement: FTA) 체결, 중동 사태와 북핵 위기 해결, 미국으로부터 전시작전통제권 환수 등을 구체적 과제로 추진했다. 2004년 4월 1일에는 경부고속철도와 호남고속철도를 개통해 전국 반나절권의 KTX(Korea Train Express) 시대를 열었다.

노무현 대통령은 당선 후 지역 정당 탈피, 신집권 세력 구축 등 새로운 정치 질서 재편을 위해 새천년민주당에서 탈당한 뒤 열린우리당을 창당해 총선에서 압승을 거됐다. 김대중 정부의 '햇볕정책'을 계승해 2007년에는 제2차 남북정상회담을 성사시키고 대북 지원과 협력 사업을 이어나갔다. 지지 세력의 반대에도 불구하고 한미 동맹의 강화와 경제적 이해를 명분으로 한미 자유무역협정을 체결하고 이라크에 파병했다. 주식시장이 호황을 누리는 등 경제지표는 대체로 양호했으나 신자유주의 정책을 유지해 실제적으로는 청년 실업과 비정규직의 급증, 부동산 가격 폭등, 경제적 양극화 심화 등의 부작용이 깊어졌다. 집권당이 주도 세력인 열린우리당과 민주당으로 갈라선 이후 감정이 격앙된 민주당과 기존 야당인 한나라당이 대통령의 선거 지원 발언 논란을 구실로 합세해 노무현 대통령 탄핵안을 발의하고 이를 통과시켜 헌정사상 최초로 대통령이 임기 중 국회에 의해 탄핵을 당했다. 헌법재판소의 판결로 탄핵은 무산되었지만, 노무현 정부는 임기 내내 야당과 갈등을 이어간 데다 선거공약으로 내세운 '국가보안법' 폐지의 무산, 지지 세력의 분열, 국회를 통과한 '신행정수도 건설을 위한 특별조치법' 위헌 판결, 기자실 폐지 등으로 촉발된 언론과의 불편한 관계 지속 등으로 국정 운영에 어려움을 겪었다.

국회는 2003년 12월 여야 합의로 '신행정수도의 건설을 위한 특별조치법'을 통과시키고, 충청남도 연기군과 공주시 일부를 신행정수도인 세종특별자치시의 부지로 결정해 사업을 추진하려 했다. 그러나 2004년 10월 21일 헌법재판소가 이 법률에 대해 위헌 결정을 내려 완전한 행정수도 건설에 차질을 빚게 되었다. 노무현 정부는 역대 어느 정권에서도 찾아볼 수 없던 권위주의 청산과 개혁 조치로 국민들의 호평을 받았다. 하지만 도덕적 우월감과 이상주의에 치우친 나머지 준비·검토가 완벽하지 않고 여론의 지지가 낮은 개혁 정책들을 추진해 많은 사회적 갈등을 야기했다. 결국 각종 정책이 반대에 부딪혀 성과를 내지 못했다는 지적을 받았다. 특히 야당이 "북한 퍼주기"라고 공격하며 요구한 김대중 정부 대북 송금 특검을 수용함으로써 결과적으로 지지 세력 분산과 정권 기반의 급격한 약화를 초래했다.

이명박 정부

이런 배경 속에 한나라당 출신의 이명박 후보가 2007년 12월 제17대 대통령 선거에서 여당의 정동영 후보를 누르고 당선되어 제17대 대통령(2018~2012)에 취임했다. 이명박은 일본 태생으로 경상북도 포항에서 성장한 뒤 현대그룹에 몸담았으며, 서울시장 재직 시절 성공시킨 청계천 복원 사업을 정치적 브랜드로 삼아 박근혜 후보를 당내 경선에서 물리치고 대통령 후보로 떠올랐다. 본선에서는 기존 정권에 대한 실망과 기업인 출신 대통령에 대한 기대가 겹쳐 낙승했다. 이명박 정부는 '작고 실용적인 정부'를 지향해 정부 직제를 '18부 4처 18청'에서 '15부 2처 18청'으로 축소했다. 정보통신부와 방송위원회의 주요 기능을 통합해 합의제 행정기관인 방송통신위원회를 신설했다. '창조적 실용주의'를 기치로 '선진화를 통한 세계 일류 국가' 수립을 목표 삼아 '국민을 섬기는 정부', '활기찬 시장경제', '능동적 복지', '인재 대국', '성숙한 세계국가'를 5대 국정 지표로 설정했다.

집권 초기에는 그가 기업인 출신 대통령으로서 경제를 활성화해 부강한 나라를 만들 것이라는 기대가 컸다. 그러나 이러한 기대는 이명박 정부가 살림살이가 어려운 서민·중산층과 중소기업을 외면하고 보수 기득권층과 새로운 우파(New Right), 대기업 등 지지 세력에 편향된 정책에 집중하면서 무너지기 시작했다. 안보에서 대북 강경 모드와 한미 동맹 강화를, 경제에서는 '비즈니스 프렌들리(business friendly)'를 기조로 법인세 인하, 한반도 대운하 사업을 추진했다. 고려대학교, 소망교회, 영남 출신을 중용하는 '고소영 인사'와 측근들의 전횡, 야당·국민과 소통하지 않는 일방주의 국정은 많은 반발과 비판에 부딪혔다. 정권 후반기에는 친형인 이상득 국회의원과 정치적 멘토인 최시중 방송통신위원장 등 일부 측근 인사들의 비위가 드러나 각각 사법 처리되었다. 비판의 화살을 돌리고 정권의 위기를 잠재우기 위해 이명박 정부는 전 정권을 수사하며 노무현 전 대통령 측을 압박했다. 검찰 수사를 받은 노 전 대통령이 2009년 5월 23일 사저가 있는 경상남도 김해 봉하마을 뒷산에 올라 투신자살하는 일이 벌어져 5월 29일 국민장이 치러졌다. 이 사건으로 수사는 중단되고 검찰총장이 사퇴했다. 몇 달 뒤인 8월 18일에는 김대중 전 대통령이 사망해 8월 23일 국장으로 국립현충원에 안장되었다.

외교에서는 자원과 에너지 외교를 역동적으로 추진했으나 실효성을 거두지 못했다. 미국과 비자 면제 협정을 체결해 2008년 11월 17일부터 비자 없이 여행이 가능하도록 했다. 이명박 정부는 집권 초기에 '비핵·개방·3000 구상'을 제시했지만, 대북 강경 정책으로 일관해 남북 교류 중단의 위기를 자초했다. 이 구상은 북한이 핵을 완전히 폐기하고 문호를 개방하면 10년 안에 국민소득 3000달러가 되도록 남측이 지원한다는 내용이었다. 2006년 우주 프로젝트를 추진한 한국우주항공연구원은 우주인 후보로 이소연을 최종 선정했다. 이소연은 4월 8일 카자흐스탄 바이코누르에서 발사된 러시아 우주선 소유스(Soyuz)호를 타고 우주로 갔으며, 각종 실험을 하고 19일에 무사 귀환했다. 2008년 6월 11일에는 전라남도 고흥 나로도에 세계 13번째 우주센터가 준공되었으며, 2009년 몇 차례 실패 끝에 한국의 첫 우주발사체인 나로호가 발사되었으나 위성 궤도 진입에는 실패했다.

경제 분야에서는 혈세 낭비 논란으로 반대에 부딪힌 한반도 대운하 사업을 포기하지 않았다. 결국 이 사업을 4대강 사업으로 변형해 강행했는데, 강바닥을 준설하고 곳곳에 보를 쌓아 녹조 현상 등이 심화되어 환경 파괴 논란을 야기했다. 이 사업에서 대기업들이 공사를 담합해 검찰의 수사를 받았다. 교육에서도 주무 부처를 교육과학기술부로 개편한 뒤 대학의 글로벌 경쟁력 강화 등을 추진했으나 교육을 경영 논리로 접근하며 정부의 통제력을 강화해 반발에 부딪혔다. 또한 미숙한 환율 관리로 달러 폭등 등을 조장해 저축은행 사태를 유발했다고 비판받았다. 2000년대에는 발병 원인이 미궁인 전염병이 속속 창궐해 가축은 물론 사람들에게까지 많은 피해를 입혔으며, 보건 당국이 질병 관련 대처에 큰 혼란을 겪었다. 특히 2003년에는 급성 호흡기증후군(SARS), 2007년에는 조류인플루엔자(AI)가 기승을 부렸다. 2009년에는 신종 인플루엔자[A(H1N1)]가 퍼져 8월 국내에서 첫 사망자가 발생했다.

정부의 통제, 소통 부족, 차별 정책은 많은 논란과 갈등을 일으켰다. 정부가 광우

병 우려가 있는 미국산 쇠고기 수입을 결정하자 2008년 6월 10일 이를 반대하는 대규모 촛불집회가 전국에서 열렸다. 이에 정부가 서울 광화문에 컨테이너 박스와 경찰 버스로 차단 벽을 쳐 국민들이 분노했다. 이 대통령은 기자회견을 열어 이를 사과하고 내각을 개편했다. '고소영 인사'와 같은 인사 편향 정책이 두드러지자 불교계는 개신교 편향에 항의하며 2008년 8월 범불교도대회를 개최했다. 2009년 1월 9일에는 쌍용자동차가 법정 관리를 신청해 이후 해고 노동자들의 절망성 자살이 속출했다. 같은 해 1월 20일에는 서울 용산 재개발에 반대하며 농성 중이던 철거민들을 강제 진압하는 과정에서 화재가 일어나 경찰 포함 여섯 명이 사망하고 23명이 부상당하는 이른바 '용산 참사'가 발생했다. 2009년 1월 8일에는 인터넷 경제 논객 '미네르바'(박대성)를 허위 사실 유포 혐의로 체포하는 무리수를 두었으나 법원이 구속영장을 기각했다. 2009년 2월 25일에는 한나라당이 미디어 관련법을 상임위원회에 상정해 전국언론노동조합이 총파업에 돌입했다. 그러나 여야 합의 없이 미디어법을 일방적으로 통과시켜 보수 편향의 종합편성채널과 보도채널을 허가했다. 공영방송을 장악해 정치적 도구로 삼으려 했다는 비판도 받았다. 또한 총리실 공무원을 동원한 구시대적인 민간인 사찰로 국가의 위신을 떨어뜨렸다.

박근혜 정부

이명박 정부의 실정으로 여론 악화에 시달리던 한나라당은 박근혜 대표를 대선 후보로 선출했다. 박근혜 후보는 당명을 새누리당으로 바꾸고 비상대책위원회(비대위) 체제를 출범시켰다. 이어 경제민주화 주창자인 김종인을 비대위원으로 영입해 2012년 12월 대선에서 그간 야당의 모토였던 '경제민주화'와 '복지 확대'를 공약으로 선점했다. 공약으로 '안전한 대한민국'도 강조했다. 박 후보는 국정원의 선거 개입 논란에도 결국 야당인 민주당의 문재인 후보를 누르고 2013년 2월 25일 제18대 대통령으로 취임했다. "약속을 지키는 정치인"이라는 이미지를 부각시키며 우리나라 최초의 여성 대통령이 된 것이다. 전체 기조는 이명박 정부를 계승했다. 박근혜 정부는 집권 초기 국정 목표로 '창조경제와 경제민주화를 통한 경제부흥', '국민 모두가 편안하고 안전한 국민행복', '삶을 바꾸는 문화융성'을 제시했다. 잠재성장률 4%, 고용률 70%, 국민소득 4만 달러 달성이라는 '474 공약'을 제시했다. 국민은 물론 야당도 박근혜 대통령이 박정희 대통령의 2세로서 부친의 공과(功過)를 거울삼아 공약대로 통합의 정치를 펼치고, 경제민주화를 기치로 대기업 중심의 경제구조를 개선하며, 노인과 소외 계층 등을 아우르는 균형적인 복지 정책을 추진할 것이라 기대했다.

그러나 박근혜 대통령은 집권 후 곧바로 보수층의 주문과 경제 상황을 핑계로 대선 공약이었던 경제민주화를 철회하고, 재원 부족을 이유로 복지 정책도 제대로 실행하지 않았다. 그 대신 저금리 기조 속에 대기업의 투자를 늘려 일자리를 확대하는 성장 위주의 경제정책을 추진했다. 창조경제를 실현할 부처로 미래창조과학부를 신설하는 한편, 전국 주요 도시에 창조경제센터를 만들고 대통령 직속 자문기관으로 문화융성위원회를 구성함으로써 문화예술과 경제를 융합해 창조경제를 뒷받침할 것이라고 표명했다. 집권 3년 차부터 문화예술 분야의 예산을 늘렸다. 그러나 박근혜 정부가 제시한 정책들은 '창조경제'처럼 개념이 모호한 데다 글로벌 경제 상황의 악화라는 외부 환경을 제대로 읽지 못했다. 추진 능력에서도 부족함을 드러내 성과를 거두지 못했다. 긴요했던 큰 틀의 구조 조정과 국가 부채, 채무, 가계 부채를 줄이는 노력도 미흡했다. 부동산과 소비 정책에서도 가계 부채 관리에 대한 면밀한 고려 없이 빚을 내 집을 사고, 가계소득이 늘지 않는 상황에서 무조건 소비만 늘리도록 유도하는 식의 근시안적 정책에 치중하며 경제 위기를 가중시켰다.

또한 노동·금융·공공·교육 등 4대 개혁 완수와 경제 체질 개선을 위한 구조 혁신을 계획했으나 일방주의식 정책 추진으로 벽에 부딪혔다. 특히 2016년부터 단계적으로 정년을 60세 이상으로 연장하는 법을 통과시켰지만, 이에 병행해 임금피크제와 일반 해고제 도입을 추진하면서 그 효과가 퇴색했다. 박근혜 정부의 경제성장률은 2013년 2.9%, 2014년 3.3%, 2015년 2.6%, 2016년 1%대 등으로 점차 둔화되었다. 가계 부채도 집권 3년 차에 연평균 80조 원 이상 늘어나 1207조 원에 이르렀고, 국가

채무는 2014년 7월 500조 원에서 1년 7개월 만에 600조 원을 넘어섰다. 수출과 내수 모두 극심한 부진에 빠졌으며 청년 실업률은 치솟았다. 2015년 중반에는 한국은행에 발권을 압박해 부실기업을 연명시키는 수준까지 이르렀다. 2016년에는 해운업과 조선업을 중심으로 부실 위험이 노출되어 경제 전반에 위기감이 고조되었다.

외교에서는 '원칙 있는 외교'를 주창하며 줄곧 대북 강경 정책을 유지했다. 핵 문제에서 강경한 기조를 이어갔고 한미 동맹의 강화를 강조했는데, 이는 박근혜 정부가 박근혜·최순실 게이트로 몰락하기 전인 국정 3년 차까지 이어간 견고한 보수층의 지지(지지율 30%)가 바탕이 되었다. 고고도미사일방어체계인 사드(THAAD) 배치 문제 등을 놓고 중국과의 갈등을 유발했으며, 일본군 위안부 문제를 피해자들의 의견이나 국민의 여론과 배치되는 방식으로 일본과 외교적으로 합의해 비판을 받았다. 대통령이 후보 시절에 공약한 '한반도 신뢰 프로세스'와 '비무장지대(DMZ) 평화공원', '통일 대박론'은 대북 강경책의 유지로 허언(虛言)이 되었다. 불필요하게 냉전 체제를 재구축해 한반도의 불안을 가중시켰으며, 남북 관계는 최악의 상태에 이르렀다. 정부는 특히 2016년 4월 선거를 앞두고 갑자기 개성공단을 폐쇄했으며, 조사가 끝나지도 않은 탈북자의 망명을 발표했다.

사회 분야에서는 이른바 '김영란법'이라 불리는 '부정청탁 및 금품 등 수수의 금지에 관한 법률'을 마련하고 2016년 9월 말부터 시행해 '클린 사회'를 가꾸려 했다. 그러나 박 대통령은 집권 후 국민 통합 정책의 부재와 인사 참사는 물론, 안전 분야 등에서 큰 실책으로 국정 수행 능력에서 신뢰를 잃기 시작했다. 이명박 정권 말기 국가정보원의 대선 개입은 검찰 수사와 재판을 통해 그 사실이 상당 부분 밝혀졌지만 제대로 처벌되지 않았다. 2014년 4월 16일에는 제주행 여객선 세월호가 침몰하는 사고가 일어났는데, 대통령과 정부가 제때 구조 조치를 취하지 않아 304명의 희생자(사망자 295명, 실종자 9명)가 발생했다. 2015년에는 중동호흡기증후군(MERS) 전염 사태가 발생했으며 방역망 부실로 국민들이 공포에 떨었다. 2016년 9월 경상북도 경주에서 지진이 발생했을 때도 대처가 매우 미흡했다. 동남권 신공항 후보지 발표와 사드 배치 결정 과정에서는 불통을 고수해 집권 기반인 영남에서조차 민심이 이반했다. 또한 여성 대통령인데도 여권신장에는 무관심했다.

대통령을 비롯한 집권 세력은 국민과 언론의 따가운 비판을 국정에 수용하기는커녕 고집과 소통 부족으로 일관하며, 이른바 '친박(親朴)'이라는 친위 세력을 내세워 정권을 옹호하는 데 바빴다. 특히 대통령은 자신의 추진력 부족과 실정을 국회 탓으로 돌리고 반대 세력을 탄압했다. 특히 대선 과정에서 불편한 관계였던 통합진보당의 해산을 헌법재판소에 청구해 이를 관철시켰다. 또한 노동자들이 반발하는 일반 해고를 노동 개혁에 포함시켰다. 국정에 대해 고언한 유승민 새누리당 원내대표를 축출하고 이어진 선거 공천에서 배제했다. 집권당인 새누리당은 결국 2016년 4월 13일 제20대 국회의원 선거에서 제1당의 지위를 야당인 더불어민주당에 내주고 과반 의석을 상실했다. 새누리당은 전체 300석 가운데 122석을 얻는 데 그친 반면, 야당인 더불어민주당은 123석, 국민의당은 38석, 정의당은 6석, 무소속은 11석을 얻음으로써 16년 만에 여소야대 정국이 조성되었다.

박 대통령은 선거 패배에도 불구하고 국정 스타일의 변화를 꾀하거나 소통 강화와 인사 혁신을 시도하지 않았으며, 자신과 측근이 관련된 각종 비위 사건이 터지자 국정 운영의 동력을 상실하며 몰락의 길을 자초했다. 뇌물 스캔들로 해임·구속된 진경준 검사장에 대한 부실 검증, 개인 비리 문제 등으로 지탄받던 우병우 청와대 민정수석에 대한 일관된 감싸기가 정국 경색을 야기하던 중 언론의 탐사 보도를 통해 '비선 실세 최순실 국정 농단 사건'이 터졌다. 결국 박 대통령의 민간인 측근 최순실과 차은택, 김기춘 청와대 비서실장, 안종범 청와대 경제수석, 조윤선 문화체육관광부 장관, 김종 문화체육관광부 차관 등 연루자들이 검찰과 특별검사(특검)의 수사로 대거 구속되고 박 대통령 자신도 공범으로 수사 대상이 되었다. 검찰과 특별검사의 수사 결과 박 대통령은 국민으로부터 위임받은 대통령 권한을 민간인에게 무단 위임해 헌법과 법률을 중대하게 위반했을 뿐 아니라 국정 전반에서 무능했고 철학이 부재했음이 드러났다. 주요 과제인 창조경제와 문화융성, 심지어 2018년 1월 강원도 평창 동계올림픽 준비마저 부정과 비리로 얼룩진 사실이 드러났다. 이에 따라 지지율이 역대 대통령 가운데 최저치인 4%로 급락했다. 연인원 1500만 명에 육박하는 국민들은 평화적인 촛불시위에 장기간 참여해 거센 분노를 표출했다.

박 대통령은 '풀뿌리 무혈 혁명'으로 규정될 만큼 강력했던 국민들의 줄기찬 촛불시위와 퇴진 요구에 영향을 받아 국회에서 여당 의원조차 상당수 탄핵 찬성에 가세한 가운데 압도적 찬성(234표, 78%)으로 탄핵이 의결되었다. 박근혜는 즉시 대통령 직무가 정지되었고, 2017년 3월 10일 헌법재판소에서 열린 탄핵 재판에서 헌법재판관 8인의 만장일치로 파면(탄핵 인용)되었다. 이로써 최순실 등의 국정 농단 사건으로 드러난 박근혜 정부의 비정상적인 국정 운영과 무능의 실태는 국민에게 치욕은 물론 큰 상처가 되었다. 박 대통령의 지지 세력이던 보수 정치 세력이 몰락하고, 산업화에 대한 기여로 잔존했던 '박정희 신화'까지 쇠락하였다. 국정 농단에 협조한 공동정범으로 인식되어 국회 국정조사 청문회에 증인으로 불려나온 재벌 총수들도 근본적인 개혁을 하라는 국민들의 요구에 직면했다. 사실상 구체제에 대한 혁파와 단절을 의미하는 사건이었다.

문재인 정부

박근혜 대통령의 탄핵으로 인하여 제19대 대통령을 선출하는 대통령 선거는 예외적으로 2017년 5월 9일 실시되었다. 대통령 궐위 시에는 60일 이내에 선거를 치러야 한다는 헌법 제68조에 따른 것이다. 77.2%의 높은 투표율을 기록한 2017년 대통령 선거에서 더불어민주당의 문재인 후보는 득표율 41.1%(2위와 표차 557만 표)로 2위 자유한국당 홍준표 후보(24%), 3위 안철수 국민의당 후보(21.4%)를 제치고 대통령에 당선되었다.

2017년 5월 10일 취임한 문재인 대통령은 집권 초기 지지율이 70~80%를 보일 정도로 높은 기대를 안고 출발했다. 문재인 정부는 국민이 주인인 정부, 더불어 잘사는 경제, 내 삶을 책임지는 국가, 고르게 발전하는 지역, 평화와 번영의 한반도라는 '5대

국정 과제'와 불평등 완화와 소득주도 성장을 위한 일자리 경제, 4차 산업혁명을 선도하는 혁신창업 국가, 교육 · 노동 · 복지체계 혁신으로 인구절벽 해소, 국가의 고른 발전을 위한 자치분권과 균형 발전이라는 '4대 복합 · 혁신 과제'를 내세우고 국정을 추진했다.

문재인 정부는 정치 분야에서 국민주권과 국민 소통의 강화, 투명하고 유능한 정부, 풀뿌리 민주주의를 실천하는 자치분권 등을 추진했다. 박근혜 퇴진을 외친 '촛불 시민'의 힘으로 탄생한 만큼 특히 그들의 여망을 반영해 임기 초반부터 과거의 적폐 청산에 주력하였다. 사회 각 분야에 만연한 반부패 개혁은 물론 일제강점기의 위안부 문제, 제주 4.3사건 등 과거사 문제의 해결, 표현의 자유와 언론의 독립성 신장, 공직 사회의 행정과 인사 혁신, 대검찰청 · 경찰청 · 감사원 · 국정원 등 권력기관의 민주적 개혁에 착수했다. 그러나 사회 전체의 시스템 개선보다 법률, 수사기관, 검찰의 특정 검사 사단을 이용한 과거 정부나 반대 정파의 처벌에 주력했다.

각고의 노력 끝에 입법을 하여 대통령, 국회의원, 대법원장과 대법관 · 헌법재판소장 · 헌법재판관, 국무총리와 국무총리 비서실 정무직 공무원, 중앙선거관리위원회 정무직 공무원, 판사, 검사, 경무관 이상 경찰 공무원 등 고위공직자의 부패 수사를 위한 전담 수사기관인 '고위공직자범죄수사처'(약칭 '공수처', 초대 처장 김진욱)를 2021년 1월 21일 공식 출범시켰으나 기대했던 역할과 성과에 크게 못 미쳤다는 평가를 받았다.

외교와 남북 관계에서는 북한 핵 문제의 평화적 해결을 통한 한반도 평화 구현과 남북 관계의 획기적 진전, 동북아 핵심 외교 현안의 중재자 역할을 자임하며 제23회 평창동계올림픽(2018.2.9~9.25)의 북한 참가, 남북 · 북미 · 남북미 정상회담의 연속적인 성사를 통해 국민은 물론 국제사회로부터 호평을 받았다. 이러한 '한반도 평화 프로세스' 정책은 집권 2년 차에까지 집중되었으며, 후반기에는 전작권 완전 환수, 6.25 종전선언 등을 계획했으나 성과를 내지 못했다. 2019년 2월 27~28일 베트남 하노이에서 개최된 도널드 트럼프 미국 대통령과 김정은 북한 국무위원회 위원장 간의 두 번째 정상회담의 결과에 북한이 크게 실망한 데다 미국도 북한과의 대화에 적극적이지 않아 남북 관계가 경색되었기 때문이다.

경제적으로는 '소득주도 성장'을 위한 일자리 경제, 서민과 중산층을 위한 민생경제, 과학기술 발전이 선도하는 4차 산업혁명, 중소·벤처 기업이 선도하는 창업과 혁신 성장, 사람이 돌아오는 농산어촌, 골고루 잘사는 균형 발전 등에 초점을 두어 예산을 집중적으로 투입했다. 특히 소득주도 성장 부문에서 최저임금을 인상하고 노동시간을 단축하는 한편 사회 서비스와 공공 인프라 확충, 성별·연령별 맞춤형 일자리 마련, 실직·퇴직에 대비한 일자리 안전망 강화 등을 통해 일자리를 늘리는 각론을 추진했다.

야당과 일부 경제학자들은 소득주도 성장은 경제이론에 바탕을 둔 정책이 아닌 데다 일자리 다양화, 근로소득 장려 세제 등 다양한 정책 수단의 고려가 아닌 임금만 크게 올리고 노동시간은 단축하는 정책이라서 기업과 중소상공인들의 부담을 키우고 생산성을 높일 수 없다고 주장하며 반대했다. 노동계의 요구로 '최저임금 1만 원 시대'를 공약했던 문재인 정부는 임기 초반 2년간 최저임금을 29% 올렸으나, 이런 비판 등으로 후반기 3년은 3%로 낮춰 임기 전체 최저임금 인상률을 평균 7.3%로 마무리했다. 결국 소득주도 성장은 2019년부터 청와대나 정부 섹터에서 거의 언급되지 않았다. 정부는 임기 중 부동산 가격이 지속적으로 상승하자 다양한 부동산 규제 정책을 내놓고 급기야 전·월세의 상한선을 5%로 한정하는 '전월세 상한제'를 시행했지만 부동산 시장에서 큰 효과를 발휘하지 못했다.

사회·복지 정책은 학교, 가정, 일터에서 인권과 성평등이 존중되고 차별을 없애는 정책을 추진하는 한편 저출산 극복, 교육의 공공성 강화, 안전한 교육환경 조성에 집중했다. 아울러 노후생활 보장, 의료 공공성 강화, 건강보험 보장성 강화, 안전과 재난의 국가 책임체제 구축, 통합적인 재난관리 체제 구축, 탈원전(脫原電) 정책을 추진했다. 영토주권 수호에도 관심을 쏟아 독도에 대한 경비를 강화하고 서해 영해기점 가운데 가장 서쪽에 있어 중국인이 두 차례나 몰래 매입을 시도했던 격렬비열도에 항구를 설치해 치안과 안보를 확고히 하는 '국가 연안항' 지정 사업을 추진했다.

특히 국정 3~4년 차에는 세계적으로 코로나-19가 창궐 · 확산해 감염자가 속출하여 사망자가 국내에서만 1만 명이 넘고, 항공편 등 거의 모든 국제 이동로가 폐쇄되는 등 보건과 경제에 심각한 타격을 주었다. 정부는 간호사, 의사 등 의료계와 공무원의 헌신적 노력과 함께 행정력을 집중해 위기를 잘 극복했다는 평가를 받았는데, 당시 외신들은 전염병 방역 성공 모델로 '케이(K) 방역'을 집중적으로 조명하며 찬사를 보냈다.

문화예술 분야에서는 자유와 창의가 넘치는 문화국가를 목표로 지역과 일상에서 문화를 누리는 생활문화 시대, 예술인의 복지와 창작권 보장, 공정한 문화 및 미디어 생태계 구축, 휴식이 있는 삶을 위한 일과 생활의 균형, 스포츠 · 관광산업 육성 등을 추진했다. 이전 정권에서 피해를 본 이른바 '블랙리스트' 문화예술인의 문제도 수사 등을 통해 조치했다. 특히 2020년과 2021년에는 그룹 '방탄소년단'의 세계적 인기, 봉준호 감독 영화 '기생충'의 아카데미상 수상, 넷플릭스 드라마 '오징어 게임'의 세계적인 히트로 한류의 글로벌 브랜드인 '케이컬처'가 붐을 일으켰다. 지난 30여 년간 문화산업 종사자들의 노력과 정부의 전략적 지원으로 역량을 축적해온 케이컬처는 이 시기부터 세계의 주류 문화시장에 진입했다는 평가를 받았다.

전체적으로 문재인 정부는 정책에서는 원칙과 소신의 실천, 국민과의 소통, 민생안정 노력, 사회갈등 통합, 국가 위기 대처, 공직인사 분야, 사건과 행사에서는 평창올림픽 공동개최와 두 차례 남북정상회담, 1차 북미회담 국면에서 70%가 넘는 높은 지지를 받았다. 그러나 2017년 하반기 시작된 소득주도 성장 논쟁과 이어진 대통령실 장하성 정책실장과 김동연 경제부총리의 갈등 및 경제정책의 선, 북한의 핵과 대륙간탄도미사일(ICBM)의 위협에 대한 미국의 강경 대응, 대통령의 경제 리더십의 약화와 경제위기 심화, 부동산 가격의 상승과 현실성이 약한 대책의 남발에 어어 대통령이 '정치적 동반자'라고 평했던 조국 법무부 장관 일가의 수사 등은 30%대에 이를 정도로 대통령에 대한 급격한 지지율 하락을 유발했다.

반부패와 청렴, 도덕주의, 민주적 개혁을 앞세운 문재인 정부는 전 정권 핵심 인사를 대상으로 한 적폐청산을 위해 야심이 강했던 특수수사 전문 윤석열 검사를 발탁해 서울지검장, 검찰총장에 차례로 보임했으나 그는 결국 수사의 칼끝을 임명권자인 문재인 정부로 향했다. 검찰의 기득권 개혁, 검찰의 수사권 축소 등을 주도했던 조국 민정수석을 검찰을 통할하는 법무부 장관에 임명하자 자녀 입시 문제 등 조국 장관 일가의 비위를 들춰내 전방위 수사에 착수하여 조국 장관 후보자의 인사청문회 당일 기소한 것이다.

문 대통령은 촛불 시민의 힘으로 탄생한 개혁 정부의 대의명분과 직권 남용 논란 우려, '내로남불'(이중 잣대를 나타낸 말로 '내가 하면 로맨스, 남이 하면 불륜'의 줄임말)이란 비판 때문에 수사를 중지시킬 수도, 검찰총장을 물러나게 할 수도 없었다. 이런 딜레마 속에 캐릭터가 강한 당 대표 출신의 추미애를 법무장관으로 임명해 검찰총장을 견제하도록 했지만 양자 간 갈등만 증폭되었다. 이 이슈가 미디어에 장기간 집중 보도되면서 윤석열은 문재인 정부에 대항하는 정치적 인물로 부상했고, 결국 정권이 교체되었다.

윤석열 정부

문재인 정부에 대항하는 정치적 인물로 부상한 윤석열은 2022년 3월 9일 실시된 제20대 대통령 선거에서 출마했다. 이념 · 세대 · 젠더 갈등이 증폭된 이 대선에서 윤 후보는 득표율 48.56%를 얻어 47.83%를 얻은 경기도 지사 출신의 더불어민주당 이재명 후보와 2.37%를 얻은 정의당 심상정 후보를 물리치고 당선되었다. 1위, 2위 간 득표 차는 불과 0.73%포인트(24만 7000여 표)로 무효표(30만 7000여 표)보다 더 적었다. 헌정 사상 최초로 검찰총장 출신이자 국회의원 당선 경력이 없는 인사가 대통령이 된 것이다.

2000년대 이후 대중문화예술 연표

2000	1월	MBC 드라마 〈진실〉 흥행(시청점유율 56.5%)
	4월	KBS 1TV 대하사극 〈태조 왕건〉 흥행(시청점유율 60.2%)
		평양에서 6월 12~14일 남북정상회담 개최 발표
		제1회 전주국제영화제(JIFF) 개막
	8월	의약분업 실시(전공의·의료계 전면 파업)
		현대 정몽헌 회장이 방북해 개성을 공단부지와 관광지로 개방하는 데 합의
	9월	영화 〈공동경비구역 JSA〉의 개봉과 1일 최다 관객 동원(9만 명)
2001	1월	캐릭터 '엽기토끼(마시마로)' 신드롬
	3월	인천국제공항 개항
	7월	전지현·차태현 주연의 영화 〈엽기적인 그녀〉 개봉(관객 488만 명)
2002	3월	디지털 위성방송 스카이라이프(Skylife) 개국
	5월	서울 상암축구경기장에서 FIFA 대한민국·일본 월드컵 대회 개막
	7월	SBS 드라마 〈야인시대〉 흥행(시청점유율 51.8%)
	8월	코미디언 이주일 사망
	9월	이창동 감독과 배우 문소리가 영화 〈오아시스〉로 제59회 베니스 영화제에서 감독상과 신인배우상 수상
2003	1월	한국영화배우협회 설립
	2월	제16대 대통령 노무현 취임(참여정부 출범)
	4월	서울 인사동을 '문화지구'로 처음 지정
		KBS 드라마 〈겨울연가〉가 일본 위성방송 NHK-BS2에서 첫 방영(한류 점화)
	8월	국회가 '근로기준법' 개정(주 5일 근무제 단계적 시행 법제화)
	9월	MBC 사극 〈대장금〉 흥행(시청점유율 57.8%)
2004	1월	일본 대중문화 4차 개방, 영화 〈실미도〉 역대 최다 관객 기록(835만 명)
	2월	김기덕 감독이 제54회 베를린 영화제에서 영화 〈사마리아〉로 감독상 수상
	3월	영화 〈태극기 휘날리며〉가 개봉 39일 만에 관객 1000만 명 돌파 신기록
	5월	서울 동숭동 대학로를 '문화지구'로 지정
		박찬욱 감독이 제57회 칸 영화제에서 영화 〈올드보이〉로 최우수상 수상
	6월	SBS 드라마 〈파리의 연인〉 흥행(시청점유율 57.4%)
	7월	주 5일 근무제 단계적 실시(2011년 완전 실시)
2005	2월	배우 이은주 사망
	5월	박영석 탐험대의 북극점 도달(세계 최초 산악 그랜드슬램 달성)
	6월	MBC 드라마 〈내 이름은 김삼순〉 흥행(시청점유율 49.1%)

	7월	MBC 〈생방송 음악캠프〉에서 그룹 카우치 하반신 노출 사건(지연 생방송 시작)
	12월	지상파 이동형멀티미디어방송(DMB) 개국
2006	3월	한국뮤지컬협회 설립
	8월	성인 오락실 '바다이야기' 대대적 수사
	10월	프로레슬러 김일 사망
	12월	우주인 후보 두 명(고산, 이소연) 선정
2007	5월	영화배우 전도연이 제60회 칸 영화제에서 영화 〈밀양〉으로 여우주연상 수상
	7월	경의선·동해선 철도 남북 간 시험 운행 실시(분단 후 첫 군사분계선 통과 열차)
2008	2월	제17대 대통령 이명박 취임
	4월	한국 최초 우주인 이소연이 소유스호를 타고 우주 비행
	6월	미국산 쇠고기 수입 반대 전국 촛불시위(10일 후 대통령 사과 및 비서진 개편)
	10월	배우 최진실 사망
	11월	인터넷 멀티미디어방송(IPTV) 개국
	12월	정부·여당의 미디어 관련 법안 처리에 반대해 전국언론노조 총파업 시작
2009	3월	배우 장자연 사망 사건으로 검찰 수사 착수
	4월	법원에서 인터넷 경제 논객 '미네르바'(박대성)에게 무죄 선고
	5월	김해 봉화산에서 노무현 전 대통령 투신 서거
	11월	민족문제연구소에서 『친일인명사전』 발간
2010	1월	미국 영화 〈아바타〉가 외국영화 최초로 관객 1000만 명 돌파
	8월	재즈 보컬 나윤선 7집 'Same Girl' 발간(프랑스 골든디스크 수상)
		패션 디자이너 앙드레 김 사망
2011	7월	2018년 평창 동계올림픽 유치 성공, 주 5일 근무제 전면 실시
	9월	영화 〈도가니〉 개봉(관객 466만 명), 광주 인화학교 사건 재수사
	10월	익산-여수(전라선) 복선 전철 개통
2012	2월	MBC 퓨전 사극 〈해를 품은 달〉 흥행(시청점유율 42.2%)
	5월	여수세계박람회(여수 엑스포) 개막
	6월	총인구 5000만 명 돌파(세계 일곱 번째 국민소득 2만 달러, 인구 5000만 명 돌파)
		가수 싸이의 「강남스타일」 대흥행, 유튜브 조회 1억 건 돌파
	9월	김기덕 감독이 제69회 베니스 영화제에서 영화 〈피에타〉로 최고상인 황금사자상 수상
2013	2월	제18대 대통령 박근혜 취임
	12월	SBS 드라마 〈별에서 온 그대〉 흥행(시청점유율 28.1%)
		영화 〈변호인〉 개봉(관객 1137만 명)

2014	3월	독립 · 저예산 영화를 위한 시상식 제1회 들꽃영화제 개최
	8월	다양성 영화 〈비긴 어게인〉 개봉(관객 343만 명)
	9월	영화 〈명량〉 개봉, 역대 최다 관객 동원(관객 1760만 명)
	11월	다양성 영화 〈님아, 그 강을 건너지마오〉 개봉(관객 385만 명)
2015	7월	영화 〈암살〉 개봉(관객 1270만 명)
	8월	영화 〈베테랑〉 개봉(관객 1341만 명)
	12월	2016년도 정부 문화 예산 6조 6000만 원 확정(총예산의 1.7%)
		영화진흥위원회가 2015년 1인당 영화 4.22회 관람 발표(2010년 2.92회)
2016	2월	다양성 영화 〈귀향〉 개봉(관객 358만 명)
		KBS 2TV 드라마 〈태양의 후예〉 흥행(시청점유율 38.8%)
	11월	박근혜 · 최순실 국정 농단 사건 관련 전국 단위 대규모 촛불시위(가수 이승환 · 전인권 · 이효리 · 양희은 · 한영애 등 활약)
		29일 JTBC 〈뉴스룸〉 종합편성채널 뉴스 사상 최고 시청률(9.621%) 기록
	12월	국회에서 박근혜 대통령 탄핵 의결(찬성 234, 반대 56, 기권 2, 무효 7)
2017	2월	배우 김민희가 제67회 베를린 영화제에서 영화 〈밤의 해변에서 혼자〉로 여우주연상 수상
	3월	헌법재판소, 재판관 8인 만장일치로 박근혜 대통령 탄핵 인용(파면)
	5월	대통령 궐위에 따라 제19대 대통령 선거 실시(5.9)
	5월	문재인 대통령, 제19대 대통령으로 취임(5.10)
2018	2월	제23회 평창동계올림픽 개최(북한 참가, 2018. 2. 9~25)
	4월	문재인 대통령과 김정은 북한 국무위원장, 판문점 평화의 집에서 남북정상회담(4.27)
	6월	싱가포르 센토사섬에서 트럼프 미국 대통령과 김정은 북한 국무위원장 북미정상회담(1차) 개최(6.12)
	9월	방탄소년단, 첫 유엔본부 연설(국가, 인종, 성 정체성 등에 상관없는 자아 찾기와 표현 확대 강조, 9.24)
	12월	보이그룹 샤이니의 종현 사망(12.18)
2019	2월	베트남 하노이에서 트럼프와 김정은 북미정상회담(2차, 2.27~28)
	5월	영화 〈기생충〉, 한국 영화 최초로 제72회 프랑스 칸 국제영화제 황금종려상 수상(5.14)
	7월	영화 〈기생충〉 국내 관객 1천만 명 돌파(영화 〈괴물〉(2006)에 이은 봉준호 감독의 두 번째 1천만 관객 영화, 7.22)
	10월	걸그룹 f(x) 출신의 배우 설리(최진리) 사망(10. 14)
	11월	걸그룹 카라 출신의 구하라 사망(11. 24)
2020	3월	국제올림픽위원회와 도쿄올림픽 조직위원회, 코로나-19로 2020 도쿄 올림픽

개막을 2021년 7월 23일로 연기 결정(3.23)

8월 방탄소년단, 디지털 싱글 「Dynamite」 발매, 한국 가수 최초로 미국 빌보드 싱글 차트 '핫 100'의 1위 기록(8.3)

2021

4월 배우 윤여정, 영화 〈미나리〉로 아시아 배우 최초로 제93회 아카데미시상식에서 여우조연상 수상(4.26)

7월 일본 도쿄도에서 제32회 하계올림픽 개최(7.23~ 8.8)

9월 넷플릭스 드라마 〈오징어 게임〉, 제74회 프라임 타임 에미상에서 감독상, 남우주연상 등 6개 부문 수상(9.13).

10월 넷플릭스 드라마 〈오징어 게임〉, 서비스되는 모든 국가에서 시청률 1위 기록(10.2).

2022

1월 배우 오영수, 〈오징어 게임〉으로 제79회 골든 글로브 시상식 남우조연상 수상(한국 배우 최초의 골든 글로브 수상자 기록, 1.10)

2월 제28회 미국 배우조합상(SAG)에서 〈오징어 게임〉의 배우 정호연은 한국 여배우 최초로 드라마 시리즈 부문 여자배우상, 이정재는 남우주연상 수상(2.28)

3월 제20대 대통령 선거 실시(3.9)

5월 윤석열 대통령, 제20대 대통령으로 취임(5.10)

블랙핑크, 아시아 가수 최초, 세계 가수 3번째로 미국 음악잡지≪롤링 스톤즈≫ 표지 모델 선정(2022년 6월호, 5.23 발행)

6월 영화 〈범죄도시 2〉 관객 1천만 명 돌파(한국 영화 속편 최초, 코로나-19 팬데믹 이후 최초 1천만 관객 기록, 6.13)

11월 카타르에서 2022 FIFA 월드컵 개최(11.20~12.18, 한국 1승 1무 2패로 16강 진출)

2023

4월 블랙핑크, 미국 최대 음악 축제 '코첼라 벨리 뮤직 앤드 아츠 페스티벌'에서 주연 공연자(headliner)로 공연(4.23)

5월 독자 개발한 국산 기술 발사체 '누리호' 발사(3차) 성공(5.25)

7월 영화 〈범죄도시 3〉 관객 1천만 명 돌파(시리즈 1~3 합산 관객수 최초 3천만 명 돌파, 7.8)

7월 TV 수신료 전기요금과 분리징수 시행(방송통신위원회 의결, 7.12)

7월 블랙핑크, 유튜브 개설(2016년 6월) 약 7년 만에 구독자수 9000만 명 돌파(세계의 아티스트 가운데 1위 기록, 7.17)

8월 제25회 세계 스카우트 잼버리 개최(준비 미숙으로 파행 운영)

12월 2020년 아카데미상 수상 배우 이선균 사망(12.27)

싸이 〈강남스타일〉 뮤직비디오 50억 뷰 돌파(12.30, 공개 11년 5개월만의 기록)

2024

1월 한국계 이성진 감독 · 각본, 스티븐 연 주연의 넷플릭스 시리즈 〈성난 사람들(BEEF)〉, 미국 에미상 8개 부문 수상(1.16)

2월 배우 남궁원 사망(2.5), 김성수 감독의 영화 〈서울의 봄〉 관객 1310만 명 돌파(2.8)

황금기에 접어든
2000년대 대중문화예술

2000년대는 경제가 외형적으로 외환위기의 후폭풍에서 벗어나고 한일 대중문화 개방 조치와 주 5일제 전면 실시 등의 영향에 힘입어 **대중문화**가 **전성기**를 맞이했다. 드라마, 영화, 가요가 안정적 토대를 구축하고 디지털 기술과 애니메이션 등의 발달로 컴퓨터 게임과 같이 대중문화와 연관된 콘텐츠가 크게 성장했다. 그러나 정부의 **문화예술과 방송·통신 통제**는 이전 시기의 수준에서 크게 벗어나지 못했다. **표현의 자유**에 대한 인식도 마찬가지였다. 특히 이명박 정부의 퇴행적인 반민주적 **언론 장악**과 **언론인 해직 사태**, 박근혜 정부의 **언론 장악과 통제**, 그리고 **문화예술·체육 행정 농단**과 '**예술인 블랙리스트' 운용**은 국제적인 수치로 인식되었다. 이에 따라 정부가 지원은 하되 간섭은 하지 않는 '**팔 길이 원칙**'의 적용이 시대적 과제로 제시되었다.

드라마의 경우 **대작 드라마**의 제작이 활발해졌다. 금융자본의 투자를 받거나 기업으로부터 **간접광고**Propduct Placement: PPL를 유치하고 방송 후에 **엔스크린**n-screen **전략**을 구사하는 수익 중심의 제작 구조가 정착했다. 아울러 대형 세트장을 지어 이야기의 공간을 사실적으로 재현하며 스펙터클한 영상미를 전달하는 방식이 자리 잡았다. 영화의 경우 수직적·수평적 통합 시스템이 견고해진 가운데 대기업 영화사들이 기획·투자·배급한 영화를 중심으로 1000만 관객이 넘는 작품이 많이 나타났다.

가요의 경우 외환위기 여파로 음반 산업이 크게 위축된 이후 기획사들이 경쟁적으로 아이돌 그룹을 육성했는데, 이들이 인기를 얻으면서 1990년대 말부터 2000년대 초까지 '**아이돌 전성시대**'를 맞이했다. 이들은 스타덤과 팬덤을 기반으로 예능, 연기 등 다양한 분야로 활동을 넓히는 **수익 다각화**

diversification of income sources 구조를 형성했다. **아이돌 시스템**은 공식적으로는 기획사와 대중매체 등을 통해 작동되지만, 비공식적으로는 팬들에 의해 운영되는 이중 구조였다(김호영·윤태진, 2012). 기획사는 아이돌 그룹이 정상에 오를 경우 스타성이나 음악성이 뛰어난 일부 구성원만을 묶어 활동시키는 **유닛**unit **전략**을 구사해 수익을 확대하고, 20대 후반이나 30대에는 솔로 가수나 배우로 독립시키는 전략을 구사했다. 아이돌 신드롬이 보편화하면서 기획사는 미성년자가 포함된 그룹 구성원들에게 **감정 노동**emotional labor을 당연하게 요구하고, 사업적 수익의 단계를 넘어 **애국 담론**, **국익 담론**, **문화 담론**을 지배함으로써 연성국가주의Soft Nationalism와 같은 지위를 누리게 되었다(원용진·김지만, 2012). 정부도 **대중문화의 황금시대**를 이끌어갈 **문화예술 생태계**를 체계적으로 조성하지 못한 채 이런 몇몇 민간 엔터테인먼트 기업이 주도한 한류·아이돌 신드롬의 가시적 효과에 편승해 정치적 혜택을 얻으려는 모습을 나타냈다.

한류 열풍에 이은
케이컬처 시대의 도래

이 시기에는 '한류 열풍'이라는 예기치 않은 문화적 현상이 일어나 우리 대중문화예술계는 물론 사회 전반을 크게 변화시켰다. 한류의 기반은 1980년대 후반부터 해외여행 자유화와 개방정책이 실시되고, 1992년 한중 수교와 1998~2000년대 초까지 한일 대중문화 상호 개방정책이 순차적으로 시행되면서 마련되었다. 드라마 등의 영향으로 **중국 한류**가 먼저 생겨났지만 초기의 기세와 위력은 **일본 한류**가 더 막강했다. 1990년대 후반부터 영화, 드라

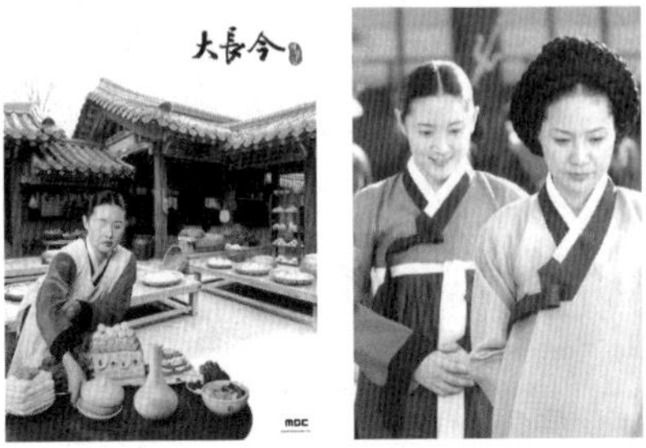

▌중동 한류까지 유발한 MBC 드라마 〈대장금〉(주연 배우 이영애와 양미경)

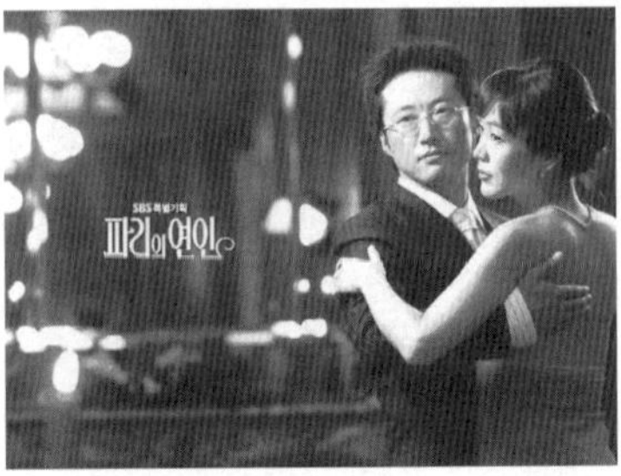

▌로맨스극의 흥행을 이끈 SBS 〈파리의 연인〉(주연 배우 박신양과 김정은, 오른쪽)

마, 대중음악의 소비가 늘면서 2000년부터 '**드라마 한류**'가 시작되었으며, 2005년에 그 정점을 찍었다. 2008년부터는 '**케이팝**K-pop **한류**'가, 2010년부터는 '**예능 한류**'가 불타올라 화장품, 의류, 식품, 자동차 등 연관 산업으로 확산되면서 한류의 국제적 용어이자 대외적 브랜드인 **케이컬처**K-culture라는 말이 등장했다.

2000년 들어서는 특히 방송 분야에서 많은 변화가 일어났다. 〈겨울연가〉, 〈대장금〉, 〈파리의 연인〉, 〈내 이름은 김삼순〉 등 감성과 흥미를 자극하는 짜임새 있는 한류 드라마와 흥행 작품이 나타난 데 이어, 기술의 발달로 방송과 통신이 결합하면서 융합 미디어의 출현이 가속화되었다. 드라마 2003년 9월부터 2004년 3월까지 방영된 드라마 〈대장금〉의 경우 1차로 방송 콘텐츠로서 국내 평균 시청점유율이 41.6%(최고 57.9%)를 기록한 뒤 세계 100여 국가에 수출되었다. 특히 장금이(이영애)의 스승인 한상궁 역을 맡은 배우 **양미경**은 높은 시청률을 보인 이란(90%)과 홍콩(50%)에서 스타로 떠올라 방문 때마다 인파가 몰렸다. 2차로 이 드라마를 원안 삼아 임금 행차, 남사당 풍물놀이, 궁중 문화 등 다양한 전통문화 퍼포먼스를 가미한 **비언어극**non-verbal performance 형태의 **뮤지컬**이 기획되어 인기를 끌었다. 3차로 드라마 제작에 사용된 세트장이 **테마파크**로 자리 잡아 후속 드라마 제작·촬영지와 관광 명소로 부상하면서 추가적인 수익을 창출했다. 이후 드라마 제작과 수출, 세트장 사업을 연계하는 사업형 블록버스터 드라마 제작이 보편화되었다. 〈태왕사신기〉, 〈주몽〉, 〈황진이〉, 〈바람의 나라〉 등도 이 같은 방식에 충실하게 제작되었다.

이 시기에는 디지털 기술이 발달하고 정보 습득, 유희, 사회적 친교의 욕구가 강해지면서 기존 미디어, 무선 인터넷, 휴대전화를 활용한 문화 콘텐츠 제작·체험·감상 등 문화 참여가 더욱 활발해졌다(권상희, 2010). 그러나 방송과 통신, 인터넷 분야의 통제는 크게 완화되지 않아 **방송통신심의위원회**와 같은 반관반민 성격의 심의 기구가 존속했다. 기술의 발달과 융합으로 새로운 매체도 속속 생겨났다. 2007년 12월 '인터넷 멀티미디어방송(IPTV) 사업법안'이 국회에서 의결된 이후 방송통신위원회는 2008년 9월 8일 KT, 하나로텔레콤, LG데이콤 3사에 대해 **IPTV**Internet Protocol Television 사업을 허가하고, 기존의 케이블 TV 종합유선방송사(SO)와 경쟁하도록 했다. 이 기업들은 나중에 합병과 개명 등의 절차를 통해 KT(올레TV, 쿡TV), SK텔레콤(BTV), LG유플러스(U+ tvG)로 거듭난 뒤 휴대전화·초고속인터넷·IPTV·인터넷전화 등을 묶은 **결합 상품 서비스**를 내세워 케이블 TV 시장을 잠식했다. 한나라당의 주도의 **미디어법 개정**에 따라 2011년 방송통신위원회는 보수 일간지를 발간하는 조선일보사, 중앙일보사, 동아일보사, 매일경제신문사에 **종합편성채널**(TV조선, JTBC, 채널A, MBN)을, 뉴스통신사인 연합뉴스사에 추가적인 **보도채널**(연합TV)을 허가해 같은 해 12월부터 방송을 시작하도록 허용했다. 이 채널들은 방송의 다양성 확대와 흥미 증진에 어느 정도 기여해 시청률은 조금씩 높아졌으나, 방송의 공정성·책임성·품격 면에서 많은 지적과 비판을 받았다. 특히 **보수 편향**의 시사 보도가 가장 큰 문제였고 **경영**도 **적자**를 면치 못하는 등 부실했다. 2004년 방송 사업 재허가 심사에서 방송위원회는 경인방송 iTV 등을 재무구조 부실을 사유로 부결시켜 사업자에서 탈락시킨 전례가 있었는데도 종편과 보도 채널에 대해서는 방송통신위원회가 정치적 이유로 재허가 심사를 제대로 이행하지 않아 퇴출된 곳은 없었다.

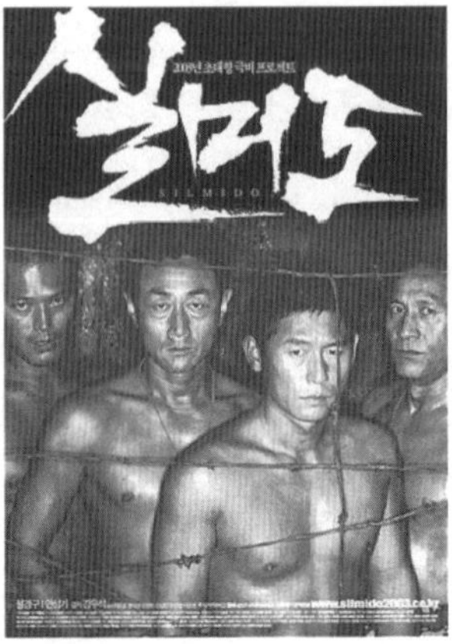

▌국내 최초 1000만 관객을 돌파한 영화 〈실미도〉

영화계는 1000만 영화가 속출하면서 **한국 영화 중흥 시대**를 맞이했다. 2004년 1월 31일 영화 〈**실미도**〉가 최다 관객(835만 명)을 기록한 데 이어 2월 초에는 1000만 명을 돌파했다. 영화 〈**태극기 휘날리며**〉(2004)는 개봉 39일 만에 1000만 관객을 돌파했다. 연극을 모태로 한 풍자성 짙은 사극 〈**왕의 남자**〉(2005), 사회성이 짙은 봉준호 감독의 영화 〈**괴물**〉(2006), 재난 영화 〈**해운대**〉(2009)와 재난 좀비 영화 〈**부산행**〉(2016)도 각각 1000만 관객을 넘어섰다. 외국영화 가운데는 미국 영화 〈**아바타**Avartar〉가 관객 1360만 명을 불러 모았다. 2004년에는 **김기덕** 감독이 영화 〈사마리아〉로 제54회 베를린 영화제 감독상을, 〈빈집〉으로 제61회 베니스 영화제 감독상을 수상했다. 같은 해 **박찬욱** 감독은 영화 〈올드보이〉로 제57회 프랑스 칸 영화제에서 최우수상을 받았다. 2007년 5월에는 배우 **전도연**이 영화 〈밀양〉으로 제60회 칸 영화제에서 여우주연상을 수상했다. 2009년 3월 1일에는 영화 〈**워낭소리**〉가 **독립 영화**로는 처음으로 관객 200만 명을 돌파했다. 이 시기에는 옛 시대의 정서와 풍경을 엿볼 수 있는 복고풍 영화가 많이 제작되었다. 특히 〈YMCA 야구단〉(2002), 〈라디오 데이즈〉(2008), 〈원스 어폰 어 타임〉(2008), 〈모던보이〉(2008) 등은 일제 치하의 서사를 유토피아적 시각으로 그렸다(배경민, 2009).

영화인들은 한국 영화의 황금시대를 맞아 영화의 국제 경쟁력 강화와 다양성 확대를 위해 새로운 영화제를 만들었다. 2000년에는 **전주국제영화제** Jeonju International Film Festival: JIFF가 출범해 매년 4월 말에서 5월 초에 행사를 열어 주류 영화들과 다른 대안적 영화와 디지털 영화를 소개하는 영화제로 자리 잡았다. 이 영화제는 부분 경쟁을 도입한 비경쟁 영화제로서 전라북도 전주시가 주최하고 전주국제영화제 조직위원회(www.jiff.or.kr)가 주관한다. 문화방송(MBC)은 2002년 **MBC 영화상**을 신설해 매년 11월 시상식을 열고 생방송했다. 2003년에는 이름을 **대한민국영화대상**으로 바꾸었으나 후원사와 제작비 문제로 2009년에 일시 중단한 후 2010년 제8회 행사를 끝으로 폐지했다. 영화계의 성장에도 불구하고 국가 통제의 산물인 영화와 비디오물 등을 대상으로 한 **영상물심의기구(영상물등급위원회)**가 여전히 존속해 심의의 민간 이양과 민간 자율 심의가 중요한 과제로 떠올랐다.

연극계의 경우 극장이 입주한 건물의 지가와 임대료가 상승하고 관객의 선호 장르가 바뀌면서 작품 레퍼토리 등에 많은 변화가 일어났다. 대학로에서는 실험적 작품보다 안정적 흥행을 이어온 **과거의 명작**이나 **상업적인 작품**이 주류를 이뤘다. 권위주의적인 보수 정권이 출범하면서 정치 비판 연극은 거의 공연되지 못했다. 아울러 뮤지컬이 인기를 끌면서 대극장과 중극장은 미국 할리우드의 **4대 뮤지컬**(〈오페라의 유령The Phantom of the Opera〉, 〈레 미제라블Les Miserables〉, 〈캐츠cats〉, 〈미스 사이공Miss Saigon〉을 지칭)을 들여와 막대한 제작비를 들여 스펙터클한 모습으로 공연했고, 다양한 **창작 뮤지컬**을 시도해 여성 관객과 고급 관객을 흡인하며 **뮤지컬 열풍**을 주도했다. 이에 따라 대학로의 소극장들조차 연극 대신 '**소극장 뮤지컬**'을 올리는 등 뮤지컬을 공연하는 흐름이 속속 나타났다. 이 시기 연극은 〈우동 한 그릇〉, 〈라이어 튀어!〉, 〈한여름 밤의 꿈〉이, 뮤지컬은 〈지하철 1호선〉, 〈그리스〉가 대표적이었다. 청소년들 사이에서는 브레이크댄스를 기본으로 하는 비보잉B-boying이 붐을 일으키며 **비보이**B-boy **공연**이 인기를 끌었다. 특히 홍대 비보이 전용극장에서 〈비보이를 사랑한 발레리나〉가 장기 공연되어 많은 사랑을 받았다. 이 작품은 감성세대들이 비보이의 **댄스 배틀**dance battle에 열광하면서 흥행했다. 이런 흐름과 상보적으로 2009년에 개관한 서울 **남산예술센터**, **한국공연예술센터**, **명동예술극장** 등 공공 극장에서는 예술성과 다양성, 창작의 진흥을 고려한 작품을 주로 선보였다.

이 시기에는 한류의 여파로 **배우의 위상**이 높아지면서 배우들의 친목과 유대를 강화하고 권익을 확보하며 예술계 발전을 이끌기 위한 결사가 구체적으로 나타났다. 1991년에 설립된 **한국연극배우협회**는 2000년 1월 27일 연극배우 박웅, 박상규, 최성웅, 최종원, 김금지, 허현호, 강태기, 이종국, 최일화, 권성덕, 반진수, 신혜정 등의 주도로 임의단체에서 사단법인으로 재출범했다. 영화배우들은 2003년 1월 13일 **한국영화배우협회**를 결성했으며, 뮤지컬 제작자·배우·연출가·작곡가는 2006년 3월 23일에 **한국뮤지컬협회**를 발족했다. 특히 한국뮤지컬협회는 매년 '서울뮤지컬페스티벌'과 '국제뮤지컬워크숍' 등의 행사를 열며 뮤지컬인들의 권익 보호와 뮤지컬 발전에 앞장서고 있다. 뮤지컬이 흥행하면서 대표적으로 한국뮤지컬협회가 주도한 **한국뮤지컬대상**과 중앙일보사 등이 주도한 **더뮤지컬어워즈**라는 시상식이 마련되어 2014년까지 운용되었다. **한국뮤지컬협회**와 **충무아트센터**는 그간 공동 주최했던 서울뮤지컬페스티벌의 주도권을 놓고 갈등하다가 2016년부터 결별했다. 그 후 뮤지컬 분야 시상식은 한국뮤지컬협회가 주최하는 **한국뮤지컬어워즈**와 충무아트센터가 주도하는 **예그린뮤지컬어워즈**로 재편되어 진행되었다.

케이팝 신드롬과
아이돌·복고음악 열풍

2000년대 대중음악 분야는 **아이돌**과 **복고음악**復古音樂이 전성기를 누렸다. 해외 진출을 겨냥해 12세부터 훈련에 돌입한 가수 보아는 2001년 일본으로 건너가 「Listen to my heart」 등의 노래로 오리콘 차트 1위에 오르며 음반 100만 장을 판매했다. 2007년에 데뷔한 소녀시대와 카라가 그 뒤를 이었다. 2008년부터 동남아 전역에 형성된 **케이팝 신드롬**K-pop Syndrome이 드라마에 이어 제2의 한류 열풍을 이끌었다. 슈퍼주니어, 소녀시대 등 한국 아이돌 그룹이 2009년부터 태국의 'V채널 인터내셔널 차트', 'MTV 인터내셔널차트' 등 아시아권 국가의 각종 음악 채널에서 상위권을 차지했다. 슈퍼주니어는 2009년 11월 타이완 음악 사이트 'KKBOX 한일 차트'에서 30주 연속 1위를 기록했다. 특히 그간 한국 가요의 불모지였던 미국 시장에 물꼬가 트이기 시작했다. 2009년 9월 소녀시대, 슈퍼주니어 등 SM 엔터테인먼트 소속 가수 40여 명은 'SM 타운'이라는 이름으로 미국 LA 스테이플스에서 공연을 열어 1만 5000명의 관객을 모았다. 원더걸스는 미국에 진출해 2009년 10월 빌보드 싱글 차트 'HOT 100'에서 76위를 기록했다.

트로트에서는 장윤정이 「어머나」(2004) 등의 노래로 두각을 나타낸 가운데 박현빈과 홍진영이 스타로 떠올라 예능 프로그램 MC로까지 진출했다. 방송사에서는 2009년 케이블 TV Mnet의 〈슈퍼스타K 1〉을 시작으로 각종 **오디션 프로그램**이 생겨 허각, 서인국, 로이킴, 울랄라세션, 버스커버스커, 악동뮤지션, 이하이, 곽진언 등의 가수가 배출되었다. **1970~1990년대의 복고풍 대중음악**은 MBC 〈나는 가수다〉, KBS 〈불후의 명곡〉과 같은 오디션 프로그램에서 신세대 가수들에게 불리며 각광을 받았다. 이후 오디션 포맷의

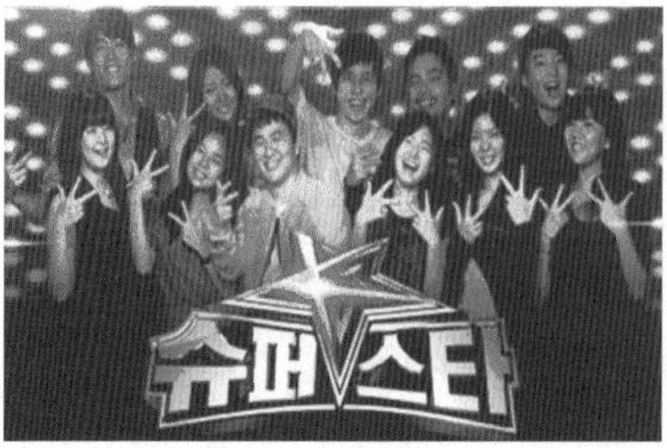

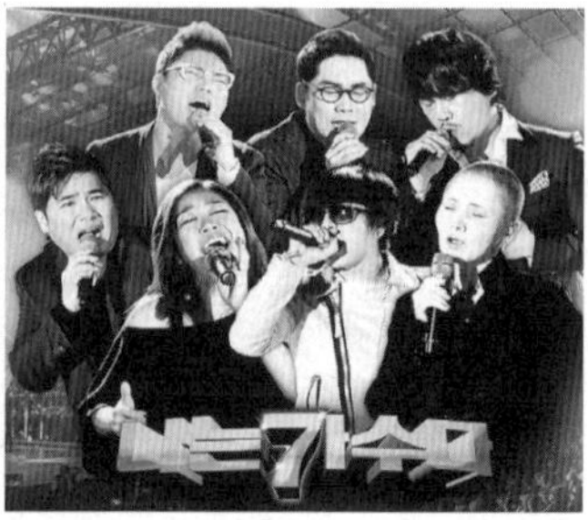

▌오디션 방송 프로그램 유행을 선도한 Mnet의 〈슈퍼스타K〉 시리즈(왼쪽)
▌복고풍 가요 열풍을 이끈 MBC 〈나는 가수다〉 시리즈

흥행이 트로트 장르로 이어져 TV조선의 〈미스터 트롯〉을 시작으로 '**트로트 신드롬**'이 일어났다. 2000년대 가요 가사에 표현된 위계적인 방사형에서 체인형으로 변했으며, 가사에는 영어 'love', 'nobody', 'baby'와 '힘내라', '술'과 같은 단어가 많이 포함되었는데, 이는 뚜렷한 서구화 경향과 무력한 청춘에 대한 위안의 정서가 반영된 것이라 분석된다(김용학, 2015).

스포츠 선수가 대중 스타가 되는 것을 넘어 **운동선수**와 **응원 문화**가 **대중문화의 아이콘**으로 격상되는 현상이 나타났다. 1998년에는 메이저리그에서 우수한 성적을 낸 야구선수 박찬호와 LPGA 등에서 맹활약을 한 골프선수 박세리가 대중 스타로 떠올랐다. 2002년 월드컵에서는 한국 팀이 4강에 진출해 스타로 떠올랐다. 이 과정에서 10~30대 젊은이로 구성된 **'붉은 악마' 응원단**을 비롯해 많은 시민이 붉은 티셔츠를 입고 서울 광화문부터 서울시청 광장까지 가득 메우고 열렬히 응원하는 모습이 세계적인 관심을 끌었다(한영우, 2016). '붉은 악마'의 응원은 이후 우리나라 **응원 문화**의 전형으로 자리 잡았다. 2004년 아테네 하계올림픽에서 한국은 9위를 기록했다. 피겨스케이팅의 김연아 선수는 2006년 이후 세계 그랑프리 대회에서 연속 우승하며 '국민 여동생'이라는 칭호를 받고 대중적인 스타로 떠올랐다. 축구에서는 2008년 서울 동북고를 중퇴한 1992년생 손흥민이 2015년부터 영국 토트넘 홋스퍼 FC에서 두각을 나타내면서 김민재, 이강인, 황희찬, 조규성 등을 이끄는 월드 스타로 떠올랐다.

2005년 산악인 박영석 일행은 북극점에 도달해 세계 최초로 산악 그랜드 슬램을 달성했다. 이승엽 선수는 2003년 홈런 56개로 프로야구 시즌 아시아 최다 홈런 기록을 수립했다. 박태환 선수는 2007년 3월 세계 수영 선수권대회와 2008년 베이징 하계올림픽 400미터 종목에서 각각 우승했다. 2008년 8월에는 태권도 국가 대표 선수 출신의 문대성 동아대학교 교수가 아시아인 최초로 국제올림픽위원회IOC 선수위원에 선출되었으며, 2016년 8월에는 탁구 국가 대표 선수 출신인 유승민이 선수위원으로 당선되었다. 골프 선수 양용은은 2009년 8월 17일 한국인 최초로 메이저 골프대회에서 우승했다. 2008년 8월에 열린 중국 베이징 하계올림픽에서 한국은 금메달 13개로 세계 7위를 차지했다. 2016년 리우 하계올림픽에서는 8위를, 2022년 도쿄 하계올림픽에서는 16위를 각각 기록했다.

남북 교류 활성화와 문화·스포츠·패션의 결합

남북 간 문화 교류도 활발히 진행되었다. 그러나 김대중·노무현 정부 이후 보수 정권이 들어서면서 교류가 전면 중단되었다. 김대중 정부는 2000년 6·15 남북공동선언 전후에 **남북한 문화 교류**를 활발히 진행했다. 1999년 12월 북한은 빌 클린턴Bill Clinton 미국 대통령의 이복동생 로저 클린턴Roger Clinton을 초청해 공연했으며, 이때 우리나라 가수 30여 명이 함께 방문해 2000년 평화친선음악회를 열었다. MBC는 12월 21일 평양 통일음악회에 참가했다. 북한도 2000년에 공연단을 서울로 보내 평양학생소년예술단이 5월 26일 예술의전당에서, 평양교예단은 6월 3일 잠실체육관에서 각각 공연했다. 같은 해 8월에는 조선국립교향악단을 서울에 보냈다. 2002년 9월 27일에는 가수 이미자 등 국내 가수들이 평양 동평양대극장에서 특별 공연을 열어 환영받았다. 2002년 9월 29일 부산 아시안게임에는 **북한 선수단**이 **여성 응원단**을 이끌고 참가해 9위를 기록했으며, 10월에 **북한 태권도 시범단**이 내려와 공연을 펼쳐 북한 사회에 대한 새로운 인식을 심어주었다. 또한 2000년 8월부터 2002년 9월까지 모두 여섯 차례에 걸친 **이산가족 상봉**이 서울과 평양에서 열렸다. 2000년 9월 호주 시드니 하계올림픽에서는 남북한 선수단이 **통일기**(한반도기)를 들고 똑같은 제복을 입고 입장했다.

2003년 6월 30일에는 **개성공단**(개성공업지구) 기공식이 열렸다. 같은 해 8월에는 대구 하계유니버시아드가 열렸으며, 9월에는 남북 분단 이후 처음으로 일반인의 **평양 관광**이 허용되었다. 뒤이어 해외 체류 반체제 인사 33명의 귀국이 30여 년 만에 허용되었다. 2003년 9월 22일에는 독일 뮌스터 대학교의 송두율 교수가 입국했으나, 검찰이 10월 송 교수를 친북 활동 혐의로 소환해 구속했다. 2005년 남북 친선 축구와 광복 60주년 8·15 민족대축전 등을 통해 교류 분위기가 확산되면서 8월에 가수 **조용필**이 평양에서 공연했다. 2006년 6월에는 6·15 민족통일대축전이 광주광역시에서 열렸다. 2007년 5월 17일에는 **남북 간 열차 시험 운행**이 이뤄져 반세기 만에 우리나라 열차가 경의선과 동해선 철도로 군사분계선을 통과했다.

우리 문화재가 정비되고 그 가치가 재조명되면서 세계적으로 인정을 받았다. 2005년 10월에는 착공 4년 만에 **국립중앙박물관**을 준공했다. 2007년에는 고려대장경판과 제경판, 조선왕조의 『의궤』가 유네스코 **세계문화유산**으로 등록되었다. 종묘제례와 종묘제례악, 판소리, 강릉단오제는 **인류무형문화유**

산으로, 제주 화산섬 및 용암동굴은 **세계자연유산**으로 등록되었다. 2010년에는 안동의 하회마을과 경주의 양동마을이, 2011년에는 조선 정조에서 순종까지 150년 이상 국왕의 일정과 국정을 기록한 일기인 『일성록』과 민주화 과정의 아픔이 담긴 5·18 광주민주화운동 기록물이 **세계문화유산**으로 등록되었다. 왜곡된 역사를 바로 세우는 작업도 진행되었다. 2008년 1월 16일 법원은 1961년에 반공법 위반 혐의로 사형당한 ≪민족일보≫ **조용수** 사장 등에게 **무죄**를 선고했다. 2005년 민족문제연구소는 친일 인사 3090명의 명단을 발표하고 2009년에 4389명의 친일 인사 명단과 행적이 담긴 『**친일인명사전**』을 발간했다.

대중문화에 영향을 주는 각종 사건·사고도 일어났다. 2005년 10월 3일 경상북도 상주 MBC 가요 콘서트장에서 압사 사고가 발생해 11명이 사망하고 90여 명이 부상당했다. 2005년 7월 30일 MBC 〈생방송 음악캠프〉에서는 새로운 음악 소개 코너에 처음 등장한 펑크 그룹 **카우치** 멤버 두 명이 갑자기 바지를 벗고 하반신을 드러내 성기가 6~7초간 노출되는 방송 사고가 일어나 프로그램이 폐지되었다. 이 사건 이후 실시간 제작되던 생방송 쇼 프로그램에 **지연 방송**(실제 방송보다 보통 5분 이상 늦게 송출)이 적용되었다. 2000년대 중반에는 서울대학교 교수 황우석의 성과를 놓고 언론사에 제보가 몰리면서 신문사들과 방송사들 사이에 공방이 이어졌다. 결국 황 교수의 주요 성과와 그것을 입증하는 국제 학술지 논문이 거짓으로 밝혀져 2006년 1월 12일 황 교수가 논문 조작 사건과 관련해 대국민 사과문을 발표했다.

2002년 2월 22일에는 영화배우 이은주가 자살했다. 2007년 1월 21일 가수 유니, 같은 해 2월 10일에는 탤런트 정다빈, 2008년 9월 8일 탤런트 안재환에 이어 10월 2일에 탤런트 최진실, 2009년 3월 14일에는 탤런트 장자연이 자살해 충격을 안겨주었다. 자살 동기가 다른 연예인과 달랐던 장자연의 경우, 경찰이 기획사 등을 압수 수색해 언론사 사주와 고위 간부 등을 수사하며 성 상납 의혹을 규명하려 했다. 이 사건은 연예인에 대한 **불공정 계약**과 **인권 보호** 문제 외에도 엔터테인먼트 산업의 질적 제고라는 과제를 안겼다.

2000년대에는 대중문화와 스포츠, 패션이 더욱 긴밀하게 결합한 시기였다. 주 5일제 이후 레저·야외 활동이 정착하면서 스포츠·트레이닝·아웃도어 의류가 인기를 끌었다. 캐주얼 패션에서는 바지가 신체에 딱 붙고 청바지 허리선이 매우 낮은 **스키니 진**skinny jeans, **워싱**washing(강한 씻어내기), **블리칭**bleaching(표백), **데미지**damage(흠내기) **기법**으로 멋을 낸 청바지가 유행했다. 여름철에는 시원한 느낌을 주는 쿨맥스, 시어서커, 리넨 등 첨단 섬유로 만든 옷이 쏟아지고, 겨울철에는 패딩과 모피를 덧댄 가벼운 소재의 겉옷과 외투 등이 인기를 끌었다. 남성복은 날씬함을 강조하는 **슬림피트**slim fit가 대세를 이룬 가운데, 슈트와 바지의 길이가 모두 짧아지는 경향이 두드러졌다. 디자인은 정교하고 섬세한 감각을 살리는 방향으로 진화했다. 배우, 가수 등 스타 외에도 데이비드 베컴David Beckham, 마리야 샤라포바Мари́я Шара́пова, 김연아, 손연재 등 스포츠 스타들이 패션 아이콘이 되었다. 또한 백화점, 브랜드 의류 매장, 동대문 상가 등 오프라인 매장과 구분되는 **인터넷 쇼핑몰**이 새로운 쇼핑 공간으로 등장해 인기를 끌었다. 특히 한류 열풍으로 명동, 동대문 패션타운 같은 곳의 화장품 가게와 의류 상점 등은 외국인이 즐겨 찾는 쇼핑 명소로 부상했다.

문화융성 빙자 국정 농단과 영화 관객 연 2억 명 시대

박근혜 정부는 **창조경제**와 **문화융성**을 국정 목표로 설정하고 대통령 소속

자문기구로 **문화융성위원회**를 구성해 정책의 각론을 모은 데 이어, 매월 마지막 주 수요일을 '**문화가 있는 날**'로 지정해 고궁과 국립박물관 무료입장, 영화표 할인 등의 행사를 시행했다. 아울러 콘텐츠 산업 투자 펀드 증액, 국제 협력을 통한 음악·게임·애니메이션 등의 해외 진출 강화, 해외 한국문화원과 세종학당 운영 내실화, 체육 행정의 투명화 등을 추진했다. 이를 뒷받침하기 위해 2015년 문화·체육 분야의 예산을 2014년 대비 10.4% 포인트나 늘렸다. 2016년에는 2015년 대비 7.4% 포인트 증가한 6조 6000억 원을 확정했으나 문화강국, 문화융성, 한류 종주국을 운위하는 정부에 걸맞지 않게 여전히 전체(386.7조 원)의 1.7% 수준에 그쳤다. 2017년 문화 예산은 7조 1000억 원으로 전년 대비 6.9% 포인트 늘어났다. 그러나 박근혜 정부가 역대 정부와 비교하며 자랑한 큰 폭의 문화 예산 증액은 근본적인 문화산업 육성의 목표보다는 **문화융성**을 급조해 정부 정책으로 끼워 넣고 **국정**을 **농단**한 비선 실세 최순실 등의 사적인 이권과 관련된 것으로 나중에 밝혀졌다.

2016년에는 창작 생태계 조성을 위한 **문화창조융합벨트**를 가동하고, 한류 확산을 위해 고부가가치 콘텐츠와 관광산업을 육성했다. 이어 외형상으로는 일상생활에서 문화 향유의 기회와 생애주기별 문화예술 교육을 확대하며, 예술인을 위한 안정적인 창작 환경을 조성하고 문화예술 공간을 확충하고자 노력하는 모습을 보여주었다. 그러나 박근혜 정부의 문화 정책은 대부분 비선 실세 민간인 최순실 씨와 뮤직비디오 감독 출신의 차은택 씨 등이 연루된 부정과 비리의 온상으로 밝혀지면서 그 정당성을 상실했을 뿐 아니라 박근혜 정권 몰락의 기폭제로 작용했다. 정치적 비판과 반대 의사를 표명한 문화예술인 등을 '**블랙리스트**blacklist'로 만들어 관리했다는 사실은 **문화 정책의 후진성**과 정권의 비민주성을 상징한다는 점에서 충격적 사건으로 인식되었다. 문화체육관광부 장관과 차관이 모두 구속된 것은 역대 정부에서 전례가 없었다. 구체적인 문화 예산의 집행 현황도 국민의 문화 욕구와 수요 패턴을 세심히 고려해 반영했다기보다는 대통령 참석 행사와 같은 전시성 행사가 대부분을 차지했으며, 정치적 목적의 문화 정책에 치중한 나머지 매우 필요했던 건강한 문화생태계 구축에 소홀했다는 지적을 받았다. 박근혜 정부는 **인문학 진흥**을 주요 과제로 추진해 중·고등학생, 대학생, 성인을 대상으로 하는 인문학 강좌를 개설하고 **독서 문화 진흥** 정책을 추진했지만, 대학의 구조 조정은 인문학 관련 학과의 폐지와 통폐합에 맞춰져 모순을 드러냈다.

한류 열풍 이후 국내 영상 산업은 외형적으로 어느 정도 기반을 다졌다. 2010년부터는 정부 정책과 무관하게 영상 산업계 수용자들의 자연스러운 동력으로 **대중문화**가 **진일보**하는 현상이 나타났다. 이런 흐름을 형성한 데는 **커뮤니케이션 기술**의 **발전**과 **높은 휴대전화 보급률**이 크게 기여했다. 현대인들은 '호모 모빌리쿠스Homo Mobilicus'로 불릴 만큼 휴대전화를 다양하게 활용한다는 평가(김성도, 2008)가 나올 정도였다. 특히 대중에게 휴대전화는 대중문화를 주체적·즉흥적·직접적으로 즐기는 매체이자 제한과 장애 없이 지식·정보를 검색하고 의견을 나누는 소통의 매개체로 기능했기 때문이다. 세계적인 시장조사 기관인 가트너Gartner의 2013년 5월 조사에서 2010년 말 우리나라 **휴대전화 보급률**은 103.9%로 미국(95.0%)과 일본(87.6%)을 추월했는데, 특히 12~18세의 보급률은 평균 80.6%로 세계 1위이며, 조사 연령이 가장 낮은 12세의 보급률은 87.7%로 더 높았다(임재해, 2013).

영화계가 꾸준한 성장을 거듭하고 **예능 한류**가 드라마 한류와 케이팝 한류의 맥을 이으면서 **중국 한류**는 더욱 융성했다. 한류는 화장품, 식품, 의류, 자동차 등 소비재 분야와 어우러지며 지평을 넓혔다. 영화 분야는 2014년 영화관을 찾은 관객 수가 2억 1500만 명으로 매출이 2조 원을 넘어섰다. 2015년 극장 입장권 매출액은 1조 7154억 원, 관객 수는 2억 1729만 명을 기록했다. 관객 수 2억 명 돌파는 2016년에도 이어졌다. 2015년에는 인구 1인당 연간 평균 관람횟수가 세계 최고 수준인 4.22회로 나타났다. IPTV, 인터넷 VOD 등 디지털 온라인 시장 규모도 3349억 원에 달했다. 그 가운데 IPTV 매출액은 2609억 원으로 디지털 온라인 시장의 78%를 차지했다. 그러나 대기업이 운영하는 멀티플렉스 세 곳(CJ CGV, 롯데시네마, 메가박스)의 점유율이 2014년 기준 전체 극장의 스크린 수 총계(2281개) 대비 92.0%(2098개)를 차지하면서 영화 산업의 **수직적·수평적 통합** 체제 구축에 따른 시장의 **집중**concentration과 **독과점**monopoly이 이슈로 떠올랐다. 특히 대기업들이 멀티플렉스 대부분을 자사 영화로 채우는 **스크린 독과점**과 지나치게 높은 영화관 내 **팝콘·음료 가격** 등이 비판을 받으면서 **영화의 다양성**cinematic diversity 확보를 위한 각종 대책이 강구되었다.

국민적 사랑을 받은 대작 영화가 계속 나타나는 가운데 이야기 구조나 투자가 상업성에 종속되지 않은 '**다양성 영화**'도 관객의 사랑을 받았다. 상업영화인 〈광해, 왕이 된 남자〉(2012), 〈도둑들〉(2012), 〈7번방의 선물〉(2013), 〈변호인〉(2013), 〈국제시장〉(2014), 〈명량〉(2014), 〈암살〉(2015), 〈베테랑〉(2015), 〈부산행〉(2016) 등은 모두 1000만 관객을 돌파했다. 특히 영화 〈명량〉은 1760만 명의 관객을 동원해 2016년까지 최다 관객 동원 기록을 보유했다. 영화 〈변호인〉은 이념적 성향이 짙은 영화인데도 많은 관객을 끌어모아 **인권 의식과 사회 풍조의 변화**를 실감하게 했다. **정치와 사회의 부조리**한 구조를 비판적으로 다룬 〈부당 거래〉, 〈내부자들〉, 〈베테랑〉, 〈검사외전〉, 〈더 킹〉의 흥행 성공도 이례적이었다. 이러한 우리 영화의 흥행 속에 배우 **송강호**, **이병헌**, **최민식**, **정우성**, **황정민**, **강동원**, **유아인**, **공유**, **조인성**, **김수현**, **오달수**, **김혜수**, **손예진**, **전도연**, **전지현**, **하지원**, **천우희**, **한효주**, **김고은**, **라미란** 등이 스타덤을 누렸다. 모델 출신의 배우 김민희는 홍상수 감독이 연출한

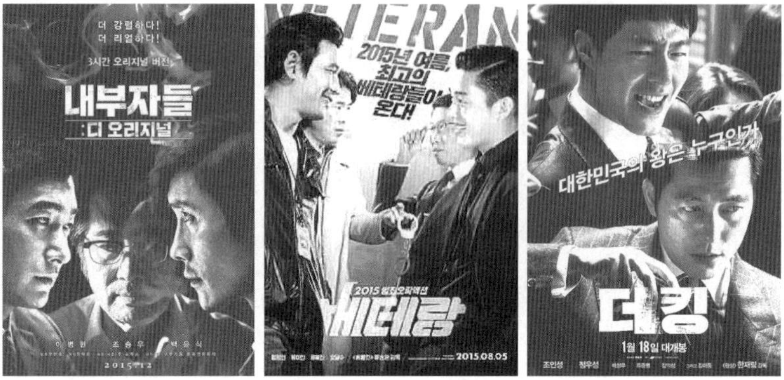

▌사회 부조리 비판 영화 〈내부자들〉, 〈베테랑〉, 〈더 킹〉

영화 〈밤의 해변에서 혼자〉의 주연을 맡아 2017년 2월 제67회 베를린 영화제에서 우리나라 배우 최초로 여우주연상을 수상했다. 외국영화 중에는 〈인터스텔라Interstellar〉(2014), 〈겨울왕국Frozen〉(2014), 〈어벤져스: 에이지 오브 울트론The Avengers: Age of Ultron〉(2015)이 1000만 관객을 넘어섰다.

다양성 영화 중에는 2014년 〈님아, 그 강을 건너지 마오〉(385만 명)가 센세이션을 일으키며 **역대 다양성 영화 중 흥행 1위**를 기록했다. 〈비긴 어게인Begin Again〉(343만 명), 〈위플래쉬Whiplash〉(159만 명)와 2015년에 개봉된 〈귀향〉(358만 명) 등도 크게 히트했다. 이렇게 히트한 다양성 영화를 두고 예술영화art film와 블록버스터blockbuster라는 말을 조합해 **아트버스터**artbuster라 불렀다. 저예산 독립 영화를 육성하기 위한 영화상도 제정되었다. 미국인 영화평론가 다시 파켓Darcy Paquet의 제안에 따라 영화인들의 후원이 덧붙어 2014년 **들꽃영화상**Wildflower Film Awards Korea이 제정되었다. 들꽃영화상은 혹독한 환경에서 뿌리내리고 번성하는 들꽃처럼 이름 자체로 독립 영화의 창조적 풍요로움과 다양성을 상징한다.

영화나 드라마 제작 시장의 경쟁이 과열되면서 배우의 **출연료**도 **급등**해

배우들 사이에 부익부빈익빈富益富貧益貧 현상이 심화되고, 제작비에서 출연료가 차지하는 비중이 높아지면서 **지속 가능한 제작 환경**을 만드는 것이 점차 어려워졌다. **영화 분야**는 〈도둑들〉(2012)의 주연배우 김윤석은 6억 원, 전지현은 3억 8000만 원, 김혜수는 3억 7000만 원, 오달수는 1억 5000만 원, 김수현은 8000만 원을 받았다. 〈설국열차〉(2013)는 제작비 가운데 출연료가 86억 원을 차지할 정도였다. 송강호는 〈설국열차〉로 6억 원, 〈사도〉(2015)로 7억 5000만 원을 받았다. 〈마이웨이〉(2011)의 장동건은 7억 원, 〈연가시〉(2012)의 김명민은 5억 2000만 원, 〈타워〉(2012)의 설경구와 〈범죄와의 전쟁: 나쁜 놈들 전성시대〉(2011)의 최민식은 각각 5억 원을 받았다. 영화 〈범죄와의 전쟁: 나쁜 놈들 전성시대〉(2011)의 하정우는 4억 9000만 원, 〈코리아〉(2012)의 하지원은 4억 8000만 원을 각각 받았다.

영화 〈시체가 돌아왔다〉(2012)의 이범수와 〈미쓰고〉(2012)의 고현정은 4억 5000만 원, 〈타워〉(2012)의 손예진은 4억 3000만 원, 〈감기〉(2013)의 수애는 4억 2000만 원을 받았다. 〈댄싱 퀸〉(2012)의 황정민, 〈바람과 함께 사라지다〉(2012)의 차태현, 〈은교〉(2012)의 박해일, 〈내 아내의 모든 것〉(2012)의 임수정은 출연료가 각각 4억 원 선이었다. **뮤지컬 분야**도 출연료 상승 추세가 뚜렷해져 조승우는 2010년 뮤지컬 〈지킬 앤 하이드〉로 회당 1800만 원(모두 80회 출연, 총 14억 4000만 원 추산)을, 〈모차르트!〉에 출연한 김준수는 회당 3500만 원을 받았다. 반면 문화체육관광부 산하 **영화진흥위원회**가 2013년 4~6월에 보조 출연자 400명을 대상으로 조사한 결과에 따르면 전체 응답자의 약 70%가 연 소득 600만 원 이하로 수입이 매우 열악했다. 2016년 8월 21일에 공개된 지난해 서울문화재단의 '서울 예술인 실태조사'에서도 예술인 430명 중 52.1%는 월평균 소득이 100만 원 미만이고, 이 가운데 5.3%는 소득이 아예 없었다(≪뉴시스≫, 2016.8.21). 2017년 1월 16일 국세청 발표(2015년 소득 기준)에 따르면 배우·탤런트로 직업을 신고한 국민은 1만 5423명으로 연평균 수입 금액은 4300만 원이었다. 상위 1%의 수입이 하위 90% 수입의 280배에 달해 **부익부빈익빈**과 **양극화**가 심각했다. 구체적으로 수입 상위 1%인 154명은 연 소득이 평균 19억 5500만 원으로 전체 배우·탤런트 소득의 45.7%를 차지했다. 반면 하위 90%인 1만 3881명의 연평균 소득은 700만 원으로 한 달에 겨우 58만 원을 벌었다. 가수로 신고한 4587명 가운데 상위 1%인 45명은 평균 31억 800만 원을 벌어 전체 가수 수입의 45%를 차지했다. 하위 90%인 4129명은 연평균 수입이 800만 원에 그쳤다.

한류 드라마의 부활과 대학로의 위기

2005~2006년을 정점으로 위축되었던 **드라마 한류**도 **부활** 조짐을 나타냈다. SBS 〈별에서 온 그대〉, KBS 〈태양의 후예〉는 높은 시청점유율을 기록하며 국내와 중국 지역에서 인기를 끌었다. **박지은** 작가의 〈별에서 온 그대〉

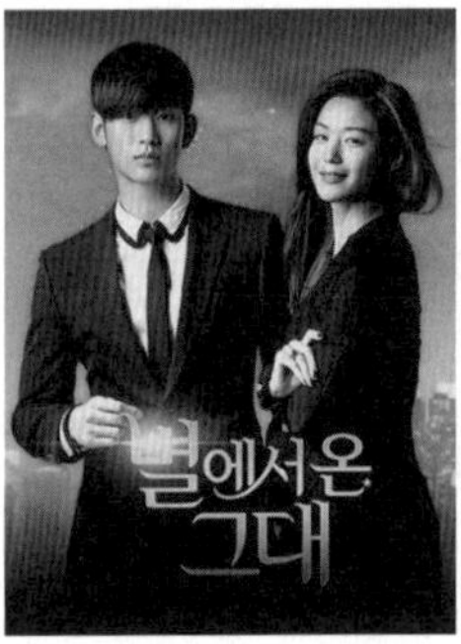

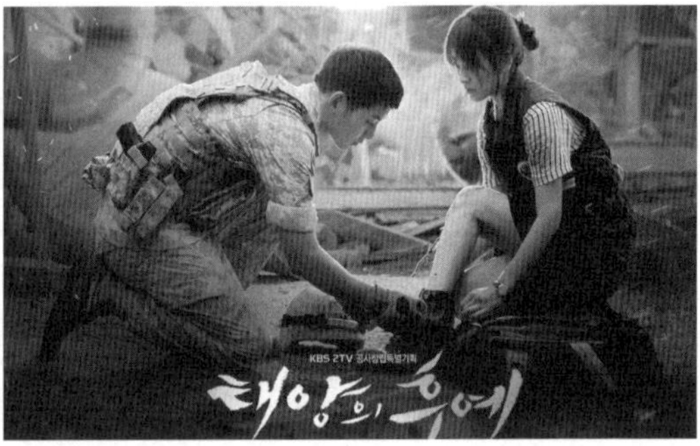

▌드라마 한류를 되살린 SBS 〈별에서 온 그대〉와 KBS 〈태양의 후예〉

는 중국인들 사이에 '**치맥 신드롬**'을 일으켰다. 중국인들이 평소 치킨과 맥주를 잘 먹지 않다가 이 드라마를 본 후 호기심이 생겨 즐기기 시작한 것이다. **김은숙 · 김원석** 작가의 〈태양의 후예〉는 국내 방영과 동시에 인터넷 동영상 사이트 아이치이愛奇藝를 통해 중국에서도 실시간으로 방송되어 히트(클릭 수 28억 건)함으로써 〈별에서 온 그대〉(클릭 수 13억 건) 이후 주춤했던 드라마 한류에 새바람을 일으켰다. 〈태양의 후예〉 이후 중국에 진출하려는 한국 드라마계의 노력은 더욱 강화되었다. 짧은 분량으로 여러 편 제작해 인터넷에서 방영하는 **웹드라마**web drama도 속속 제작되어 국내와 중국 등에 유통되었다. 이에 중국은 그간 심의 면제 분야였던 웹드라마도 2016년부터 심의하겠다는 방침을 내놓으며 견제를 강화했다.

연극계에도 많은 변화가 나타났다. 연극의 거리인 서울 동숭동 대학로는 상업화에 따른 지가 · 임대료 상승과 그에 따른 **젠트리피케이션**gentrification 현상, **도시 정책의 문제점**, **대형 극장과 상업자본의 공세** 등으로 위기를 겪기 시작했다. 2000년 초 50여 개였던 공연장은 160여 개까지 늘어나 경쟁이 더욱 치열해진 가운데 스타 마케팅을 앞세운 대형 극장이 뮤지컬과 연극에 뛰어들면서 **소극장**의 입지가 점차 **축소**되었다. 대기업과 자본가는 대학로 건물을 속속 사들여 새롭게 단장하고, 극장 대신에 돈을 더 많이 벌 수 있는 음식점, 카페, 술집 등 상업 시설을 유치했다. 특히 서울시가 문화예술 공간을 관리 · 보호하며 문화 환경 조성을 도모하고자 2004년 대학로를 '**문화지구**'로 지정해 문화 관련 시설과 업소에게 세제 혜택을 주고 건축 규제도 완화하면서 문제가 악화되었다. 이런 혜택은 임대료를 내는 소극장에게는 해당 사항이 없는 대신 건물주에게만 혜택을 주었기 때문이다. 건물주들은 건물을 증개축해 지가와 임대료 상승을 부채질함으로써 결국 소극장들이 고사하도록 만들었다. 이러한 현상은 클럽과 소극장이 많은 홍대 지역도 마찬가지였다.

그 결과 2010년대 들어 20여 개의 소극장이 문을 닫았다. 특히 1987년 한적한 주택가에 문을 열어 연극 진흥에 기여한 '대학로극장'이 2013년 역사 속으로 사라졌다. 따라서 대학로 소극장들은 순수예술 작품이나 실험적인 시도를 하기가 어려웠다. 〈안티고네〉, 〈타인의 고통〉, 〈바냐 아저씨〉 등 안정적인 **기존 작품**의 **재공연**이나 **번역극**, **코미디극**, 선정성·상업성 강한 **통속극**을 공연하는 데 치중했다. 상대적으로 기반이 안정된 남산예술센터, 한국공연예술센터, 명동예술극장 등 공공 극장과 두산아트센터, LG아트센터 등 민간 극장에서는 각종 **창작극 공연**과 **신인 발굴 프로젝트**를 선보이며 새로운 흐름을 형성했다. 이곳에서는 〈1동 28번지, 차숙이네〉, 〈내 심장을 쏴라〉, 〈서울, 나마스테〉, 〈인인인 시리즈〉, 〈코뿔소의 사랑〉, 〈잠 못 드는 밤은 없다〉, 〈인어도시〉 등이 공연되었다. 홍대 지역에서는 월드컵 응원 열기 이후 '사운드데이'와 '클럽데이'를 운용하며 젊은이들을 유인했다. 클럽은 활기를 되찾았으나 '부비부비 댄스'로 대표되는 **선정성과 향락성 문제**로 클럽 문화의 건강성이 도마 위에 올랐다. 이곳이 **문화적 실험**과 **트렌드**를 **창출**하는 공간인가, 아니면 떠들썩한 상업주의에 불과한가를 놓고 논쟁이 일었다.

아이돌의 세계 진출과 오디션 프로그램 유행

2008년 이후부터는 드라마에 이어 한국의 가요가 세계시장에서 각광을 받았다. 이러한 **케이팝 열풍**K-pop syndrome은 아시아 전역으로 확산되어 일본에서 정점을 찍고 미국 등 서구로 기세를 넓혀갔다. 케이팝이 국가 위상과 국격을 높이고 국익을 확대해준다는 국민적 여론의 지지에 힘을 얻어 **초국**

적 문화 자본으로 재탄생한 것이다(이동연, 2011). **소녀시대**는 2010년 8월 타이완 공연 예매를 개시하자 예약 폭주로 서버가 다운되었다. 같은 해 9월에는 일본 오리콘 차트 월간 4위를 기록했다. 소녀시대의 일본 첫 정규 앨범 '걸스 제너레이션Girls' Generation'은 2011년 이후 2012년 상반기까지 총 100만 장을 팔아 '밀리언셀러'가 되었다. 소녀시대는 2015년 4월에도 일본 도쿄돔 공연 DVD로 오리콘 주간 차트 3관왕을 달성하고, 음악 DVD와 블루레이 DVD의 매출을 합산한 주간 종합 뮤직비디오 랭킹에서도 1위를 차지했다.

걸그룹 **카라**는 「프리티 걸」, 「허니」, 「미스터」, 「루팡」 등을 연달아 히트시키며 스타로 떠오른 데 이어, 2010년 9월 일본 오리콘 주간 차트 2위를 기록했다. 2010년 첫 일본 싱글 앨범 '미스터'를 내놓은 첫 주에 아시아 그룹 최초로 오리콘 차트 톱 10에 진입했으며, 일본 데뷔 3개월 만에 일본 골든디스크 신인상을 받았다. 이어 일본 첫 정규 앨범 '걸즈 토크'로 오리콘 차트 1위를 차지하고 한국 걸그룹 최초로 앨범 총판매 300만 장을 돌파했다. 2011년 12월 발매한 일본 앨범 '슈퍼 걸'은 2012년 6월까지 6개월간 총 28만여 장이 팔려 상반기 일본 앨범 판매 랭킹 7위를 기록했다. 2013년 1월 6일에는 한국 걸그룹 최초로 도쿄돔에서 관객 4만 5000명이 모인 가운데 단독 콘서트를 열었다. 2015년 구하라의 일본 첫 솔로 앨범 '알로하라'는 예약 판매 하루 만에 일본 최대 음반 유통사 '타워레코드' 일간 예약판

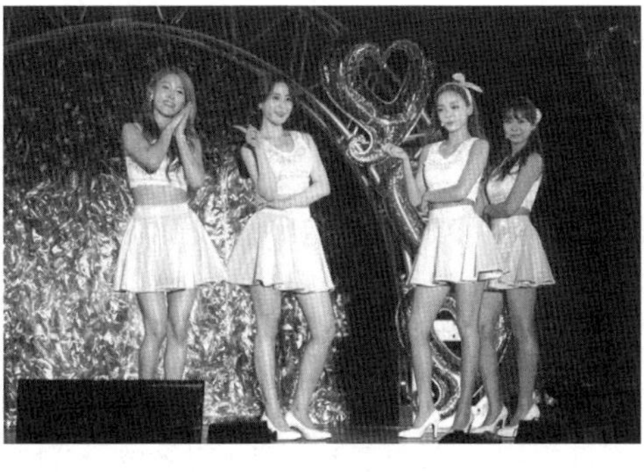

▌일본 도쿄에서 팬미팅 공연 중인 걸그룹 카라(2015년 5월)

자료: 경향신문.

매 1위에 올랐다.

2009년 9월 미국 LA 스테이플스에서 열린 'SM 타운' 공연에는 1만 5000 관객(외국인이 70%)이 몰린 데 이어, 2009년 10월 걸그룹 **원더걸스**가 미국에 진출해 빌보드 싱글 차트 'HOT 100'에서 76위를 기록했다. 그 이후 심상치 않은 조짐이 나타났다. 결국 2012년 10월 가수 **싸이**의 「강남스타일」이 폭발적 반응을 일으키며 미국의 빌보드 싱글 차트 'HOT 100'에 7주 연속 2위에 올랐다. 유튜브에서 뮤직비디오의 클릭 수는 2014년 말 21억 뷰, 2015년 4월 23억 뷰, 2023년 12월 말 50억 뷰를 각각 돌파했다. 특히 싸이는 2013년 4월 「젠틀맨」을 발표해 다시 각광을 받았다. 싸이의 성공은 미국 유학파로서 외국의 팝을 한국적인 가요에 이식移植시켜 재창조再創造하고, 이른바 **B급 정서**와 **재미**fun의 요소를 결합한 랩, 댄스, 안무를 선보임으로써 세계의 팬들과 소통하는 예능적 유쾌함을 제공한 데 기인한다.

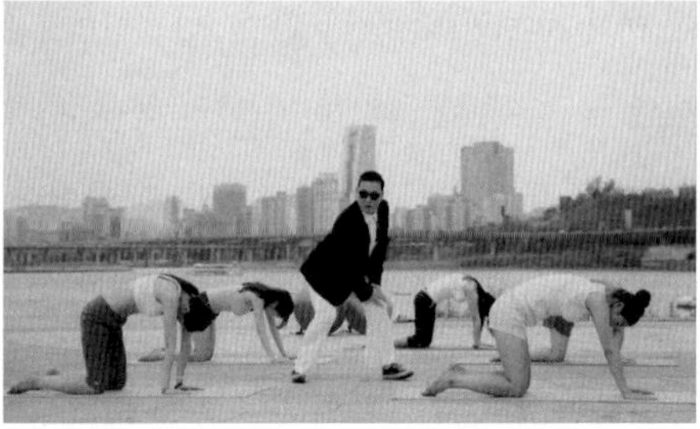

▌뮤직비디오 〈강남스타일〉에서 퍼포먼스를 선보이는 가수 싸이

자료: 경향신문.

2009년부터 시작된 **오디션 프로그램**들은 시청자와 깊게 교감해 선풍을 일으킴으로써 IMF 이후 위축된 음악 시장이 부활하는 데 크게 기여했다. 아울러 새로운 음악이 기획·제작되는 새로운 장소로 자리 잡았다(김창남 외, 2012). Mnet의 〈슈퍼스타K〉 시리즈, 〈보이스 코리아〉, 〈트로트 X〉, MBC의 〈위대한 탄생〉 시리즈, 〈나는 가수다〉, SBS의 〈K팝스타〉, KBS의 〈탑밴드〉 시리즈와 〈불후의 명곡〉 등이 대표적이다. 이런 포맷의 프로그램은 **경쟁**, **보상**, **참여**를 작동 엔진으로 설정해 박진감을 불러일으키는 방식이다. 데이비드 브릭스

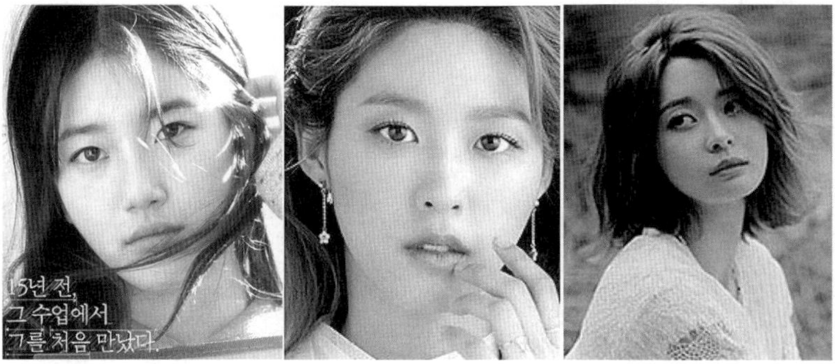

▌광고(CF) 스타로 떠오른 걸그룹 가수 출신 수지, 설현, 나라(왼쪽부터)

David Briggs, 마이크 화이트힐Mike Whitehill, 스티븐 나이트Steven Knight가 포맷을 창안해 1998년 영국 ITV에서 방송된 후 미국으로 퍼져 160개국으로 수출된 〈누가 백만장자가 되길 원하나요?Who Wants to Be a Millionaire?〉와 이 프로그램의 응용 버전인 〈아메리칸 아이돌American Idol〉이 그 원형이다.

기존 아이돌 그룹의 활동 기간이 오래되면서 세대교체 바람이 불었다. 걸그룹 소녀시대, 카라, 시크릿, 티아라 등과 보이그룹 슈퍼주니어, 2AM, 2PM은 활동이 위축되거나 해체되었다. 그 대신 걸그룹 씨스타, 미쓰에이, 걸스데이, 에이핑크, AOA, 보이그룹 인피니트, 씨엔블루 등이 인기를 이어갔다. 보이그룹 엑소, FT아일랜드, 방탄소년단, 걸그룹 EXID, 마마무, 여자친구, 트와이스, 아이오아이 등도 새롭게 등장해 사랑을 받았다. 특히 걸그룹 미쓰에이의 **수지**(배수지)와 AOA의 **설현**(김설현)은 '국민 여동생' 또는 '첫사랑 아이콘'으로 각광받으며 CF 모델로 인기를 끌었다. 헬로비너스의 **나라**(권나라)도 CF 모델로 입지를 다졌다. 1990년대 중·후반 태동해 2000년대까지 긴 생명력을 유지한 케이팝의 콘셉트는 크게 네 가지 스타일로 차별화되며 발전했다. 그것은 **'큐트**(귀여움)'(소녀시대 초기, 카라, 오렌지캬라멜, 걸스데이, 시크릿 등), **'섹슈얼'**(브라운아이드걸스, 포미닛, 2PM, 씨스타, 나인뮤지스, 소녀시대 후

한류와 케이컬처

• 한류의 기원

한류(韓流)는 대중예술을 비롯한 한국의 문화가 해외로 전파되어 인기리에 소비되는 현상을 가리킨다. 좀 더 근원적으로 살펴보면 한류는 "놀이하고 싶은 욕망"을 마음껏 발산하는 한국인 특유의 기질과 정서에 뿌리를 두고 있다. 즉, 일터와 삶 자체를 놀이터나 놀이의 장, 엔터테인먼트를 발산하는 곳으로 규정해 즐기는 속성이다. 네덜란드의 문화사회학자 요한 하위징아는 1938년에 『호모 루덴스』에서 유희적 욕망을 발산하는 인간형을 '**호모 루덴스**'라고 명명했다. 놀이·여흥·정서·정한에 강한 인간이라는 뜻이다. 문화사 연구에서 호모 루덴스적인 기질과 특성은 한국인과 아프리카인이 유독 강하다는 연구 결과가 제시되고 있다. **한국인**이 흥(興)과 신명, 한(恨)의 정서와 감성을 기반으로 위대한 문화적 역사인 한류를 만들어냈다면 **아프리카인**은 소울, 힙합, 펑크, 리듬앤드블루스, 레게와 같은 걸출한 흑인음악을 만들어냈다.

문화사적으로 고찰하면 일제강점기에 전국 방방곡곡과 만주 일대를 순회하며 대중가요, 신파극, 창작극, 창가, 번안가 등을 전파한 **유랑극단**에서 한류가 시작되었다. 당시 오케레코드가 만든 **조선악극단**이 1935년 2~3월 만주에서 가수 이난영, 임방울, 고복수 등이 출연하는 순회공연 프로그램 〈오케 예술의 밤〉을 선보여 큰 인기를 누렸기 때문이다. 이후 미국으로 건너간 가수 **옥두옥**이 1957년 가수 현인의 「고향만리」를 영어 버전으로 부른 「East of Make Believe」로 주목받은 것을 서양 한류의 시초라고 보기도 한다.

• 중국 한류

1997년 중국에 진출해 '**안짜이시**(안재욱) **신드롬**'을 일으킨 MBC 드라마 〈**별은 내 가슴에**〉가 중국 한류의 시작이다. 한중 수교 이후 1993년에 MBC 드라마 〈**질투**〉가 처음 수출되면서 우리 드라마에 대한 관심이 높아졌으며, 1997년부터 〈별은 내 가슴에〉, 〈사랑이 뭐길래〉 등이 인기를 누렸다. 이후 SBS 〈별에서 온 그대〉와 KBS 〈태양의 후예〉가 정점을 장식했다. 가요는 1998년 클론과 H.O.T. 등의 음반이 중국에서 발매되며 점차 인기몰이를 하다 2008년 무렵 중국 시장을 강타했다. 우리 문화가 중국에서 통한 것은 중국인이 좋아하는 사랑, 정, 가부장적 구조가 대본에 포함되어 있고 번화가, 패션가, 한국 상품, 패션, 화장품, 스타일, 도시성과 세련미를 포함하는 배경과 소도구를 충분히 배치했기 때문이다. 떡볶이, 불고기, 삼계탕 등 담백하고 풍부한 먹거리도 등장시켜 오감을 충족했다. 중국 한류 스타는 시기별로 2004년 무렵에 배우 안재욱과 아이돌 그룹 NRG, 2005년 안재욱, 김희선, 이영애, 2006년 전지현, 장동건, 원빈, 김승우, 안재욱, 강타, 채림, 김희선, 장서희, H.O.T., 2007년 이후에는 장나라, 추자현, 싸이, 채연, 이민호, 장근석, 최시원, 이준기, 이종석, 이민호, 김수현, 송혜교 등으로 이어졌다. 이 시기 중국 언론들은 한류를 **중국에서 자리 잡은 외국의 대중문화 현상으로 인정**하며 친숙한 태도로 비교적 다양하고 폭넓게 다뤘는데, 특히 중국 공산당 기관지 ≪인민일보(人民日報)≫는 문화 차원을 넘어 정치적 · 경제적 시각으로 한류에 접근했다(정수영 · 유세경, 2013). 중국 한류는 2016년 우리나라에 사드(THAAD)를 배치하는 문제로 한동안 우리나라와 중국의 관계가 악화되어 중국이 각종 규제 조치를 내놓으면서 위축되었다.

• 일본 한류

일본 한류는 김대중 정부의 한일 대중문화 상호 개방(1998~2004) 조치가 밑바탕이 되었다. 김대중 정부는 한국 사회에 미칠 영향을 고려해 **네 차례**에 걸친 **단계적 개방**을 계획했다. **1차**로 1998년에는 세계 4대 국제영화제 수상작과 한일 공동 제작 영화, 극장에 상영된 영화의 비디오, 만화 잡지를 제외한 출판물을 개방했다. **2차**로 1999년에는 공인된 70여 개 국제영화제 수상작 영화, 극장에서 상영된 영화의 비디오, 2000석 이하의 실내 공연장 · 체육관 · 관광호텔 등에서 열리는 공연이나 라이브 콘서트, 일본어판 출판 만화와 만화 잡지를 개방하기로 했다. **3차**로 2000년에는 영상물등급위원회가 인정하는 15세 이상 관람가 등급 이하의 영화, 국제영화제 수상 극장용 애니메이션, 실내외 모든 공연, 일본어 가창 음반을 제외한 나머지 음반(연주, 제3국어 가창 음반, 한국어 번안 음반 등), 게임기용 비디오게임을 제외한 나머지 게임물(PC 게임, 온라인 게임, 업소용 게임 등), 매체 구분 없이 스포츠 · 다큐멘터리 · 보도 프로그램, 케이블 TV와 위성방송을 각각 개방했다.

2001년 7월 12일 일본의 중학교 역사 교과서 왜곡에 대한 항의로 일본 대중문화 추가 개방을 무기 중단했지만, 냉각기를 거쳐 2003년에 4차 개방을 실시했다. **4차** 개방에서는 영화·음반·게임 분야를 완전 개방하고, 방송과 극장용 애니메이션은 보완 조치를 마련해 개방 범위를 조율한 뒤 2004년 1월에 개방하기로 했다. 양국 문화 개방에 따라 2003년 4월 KBS 드라마 〈겨울연가〉가 일본 위성방송 NHK-BS2에 처음 방영되어 첫사랑의 추억이 아련한 30~40대 중년 여심을 파고들며 히트해 일본에 한류 붐을 일으켰다. 이런 흐름은 중국, 베트남, 태국, 인도네시아 등으로 급속히 확산되었다. 이에 따라 일본 영화 중 〈하나비〉, 〈카게무샤〉가 1998년에, 〈러브레터〉가 1999년에 수입·상영되었으며, 우리나라 영화 〈쉬리〉가 일본에서 상영되어 인기를 끌었다.

일본 한류는 2000년대 초 일본 공영방송 NHK에서 〈**겨울연가**〉가 사랑을 받으며 시작되었는데, 가수 계은숙, 김연자 등과 배우 윤손하가 일본에 진출해 화제를 모아 한국 대중문화에 대한 거부감을 줄이며 안착했다. 특히 계은숙은 1979년 국내에서 「노래하며 춤추며」로 데뷔해 스타덤에 오른 뒤 1982년 일본으로 건너가 맹활약하며 '엔카의 여왕'으로 불렸다. 이후 1985년 「오사카의 모정」으로 일본 가요계에 본격적으로 데뷔해 1990년 레코드 대상인 '앨범 대상'을 받았다. 드라마 〈겨울연가〉는 한일 대중문화 상호 개방 원칙에 따라 영화 〈쉬리〉가 2000년 일본에서 상영된 이후 후속 반응을 타진하는 차원에서 2003년 일본에 진출했다. 〈겨울소나타〉라는 제목으로 방송되었는데, 처음에는 외국인이 주로 시청하는 NHK 위성방송 BS에서 방영되었으나 인기가 높아져 2004년 NHK로 이동 편성되었으며, 30대 이상 여성들의 열광적 시청에 힘입어 최고 시청점유율 20.6%를 기록했다. 드라마의 폭발적 인기로 '**욘사마**(배용준) **신드롬**'과 '**지우히메**(최지우) **신드롬**'이 2000년대 초반 몇 년 동안 이어졌다. 일본 한류가 형성된 것은 일본인이 좋아하는 요소인 순정파 이미지(배용준, 최지우), 맵지 않은 맛(일본 수출용 김치), 작고 앙증맞은 것(캐릭터, 걸그룹, 게임) 등을 프로그램에 잘 반영했기 때문이다(김정섭, 2007).

일본 한류 초기 **배용준**, **이병헌**, **원빈**, **장동건**은 일본에서 '**한류 4대 천황**'으로 불렸다. 이어 박용하, 권상우, 송승헌, 보아, 소녀시대, 빅뱅, 비, 카라, 비스트, 장근석, 이민호, 김현중, 김수현, 엑소 등이 차례로 한류 스타가 되어 선풍적 인기를 누렸다. 이 시기 일본 언론들은 주류 언론의 경우 한류 스타 외에도 한국 대중문화와 관련된 인물을 폭넓게 소개하며 드라마 등의 배경과 역사 지식 소개를 곁들였지만, 인터넷 사이트 등 비주류 언론은 출처 불명의 기사와 근거 없는 비방 기사를 늘어놓기도 했다(정수영 · 유세경, 2013). 일본 한류에서 주목할 점은 한국 대중문화에 대한 일본인의 열광이 한일 관계의 근본적 변화를 이끄는 데는 한계가 있었지만, 한국 음식에 대한 선호와 한국 여행 결행으로까지 차례로 확산되어 문화적인 면에서는 큰 진전을 보였다는 것이다(하야시 나츠오, 2008; 채지영 · 윤유경, 2012).

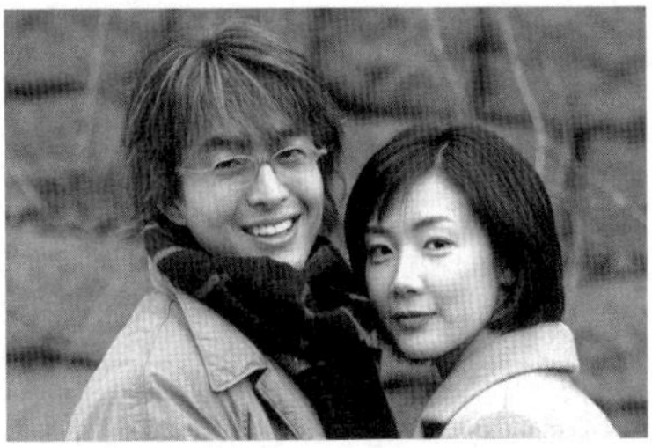

▌드라마 〈겨울연가〉의 배우 배용준 · 최지우

자료: 경향신문.

• 케이컬처(K-culture)의 등장

2008년부터는 '케이팝 한류'가 나타나 세계적인 소통성을 발휘하면서 2012년 무렵부터 **한류의 대체어**이자 **대외적 브랜드**로 국제적 표현으로 '케이컬처'라는 말이 보도에 간간이 등장했다. 케이컬처란 용어가 학계에 처음 통용된 것은 2013년인데, 바로 필자가 쓴 「엔터테인먼트 기업의 자원과 경영성과 간의 관계: 케이컬처(K-Culture) 엔터테인먼트 기업에 대한 자원기반론적 접근」이란 제하의 박사학위 논문이 그 시초다. 케이컬처는 우리 정부가 문화산업을 다른 산업과 연계해 시너지 효과를 얻고자 주도적으로 추진한 국가 브랜딩 프로젝트의 결과물로 초문화의 성격을 띤다.

이것은 한국 팝 음악의 예처럼 외국의 대중문화가 한국으로 유입되어 토착화된 뒤 미디어의 자유화 흐름을 타고 혼종화(hybridization) · 재창조되면서 지역적 정체성(local identity)과 세계적 소통성을 갖춘 수준으로 승화된 문화다(Shim, 2006; 송도영, 2006). 사회적으로는 한국의 문화 · 정치 · 미디어의 서구적 현대화가 진행되면서 그간 동아시아권에 머물며 서구 대륙 진출에 한계를 드러냈던 한류의 본격적인 세계 진출을 의미한다(Shome, 2012).

2012년 10월 7일 자 영국의 ≪텔레그래프(The Telegraph)≫는 독자가 즐길 **10가지 케이컬처**로 케이송, 케이스타, 케이팝, 케이벨지움(한국인의 호의성을 빗대 'Asia's Belgium'이라 표현), 케이팩트(한국 개요), 케이필름(영화), 케이패션, 케이푸드, 케이카, 케이폰을 제시했다(Thomas, 2012). 케이컬처의 특징을 살펴보면 지역적으로는 동양을 넘어 북미·유럽·중동·아프리카로, 내용적으로는 문화에서 화장품, 의류, 식품, 자동차 등 소비재 상품으로 외연을 확대하는 양상이다. 한류 콘텐츠 100달러어치를 수출하면 그 영향으로 소비재 상품 수출을 412달러어치나 유발한다는 한국수출입은행(김윤지, 2012) 등의 보고서가 속속 나오면서 한류의 산업 연관 효과에 대한 기대감이 높아졌다. 한류 산업은 그 자체만으로도 부가가치를 창출하지만, 다른 산업의 성장을 이끄는 효과가 매우 크다는 점도 확인되었다. 한류에 의해 우리는 문화 종속국이라는 오명을 벗고 독립성을 강화하며 자부심을 한층 높이게 되었다. 경제적으로도 문화의 수입국에서 수출국으로 위상이 바뀌었다(김창남, 2010; 김창남·최영묵·정준영, 2010). 외교에서 문화예술의 중요성을 인식하게 된 것도 큰 성과다. 그러나 예술 작품이 문화 논리가 아닌 자본 논리에 편입되어 수익성이나 흥행 위주로 평가받는 흐름이 조성된 것은 문화의 품격성과 공익성을 고려하면 비판의 여지가 있다. 한류의 위력은 일본 학자들이 '**문화적 쓰나미**(cultural tsunami)'라 칭했을 정도로 지대했다(Endo and Matsumoto, 2004; Hanaki et al., 2007; Kim and Wang, 2012).

• 외국의 반발과 대응

한류에 대한 부정적 여론의 경계론도 만만치 않았다. 중국, 타이완, 일본에서는 한류를 견제하는 **혐한**(嫌韓) **시위**나 언론의 비판 보도 등이 증가하는 등 **반한감정**(反韓感情)이 조성되는 한편, 2010년대 들어 문화산업 진흥계획을 세워 차근차근 실행하고 있기 때문이다. 심의 강화, 방송사 주시청시간대 방영 제한, 수입쿼터 제한 등 외국 영상물 규제도 강화하고 있다. 프랑스는 전 도시를 영화 세트장처럼 꾸며 예술·관광·경제를 연계하는 문화 발전 전략을 구체화하겠다고 나섰다. 외국의 견제 흐름은 특히 우리나라가 케이팝 한류를 통해 새로운 기회를 탐색하며 '한국 콘텐츠 산업 발전 전략'을 마련한 2008년 9월 이후에 구조적으로 나타났다.

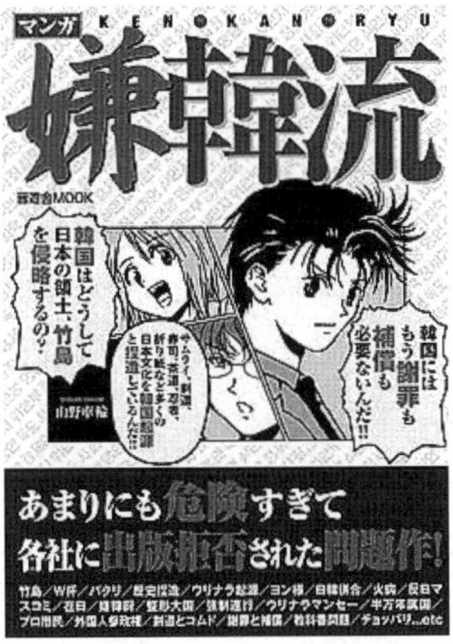

▌2005년부터 발행되어 한류 폄훼에 앞장선 일본 만화책 『혐한류』 시리즈

먼저 중국은 한류를 국가의 자존심과 결부된 문제로 여겨 공산당이 적극 개입해 2009년 7월 한류 견제와 자국의 문화산업의 진흥을 위한 '문화산업진흥계획'을 마련해 발표(2009.7)했다. 사회주의 기반 문화산업을 개혁·개방 기반의 문화산업 육성으로 그 성격을 전환하고, 문화산업의 내수 확대와 해외 진출 강화에 초점을 둔 것이다. 영국 노동당 정부의 '**창의 산업**' 정책을 차용해 문화산업을 문화 창의 산업, 영상 제작 산업, 출판·유통 산업, 인쇄·복제 산업, 광고 산업, 공연·엔터테인먼트 산업, 문화 컨벤션 산업, 디지털 콘텐츠 산업 등 8대 산업으로 세분화해 집중 육성하기로 했다. 아울러 중국 네티즌의 한류 수입 규제 목소리에 힘입어 해외 드라마의 프라임 타임대(주시청시간대) 방영을 막고 방송사마다 외화 수입을 연 50편으로 제한했다. 특히 한반도에 사드(THAAD, Terminal High Altitude Area Defense, 미국 육군의 탄도탄 요격 유도탄 체계) 기지를 배치하는 문제로 한중 관계가 심각하게 악화된 이후에는 우리나라 대중문화 콘텐츠나 예술인의 활동을 방영 금지, 심의 강화, 활동 금지 등을 통해 노골적으로 통제하여 큰 피해를 입었다.

일본은 극우 세력이 우리나라와의 민족 감정을 앞세워 반한류 여론을 조성했다. 후지TV의 한류 콘텐츠 편성에 불만을 품은 우익 시위가 이어지는가 하면 "독도는 우리 땅"이라고 발언한 탤런트 김태희에 대한 퇴출 시위도 벌어졌다. 케이팝 붐에 대해 날조한 만화를 유포했으며, 만화 『**혐한류**』 **시리즈**(1~4권)가 발간되었다. 하토야마 유키오(鳩山由紀夫) 내각은 한류의 효과를 인정하고 한류를 영국의 창의 산업과 함께 벤치마킹 대상으로 연구해 2010년 4월 문화산업 강화를 목적으로 '문화산업 대국 지향'을 발표했다. '쿨 재팬(Cool Japan)'

프로젝트를 통해 일본의 문화 상품을 해외에 확산시키고자 문화 콘텐츠, 음식, 패션, 유통 등 13개 분야를 지원 대상으로 지정했으며, 한국, 중국, 인도, 싱가포르, 이탈리아, 프랑스, 미국, 브라질 등 8개국을 대상국으로 삼았다.

타이완은 대중음악 신입 빌진을 위해 인재 양싱, 마케딩 모델 개발, 국제시장 진출을 세부 목표로 삼아 정부 투자 계획(2010~2014)을 발표했다. 중화권에서 타이완 대중음악의 위상을 높이고, 아시아 지역에서 타이완 음악 산업의 발전을 이끄는 동시에 유럽 등 서구에서 타이완 대중음악의 인지도를 높이는 데 목표를 두었다. 아울러 '유선라디오TV법'을 발의해 외국 드라마의 방영을 제한했다. SM 엔터테인먼트 소속 가수들의 공연을 원하는 팬들의 프랑스 파리 루브르박물관 앞 플래시몹 시위나 영국 트라팔가 광장의 케이팝 플래시몹 행사 등은 한국 가수들의 유럽 진출에서 촉진제로 기능했다. 특히 소셜 미디어(Social Media)는 케이팝의 확산 · 소비 과정에 막강한 위력과 영향력을 발휘했다(조병철 · 심희철, 2013).

한국 아이돌 그룹이 유럽에 진출해 큰 호응을 얻으면서 프랑스와 영국도 한류 비판에 가세했다. 프랑스 언론은 케이팝 공연 입장료가 너무 비싸다고 지적했다. 특히 ≪르몽드(Le Monde)≫와 ≪르피가로(Le Figaro)≫는 "프랑스를 찾은 케이팝 아이돌 그룹들은 한국 내 연예 기획사가 기획하고 한국 정부가 지원하는 문화 수출 정책의 후원으로 탄생한 그룹들"이라며 폄훼했다. 영국의 BBC는 "케이팝의 성공 신화는 이른바 '노예 계약'으로 불리는 장기간 불평등 전속 계약의 토대 위에서 일궈낸 것"이라며 "아이돌 그룹당 10억 원 이상 소요되는 투자금 회수가 한국 음원 시장에서는 불가능해 해외시장 공략에 나서고 있다"(Mesmer, 2011) 라고 비판했다. 한류의 흐름을 지속시키고 혐한류에 대응하려면 지금까지의 성과에 만족하지 않고 '문화 백년대계'를 마련해야 한다. 세계인에게 통용되거나 한국의 고유한 특색을 보여줄 수 있는 콘텐츠, 외교관계와 문화교류 확대를 통한 이질적 정서의 완화와 소통성 확대, 아티스트, 제작자, 콘텐츠 사업자, 플랫폼 사업자, 유통업자 등이 합심해 부가가치를 확대·재생산하는 건강한 문화 생태계 구축 등의 노력이 필요하다(이효성·김진웅, 2013; 김정섭, 2012; 조병철·심희철, 2013).

기, EXID, AOA 등), **'레트로**(복고풍)'(원더걸스, 티아라, 바버렛츠 등), **'포스트 팝아트**'(빅뱅, 지드래곤, 2NE1 등)의 네 가지 코드다(이동연, 2012).

피겨스케이팅 선수 **김연아**는 연이은 국제 대회 우승으로 세계적 스타이자 브라운관의 CF 스타로 떠올랐으며, 2010년 캐나다 밴쿠버 동계올림픽에서도 금메달을 차지해 각광을 받았다. 축구 국가 대표 팀은 2010년 6월 남아프리카 공화국에서 열린 월드컵에서 16강에 진출했다. 2011년 7월에는 정부, 기업, 스포츠 스타가 혼연일체가 되어 우리나라 최초의 동계올림픽인 2018년 평창 동계올림픽 개최권을 따냈다. 2012년 런던 하계올림픽에서는 금메달 13개로 세계 5위를 기록했다. 2013년에는 이순신의 『난중일기』와 새마을운동 기록물이, 2015년에는 KBS 프로그램 〈이산가족을 찾습니다〉의 기록물과 '유교책판'이 유네스코 **세계문화유산**에 등재되었다. 이에 앞서 2012년에는 '매 사냥 기술'과 「아리랑」, 2013년에는 '김장 문화'가 **인류무형문화유산**으로 각각 등록되었다. 2012년 2월에는 서울 세종로 옛 문화관광부 청사를 대한민국역사박물관으로 리모델링해 개관했다.

세계 주류 문화시장에 진입한 케이컬처와 그 혁신 과제

2000년 이후 성장을 거듭해온 한국 대중문화는 한류 열풍으로 그 가능성을 보여준 이후 2020년 무렵부터 세계 수용자들의 전폭적인 인정을 받으며 세계 무대에서 꽃을 활짝 피웠다. 1990년대 말부터 30년 넘게 문화산업계의 지속적인 도전과 투자에 정부의 전략적인 지원이 곁들여져 한국 콘텐츠의 애호층이 폭넓게 구축된 덕분이었다. 한류는 아메리칸 팝American Pop, 브리티시 팝British Pop, 제이 팝J-pop이 과거에 그랬던 것처럼 국제적 브랜드인 '**케이컬처**K-culture'로 새 단장해 통용되면서 성장을 거듭했다. 이 과정에서 SNS, OTT, 그리고 2020년 무렵부터 북미 시장을 강타한 무료 광고 지원 스트리밍 TV인 FAST Free Ad-Supported Streaming Service TV가 중요한 플랫폼 기능을 수행했다.

영화 · 드라마 같은 영상 콘텐츠의 경우 독창성과 보편성을 겸비한 흥미진진하고 박진감 있는 **스토리**, 할리우드보다 상대적으로 적은 비용으로 창출하는 뛰어난 **완성도**와 품질 높은 **작품 수준**, 체계화된 **제작 시스템**과 **첨단 영상기술**, 영화 · 드라마 선진국보다 비교우위를 확보한 **제작 속도** 등이 손꼽혔다. 케이팝K-pop의 경우 세계 음악 시장의 트렌드를 선도하는 세련되고 고급스러운 **음악 스타일**, 음악 콘텐츠의 핵심 소비계층인 10~20대의 성장 환경과 정서 · 심리를 적확하게 반영한 **노랫말**과 짜임새 있는 역동적인 **안무**, 매력적인 아이돌 그룹들의 **개성과 특색**, 애착심을 바탕으로 세계 각국으로 뿌리내린 충성도 높은 **음악 팬덤** 등이 성공 원인으로 제시되었다.

미국의 ≪뉴욕타임스NYT≫는 2021년 11월 "한국이 자동차와 스마트폰으로 세계를 사로잡은 데 이어 'BTS'에서 〈오징어 게임〉까지 문화콘텐츠로 전 세계를 강타하며 '**문화계의 거물**Cultural Juggernaut'이 되었다"면서 문화 콘텐츠 강국이 된 배경을 조명했다(Choe, 2021.11.3). ≪뉴욕타임스≫는 이 기사에서 "한국이 전쟁, 독재, 민주화, 급속한 경제 성장 등을 거치는 동안 문화 콘텐츠 제작자들이 예리한 감각을 키워왔고, 수년간 미국 할리우드나 다른 엔터테인먼트 중심지에 대해 공부하고 기술을 도입해 한국만의 감성을 더했다"라고 분석했다.

OTT 플랫폼인 넷플릭스처럼 지리적 · 문화적 경계를 허무는 스트리밍 서비스나 기존 방송사와 차별화되는 독립 스튜디오의 성장, 제도적 지원 등도 한국이 문화콘텐츠 수출국으로 변모하게 된 배경이라고 이 기사는 진단했다. 기사를 작성한 뉴욕타임스 서울지국 최상훈 지국장은 2022년 9월 "이제는 K-컬처 관련 기사 아이템을 발제하면 예전과 달리 클릭 수가 매우 높아 본사에서 무조건 채택하는 분위기"라고 케이컬처의 변화된 위상을 설명했다.

먼저 영상 콘텐츠 분야에서는 봉준호 감독이 **주류 문화시장** 진입의 **도화선** trigger 역할을 하였다. 봉준호 감독이 연출한 영화 〈기생충〉은 극단적 자본주의가 노출한 계급사회의 비정함과 소묘를 뛰어난 통찰력으로 블랙 코미디처럼 그려낸 데다 미국 트럼프 대통령이 주도한 인종차별, 국수주의, 계층 간 위화감 심화 등에 대한 비판적 시선과 맞닿아 수상으로 이어졌기 때문이다.

이 작품은 2019년 5월 14일에는 제72회 프랑스 칸 국제영화제에서 최고 권위인 **황금종려상**Palme d'Or을 받은 데 이어 같은 해 6월 5일에 열린 제66회 호주 시드니영화제에서 최고상을, 9월 19일에는 제15회 미국 판타스틱 페스트에서 관객상을, 9월 26일에는 캐나다 밴쿠버영화제에서 관객상을, 10월 17일에는 제43회 브라질 상파울루국제영화제에서 관객상을 각각 받았다.

이어 2020년 1월 4일에는 미국의 전미 비평가협회가 선정하는 작품상과 각본상을, 1월 5일에는 미국 골든 글로브 시상식에서 **외국어영화상**을, 1월 12일에 크리틱스 초이스 어워즈Critics Choice Awards에서 감독상과 외국어영화상을, 1월 19일에는 미국 배우조합상 영화 부문 캐스팅상을, 1월 22일에는 제49회 네덜란드 로테르담 국제영화제에서 관객상을 각각 수상했다. 같은 해 1월 30일에는 제40회 영국 런던 비평가협회의 작품상과 감독상을, 2월 1일에는 제72회 미국 작가조합상 각본상과 제24회 미국 미술감독 조합상 현대극 부문 미술상을 각각 받았다. 2월 2일에는 제73회 영국 아카데미상 외국어영화상과 각본상을, 2월 9일에는 '**오스카상**'으로 불리는 미국 아카데미상 시상식에서 오리지널 각본상, 국제영화상(외국어영화상), 감독상, 작품상의 4개 부

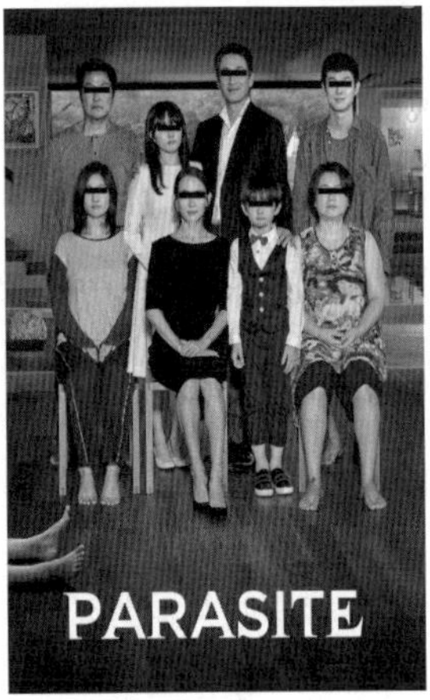

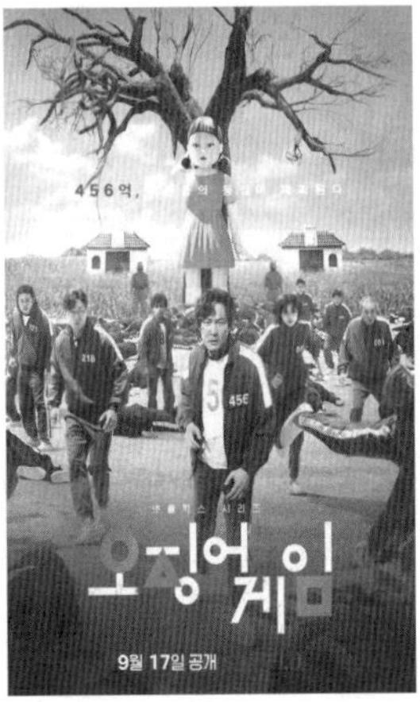

▌〈기생충〉(해외판, 왼쪽), 〈오징어게임〉(오른쪽).

분을 수상했다.

2021년 4월 26일에는 70대 배우 **윤여정**이 재미교포인 **정이삭** 감독의 자전적 영화 〈**미나리**〉에 출연해 제93회 아카데미 시상식에서 한국 및 아시아 배우 최초로 **여우조연상**을 받았다. 윤여정의 수상은 한국 영화계의 위상을 드높였음은 물론 20~30대 톱스타 배우 중심의 캐스팅으로 출연 기회가 적은 40대 이상 중장년과 노년층의 배우들에게 새롭게 도전하면 '제2의 전성기'를 만들 수 있다는 의욕과 용기를 심어주었다.

같은 해에는 **황동혁** 감독이 연출한 넷플릭스의 드라마 시리즈 〈**오징어 게임**〉이 히트해 세계 문화시장에서 신드롬을 일으켰다. 이 작품은 2021년 9월 17일 공개 후 2주 만인 10월 2일 서비스되는 모든 국가에서 1위[세계 OTT 플랫폼 콘텐츠 시청순위 집계사인 플릭스 페트롤(FlixPatrol)의 분석]를 했으며, 공개 28일 만에 누적 시청이 16억 5000만 시간을 돌파해 ≪블룸버그≫ 통신 추산 1조 원의 가치를 창출했다(≪뉴시스≫, 2022.12.31). 우리나라 전통 놀이인 오징어 게임을 잔혹한 데스 게임으로 재창조한 서사적 몰입도와 경합 구도의 홍미성, 서바이벌 과정에서 다채롭게 출현하는 인간 군상과 선택의 고뇌가 시청자를 흡인한 것으로 분석된다.

이에 따라 〈오징어 게임〉은 2021년 9월 13일 열린 '제74회 **프라임타임 에미상**Primetime Emmy Awards'에서 감독상, 남우주연상 등 6개 부문을 수상했다. 배우 이정재는 이 시상식에서 각각 감독상과 남우주연상을 받았다. 이 상은 미국 텔레비전 미술 및 과학 협회가 당해 미국에서 주시청 시간대Primetime TV 프로그램 중 가운데 우수 작품과 그 외 실적에 주는 상으로, 방송계의 아카데미상이라 불릴 만큼 높은 권위를 나타낸다. 한국 드라마가 이 상을 받은 것은 〈오징어 게임〉이 첫 사례며, 이는 K-콘텐츠의 위상이 세계적 반열에 올랐음을 명증하는 사건으로 평가받았다.

〈오징어 게임〉에서 일남 역으로 출연한 배우 **오영수**(당시 78세)는 2022년 1월 10일에 열린 제79회 골든 글로브 시상식에서 TV 부문 남우조연상을 받아 한국 배우 최초의 골든 글로브 수상자로 기록되었다. 같은 해 2월 28일에 열린 제28회 미국 배우조합상(SAG)에서 여주인공인 배우 **정호연**은 한국 여배우 최초로 드라마 시리즈 부문 여자배우상을, **이정재**는 남우주연상을 각각 수상했다. 넷플릭스에서는 우리 드라마인 〈D.P.〉, 〈지금 우리 학교는〉, 〈더 글로리〉 등이 히트해 속편 제작이 이어졌다. 국내(토종) OTT인 웨이브에서는 드라마 〈모범택시〉, 〈낭만 닥터 김사부 3〉와 예능인 〈피의 게임 1〉, 〈피의 게임 2〉 등이 주목을 받았다.

세계 주류 영화 시장에 진입한 한국 영화인의 높아진 명성과 위상을 상징하듯 **아카데미상**에 대한 투표권을 지닌 **미국 영화예술과학아카데미**(AMPAS)에 임권택, 김기덕 감독, 배우 최민식, 이미경 CJ 그룹 부회장, 애니메이션 캐릭터 전문가 김상진 등이 회원으로 위촉된 데 이어 2015년에는 봉준호 감독과 배우 송강호가 선정되었다. 2016년 박찬욱 감독과 배우 이병헌, 2021

년 배우 윤여정, 2023년 배우 박해일을 새 회원으로 뽑았다. AMPAS의 회원은 유명 감독, 작가, 프로듀서, 음악감독, 캐스팅 디렉터, 의상 디자이너, 메이크업 아티스트 등 영화계에 공헌도가 높은 사람을 선정한다.

영화 분야는 **코로나-19 유행기** 이후 **침체**가 계속되어 시장이 회복되지 않는 데다 산업의 지속 가능성까지 위협받게 됨으로써 공급자 중심의 안일한 시각에서 벗어나 근본적인 체질 개선이 과제로 떠올랐다. 코로나-19로 변화된 수용자의 인식과 생활 패턴을 반영해 개봉일을 관객이 보다 선호하는 금요일로 변경하고, OTT 이용자와 안방극장 이용자를 극장으로 이끌 관람료 인하, 영화관에서만 느낄 색다른 경험과 만족감 제공 등 창의적인 서비스 개발, 숏폼시대 수용자 심리와 편의를 반영한 영화 제작 · 편집 · 배급 방식의 전환, 수용자의 의사를 반영한 **좌석차등요금제** 개편 등이 과제로 제시되었다(김정섭, 2023). 특히 일과 삶의 균형을 중요시하는 **'워라밸 시대'**의 특성, 개인적 취향과 자유를 중시하고 과시적 체험 · 소비에 익숙한 **MZ세대**(출생 연도가 1980년대 초~2000년대 초인 밀레니얼 세대와 1990년대 중반~2000년대 초반인 Z세대)의 스타일, 코로나-19로 형성된 대인 접촉 기피와 조기 귀가 문화, 대형 TV 구매와 OTT 콘텐츠 시청 붐 등을 충분히 반영해야 우리나라 영화산업이 회생할 수 있다는 지적이다.

이에 앞서 2019년 10월 16일 한국 영화 100주년을 맞아 한국엔터테인먼트산업학회가 국내 영화 전문가 120명을 상대로 '새로운 100년을 위한 5대 핵심 과제'를 조사한 결과, **장르 소재의 편중 방지**, **규제 및 장르 다양성을 위한 창작지원 다각화**, **대기업의 독과점 해결**, **제작현장의 인권 · 노동 환경 개선**, **유통경로 다각화**로 손꼽혔다. 드라마 분야도 **제작 · 투자 시스템의 안정화**와 함께 **글로벌 OTT 플랫폼의 수익 독식 및 착취 구조 개선**, **유통경로 다각화**, **세계시장을 겨냥한 국내 OTT 플랫폼의 통합과 거대화** 등이 시급한 실정이다.

음악 부분에서는 아이돌 그룹 **방탄소년단**BTS과 **블랙핑크**BLACKPINK가 케이팝의 세계적 인기를 주도했다. 방탄소년단의 팬덤인 **'아미'**를 주축으로 관심, 보살핌, 응원, 애착, 숭배가 결부되어 충성도 높은 글로벌 팬덤이 두터워졌기 때문이다(김정섭, 2023). 비영리기관인 국제음악산업협회(IFPI, International Federation of the Phonographic Industry)에 따르면 2019년 한국 음악 시장은 매출액 기준으로 세계 6위다(김정섭, 2022). 문화체육관광부의 '2019년 음악산업 통계'에 따르면 우리나라 음악산업 매출은 2018년 6조 원을 넘어섰다. IFPI는 세계 음악 시장의 매출은 2017년부터 스트리밍 서비스가 실물음반 판매를 추월하면서 20조 원을 돌파했고, 2019년에는 24조 3551억 원으로 집계했다.

방탄소년단(BTS)은 2013년 힙합 7인조 그룹으로 결성되었다. 레거시 미디어에 의존하지 않고 유튜브 등 소셜미디어(SNS)로 세계 각지의 팬들과 직접 소통하는 **스토리텔링 전략**으로 친화력을 키우는 '자율형 아이돌'로 성장하며 열광적인 글로벌 팬덤인 **'아미'**를 구축하였다(김정섭, 2022). BTS는 이런 전략에 힘입어 2017년 「DNA」와 「MIC Drop」이 미국 **빌보드 싱글차트 '핫 100'**에 처음 진입한 데 이어 2019년 '빌보드 뮤직 어워드'에서 2관왕을 차지하면서 세계적인 가수로 발돋움하였다.

코로나-19 유행기인 2020년 8월 31일에도 디지털 싱글 「Dynamite」를 발매해 한국 가수 중 최초로 빌보드 싱글 차트 '핫 100'의 1위에 올랐다. 뒤이어 「Savage Love」와 「Life Goes On」도 1위에 올랐다. 특히 「Life Goes On」은 빌보드 차트 62년 역사상 최초로 1위에 오른 한국어 곡으로 기록되었다. 2021년에는 「Butter」, 「Permission to Dance」, 「My Universe」가, 2023년에는 지민이 부른 「Like Crazy」 '핫 100'의 1위에 올랐다. 특히 「Like Crazy」는 한국 솔로 아티스트 최초의 '핫 100' 1위다. **그래미 어워드**에 3년 연속 후보 기록과 단독 공연, 미국 3대 음악상 가운데 하나인 아메리칸 뮤직 어워드에

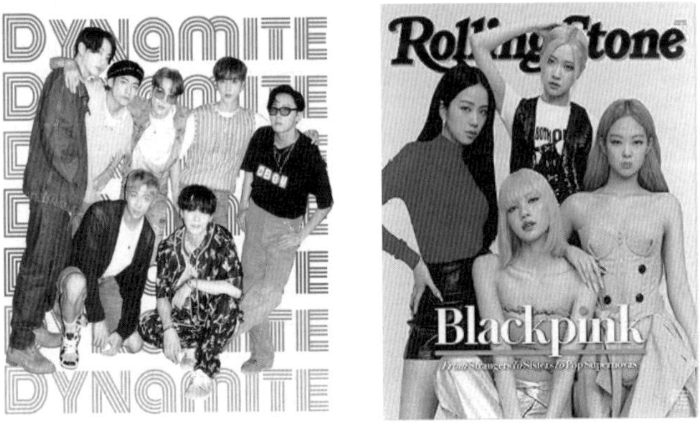

▌「Dynamite」 표지(왼쪽), ≪롤링 스톤즈≫ 2022년 6월호 표지(오른쪽).

서 5년 연속 수상, 빌보드 뮤직 어워드 6년 연속 수상도 기록으로 남겼다.

BTS는 여러 차례의 유엔총회 연설(2018, 2020, 2021)과 조 바이든 대통령의 집무 공간인 백악관 방문(2022) 등을 통해 청소년의 폭력과 인종차별이란 사회적 문제에도 대처하는 메시지를 전하며 문화계 리더이자 셀럽으로서 세계적인 영향력을 발휘했다. 2023년 10주년을 맞이한 BTS는 앤솔러지(선집) 음반 '프루프Proof'를 발매하고 구성원이 모두 군 복무를 마치는 2025년부터 활동 재개에 나서기로 했다.

블랙핑크는 6년간 훈련 끝에 2016년 8월 데뷔하여 팝, 힙합, EDM이 결합된 비트 있는 음악과 카리스마가 있는 퍼포먼스로 단기간 내 세계 음악 시장 공략에 성공했다(김정섭, 2022). 맵시와 우아함을 강조하며 패셔니스타다운 명품화, 고급화 전략도 팬들을 흡인하는 유효한 마케팅 방법이었다. 케이팝 역사에서 원더걸스-소녀시대-카라의 계보를 잇는 대표적인 걸그룹으로 성장했다. 미국 음악 잡지 ≪롤링 스톤즈(Rolling Stones)≫는 2022년 6월호에 '낯선 소녀들이 자매에 이어 팝의 초신성(Pop Supernova)이 되기까지'란 부제를 달아 표지 모델로 블랙핑크를 선정했다(Jason, 2022.5.23). 블랙핑크가 이 잡지에 표지 인물로 실린 것은 아시아 가수로는 최초이며, 세계 가수로서도 영국 스파이스 걸스Spice girls, 미국 데스티니스 차일드Destiny's Child에 이어 세 번째다.

블랙핑크는 2019년 한국 걸그룹 중 최초로 미국 최대 음악 축제인 '코첼라 벨리 뮤직 앤드 아츠 페스티벌'의 무대에 오른 데 이어 4년 만인 2023년 4월 23일 이 행사의 주연 공연자(headliner)로 무대에 섰다. 블랙핑크 유튜브는 개설(2016년 6월) 약 7년만인 2023년 7월 17일 구독자 수 9000만 명을 돌파해 글로벌 1위 팬덤에 올랐다. 블랙핑크는 2020년 7월 비영어권 아티스트 가운데 최초로 '유튜브 구독자 수 톱 5'에 오른 후 톱스타인 아리아나 그란데, 에미넴, 에드 시런, 마시멜로, 저스틴 비버 등을 차례로 제쳤다.

BTS와 블랙핑크에 이어 걸그룹 **트와이스**, 트로트 장르의 **임영웅**, 차세대 걸그룹 **에스파**, **뉴진스** 등이 콘서트, 팬 플랫폼, 가상 세계 접합 콘텐츠, 소셜 캠페인 등을 통해 인기몰이를 하고 있다. **세븐틴**, **엔하이픈**, **르세라핌**, **(여자) 아이들**, **비비** 등도 세계 무대에 적극적으로 도전하고 있다.

케이컬처가 세계 주류 문화시장에 진입하면서 지속성을 위한 과제도 제시되었다. K-콘텐츠의 장르와 소재 다양성의 확대, 투자 환경개선과 정부의 지원 확대, 창작자의 권리 확대, 기획사와 제작사 구조와 경영의 건강성 개선, 연습생을 포함한 아티스트들의 과학적 관리와 심신 케어 서비스 확대 등이 손꼽힌다. 특히 악성 댓글, 우울증 등으로 보이그룹 샤이니의 **종현**(2017.12.18)을 비롯해 걸그룹 f(x) 출신의 배우 **설리**(2019.10.14)와 카라의 **구하라**(2019.11.24)가 연이어 스스로 목숨을 끊은 사건으로 아티스트에 대한 매니지먼트와 심리 케어의 입체성, 권익 보호 문제를 드러냈다.

세계 3대 음반사로 불리는 워너뮤직[걸그룹 브브걸(브레이브 걸스의 새 이름), 그룹 갓세븐]과 소니뮤직(그룹 몬스타엑스의 아이엠)의 한국 자회사들이 콘텐츠

아이돌 문화와 역사

한국의 대중음악은 이제 '아이돌 문화(idol culture)'를 빼놓고 설명하기 어렵다. 이것은 세계 음악 시장을 주도하는 수준으로 위상이 높아진 한국의 대중음악을 상징하는 키워드인데다 음악산업을 문화적, 심리적, 경제적으로 지배하는 중심 테마이기 때문이다. 아이돌 음악은 1990년대 중반부터 국내는 물론 국제적 신드롬을 일으킨 케이팝(K-pop)의 핵심이며, 세계 6위 규모로 성장한 한국 음악 시장을 지탱하는 메인 콘텐츠다. 한국음악콘텐츠협회가 운영하는 한국의 대중음악 공인 차트인 '써클차트(Circle Chart, 옛 이름 가온차트)'가 2000년 앨범 판매량을 분석한 결과, 상위 10위권에서 아이돌 그룹이 90%를 점유했고, 아이돌은 100위권 판매량의 54.3%를 차지했다(양영민 · 한경훈, 2021).

아이돌 문화는 주로 10대 청소년 그룹이 댄스, 팝, 리듬 앤드 블루스(R&B), EDM 등의 장르에서 자신들의 **음악적 목표**, **개성**, **이미지**를 반영한 음악 스타일을 선보이며 또래(peer group) 중심의 팬층을 구축해 소비되는 현상을 말한다. '**아이돌**(idol)'은 많은 이들의 사랑이나 숭배를 받는 '우상'을 뜻한다. 어원은 그리스어인 '*ιδειν*'으로 정신적인 이미지, 환영, 유령, 물질적인 이미지, 조각상을 뜻했다. '우상화된 것'이란 의미로는 1560년대에 처음 쓰였으며, 1590년대에 이르러 오늘날과 같이 '너무 사랑스럽고 인간적인 사랑의 대상'이란 의미가 통용되었다. 아이돌은 형이상학적으로는 철학적, 종교적인 우상을 의미하지만, 사전적으로는 숭배의 대상이 될만한 10~20대 초반의 젊은 연예계 스타를 말한다. 음악계에서 '아이돌 가수'는 주로 청소년들의 우상이 될 정도로 큰 인기를 얻는 가수를 의미하며, '아이돌 음악'은 이들이 추구하며 선보이는 일련의 음악을 지칭한다.

아이돌 음악은 본래 또래를 주축으로 **관심**, **응원**, **애착**, **흠모**, **숭배**의 심리 단계를 거치거나 이런 기제가 복합적으로 작용해 종교적 양상으로 발전한다. 그래서 이를 열광적인 청소년 문화 현상으로 진단하는 경우가 많다. 사회적으로 음악의 대중화와 소비계층의 확산이 이뤄지고, 대중음악이 생활필수품 같은 소비재가 되고, 국제적으로 케이팝이 점차 인기를 얻어 세계의 주류 문화로 자리 잡으면서 이런 열광은 10대를 넘어 20대, 심지어 30대 이상으로도 확산하고 있다. '아저씨', '아줌마'라고 불리는 세대가 어린 아이돌 그룹을 좋아하는 '삼촌 팬', '이모 팬' 현상이 대표적이다. 아이돌이 생산되는 구조도 엔터테인먼트산업계에 금융자본이 유입되면서 일련의 '**체계화한 공정**(systematic process)' 속에 진행되고 있다. 엔터테인먼트사(기획사)를 중심으로 자본, 인력, 시간을 투입해 체계적으로 스타를 양산하는 스타 시스템이 가동된다. 이런 구조 속에서 기획사는 아이돌 그룹의 자원이 될 청소년 재목을 오디션, 길거리 캐스팅 등으로 확보해 최소 6개월에서 최장 10년간 연습생 신분으로 훈련시켜 10대 후반, 또는 늦으면 20대 초반에 데뷔하는 시스템을 구축했다.

과거에는 쉽게 싫증을 내거나 표변하는 팬덤의 특성 때문에 아이돌 그룹의 인기는 3년을 넘기지 못한다는 '3년 주기설'이 통용된다거나, 일반 상품처럼 제품 수명 주기가 작동한다고 보는 견해가 많았다(이용설, 2017). 그러나 걸그룹 '소녀시대' 등이 진화를 통해 인기를 지속하여 이런 통설을 극복했다. BTS의 팬덤인 '아미'와 같이 "이 가수들은 반드시 우리가 보살피고 키운다"라는 **애착 · 돌봄 · 헌신 심리**로 무장한 견고한 팬덤이 생겨나면서 제품 수명 주기도 무의미하게 되었다. 레거시 미디어에 의존하지 않아도 되는 SNS 시대에는 가수의 성장 과정과 생존력, 팬덤의 양태가 완전하게 달라진 것이다. 진화한 팬덤은 충성도가 매우 강해 자신이 선호하는 아이돌 그룹이 음반을 내놓을 때마다 무조건 구매하는 우의를 과시하며 인기 지탱의 헌신적인 기여자가 되고 있다. 대표적으로 BTS 멤버 뷔와 RM에 이어 지민과 정국이 동반 입대한 2023년 12월 12일 미국, 일본, 영국, 프랑스 등의 아미들이 재회를 희망하는 노랫말을 담아 2017년 발매했던 '봄날'의 음원을 일제히 구입해 세계 83개국 아이튠즈에서 '톱 송' 차트 1위에 올려놓았다. 기획사와 가수들은 노래, 춤, 스타일로 구현하는 음악 세계와 이를 승화시킨 가상 세계에서 특유의 주제의식, 가치, 관념, 감정, 스타일 등을 '**세계관**(世界觀)'으로 구축해 선보임으로써 팬들과 상호작용하고 그들과 견고하게 밀착한다.

방탄소년단이 세계 무대에서 정상을 차지하기 전까지 한국의 대중음악 시장은 대체로 보이그룹보다 걸그룹이 주도한 가운데 아이돌 문화 형성을 위한 다채로운 시도가 있었다. 켜켜이 쌓은 도전과 성장의 역사는 기록으로 남아 있다. 보이그룹의 원류는 일제강점기인 1930년대부터 존재했던 중창단의 형태 또는 가수의 화음과 후렴을 담당하는 '**리듬 보이즈**'였다. 1932년 9월 연희전문학교의 테너 이인범, 제2 테너 최성두, 베이스 황재경, 제2 베이스 신영균은 '연희전문시중창단'을 결성해 학교 「응원가」와 「교가」를 발표한 뒤 경성방송국에서 민요, 창작·번안곡 등을 선보였다.

걸그룹의 원류는 1935년 「목포의 눈물」을 부른 가수 이난영의 남편이자 작곡가인 김해송의 아이디어로 오케(OK)레코드사가 개별 활동하던 가수들을 모아 1939년 결성해 일정기간 활동한 4인조 걸그룹 '**저고리시스터즈**'(이난영·장세정·박향림·이화자)다. 이들은 우리나라 최초의 걸그룹으로 평가되는데, 금색 실로 수복(壽福) 자를 수놓은 한복(치마, 저고리)을 입었다. 당시에는 이런 유형을 걸그룹('걸그룹'이란 용어는 1993년쯤부터 음악·언론계에서 사용되기 시작했다) 대신 '**자매 악극단**'으로 불렸다.

1953년 데뷔한 3인조 '**김시스터즈**'(숙자·애자·민자)는 국내 최초로 정규 음반을 내놓고 활동한 걸그룹이다(이영미, 2009). 구성원 가운데 숙자와 애자는 이난영과 작곡가 김해송의 딸이며, 민자는 이난영의 오빠인 이봉룡의 딸이다. 김시스터즈는 주로 미군 무대에서 활동했는데, 팝송·재즈는 물론 트럼펫, 트롬본, 색소폰, 만돌린, 드럼 등 여러 가지 악기를 다루었다(이영미, 2009). 이들은 1959년 미국으로 건너가 프랭크 시내트라(Frank Sinatra) 등의 현지 스

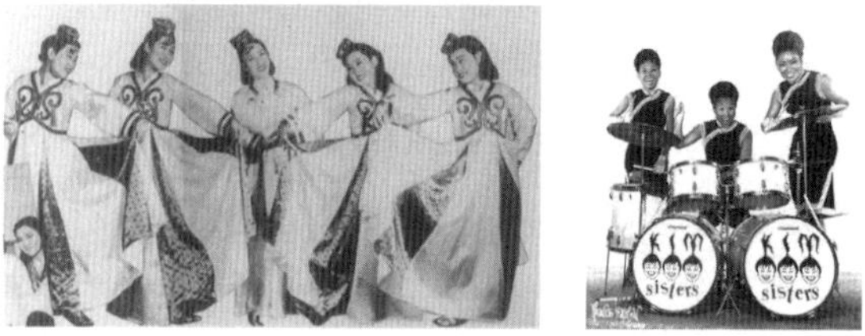

▌저고리시스터즈(1939년 데뷔)와 김시스터즈(1953년 데뷔)

타와 함께 활동했으며, 코스터즈(The Coasters)의 히트곡을 리메이크한 노래 「찰리 브라운(Charlie Brown)」으로 1962년 한국인 가수 최초로 빌보드 '핫 100'에 올랐다.

1940년대에는 코러스 중창단 형태로 활동하던 **리듬 보이스**(rhythm boys)란

양식이 진화하면서 가수 겸 작곡가인 김해송, 작곡가 박시춘, 코미디언 이복본, 트럼펫 연주자 현경섭, 작곡가 겸 편곡가인 송희선은 '아리랑보이즈'를 결성해 노래, 춤, 연기는 물론 바이올린 · 아코디언 연주까지 선보였다. 1950년대부터는 '은방울 자매'(박애경 · 김향미), '블루벨즈'(서양훈 · 현양 · 김천악 · 박일호), 1960년대부터는 '봉봉사중창단'(김성진 · 이계현 · 김유생 · 현삼열), '포 클로버스'(최희준 · 위키리 · 유주용 · 박형준), '현시스터즈'(김명 · 김정애 · 현주), '정시스터즈'(정희옥 · 정희숙 · 정희정), '이시스터즈'(김천숙, 김명자 · 이정자), '펄시스터즈'(배인순 · 배인숙), 1970년대부터는 '바니걸스'(고정숙 · 고재숙), '희자매'(김재희 · 인순이 · 이영숙), '송아지 코메츠'(김상국 · 박상규 · 장우), '트윈폴리오'(송창식 · 윤형주), '투에이스'(오승근 · 홍순백), 어니언스(이수영 · 임창제) 등이 활동했다.

1980~1990년대는 해바라기(이주호 · 유익종), 시인과 촌장(하덕규 · 함춘호), 어떤 날(조동익 · 이병우), 오선과 한음(김선민 · 강태호)이란 포크 계열과 트로트 계열의 국보자매(임경희 · 임성희), 댄스 · 랩 · 록 계열의 소방차(김태형 · 이상원 · 정원관), 클론(구준엽 · 강원래), 듀스(이현도 · 김성재), 솔리드(정재윤 · 이준 · 김조한), R.ef(박철우 · 이성욱 · 성대현), 터보(김종국 · 마이키 · 김정남), 혼성 그룹인 룰라(이상민 · 고영욱 · 김지현 · 채리나), 투투(황혜영 · 김지훈 · 오지훈 · 유현재) 등이 활동하였다. 특히 1987년 대성기획(훗날 DSP엔터테인먼트)이 내놓은 소방차는 격렬한 댄스풍의 「어젯밤 이야기」와 「그녀에게 전해주오」 등으로 인기몰이를 했다.

현대적인 아이돌 그룹은 1990년대 해외여행 자유화에 따라 연수나 유학을 다녀온 세대들의 주도로 결성됐다. 미국의 응원단 문화와 일본의 걸그룹, 한국의 고유한 정서와 신세대 스타일을 결합했다는 것이 주된 분석이다. X-세대의 개방된 사고와 힙합 스타일을 반영해 예당음반(반도음반)이 기획한 1992년 '**서태지와 아이들**'은 문화적 충격으로 다가와 최고의 팬덤을 구축했다. 지구레코드가 1993년 선보인 '**듀스**'는 댄스 음악의 인기를 주도했다. 1996년 SM기획(훗날 SM엔터테인먼트)의 'H.O.T.'는 현란한 댄스로 '10대의 우상'이 되었다. 걸그룹 'S.E.S', '**베이비복스**', '**핑클**'이 1997~1998년에 데뷔해 큰 인기를 누렸으며, 2000년대에 선보인 '**원더걸스**', '**소녀시대**', '**카라**'는 세계적인 인기로 한류 열풍을 주도했다. 이런 흐름에 비춰 1990년대 후반을 장식한 H.O.T, 젝스키스, 신화, god, S.E.S, 베이비복스, 핑클 등을 △**제1세대 아이돌**, 이후 2000년대 초반을 이끈 동방신기, 샤크라, 주얼리, 슈퍼주니어, 빅뱅, 원더걸스, 소녀시대, 카라, 2PM, 샤이니, 2NE1, f(x), 미쓰에이 등을 △**제2세대 아이돌**, 2010년부터 새로운 바람을 이끈 씨스타, AOA, 걸스데이, 에이핑크, 마마무, 여자친구, 트와이스, 엑소, 방탄소년단, 레드벨벳, 엔시티, 블랙핑크, 여자아이들, 브레이브걸스와 같은 그룹을 △**제3세대 아이돌**, 2020년부터 케이팝 전성시대를 맞아 새로운 감성과 가상 세계 기술 등을 도입해 BTS・블랙핑크의 영광을 꿈꾸는 잇지(ITZY), 에스파(aespa), 아이브(IVE), 르세라핌(LE SSERAFIM), 뉴진스(NewJeans), 더보이즈, 세븐틴, 스트레이키즈, 에이티즈, 트레저, 올아워즈 등을 △**제4세대 아이돌**로 구분하기도 한다.

한국의 아이돌 그룹은 음악 장르의 다양성 축소라는 비판에도 불구하고 음악 주 소비층인 10~20대에 정서에 부합하는 노랫말과 유행을 선도하는 최신식의 음악 스타일과 댄스, 감성적이고 친화적인 교감・소통 기술로 계속 진화하면서 생명력을 강화하고 있다.

상품 개발과 지적재산권(IP) 확보를 위해 2023년부터 잇달아 K팝 가수를 영입하여 전속계약을 맺을 정도로, 케이팝은 세계 음악 시장에서 큰 주목을 받고 있다. 이러한 케이팝의 지속 가능성 확보를 위해서는 시스템의 정비와 혁신이 필요하다. 가수 형태와 음악 스타일의 다양화, 투자 재원 확대와 세계시장 진출 지원 정책 강화, 저작권 보호와 창작자 수익 배분 현실화, 엔터테인먼트사 경영의 건강성 확보, 중소 레이블의 세계시장 진출 지원과 자생력 확대, 학업과 심신 균형 성장을 도외시한 연습생 제도의 개선 등이 그 과제로 손꼽힌다.

참고문헌

강명구. 1992.「대중소비 문화와 청소년 문화」. ≪방송문화연구≫ 4, 23~43쪽.

강태웅. 2014.「식민지 조선영화 연구와 제국일본」. ≪일본학보≫ 100, 135~143쪽.

≪경향신문≫. 2015a.5.10. “의혹과 진실: 한승헌의 재판으로 본 현대사(31): 김재규의 10·26 사건(상)”.

_____. 2015b.5.17. “의혹과 진실: 한승헌의 재판으로 본 현대사(32): 김재규의 10·26 사건(중)”.

_____. 2015c.5.24. “의혹과 진실: 한승헌의 재판으로 본 현대사(33): 김재규의 10·26 사건(하)”.

권상희. 2010.「문화인식과 미디어문화 소비」. ≪문화경제연구≫ 13(2), 243~274쪽.

금기숙 외. 2012.『현대패션 110년』. 교문사.

김방. 2013.『한국문화사』. 한올.

김봉국. 2012.「한국전쟁 이후 1950년대 간첩담론의 양가성」. ≪역사연구≫ 22, 105~138쪽.

김삼웅. 2007.『녹두 전봉준 평전』. 시대의 창.

김성도. 2008.『‘호모 모빌리쿠스’ 모바일 미디어의 문화생태학』. 삼성경제연구소.

김성은. 2015.「문화산업론과 문화산업 연구의 계보학」. ≪문화산업연구≫ 15(4), 49~65쪽.

김성희. 2010.「한국 역사극의 기원과 정착」. ≪드라마연구≫ 32, 65~113쪽.

_____. 2011.「국립극단을 통해 본 한국 역사극의 지형도」. ≪드라마연구≫ 34, 34~89쪽.

김소연. 2013.「식민지 시대 조선영화 담론의 (탈)경계적 (무)의식에 관한 연구」. ≪비평문학≫ 48, 55~90쪽.

김영순·이종하. 2005.「대중문화에 나타난 패러디 양상의 비판적 기술」. ≪한국언어문화≫ 27, 351~371쪽.

김용학. 2015.「한국 대중가요의 의미 연결망」. ≪대중서사연구≫ 21(1), 145~171쪽.

김유미. 2012.「장기 흥행 코미디 연극의 특성 연구」. ≪한국극예술연구≫ 37, 57~91쪽.

김육훈. 2006.『살아있는 한국 근현대사 교과서』. 휴머니스트.

김윤지. 2012.「한류수출 파급효과 분석 및 금융지원 방안」. ≪한국수출입은행 해외경제연구소 중점연구≫ 2012-1, 1~91쪽.

김정락 외. 2011.『공연예술의 이해와 감상』. 한국방송통신대학교 출판부.

김정섭. 2007.『한국 방송 엔터테인먼트 산업 리포트』. 커뮤니케이션북스.

_____. 2012.「엔터테인먼트 기업의 자원과 경영성과 간의 관계: 케이컬처 엔터테인먼트 기업에 대한 자원기반론적 접근」. 한국외국어대학교 대학원 박사학위 논문.

_____. 2014.『케이컬처 시대의 배우경영학』. 한울아카데미.

_____. 2016.「문화산업 시대의 예술교육」.『2016 한국예술교육학회 추계학술대회 논문 자료집』, 8~15쪽.

_____. 2022.「한류의 씨앗, 개항기 서양 엔터테인먼트 콘텐츠의 국내 유입 시원(始原) 고찰」, ≪한국엔터테인먼트산업학회논문≫ 16(1), 57~67쪽.

_____. 2022.『케이컬처 시대의 뮤직 비즈니스』. 한울엠플러스.

_____. 2023.「조선 개항기 서양음악을 전래한 오페르트의 ‘한국음악 평론가’로서의 선구적 면모와 통찰」, ≪글로벌문화콘텐츠≫ 55. 21~36쪽.

_____. 2023.『셀럽시대: 이론·데이터에서 수양·실천까지』. 한울엠플러스.

_____. 2023.8.31.「코로나-19 이후 영화·연극·뮤지컬·콘서트 운용·관람 제도 어떻게 달라져야 하나: 수용자의 인식과 생활환경 변화’를 반영한 제도의 혁신 방향을 중점으로 」. 한국엔터테인먼트산업학회 문화산업 이슈 세미나.

김정환. 2013.「1980년대 영화의 정당화 과정으로서의 기획구조 분석」. ≪한국콘텐츠학회논문지≫ 13(4), 125~136쪽.

김지미. 2013.「박정희 시대의 ‘민족’ 담론과 이만희 영화의 ‘민족’ 표상」. ≪한국현대문학연구≫ 41, 533~567쪽.

김지영. 2011. 「식민지 대중문화와 '청춘' 표상」. ≪정신문화연구≫ 34(3), 145~182쪽.
김진하. 2010. 「개항기: 시각적 모더니티의 맹아」. ≪근대서지≫ 1, 99~115쪽.
김창남. 2010. 『대중문화의 이해』. 한울아카데미.
김창남 외. 2012. 『대중음악의 이해』. 한울아카데미.
김창남·최영묵·정준영. 2010. 『대중문화의 이해』. 한국방송통신대학교 출판부.
김태미·최인려. 2012. 「영화의 의상과 분장에 나타난 색채와 상징성에 관한 연구」. ≪한국의상디자인학회지≫ 14(1), 151~160쪽.
김호영·윤태진. 2012. 「한국 대중문화의 아이돌(idol) 시스템 작동방식」. ≪방송과 커뮤니케이션≫ 13(4), 45~82쪽.
김환표. 2013. 「팬덤의 역사」. ≪인물과 사상≫ 179, 153~187쪽.
나가누마 유미(長沼由美)·니토 히로미(二藤宏美). 2013. 『서양음악사』. 홍성민 옮김. 하서.
≪뉴시스≫. 2016.8.21. "서울에서 예술인으로 산다는 것 … 2명중 1명 월 100만 원도 못벌어".
________. 2022.12.31. "'오징어 게임', 韓 최초 에미상 문턱 넘다(2022 결산): 한국 콘텐츠 거점 되다".
문경연. 2013. 「식민의 시대, 애도의 드라마」. ≪한국극예술연구≫ 41, 345~378쪽.
문정영. 2011. 「분장술」. ≪시안≫ 14(1), 125~125쪽.
밀, 존 스튜어트(Mill, J. Stuart). 2016. 『자유론』. 권혁 옮김. 돋을새김.
박기웅·조정연. 2010. 「현대 소비사회에서의 취향과 유행의 상관성과 대중문화의 역할」. ≪한국콘텐츠학회논문지≫ 10(2), 165~175쪽.
박애경. 2006. 「대중가요로 본 근대의 풍경: 장유정 저, 『오빠는 풍각쟁이야』 서평」. ≪대중서사연구≫ 12(1), 321~332쪽.
박태근. 1974. 「미공개 자료: 논픽숀 1854년의 조선」. ≪신동아≫ 8, 294~298쪽.
박천홍. 2008. 『악령이 출몰하던 조선의 바다』. 현실문화.
배경민. 2009. 「식민지 시대, 대중문화의 가면을 쓰다」. ≪한국언어문화≫ 38, 27~41쪽.
배현주. 2012. 「팬덤을 통한 하위문화 자본 축적과 활용」. 한국방송학회 2012년 가을 정기 학술대회 논문집, 200~205쪽.
백유선. 2015. 『청소년을 위한 한국 근현대사: 개화기에서 현대사회까지』. 휴머니스트.
백태남. 2002. 『한국사 연표』(2013년 개정판). 다홀미디어.
베일즈, 데이비드(Bayles, David)·올랜드, 테드(Orland, Ted). 2006. 『예술가여, 무엇이 두려운가!』. 임경아 옮김. 루비박스.
송도영. 2006. 「한국 대중문화의 혼성적 형성과정과 한류문화 담론」. ≪담론 201≫ 9(4), 35~74쪽.
송은영. 2011. 「1960~70년대 한국의 대중사회화와 대중문화의 정치적 의미」. ≪상허학보≫ 32, 187~226쪽.
_____. 2013. 「1960년대 여가 또는 레저 문화의 정치」. ≪한국학논집≫ 51, 71~98쪽.
안종화. 1962. 『한국 영화 측면 비사』. 춘추각.
알렉산더, 빅토리아 D(Alexander, Victoria D). 2010. 『예술사회학: 순수예술에서 대중예술까지』. 최샛별·한준·김은하 옮김. 살림.
양영민·한경훈. 2021, 「국내 음악 시장에서 두드러진 아이돌 편중 현상의 문제점과 개선 방향」. ≪한국엔터테인먼트산업학회논문지≫ 15(8), 1~18쪽
연합뉴스. 2023.8.26. "글로벌 공룡 음반사, K팝 스타 잇달아 영입… IP 확보 경쟁".
≪오마이뉴스≫. 2013.10.24. "'박정희의 여인들' 관련 칼럼, 재판부 검찰에 사실 확인 요구".
옥은실. 2014. 「1970년대 금지곡과 공연윤리위원회의 검열」. ≪문화과학≫ 80, 194~209쪽.
우수진. 2013. 「무대에 선 카추샤와 번역극의 등장」. ≪한국근대문학연구≫ 28, 403~437쪽.
유평근·진형준. 2002. 『이미지』. 살림.
윤석진. 2012. 「2000년대 한국 텔레비전 역사 드라마의 장르 변화 양상 고찰 1」. ≪한국극예술연구≫ 38, 301~323쪽.
원용진. 2011. 「한국 텔레비전 50년과 대중문화」. 한국언론학회 심포지움 및 세미나, 143~171쪽.
원용진·김지만. 2012. 「사회적 장치로서의 아이돌 현상」. ≪대중서사연구≫ 18(2), 319~361쪽.
위경혜. 2010. 「한국전쟁이후~1960년대 문화영화의 지역 재현과 지역의 지방화」. ≪대중서사연구≫ 16(2), 337~363쪽.

이건용·노동은. 1993.『일제하 음악 사회의 성격』. 한길사.
이근삼. 1980.『연극개론: 그 이론과 실제』. 문학사상사.
이근혜. 2008.「일제 강점기 근대 문화 공간 표현 특성에 관한 연구」. 경원대학교 일반대학원 석사학위논문.
이길성·이호걸·이우석. 2004.「1970년대 서울의 극장산업 및 극장문화 연구」. ≪영화진흥위원회 연구보고서≫ 2004-7.
이동연. 2011.「케이팝(K-pop): 신자유주의 시대 초국적 국민문화의 아이콘」. ≪내일을 여는 역사≫ 45, 234~252쪽.
_____. 2012.「케이팝의 스타일 : 네 가지 문화 코드」. ≪대중음악≫ 9, 167~181쪽.
이두현·여석기·한상철·정병호·김채현·김태원·송방송·이상만·문호근·서연호·김방옥·안치운·김기란·나진환. 1999.『한국 공연예술의 흐름: 고대에서 현재까지』. 현대미학사.
이민호. 1989.『서양문화사』. 느티나무.
이선옥. 2003.「대중문화의 성상품화와 인권」. ≪아시아여성연구≫ 42, 85~112쪽.
이수안. 2011.「대중문화에서 기호 가치로서 몸 이미지의 소비양식」. ≪문화와 사회≫ 11, 193~234쪽.
이수완. 2014.『대중음악 입문』. 경성대학교 출판부.
이영미. 2009.『한국 가요사 2』. 미지북스.
_____. 2010.「대중예술 연구, 경향과 방법의 탐색」. ≪안과 밖≫ 28, 64~89쪽.
이영일. 1969.『한국영화전사』, 도서출판 소도.
이용설. 2017.「콘텐츠 커뮤니티 사용자 유형 분석과 콘텐츠 수명주기 연장 전략: 바틀의 분류학을 기반으로」. ≪지역과 문화≫ 4(1), 113~134쪽.
이우영 . 2011.「남북 간 대중문화 교류의 현 상황과 미래」. ≪플랫폼≫ 26, 29~33쪽.
이이화. 2014.『전봉준 혁명의 기록』. 생각정원.
이임하. 2014.『문화로 읽은 한국 현대사』. 철수와 영희.
이준식. 2014.『일제 강점기 사회와 문화: '식민지' 조선의 삶과 근대』. 역사비평사.
이지행. 2019.『BTS와 아미컬처』. 커뮤니케이션북스.
이화정. 2013.「멜로장르 TV 드라마에 나타나는 여성 주인공의 전형성(1992년부터 2012년까지). ≪한국콘텐츠학회 논문지≫ 13(12), 604~613쪽.
이화진. 2008.「식민지기 영화 검열의 전개와 지향」. ≪한국문학연구≫ 35, 444~452쪽.
이효성·김진웅. 2013.「한류 대중음악이 나아갈 방향에 대한 고찰」. ≪언론학연구≫ 17(1), 155~174쪽.
이효인. 1992.『한국영화역사강의 1』. 이론과 실천.
인원근 외. 2012.『미학의 이해』. 고전미학연구소.
임재해. 2013.「스마트폰과 대중문화 현상의 문화유전자 인식」. ≪남도민속연구≫ 27, 213~256쪽.
임종수. 2012.「1970년대 텔레비전 드라마 인물과 미디어 비평」. ≪언론과 사회≫ 20(4), 132~178쪽.
임화. 1941.「조선 영화 발달 소사」. ≪삼천리≫ 13(6), 57~59쪽.
장유정. 2004.「일제 강점기 한국 대중가요 연구: 유성기 음반자료를 중심으로」. 서울대학교 박사학위논문.
_____. 2006a.「만요를 통해 본 1930년대 근대문화」. ≪웃음문화≫ 창간호, 한국웃음문화학회.
_____. 2006b.『오빠는 풍각쟁이야: 대중가요로 본 근대의 풍경』. 민음in.
_____. 2013.「일제강점기 만요(漫謠)를 통해 본 서민들의 삶과 문화」. ≪한국민요학≫ 39, 277~295쪽.
장유정·서병기. 2015.『한국 대중음악사 개론』. 성안당.
전지영. 2016.『트로트와 한국 음악을 위한 변명』. 북코리아.
정수영·유세경. 2013.「중국과 일본의 주요 일간지에 실린 대중문화 한류 관련 뉴스 분석」. ≪언론정보연구≫, 50(1), 121~156쪽.
정일영. 2013.「한국전쟁의 종결에 관한 연구」. ≪현대북한연구≫ 16(2), 7~40쪽.
정종화. 2014.「식민지 조선의 발성영화 상영에 대한 역사적 연구」. ≪영화연구≫ 59, 309~332쪽.
조형근. 2013.「식민지 대중문화와 '조선적인 것'의 변증법」. ≪사회와 역사≫ 99, 41~73쪽.

조광환. 2008. 『전봉준과 동학농민혁명』. 살림터.
조병철 · 심희철. 2013. 「K-POP 한류의 성공요인분석과 한류 지속화 방안연구」. ≪한국콘텐츠학회논문지≫ 13(5), 90~102쪽.
조항제. 2007. 「1970년대 초기 텔레비전 드라마의 성격: TBC TV 「화요연속극」을 중심으로」. 2007년 6월 한국방송학회 세미나 및 보고서, 36~54쪽.
조희문. 2002. 『한국 영화의 쟁점』. 집문당.
주창윤. 2007. 「역사 드라마의 장르사적 변화과정」. ≪한국극예술연구≫ 25, 369~398쪽.
최용범 · 이우형. 2012. 『하룻밤에 읽는 한국사: 근현대편』. 페이퍼로드.
채지영 · 윤유경. 2012. 「일본인의 한국 대중문화 선호도가 국가 선호도에 미치는 영향」. ≪예술경영연구≫ 24, 5~27쪽.
파케, 도미니크(Dominique Paquet). 1998. 『화장술의 역사』. 지현 옮김. 시공사.
하야시 나츠오. 2008. 「대중문화 교류에서 나타난 현대 한일관계」. ≪한일공동연구총서≫ 14, 232~270쪽.
한상언. 2012. 「1910년대 경성의 극장과 극장문화에 관한 연구」. ≪영화연구≫ 53, 403~429쪽.
한상언 · 정태수. 2013. 「1920년대 초반 조선영화의 형식적 특징」. ≪한국콘텐츠학회논문지≫ 13(12), 117~125쪽.
한영우. 2016. 『미래를 여는 우리 근현대사』. 경세원.
홍대용. 1765~1766. 『을병연행록(乙丙燕行錄)』.
홍서여. 2015. 『미추의 말과 글로 본 대한민국 근현대사』. 팝샷.

Aristotle. 1893(350 B.C). *Nicomachean Ethics*. translated by W. D. Ross. Kitchener: Batoche Books.
Basil, Hall. 1818. *Account of a Voyages of Discovery to the West Coast Corea*. London: John Murray.
Belcher, Edward. 1848. *Narrative of the Voyage of H. M. S. Samarang, during the Years 1843~46: Empolyed Surveying the Island of the Eastern Archipelago*. London: Reeve, Benham and Reeve, King Willam Street Strand.
Bourdieu, Pierre. 1993. *The Field of Cultural Production*. Oxford: Polity.
Choe Sang-Hun, 2021.11.3. "From BTS to 'Squid Game' : How South Korea Became a Cultural Juggernaut". The New York Times.
Clifford, James. 1988. *The Predicament of Culture*. Cambridge, MA: Harvard University Press.
Collingwood, Robin G. 1938. *The Principles of Art*. London: Oxford University Press.
Csikszentmihalyi, Mihaly. 1997. *Finding Flow: The Psychology of Engagement with Everyday Life*. New York: Harper Collins.
Duffett, Mark. 2013. *Understanding Fandom: An Introduction to the study of Media Fan Culture*. New York: Bloomsbury Academic.
Endo Fumiko and Atsuko Matsumoto. 2004.12.5. "Currents: TV dramas melt hearts, thaw Japan-ROK relations." *The Daily Yomiuri*, p.1.
Goncharov, Ivan A. 1854~1856. *Frigate 'Pallada'(Фрегат 'Паллада')*.
Goodwin, Andrew and Joe Gore. 1990. "World Beat and the Cultural Imperialism Debate." *Socialist Review*, 20(3), pp.63~80.
Hanaki Toru and Arvinhd Singha, Han Min-wha, Kim Do-kyun, Ketan Chitnis. 2007. "Hanryu Sweeps East Asia: How Winter Sonata is Gripping Japan." *International Communication Gazette*, 69(3), pp.281~294.
Hills, Matthew. 2002. *Fan Cultures*. London: Routledge.
Hamel, Hendrik. 1813. *Narritives and Description of the Kingdom of Korea. in A Chronological History the Voyages and Discoveries in the South Sea or Pacific Ocean: Part 3. 1620~1688*. Edit by James Burney. London: Luke Hansard and Sons.
Huizinga, Johan. 1938. *Homo Ludens*. London: Routledge.

Jason Fine, 2022.5.23. "Black Pink, From Strangers to Sisters to Pop Supernova". *Rolling Stones*, 2022-6.

Jenkins, Henry. 1992. *Textual Poachers*. London: Routledge.

Kim Sang-kyun and Hua Wang. 2012. "From Television to the Film Set: Korean Drama Daejanggeum Drives Chinese, Taiwanese, Japanese and Thai Audience to Screen-tourism." *International Communication Gazette*, 74(5), pp.423~442.

Lowel, Percival L. 1885. *Choson: the Land of the Morning Calm*. Boston: Ticknor and Company.

Mesmer, Philippe. 2011.6.10. "La Vague Pop Coréenne Gagne L'Europe." *Le Monde*.

Miller, Hugh M. 1972. *A History of Music*. Haper Collins.

Morin, Edgar. 1957. *Les Stars*. Paris: Le Seuil.

Oppert, Ernst J. 1880. A Forbidden Land: Voyages to the Corea. New York: G.P. Putnam's Son.

Rogers, Richard A. 2006. "From Cultural Exchange to Transculturation: A Review and Reconceptualization of Cultural Appropriation." *Communication Theory*, 16, pp.474~503.

Sandvoss, Cornel. 2005. *Fans: The Mirror of Consumption*. Cambridge: Polity Press.

Shim, Doobo. 2006. "Hybridity and the Rise of Korean Popular Culture in Asia." *Media, Culture & Society*, 28(1), pp.25~44.

Simonton, Dean K. 1988. "Creativity, leadership, and chance," in Sternberg, RJ(ed.). *The Nature of Creativity*. Cambridge, England: Cambridge Univ. Press.

Shome, Raka. 2012. "Asian Modernities: Culture, Politics and Media." *Global Media and Communication*, 8(3), pp.199~214.

Storey, John. 2006. *Cultural Theory and Popular Culture* (4th ed.). Athens: University of Georgia Press.

Tolstoy, Leo. 1896. *What is Art?* translated by Aylmer Maude. Oxford: Oxford University Press.

Thomas, David. 2012.10.7. "South Korea: a Rough Guide to Gangnam Style the Global Pop Sensation of the Year Has Got Us All Excited about South Korea. Welcome to the World of K-culture." *The Telegraph*.

Tylor, Edward B. 1958[1871, 1873]. *The Origins of Culture and Religion in Primitive Culture, Volumes I and II of the 1873 edition of Primitive Culture*. New York: Harper & Brothers.

Wallas, Graham. 1926. *The Art of Thought*. New York: Harcourt Brace.

Wallis, Roger and Krister Malm. 1984. *Big Sounds from Small Peoples: The Music Industry in Small Countries*. London: Constable.

Williams, Raymond. 1958. *Culture and Society 1780~1950*. London: Chatto and Windus.

_____. 1993. "Chapter 1: Culture is Ordinary" in A. Gray and J. McGuigan(eds.). *Studying Culture: an Introductory Reader*. London and New York: Edward Arnold.

찾아보기

인명

ㄱ

강귀희 145
강리나 195
강산에 229
강수연 201
강수지 198
강우규 80
강우석 224
강일순 74
강홍식 111
거슈윈, 조지(George Gershwin) 165
계은숙 284
고복수 164
고소영 225
고유상 57
고은아 161
고종 55, 78
고현정 275
고희동 114
곽순옥 198
권진원 207
그릴, 앙투안(Antoine Grille) 50
글래스, 루이스(Louis Glass) 62
길창덕 176
김건모 228~229
김계원 155
김관호 114
김광림 205
김광석 207
김구 54, 86
김규식 123
김기덕 197, 262
김기영 136
김기진 98, 101
김기춘 248
김대중 153, 185, 189, 216
김덕경 92
김도산 93, 100
김도연 149
김동률 229
김동훈 163
김명곤 205
김명민 275
김무생 163
김민기 174, 179, 207
김민우 228
김백희 139
김범룡 198
김복진 101
김부선 195
김삼화 136
김상옥 83
김석만 205
김세나 181
김세레나 181
김세환 166, 175
김소랑 100
김소월 98
김수산 101, 113
김수현 275
김승진 229
김시스터즈 141
김연아 266, 270, 289
김연자 284
김영삼 154, 189
김영순 136
김영환 92
김옥균 71
김완선 198
김용림 163
김용만 111
김우옥 205
김우전 101
김우진 101
김원봉 80
김윤석 275
김윤식 55
김은희 207
김을한 101
김의경 163
김일성 125
김재규 154~155
김정구 106, 111
김정림 144
김정미 180
김정일 218
김종 248
김종래 134
김종인 245, 249
김종필 151, 216
김주열 130
김준수 275
김지미 161
김진규 134, 136
김진섭 102
김추자 164, 171
김태희 287
김현식 198
김현철(김영삼 차남) 215
김혜수 275
김혜자(패티김) 181
김혜자 163
김혜정 161
김홍륙 73
김희선 225

ㄴ

나라 281
나석주 83
나영희 195
나운규 94~95
나이트, 스티븐(Steven Knight) 281
나철 50

나혜석 114
나훈아 174
남궁억 56
남궁원 161
남인수 110, 138, 164
남정임 161
남진 174
노경식 174
노라노(노명자) 146, 169
노무현 213, 240
노브레인 231
노태우 185, 188

ㄷ
다무라 미네(田村ミネ) 92
다윈, 찰스(Charles Darwin) 18
덕수환 112
데라우치 마사타케(寺內正毅) 79
드 마르탱빌, 에두아르 레옹 스코트(Edouard-Leon Scott de Martinville) 62
디젤, 루돌프(Rudolf Diesel) 75
딜런, 밥(Bob Dylan) 180

ㄹ
로저스, 리처드 앨런(Richard Allen Rogers) 20
록펠러, 데이비드(David Rockefeller) 32
리델, 펠릭스 클레르(Félix Clair Ridel) 74
리처드, 클리프(Cliff Richard) 167, 199

ㅁ
마로, 푸블리우스 베르길리우스(Publius Vergilius Maro) 32
마이케나스, 가이우스(Gaius Maecenas) 32
말름, 크리스테르(Krister Malm) 19
메가타 다네타로(目賀田種太郎) 50
명성황후(민자영) 45, 54
명완벽 70
모랭, 에드가(Edgar Morin) 37
모스, 제임스(James Morse) 49
무쓰 김 204
문대성 267
문일석 107
문재인 245
문정숙 158
문희 161
미우라 고로(三浦梧樓) 48, 54
민영환 50
밀, 존 스튜어트(John Stuart Mill) 34

ㅂ
바그너, 빌헬름 리하르트(Wilhelm Richard Wagner) 30
바니걸스 181
바이런, 조지 고든(George Gordon Byron) 37
바퇴, 샤를(Charles Batteux) 27
박근혜 245, 249
박남정 201
박성춘 46
박세리 266
박수근 114
박승목 101
박승직 117
박승필 92
박승희 101
박암 144
박에스더(김정동) 72
박영석 267
박영효 55
박영희 98
박용식 194
박윤정 168
박응면 92
박인수(가수) 174
박인수 142, 144
박재홍 134
박정림 110
박정아 230
박정자 163
박정현 229
박정희 149
박조열 174
박종원 224
박중훈 223
박진 101
박진영 230
박찬욱 262
박찬호 266
박태준 216
박태환 267
박해일 275
박향림 108, 111
박현빈 265
박현옥 145
발리스, 로게르(Roger Wallis) 19
방정환 98
배용균 202
배용준 284
배정자 71
배창호 201
배호 180
백년설 110, 164
베델, 어니스트(Ernest Bethell) 56
베르틀로, 마르셀랭(Marcellin Berthelot) 117
베를리너, 에밀(Emile Berliner) 69
베베르, 카를 이바노비치(Карл Иванович Вебер) 54, 73
베컴, 데이비드(David Beckham) 270
벨처, 에드워드(Edward Belcher) 66
변진섭 198, 228
보스트윅, 해리 라이스(Harry Rice Bostwick) 50
보아 265
복혜숙 96, 101
브릭스, 데이비드(David Briggs) 280
비틀스 164
빅토리아 여왕 55

ㅅ
사이토 마코토(齋藤實) 80

새파이어, 윌리엄(William Safire) 238
샤라포바, 마리야(Мари́я Шара́пова) 270
서광범 71
서상륜 74
서상호 92
서영춘 111
서월영 101
서재필 56
서태지와 아이들 39, 200, 228~229
서항석 102
석금성 101
선우일란 195
설경구 275
설운도 229
설현 281
성동호 92
셰익스피어, 윌리엄(William Shakespeare) 138
소녀시대 200, 265, 279
소크라테스(Socrates) 35
손목인 107
손병희 74, 98
손연재 270
손예진 275
송강호 275
송대관 174, 229
송두율 268
송병선 50
송창식 166, 175
수애 275
수지 281
순종 78
슈퍼주니어 265
스모리 히데카쓰(津守秀一) 95
스치다 조스케(土田壞亮) 54
스크랜턴, 메리(Mary Scranton) 57
스티븐스, 더럼 화이트(Durham White Stevens) 50
신경균 136
신기선 55
신동우 176
신상옥 135
신성일 112
신성일 159, 161
신승훈 228
신신애 111
신영균 161
신익희 128
신일선 95
신재순 155
신재효 71
신중현 164, 166, 171, 175, 180
신해철 229
신형원 207
신혜수 202
심수봉 155, 198, 201
심신 228
심은하 225
심혜진 224
심훈 98
싸이 280

ㅇ
아널드, 윌리엄(William Arnold) 62
아리스토텔레스(Aristoteles) 26
아베 요시시게(安倍能成) 95
아우구스투스(Augustus) 황제 32
아인슈타인, 알베르트(Albert Einstein) 36
아퀴나스, 토마스(Thomas Aquinas) 28
아펜젤러, 헨리(Henry Appenzeller) 74
안경호 136
안민수 174
안성기 223
안소영 195
안익태 104
안재환 269
안정애 140
안종범 248
안중근 50
안중식 114
안창남 111
안창묵 92
안치환 207
알렌, 호러스 뉴턴(Horace Newton Allen) 70, 74
앙드레 김 169
애치슨, 딘(Dean Acheson) 125
양석천 111
양수경 228
양용은 267
양현석 230
양희은 174, 179~180
언더우드, 호러스 그랜트(Horace Grant Underwood) 57
엄복동 111
엄앵란 161
에디슨, 토머스(Thomas Edison) 59, 69~70
에이비슨, 올리버 R.(Oliver R. Avison) 74
에케르트, 프란츠(Franz Eckert) 55
엘러스, 애니(Annie Ellers) 57
여운형 120, 123
오그번, 윌리엄 필딩(William Fielding Ogburn) 18
오기오 50
오닐, 유진(Eugene O'Neill) 138
오달수 275
오정해 224
오즈번, 존(John Osborne) 138
오태석 163, 174
오페르트, 에른스트(Ernst Oppert) 62, 67~68
오현주 146
오히라 마사요시(大平正芳)」 151
옥두옥 141, 282
우병우 248
우정식 92
원더걸스 200, 280
원미경 195, 204
원빈 284
원종우 231
원준희 198

윌리엄스, 레이먼드(Raymond Williams) 16
윌리엄스, 테네시(Tennessee Williams) 138
윌슨, 우드로(Woodrow Wilson) 81
유길준 56, 71
유니 269
유덕형 174
유승민(탁구선수) 267
유승민 248
유양호 72
유재하 198
유지인 176, 204
유치진 102, 163
유희열 229
윤고려(윤코리아) 71
윤극영 104
윤대성 174
윤도현 229
윤동주 85
윤백남 94, 96, 100, 102
윤보선 149, 152
윤복희 167
윤봉춘 136
윤상 228
윤성덕 111
윤손하 284
윤수일 201
윤승운 176
윤심덕 101, 111
윤용규 136
윤일로 141
윤정희 161
윤종신 229
윤치호 71
윤형주 166, 175
이강백 174
이강천 135
이광수 98, 100
이광조 198
이구영 136
이규환 135
이기봉 129
이기세 100
이낙훈 163
이난영 106~107
이덕화 224
이동휘 83
이만희 159
이명박 243
이명우 97
이문세 197~198
이미숙 195, 204
이미자 174, 180
이민자 136
이바노비치, 이오시프(Iosif Ivanovici) 111
이범수 275
이병헌 284
이보희 195, 204
이봉창 54, 86
이상득 243
이상범 114
이상우 207, 228
이상은 198, 229
이상화 98
이서구 101
이선희 198
이소라 229
이소연 244
이수만 197, 230
이순자 201
이승만 83, 124, 129, 158
이승엽 267
이승철 198, 228
이승환 228
이시바시 료스케(石橋良介) 109
이시영 124
이신우 237
이애리수 106
이영희 237
이용 194
이월화 94
이육사 85
이은미 229
이은주 269
이인모 215
이인직 100
이장선 92
이장호 201~202
이장희 166, 174~175, 180
이재수 74
이적 229
이정렬 207
이제마 74
이제창 101
이종환 197
이주일 194
이준 78
이중섭 114
이지연 198
이철 104
이충직 97
이택림 197
이토 히로부미(伊藤博文) 50, 78
이하영 69~70
이하윤 102
이한열 188
이해연 139
이헌구 102
이혜숙 224
이호연 230
이회창 213, 216, 240
이효리 230
임권택 223~224
임성남 164
임성민 112
임수정 275
임영웅 164, 174
임재범 198
임화 98
임희숙 175

ㅈ
장기제 102
장길수 224
장동건 275, 284
장동휘 158
장면 128~129, 158

장미화 166
장미희 112, 176, 204
장선우 224
장세정 141
장윤정 265
장자연 269
장지연 56
쟈니 리 228
전경환 209
전도연 262
전두환 155, 184~185
전영록 198
전지현 275
전창근 136
전태일 152
정광태 201
정다빈 269
정비석 135, 143
정승화 155, 185
정윤희 176, 204
정인섭 102
정정숙 117
정지영 223~224
정호용 185
제너, 에드워드(Edward Jenner) 74
조만식 122
조명희 98, 101
조미령 136
조병옥 129
조봉암 128~129
조성모 228~229
조소앙 86, 120
조승우 275
조영남 166, 175, 180
조용수 269
조용필 166, 197~201
조윤선 248
조일재 100
조중곤 98
조희순 102
주승희 92
주현미 198
지강헌 209
지석영 74
지청천 86
진경준 248
진태옥 237

ㅊ
차범석 163
차은택 248, 271
차지철 154~155
차태현 275
체호프, 안톤(Антон Чехов) 101
최경자 116, 169
최규하 155, 184
최남선 98
최독견 103
최명길 224
최무룡 161
최민식 275
최불암 163
최서해 98
최성수 198
최순실 271
최시중 243
최인규 129, 136
최정우 102
최지혜 161
최진실 225, 269
최창권 164
최창봉 135
최치림 163
최희준 164

ㅋ
카라 265, 279
카터, 지미(Jimmy Carter) 154
칸트, 이마누엘(Immanuel Kant) 28
코베인, 커트(Kurt Cobain) 231
콜링우드, 로빈 조지(Robin George Collingwood) 27
콜브란, 헨리(Henry Collbran) 50
쿠플랜드, 더글러스(Douglas Coupland) 232
퀀트, 메리(Mary Quant) 168
크라잉넛 231
클린턴, 로저(Roger Clinton) 267
클린턴, 빌(Bill Clinton) 267

ㅌ
타일러, 에드워드 버넷(Edward Burnett Tylor) 16
태진아 229
태현실 161
토끼소녀 181
톨스토이, 레프 니콜라예비치(Лев Николáевич Толстóй) 26
투피엠(2PM) 40
트위스트 김 204

ㅍ
파켓, 다시(Darcy Paquet) 274
패티김 174, 181
포스, 휘버르트(Hubert Vos) 72
플라쿠스, 퀸투스 호라티우스 (Quintus Horatius Flaccus) 32
피타고라스(Pythagoras) 28
필롯, 유진(Eugene Pillot) 101
핑클 200, 230

ㅎ
하야시 곤스케(林權助) 50, 56
하위징아, 요한(Johan Huizinga) 29, 282
하정우 275
하지원 275
하토야마 유키오(鳩山由紀夫) 287
한대수 175, 179
한명숙 164~165
한복남 111
한영애 198
한용운 98
한형모 135, 144
함대훈 102
함정무 139
허백련 114
허장강 161
허정 130, 148

헵번, 오드리(Audrey Hepburn) 137, 145
현인 138~139, 164
현제명 104
현진영 229
현철 229
혜은이 176, 180
호르크하이머, 막스(Max Horkheimer) 23
홀, 홀워디(Holworthy Hall) 135
홈스, 엘리아스 버튼(Elias Burton Holmes) 59
홍난파 104
홍미화 237
홍서범 194
홍순언 103
홍영식 71
홍진영 265
홍해성 102
화이트힐, 마이크(Mike Whitehill) 281
황석영 215
황수정 225
황우석 269
황정민 275
황정순 161
황해 161
휴얼, 윌리엄(William Whewell) 31
흥선대원군 45

기타

H.O.T. 40, 200, 228, 230
S.E.S. 200, 230

용어

ㄱ

가계 부채 246
가면극 98
가발 수출 167
가부장적 구조 283
가부장적 사고 142
가부장적 질서 160
가부장적 체제 170
가부키 99
가사 71
가수 276
가정 비극 99
가정의례준칙에 관한 법률 182
가정잡지사 98
가짜 친구들 38
가톨릭농민회 152
가트너 272
간접광고 258
간첩 담론 176
감각주의 226
감상 99
감성적 코드 225
감성적인 신세대 222
감정 노동 259
감정이입 40
갑신정변 46
갑오개혁 48
갑의 횡포 240
강남 8학군 출신 234
강남 개발 182
강력 범죄 208
강변가요제 198
강화도조약 45
개념 팬 40
개량 한복 72
개발독재 178
개방 압력 202, 212
개방 221, 235
개방성 33
개방화 142
개성공단(개성공업지구) 268, 247
개성좌 92, 100
개신교 편향 245
개인화 221
개화사상 53
객원 가수제 229
거문도 47
거창 사건 126
건국 강령 120
걸스 제너레이션 279
걸즈 토크 279
검열 97, 134, 158, 193
검증 34
결합 상품 서비스 261
경공업 발전 150
경무대 130
경범죄 규정 179
경범죄 처벌 조항 182
경범죄 처벌법 169
경복궁 옥호루 54
경부고속철도 241
경북고등학교 130
경성방송국 90
경성좌 92
경운궁(덕수궁) 48, 75
경의선·동해선 철도 연결 218
경인방송 iTV 262
경자유전 120
경쟁 280
경제 호황 184
경제개발5개년계획 149
경제공황 85
경제적 양극화 214, 240
경제제일주의 149
경제협력개발기구(OECD) 214
경찰 79
계몽문학 97
계엄령 철폐 185
계엄령 130, 150
고고도미사일방어체계 247
고급 외제 승용차 234
고급 캐주얼 브랜드 236
고급문화 22
고도성장기 150
고독한 예술가 36
고등경찰제 82
고등보통학교 81
고등연예관 92
고딕 양식 74
고려대장경판과 제경판 268
고무신 117
고성 산불 236

고소영 인사 243, 245
고엽제 151
고전자본주의 214
고향 164
고흥 나로도 244
골반 바지 237
골프장 233
공개 구혼 광고 72
공동체 문화 30
공동화 184
공비 소탕 133
공산주의 133
공수부대(공수특전단) 186
공연예술윤리위원회 178
공연윤리위원회 205
공연장 설치 205
공영방송 체제 208
공일오비 229
공직자윤리법 213
공포정치 128
공회당 97
과감한 노출을 강조한 패션 237
과거사 진상 규명 241
과거의 명작 263
과도정부 148
과몰입 234
과외와 학원 수강 전면 금지 187
과학적 창의성 34
관권 부정선거 129
관부연락선 111~112
관조 35
광기 35
광란의 댄스파티 231
광무 48
광무개혁 49
광무대 61, 92, 101
광업령 79
광인사 56
광제원 74
광주학생 항일운동 83
광혜원 74
광화문이발소 73
교감 33
교방사 70
교복 자율화 187
교원 노조 148
교육과학기술부 244
교육방송 194
구두 116
구락부 196
구본신참 49, 53
구파극 99
구호물자 144
국가 부도 사태 212, 236
국가 브랜딩 프로젝트 285
국가 시책 171
국가 위상 278, 289
국가보안법 124, 133, 187, 242
국가보위비상대책위원회(국보위) 186
국가보위에 관한 특별조치법 153
국가비상사태 153
국가안전기획부 187
국가재건최고회의 150, 186
국가정보원의 대선 개입 247
국가총동원법 85
국가파산 위기 215
국권 회복 운동 55
국내 문화시장 점유 208
국립극단 158
국립극장 138, 163
국립중앙박물관 268
국민 계도 196
국민 스포츠 196
국민 여동생 266, 281
국민 통합 241
국민국가 건설 177
국민기초생활보장법 215, 217
국민보도연맹(보도연맹) 124
국민복 116
국민복령 116
국민의 정부 216
국민의당 248
국민정신총동원조선연맹 85
국민학교 213
국산 영화 161, 203
국산 진 캐주얼 브랜드 232
국세청 발표 275
국수주의 24
국익 담론 259
국익 278
국정 농단 사태 240, 249
국정원의 선거 개입 245, 249
국제 무대 진출 201
국제 미인 대회 187
국제 패션쇼 169
국제극예술협회 총회 227
국제극장 109
국제노동기구(ILO) 214
국제연극제 205
국제통화기금(IMF) 212
국제화 221
국토 균형 발전 241
국풍 81 194
국학 관심 고취 194
국회 프락치 사건 125
군국 가요 104, 110
군대 해산 78
군무 25
군사고문단 125
군사극 99
군사분계선 268
군사정변 149
군용 담요 144
군인 예찬 171
군정청 122
궁성요배 85
권위주의 청산 240
권한 부여 40
귀속재산 125, 127
균형·절도·조화 28
극단적인 대결 240
극단적인 추종 40
극대 61
극연좌 102
극예술연구회 102
극예술협회 101, 137
극장 광고 60
극장 사업 60

극장 입장권 매출액 272
근대성 165
근대적인 여권론 114
근로복 116
근시안적 정책 246
근우회 82
금 모으기 운동 217
금강산 관광 218
금서 206
금성사 135
금욕 178
금융 개혁 217
금융실명제 213
금지곡 134, 179
급성호흡기증후군(SARS) 244
급진 개화파 46
기계적인 예술 27
기능화성 165
기득권 고착화 240
기록영화 97
기선항로 75
기신양행 137
기업 구조 조정 217
기존 작품 278
기지창 76
긴급 구제금융 215
긴급 금융 지원 212
긴급조치 153
긴급조치권 153
길보드 차트 197
김대중 내란음모사건 186
김대중 정부 대북 송금 특검 242
김대중 정부 212
김영란법 247
김장 문화 289
김해 봉하마을 243
꼭두각시놀이 98
꿀꿀이죽 133

ㄴ

나가사키 121
나로호 244
나운규프로덕션 96
나이트클럽 234
나일론 144, 167
나팔통식 취입 104
낙관적 감성 165
낙동강 전선 126
낚시 167
난센스 송 111
남북 간 대결주의 179
남북 간 열차 시험 운행 268
남북 관계 개선 218
남북 대결 215
남북 제정당 사회단체 대표자 연석회의 123
남북 친선 축구 268
남북정상회담 218
남북한 문화 교류 267
남북협상 148
남산예술센터 264, 278
남장 여자 204
남조선과도입법의원 123
남조선과도정부 123
남조선노동당(남로당) 123
남존여비 사상 114
남태평양 196
납꽃 117
납작한 구두 145
낭트 3대륙영화제 201
내각제 개헌 128
내각책임제 148
내선일체 84
내치용 196
내포 47
냉전 체제 247
네 가지 스타일 281
노(能) 99
노근리 사건 126
노동 개혁 248
노동당 정부 287
노동설 27
노동조합 208
노래방 234
노래얼 206
노래패 206
노모스 29
노벨평화상 218
노블레스 오블리주 38
노사분규 152
노사정위원회 217
노이즈 마케팅 41
노찾사 206
노출 풍조 238
녹음 90
녹조 현상 244
논픽션 97
놀이 문화 233
놀이공원 233
놀이의 장 29
놀이패 206
놀이하고 싶은 욕망 282
농·축산물 시장 개방 반대 운동 214
농구대잔치 196
농민조합 82
높은 휴대전화 보급률 272
뇌물 스캔들 248
누드 화보집 237
뉴 키즈 온 더 블럭(New Kids on the Block) 200
능동성 33
능동적 인간관계 226

ㄷ

다국적기업 208
다매체 다채널 시대 222
다머 학원 72
다문화 24
다문화주의 24
다양성 영화 273~274
다운로드 기술 222
다원주의자 23
다이헤이 104
다학제적 연구 31
단독 콘서트 279
단발 116
단발령 48

단성사 61, 92
단원제 국회 150
단음계 106
단조 요나누키 106
담배 91
당구장 234
대구 지하철 공사장 도시가스 폭발 236
대구고등학교 130
대군주 폐하 46
대륙극장 92
대마초 파동 199
대마초 179
대본 205
대안자본주의 214
대작 드라마 258
대전엑스포 214
대정관 92
대종상 158, 162
대종상영화제 162
대중 159
대중문화 개방 218
대중문화 잡지 160
대중문화 21, 90, 193, 199, 221, 236, 258, 272
대중문화의 아이콘 266
대중문화의 정치화 221
대중문화의 황금시대 259
대중예술 21
대통령 권한대행 130
대통령 우상화 193
대통령 직선제 184, 188
대통령 탄핵안 242
대표쟁이(대포쟁이) 109
대학가요제 198
대학로 277
대학로극장 278
대학의 구조 조정 272
대한광복회 80
대한국 국제 49
대한국민의회 82
대한독립선언 80
대한민국 임시정부 83, 120
대한민국 정부 수립 124
대한민국역사박물관 289
대한민국연극제 174
대한민국영화대상 263
대한적십자사 74
대한제국 국가 55
대한제국 48
대한항공 858편 보잉 707기 189
대한항공 여객기 괌 추락 236
대형 극장 277
대형 극장과 상업자본의 공세 277
대형 세트장 226, 258
대형 참사 236
댄스 배틀 264
댄스 197, 228
댄스음악 140
더뮤지컬어워즈 264
더불어민주당 248
데모규제법 149
데미지 270
데오도리 58
도덕적 우월감 242
도량형 규칙 73, 76
도서잡지윤리위원회 178
도시 정책의 문제점 277
도시성 99, 165, 283
도창 47
도쿄돔 279
도평의회 81
독과점 273
독다사건 73
독립 문화 23~24
독립 제작사 202
독립의군부 80
독립총성국민회 124
독립협회 48
독서 문화 진흥 272
독서 167
독재 타도 188
독재 158
독재정치 규탄 205
독창성 34
동남권 신공항 후보지 247
동대문 패션타운 237
동대문 활동사진소 61
동도서기론 55
동문학 57
동서양 연극 173
동아리 206
동아방송(DBS) 199
동아영화흥업 137
동양극장 103
동양척식주식회사 80, 83
동우회 순회연극단 101
동인제 극단 138, 163, 174
동일시 39
동조동근 84
동평양대극장 268
동학 74
동학농민운동 47
동홍이발소 72
두려움 36
두발 자율화 187
두산아트센터 278
드라마 한류 260, 276
드라마 135
드라마센터 158, 163
드럭 231
들국화 198
들꽃영화상 274
등산 167
디오니소스 25
디지털 문화 22
디지털 파일 236
땡전뉴스 187, 193

ㄹ
라디오 방송 90
라디오 음악 프로그램 197
라디오극 135
라벨을 떼지 않은 옷 233
라이 따이한 151
라이브 무대의 황제 229
랩 228~229
러시아혁명 81
러일전쟁 75, 78, 121

런던 하계올림픽 289
레게 19
레저·야외 활동 270
레트로 289
레퍼토리 베스트 10 100
로바다야키 234
로큰롤 20, 164, 198
록펠러 재단 163
롤링 스톤즈 231
롱 플레어 후드코트 145
루키즘 238
르네상스 양식 74
리넨 270
리듬앤드블루스 228
리조트 233

ㅁ
마당극 205
마산상업고등학교 130
마쓰다케 키네마 94
마이너스 성장률 184
막걸리 보안법 133
막걸리 204
막번 체제 44
만국공원 58
만국우편연맹 75
만담 177
만요 104, 107~108
만주 지역 순회공연 103
만주사변 84, 121
맘보바지 137, 145
맘보파(원섭이파) 208
망향의 슬픔 138
매 사냥 기술 289
매스 컬처 22
매체의 발달 212
맥주 91
맵지 않은 맛 284
멀티플렉스 273
메세나 32
메아리 206
메이지 유신 44
멜로 225
멜로드라마 99, 160
면도 116
면포 73
명동 145, 237
명동성당 74
명동예술극장 138, 264, 278
명동예술회관 110
명성황후의 국장 53
명치좌 92, 108~109
명품 209
보금 운동 195
모던 걸 63, 115
모던 보이 63, 115
모두쟁이(모주쟁이) 108
모방 25
모션 픽처 59
모스크바 3상회의 122
모스크바 국제영화제 202
모자 116
목도리 116
목포의 눈물 노래비 107
몬트리올 국제영화제 202
몰입 35
몸뻬 116
무단통치기 78~79
무대예술 30
무도 교습 182
무도장 142
무동 98
무랑루즈 196
무상 원조 149
무선 인터넷 261
무선 전송 기술 222
무선 전송 232
무성영화 53, 91
무성영화기 97
무시로 142
무시케 26
무시코스 26
무장투쟁 83
무전여행 167
무주·전주동계유니버시아드 214
문란한 성 윤리 143
문맹퇴치 운동 83
문명 16
문민정부 212~213
문화 교환 19, 21
문화 논리 286
문화 담론 259
문화 대통령 229
문화 전파의 유형 19
문화 정책의 후진성 271
문화 종속국 286
문화 지배 19, 21
문화 착취 21
문화 향유의 기회 271
문화 16
문화가 있는 날 271
문화강국 271
문화계 221
문화공보부 178
문화산업 대국 지향 287
문화산업 23, 170, 221, 236, 285
문화산업진흥계획 287
문화상대주의 24
문화생태계 구축 272
문화시장의 개방·교류 221
문화영화 97
문화예술 생태계 259
문화예술·체육 행정 농단 258
문화예술과 방송·통신 통제 258
문화예술윤리위원회 178
문화예술의 보호자 32
문화예술진흥법 174
문화예술진흥원 206
문화융성 248, 270~271
문화융성위원회 246, 271
문화재 268
문화적 감수성 199
문화적 근접성 18
문화적 다양성 18
문화적 쓰나미 286
문화적 할인 19
문화접변 18
문화제국주의 19~20
문화주택 91

문화지구 277
문화지체 18
문화창조융합벨트 271
문화통치 81
문화할인율 19
문희 112
물산장려운동 83
물질문화 18
뮤지컬 분야 275
뮤지컬 열풍 263
뮤지컬 205
미 8군 무대 164
미곡 공출제도 85
미국 문화 141
미국 영화 202
미국산 쇠고기 수입 245
미국의 경제원조 127
미국의 원조 125
미군 철수 188
미군의 주둔 140
미네르바(박대성) 245
미니스커트 166~168, 182
미니스커트의 창시자 168
미디어 관련법 245
미디어법 개정 261
미래창조과학부 246
미메시스 25
미소공동위원회 122
미스 유니버스 대회 146, 194
미스코리아 대회 237
미스터 279
미야코부시 음계 106
미일전쟁 84
미적 태도 35
민립 대학 설립 83
민정당 189
민족 개조론 82
민족 분열 81
민족교육 운동 83
민족말살통치 84
민족문제연구소 84, 269
민족문화 계승 194
민족자결주의 81
민족주의 158, 177
민족학교 80
민주 대 반민주 193
민주 정부 184
민주공화당 150
민주공화제 83
민주국민당 128
민주당 128, 242
민주자유당(민자당) 190, 213
민주정의당 186
민주주의 확산 240
민주화 바람 207
민주화 운동 188
민주화 184
민주화추진위원회(민주협) 188
민중 가수 207
민중가요 207
민중계몽 55
민중문화 208, 221
민중의 시야 90
민청학련 사건 154
밀랍 62

ㅂ
바탕골 소극장 205
박가분 117
박근혜·최순실 게이트 247
박문국 56
박정희 신화 249
박종철 고문치사 사건 188
반공 교육 강화 158
반공 교육 179
반공 담론 176
반공 영화 179
반공 이데올로기 148
반공 178
반공법 149
반공주의 133~134, 158, 177
반공청년단 129
반대파 탄압 150
반문화 23
반미 운동 188
반민족 행위 특별조사위원회
(반민특위) 125
반민족행위처벌법 125
반일 단체 84
반전 구조 227
반전 170
반정부 선동 가요 201
반한감정 286
반한류 236
발라드 가수 198
발라드 228
발라드의 황제 228
발성영화 91, 97
발췌개헌안 128
밤 문화 195
방사형 266
방송 금지곡 제1호 164
방송 금지곡 179, 201
방송 및 유통 금지곡 지정 193
방송 산업 236
방송 출연 금지 193
방송·통신의 발달 221
방송법 개정 207
방송법 158
방송윤리위원회 164, 178
방송통신심의위원회 261
방송통신위원회 243, 261
방송편성 지침 178
방역망 부실 247
방화 161, 202~203
방화관 203
배기 바지 233
배꼽티 237
배우·탤런트 276
배재학당협성회 56
백남프로덕션 96
백동화 49
백상예술대상 162
백팩 패션 232
백화점 91
버스커 109
번역극 278
범불교도대회 245
법인세 인하 243

법정 관리 245
베니스 국제영화제 201
베세토 연극제 227
베트남 파병 151, 171
베트남전쟁 170
벨벳 의상 145
변사 53, 59, 92
변형 35
병역 면제 234
병원 53, 73
병참기지화 84
보도채널 245, 261
보부상 46
보상 280
보수 세력 240
보수 정권 263
보수 편향 245, 261
보통 사람의 시대 189
보통경찰제 81
보통학교 81
복고음악 265
복고풍 대중음악 265
복고풍 영화 262
복제 90
복지사회 건설 187
본정좌 59
봉건주의 214
봉상시 61
부면 협의회 81
부가가치 286
부마항쟁 154
부비부비 댄스 278
부산 구포역 열차 전복 236
부산 아시안게임 218, 268
부산국제영화제 224
부역 125
부익부빈익빈 275~276
부적절한 언행 41
부정선거 152
부정청탁 및 금품 등 수수의 금지에 관한 법률 247
부천경찰서 성 고문 사건 188
부화 34
부활 276
북방정책 189
북조선 5도 인민위원회연합회의 122
북조선 임시인민위원회 122
북청사변 60
북한 선수단 268
북한 퍼주기 218
분단 구조 133
분단 121, 123, 133~134
분단과 이산의 슬픔 139
분할통치 122
불공정 계약 270
불륜 142, 195
불법 복제 음반 197, 206
불이무역 137
불하 127
불확실성 36
붉은 악마 266
브로드웨이 연극 138
브로드웨이 173
블랙리스트 271
블록버스터 드라마 261
블록버스터 274
블루벨스 181
블루스 165
블리칭 270
비날론 167
비디오숍 195
비디오형 가수 197
비례, 균형, 질서 28
비례 28
비무장지대(DMZ) 평화공원 247
비물질문화 18
비밀결사 운동 80
비보이 공연 264
비보잉 264
비상 국무회의 153
비상계엄령 155
비상대책위원회 245, 249
비선 실세 248, 271
비스킷 91
비언어극 260
비자 면제 협정 244
비전향 장기수 215
비정규직의 급증 242
비주얼 시대 221
비주얼 혁명 222
비주얼 197
비즈니스 프렌들리 243
비지스 209
비키니 수영복 144
비타협적 민족주의 83
비평가 36
비핵·개방·3000 구상 244
빅타 104
빌보드 싱글 차트 'HOT 100' 265, 280
빌보드 차트 198
빠순이 200
뽕짝 105

ㅅ
사교춤 열풍 142
사드 247, 283
사랑 164, 198, 283
사랑의 연극제 227
사랑의 종 158
사사오입 개헌안 128
사색 167
사생팬 40, 200
사생활 38
사운드데이 278
사이버 펑크 룩 237
사전 검열 150, 178
사전 심의 제도 204~205
사쿠라다몬 사건 54, 86
사학 45
사할린 남부 121
사회 모순 23
사회 모순 비판 205
사회 비판극 205
사회 안전망 215
사회간접자본 189
사회악 척결 186
사회적 기부 40
사회정화운동 187, 208

사회주의 83
산미증식 계획 82
산업구조 재편 184
산업혁명 22
산하 163
삼각관계 173
삼권분립 83
삼균주의 120
삼림령 79
삼백산업 127
삼백연 원안풍 107
삼정의 문란 47
삼청교육대 186, 208
삼촌 팬 200
삼풍백화점 붕괴 215, 236
상가 91
상동청년학원 98
상상력(아이디어) 34~35
상실감 134
상업 시설 277
상업 영화 172
상업적인 작품 263
상업주의 221, 278
상인적 현실감각 216
상호우호동맹 조약 126
새누리당 245, 249
새로운 우파(New Right) 243
새로운 천 년 240
새마을운동 152, 178
새벽 206
새정치국민회의 216
생각의 재료 33
생맥주 170, 204
생물종 다양성 18
생물학적 다양성 18
생민 60
생산적 복지 217
생애주기별 문화예술 교육 271
생태계 다양성 18
서구식 혼례 142
서구적 관점 146
서구화 바람 134
서구화 142
서당규칙 80
서독 광부 파견 151
서로전선 75
서사 구조 160
서생적 문제 인식 216
서양 댄스 72
서양 스타일 72
서양 음계 104
서양 패션 53
서양 한류 1호곡 141
서양식 7음계 140
서양식 결혼 풍속도 91
서양화 114
서울 목포파 209
서울 수도극장 144
서울 예술인 실태조사 275
서울 텔레비전 방송국 160
서울국제연극제 205
서울문화재단 275
서울연극학교 102
서울예술대학 102
서울의 봄 185
서정 가요 207
서진 룸살롱 사건 208
서태지 신드롬 229
서태지와 아이들 기념사업회 39
서해 페리호 침몰 215, 236
석조전 74
선물 세례 40
선정적 코드 203
설화 41
성 상납 의혹 270
성 풍속 195
성수대교 붕괴 215, 236
성의 상품화 194
성장세 236
세계 4대 문명 17
세계무역기구(WTO) 184
세계연극제 227
세계자연유산 269
세계적 소통성 285
세계평화회의 78
세계화 214
세기상사 137
세대교체 바람 281
세련미 283
세브란스병원 74
세시봉 166, 175
세월호 247
세종특별자치시 242
세종학당 271
세트장 261
섹슈얼 281
섹시 아이콘 230
셔츠 209
소극장 뮤지컬 263
소극장 173, 277
소녀 팬 200
소래교회 74
소방차 198
소비자 38
소셜 미디어 288
소수 정권 216
소시 시바이(壯士芝居) 99
소울 블루스 198
소울뮤직 19
소유스호 244
소유욕 40
소작쟁의 투쟁 82
소피스트 27
손탁호텔 73
솔로 가수 259
송기죽 133
쇼세이 시바이(書生芝居) 99
쇼와 시대 106
쇼트커트 헤어스타일 145
숍 116
수(數) 28
수교 189
수동적인 여성상 226
수민원 73
수신사 45
수용자 38
수익 다각화 259
수익성 286
수입영화쿼터제 172, 202

수정자본주의 214
수탈 78
수평적 정권 교체 212, 216
순성여학교 47
순수문학 98
순수예술 27, 278
순정파 이미지 284
순종하는 여성상 170
숭배 37
슈퍼 걸 279
스콜라 철학자 27
스크린 독과점 273
스크린쿼터 사수 및 축소 반대 운동 223
스크린쿼터 162, 222~223
스키니 진 270
스타 마케팅 277
스타 패션 시장 237
스타덤 37
스타성 259
스타일 146
스탠더드 팝 164~165
스판덱스 237
스포츠 붐 209
스포츠 91, 195
스포츠웨어 114, 209, 233
슬랩스틱 기법 226
슬랩스틱 코미디 176
슬림피트 270
시공관 109
시국대응전선사상 보국연맹 124
시나리오 검열이 폐지 207
시드니 하계올림픽 268
시리즈 에로물 195
시민계급 22
시민회관 163
시스루 룩 237
시어서커 270
식량 배급제 85
식산흥업 49
신 37
신간회 83, 85
신고제 205
신국가보안법 129
신군부 퇴진 185
신군부 155, 185~186
신궁 85
신극 53, 58, 99
신극운동 111
신명 282
신명과 흥 30
신문명 90
신문윤리위원회 178
신민요 104
신민주공화당(공화당) 189
신분 상승 욕구 142
신분 상승 효과 37
신사 85
신사유람단 55
신생 영화사 202
신생활복 169
신세대 232
신세대 감성 236
신세대 문화 228
신세대의 아이콘 229
신세대의 출현 221
신안 암태도 82
신여성 114
신연극 99
신인 발굴 프로젝트 278
신자유주의 214, 221
신종 인플루엔자[A(H1N1)] 244
신탁통치 121~122
신파극 98
신파조 99
신한국 창조 213
신한국당 213
신한민주당(신민당) 188
신행정수도 242
신행정수도 건설을 위한 특별조치법 242
신협 138
신화 37
신흥 공업 도시 184
신흥무관학교 86
실험극 227
실험극단 163
실험무대 102
심미안 32~33
심의 기구 178
심의 면제 분야 277
싱어송라이터 174
쌀 시장 개방 184
쌍방향 소통 222
쌍용자동차 245

ㅇ
아가톤 28
아관파천 48, 54
아르 26
아르누보 스타일 71
아르스 26
아름다움의 정의 28
아바타 39
아시아나항공 여객기 전라남도 해남 추락 236
아시안게임 195~196
아웅산 국립묘지 187
아이돌 265
아이돌 그룹 258
아이돌 신드롬 259
아이돌 음악 전성시대 228
아이돌 전성시대 258
아이젬 232
아이치이(愛奇藝) 277
아이콘 222
아카데미영화사 137
아트 26
아트버스터 274
아파테 26
아프리카인 282
악극 30, 99
악극단 103
안방 쇼핑 237
안방극장 225
안전 가옥(안가) 155, 213
안전 의식과 관리 체제의 후진성 236
안정적인 창작 환경 271

안짜이시(안재욱) 신드롬 282
안티미스코리아 대회 237
안티팬덤 39
알시에이 빅터(RCA Victor) 141
알타미라 동굴벽화 27
압사 사고 269
애국 담론 259
애국반 85
애국주의 171
애드포 166
야간 통행금지를 해제 195
야사 204
야타족 233~234
야합 213
얄개 영화 173
얄타 회담 121
양과자 72
양극화 276
양대 노총 시대 214
양동이 71
양말 71, 116
양복 교복 114
양복 71, 114
양복점 53
양산 116
양성평등 217, 241
양식 71
양원제 국회 148
양장 53, 72, 114
양장점 71
양재학원 116
양전사업 49
양파 181
양행 71
어니언스 181
어린이날 98
어린이 명랑만화 176
어묵 72
어성좌 92
어업령 79
억압 178
억압과 통제 중심의 문화 정책 177
억지웃음 177
언더그라운드 음악 231
언더밴드 24
언론기본법 189
언론인 해직 사태 258
언론 자유 188
언론 장악 258
언론·출판의 자유 29
언론 통폐합 조치 193
언어 19
얼터너티브 록 밴드 231
엄숙주의 177
엄숙주의적 통제 178
에도 막부 44
에로 영화 201
엔스크린 전략 258
엔카 99, 104~106
엔카시 106
엔토우시아스모스 35
엘리트주의 22
여권신장 운동 82
여배우 3인방(트로이카) 161, 176
여성 듀엣 166
여성 응원단 268
여성경염대회 145
여성부 217
여성성 226
여성의 성 상품화 문제 237
여성주의 227
여소야대 국회 189
여수·순천 사건 124
여의 감상회 116
여자정신근로령 85
여장 남자 204
역사 드라마 160
역사 바로 세우기 213
역사극 227
연극 58
연극·영화의 해 227
연기자들 208
연무공원 57
연민적 정서 198
연성 비판극 226
연성국가주의 259
연쇄극 91, 93
연애 스타일 91
연예계 대마초 사건 181
연예인 179
연예협회 181
연좌제 46
연합TV 261
연합국 진영 120
연회 155
연흥사 92
열린우리당 242
열정 공동체 39
열정 35
영감 35
영동지구구획정리사업 182
영미연초회사 61
영상물등급위원회 263, 283
영선사 45
영화 분야 275
영화·영상 195
영화계 236
영화법 97, 158, 160, 162, 202, 223
영화소곡 95
영화소패 95
영화의 날 93
영화제작 면세 조치 135
영화진흥법 223
영화진흥위원회 275
영화창가 95
영화패 206
영화학교 57
예견 34
예그린뮤지컬어워즈 264
예그린악단 163
예능 한류 260, 272
예성좌 100
예술 25, 29
예술성 203
예술영화 274
예술의전당 227
예술인 블랙리스트 258
예술적 완성도 41

예술적 창의성 33~34
예진 아씨 225
오디션 프로그램 265, 280
오렌지족 233~234
오리콘 차트 1위 279
오리콘 차트 톱 10 279
오리콘 차트 265, 279
오빠부대 38, 166, 197~199
오케 104
오케레코드 282
오태석 연극제 227
옥슨 81 194
온건 개화파 46
올림픽 195
완전성 28
왕조 국가 155
왜곡된 현대사 바로잡기 241
왜색성 228
외국 예명 179
외국영화 137
외모지상주의 238
외설 29
외화 161, 203
외화 수입권 172
외환위기의 극복 218
요나누키 음계 105~106
욘사마(배용준) 신드롬 284
용산 재개발 245
용산 참사 245
용암포 50
용정촌 107
우동 72
우랑떡 73
우루과이라운드 214
우미관 92
우민화 정책 195
우상 37
우상화 보도 193
우수영화상 162
우울증 90
우익 세력 122
우정총국 75
우주 프로젝트 244
우편 53
운동선수 266
울림터 206
움직사진 59
워싱 270
원각사 100, 137
원나이트 스탠드 180, 234
원산노동연합회 82
원산학사 57
원시 주술 30
원자폭탄 121
원초 29
월남치마 168
월드컵 218
월북납북 작가 134
월북작가 228
웨스트엔드 173
웹 2.0 시대 241
웹드라마 277
위대한 창의성 34
위성방송 222
위정척사 45
위축 236
위치 지움 32
유교적 질서 142
유교책판 289
유네스코 세계문화유산 268, 289
유네스코 23
유니섹스 의상 169, 182
유닛 전략 259
유두포 73
유랑극단 282
유상 차관 127
유선라디오TV법 288
유성기 음반 53, 104
유성기 61, 104
유성영화 97
유성영화기 97
유신 44
유신 철폐 185
유신 체제 강화 170
유신헌법 149, 153
유아이피 202
유엔 가입 190
유일단 100
유전무죄 무전유죄 209
유전자 다양성 18
유한계급 116
유행 만곡 111
유행 만요 111
유화 193
유화정책 193
유흥 문화 182
유흥업소 182, 196
유희 기원설 27
유희하는 인간 29
육영공원 57
육혈포 47
윤수선 113
윤치호 72
융합 30, 173
융합 미디어 260
은좌옥 116
은행 73, 91
은행령 79
을미사변 48, 54
을미의병 54
을사늑약 50, 56, 78
을사오적 50
음반 사전 심의제 228
음반 산업 141
음반 시장의 위축 236
음악 감상 167
음악 감상실 142, 176
음악 산업 207
음악계 236
음악다방 142
음악성 259
응원 문화 266
의무 제작 편 수 준수 제도 202
의병 80
의복 개혁 71
의주 50
이난영 가요제 107
이농 현상 184
이라크 파병 242

이발소 53
이별과 슬픔 90
이산가족 상봉 218
이상설 78
이상주의 242
이스트백 232
이식 280
이용자 38
이위종 78
이중적 수탈 82
이지 리스닝 뮤직 166
이지연 198
이촌향도 127
이화학당 57
익스프리모 26
인간 전두환 193
인구 1인당 연간 평균 관람횟수 273
인권 보장 188
인권 보호 270
인권침해 150
인디밴드 24
인문학 진흥 272
인민위원회 122
인민재판 127
인부좌 58
인쇄술의 발달 22
인천상륙작전 126
인터넷 222, 232
인터넷 기술 232
인터넷 멀티미디어방송(IPTV) 사업법안 261
인터넷 쇼핑몰 270
인터넷 음악 시장 236
인해전술 126
인혁당 사건 154
일반 국민 보급 표준오락 35종 158
일반 해고 248
일반 해고제 246
일반적인 규칙 28
일본 287
일본 골든디스크 신인상 279
일본 대중문화 235
일본 축음기상회 104
일본군 위안부 문제 247
일본군 위안부 85
일상적 창의성 34
일선동조 84
일어학당 57
일탈적 발언 41
임금피크제 246
임대료 277
임성구 100
임오군란 45

ㅈ

자기 연민 90, 99
자기화 39
자동차 보급 232
자동차 사업권 190
자신회 50
자우림 231
자원 수탈 75
자유 34
자유극장 163
자유당 129, 148
자유무역협정(FTA) 241
자유민주연합(자민련) 216
자유발행제 208
자유연애 142, 195
자유연애론 114
자장면 91
자치론 82
자학 90
작고 앙증맞은 것 284
작동 엔진 280
작은 정부 213
작전통제권 187
작품성 203
잔비 소탕 133
잔스포츠 232
잡가 71
장기 집권 149, 153
장기간 불평등 전속 계약 288
장면 내각 148
장발 단속 182
장발 170, 182
장악원 70
장안사 92
장음계 106
장조 요나누키 106
재공연 278
재머스 231
재미 280
재연 26
재즈 104
재창조 35, 280, 285
재현 26
저속성 99
저예산 독립 영화 274
저질 시비 코미디 퇴출 179
저질 시비 177
저출산 고령화 240
저항 의식 135
전국 호구조사 55
전국극장연합회 223
전국민주노동조합총연맹(민주노총) 214
전국언론노동조합 245
전국연극제 205
전근대성 99
전등 75
전략정보국 86
전매제 91
전성기 258
전신 53, 75
전염병 244
전쟁의 비극성 133
전주국제영화제 263
전체 문화 23
전통 민중 연극 174
전통 178
전화 53
전화기 75
전환국 76
전후 복구 사업 133
절미운동 133
정(情) 283
정경유착 125

정경유착 근절 241
정과 사랑 30
정권 찬탈 185
정권과 언론 유착 근절 241
정권의 비민주성 271
정기간행물법 개정 208
정당성 177
정동교회 74
정동극장(소극장) 227
정보기술(IT) 육성 217
정보통신부 217
정사 204
정신대 85
정신문화 18
정신여학교 57
정음사 143
정의 사회 구현 187
정의당 248
정치 현실 177
정치적 비방 29
정토교 74
정통성 184
정학 45
제11대 대통령 186
제12대 대통령 187
제13대 총선 189
제14대 대통령 213
제16대 대통령 선거 240
제17대 대통령 선거 243
제17대 대통령 243
제1공화국 148
제1차 석유파동 150
제1차 한일협약 50, 78
제1회 광주비엔날레 214
제1회 미스코리아 선발대회 145
제2공화국 148
제2이동통신 사업권 190
제2차 남북정상회담 242
제2차 석유파동 150, 154, 184
제2차 세계대전 120
제2차 조선교육령 81
제3세계연극제 205
제4차 '영화법' 개정 203
제4차 개헌 148
제5공화국 187
제5차 개헌 149
제6차 개헌 149
제7차 개헌 149
제도권 221
제복 114
제비족 142
제암리 사건 80
제의 25
제작 문법 33
제작극회 138, 163
제주 4·3 사건 123~124
제주교난 74
제중원 74
제천의식 30
젝스키스 40, 200, 228, 230
젠트리피케이션 277
조공 팬 40
조국 근대화 177
조국을 잃은 비분 90
조루리 58
조류인플루엔자(AI) 244
조미수호통상조약 45
조병세 50
조선건국동맹 120
조선건국준비위원회 122
조선교육령 80
조선국립교향악단 268
조선극장 92, 101
조선농민총동맹 82
조선독립동맹 120
조선미술전람회 114
조선민주주의 인민공화국 125
조선악극단 103
조선연극동맹 137
조선연극문화협회 103
조선연극협회 103
조선연예협회 103
조선영화령 97
조선은행 74
조선인민공화국 122
조선전우총국 76
조선직업부인협회 116
조선청년총동맹 82
조선총독 79
조선총독부 79
조선총독부 건물(중앙청) 213
조선키네마주식회사 96
조선키네마프로덕션 95
조선태형령 79
조선혁명당 86
조폭 208
조폭 영화 208
조화 28
조화와 어울림 30
종교 39
종두법 74
종속 문화 21
종합예술 30
종합유선방송사(SO) 261
종합편성채널 245, 261
좌우합작위원회 123
좌파 연극 137
좌파적 색채 180
주 5일제 전면 실시 258
주 5일제 270
주류 문화 23
주상전하 46
주술설 27
주체성 36
주크박스 62
준비 34
준비된 경제 대통령론 216
중국 287
중국 한류 225, 272
중동호흡기증후군(MERS) 247
중립화 통일론 148
중상주의 214
중앙정보부 150, 159, 187
중일전쟁 84, 121
중저가 209
중추원 79
중화학공업 150, 184
즉결심판 79
증산교 74

증오하는 비평가 39
지게 49
지방분권 정책 241
지방자치제 148, 189
지방자치제도 81, 213
지속 가능한 제작 환경 275
지식 문화 강국 241
지역 구도 타파 241
지역 민방 222
지역적 정체성 285
지연 방송 269
지우히메(최지우) 신드롬 284
지원병제도 85
지적재산권 221
지하 문화 24
지하화 206
직배 202
진(jean) 209
진공 작전 86
진보 정권 240
진보당 128
진일보 272
진정성 35, 39
진주만 120
질·양·관계·양상 28
집중 273
집창촌 195
집회·결사의 자유 29
징병제 85
쭉쭉이 234

ㅊ

착수의 71
참여 280
참여정부 241
참정론 82
창씨개명 84~85
창의 산업 287
창의성 32~33
창작 뮤지컬 263
창작극 공연 278
창조경제 246, 248, 270
창조경제센터 246
창조성 27
채널A 261
처첩 갈등 173
척도 28
천도교 74
천주교 정의구현사제단 154
철도 75
첫사랑 아이콘 281
청계천 복원 사업 243
청나라 군총 47
청년 실업 242
청년 실업률 247
청년문화 170, 178~179, 206
청룡영화상 162
청바지 170, 204
청순형 가수 198
청일전쟁 47, 78, 121
청종 181
청주 우암아파트 붕괴 236
청춘 90
청회선 터널 폭파 미수사건 96
체인형 266
체제 불신성 228
초등학교 213
초문화 19~21, 285
초미니 핫팬츠 237
초밥 72
초원의 집 196
초헌법적 기관 186
촛불시위(촛불집회) 245, 249
총선거 123
최고인민회의 125
최다 관객 동원 273
최인훈 연극제 227
추종 141
추축국 진영 120
축구 57
축소 277
축음기 61
축음기 레코드 취체 규칙 106
춘사 나운규 영화예술제 224
춘사영화제 96
출연료 급등 274
출판법 56
춤바람 142
춤패 206
충무아트센터 264
충실스러운 소비사 39
충효 178
치맥 신드롬 277
치안유지법 82
친공산주의 정권 122
친미주의 133, 179
친박 248
친일 내각 78
친일 어용극 102
친일 예술 활동 113
친일파 대신 78
친청 정책 46
침묵시위 130
침체 236

ㅋ

카리스 35
카우치 269
카이로 회담 121
카타르시스 25
카퍼레이드 193
카페 234
칼로스 28
칼론 28
칼피스 115
캐논 28
캐러멜 91
캐주얼 의류 시장 209
캐주얼 의류 182, 233
커뮤니케이션 기술 272
커피(고히) 72, 115
컨트리 165
컬래버레이션 31
컬러 TV 187, 199
컬러 TV 방송 195, 199
컬러 TV 보급 206
컬럼비아 104
컬럼비아 레코드 110
컴백홈 229

컴퓨터 게임 258
케이벨지움 286
케이블 TV 222
케이송 286
케이스타 286
케이카 286
케이컬처 260
케이팝 286, 288
케이팝 신드롬 265
케이팝 열풍 278, 289
케이팝 한류 260 285
케이팝의 성공 신화 288
케이패션 286
케이팩트 286
케이폰 286
케이푸드 286
케이필름 286
코러스 25
코레이아 25
코미디 176, 226
코미디극 278
코믹송 111
콘텐츠 39
콜라보 31
콜라비 30
콜롬비아 196
쾌락주의 226
쿠릴 열도 121
쿤스트 26
쿨 재팬 프로젝트 287
쿨맥스 270
큐트 281
크로스오버 30
클럽 문화 278
클럽(댄스홀) 142
클럽데이 278
클린 사회 247

ㅌ

타민족 중심주의 24
타이완 288
타협적 민족주의 83
탄핵 의결 249
탄핵 찬성 249
탈북자의 망명 247
탈정치 212
탈정치화 221
탐정극 99
태양극장 101
태양력 76
태평레코드 110
태평양 지역 방어선 125
태평양전쟁 120
태형 79
털양말 144
테마파크 261
테오리아 35
테크네 26
토벌 작전 133
토월회 101
토지조사 80
토착 문화 19
통감부 78
통섭 31
통속극 205, 278
통속성 99
통신 기술 212
통일 대박론 247
통일기(한반도기) 268
통일민주당(민주당) 189
통일주체국민회의 153, 184, 186
통제 정책 193
통제 97, 158, 193
통찰 34
통치 이데올로기 177
통치마 114
통합진보당의 해산 248
통행금지 해제 187
퇴폐성 프로그램 178
투신자살 243
트렌디 226
트로이카(3인방) 204
트로이카 204
트로트 99, 104~105, 164, 174, 229, 265
트리오 166
특별 재판부 125
특별검사(특검) 248
티셔츠 170, 204

ㅍ

파마 116
파퓰러 컬처 22
판소리 58, 98
판탈롱 182
팔 길이 원칙 34, 258
팔딱사진 59
팝 174
팝 음악 170
팝콘·음료 가격 273
패배 의식 90
패션 스타일 225
패션 91
패션쇼 146
팬덤 38
팬클럽 미팅 39
팽창정책 78
펑크 밴드 231
페미니즘 227
편성 규제 178
평남건국준비위원회 122
평단 40~41
평론가 집단 41
평양 관광 268
평양 통일음악회 267
평양학생소년예술단 268
평창 동계올림픽 248, 289
평화 공존 215
평화민주당(평민당) 189
평화운동 170
평화의 댐 188, 195
평화친선음악회 267
포르노 테이프 195
포스트 팝아트 289
포에시스 26
포츠담 선언 121
포크 록 175
포크 174
포크송 164

폭력배 소탕 186
폭스 트로트 105
표준 간소복 169
표현 26
표현의 자유 29, 206-207, 221, 258
푸에블로호 152
풍각 109
풍각쟁이 109
풍물굿 206
풍물패 206
퓨전 30
프라임 타임대(주시청시간대) 287
프라하의 봄 185
프랑크푸르트학파 23
프로문학 98
프로스포츠 196
프로씨름 196
프로야구 187, 196
프로축구 187, 196
프리버드 231
플래시몹 시위 288
플래시몹 행사 288

ㅎ
하계올림픽 196
하나회 155, 185, 213
하마다 양복점 72
하모니아 28
하와이 74, 130
하위문화 23
하이엔드 마켓 237
하이킹 167
하이틴 스타 204
하이틴 영화 172
하이틴물 203
학교 53
학교급식 217
학도병 85
학도호국단 148
학문과 예술의 자유 29
학생 교복 및 두발 자율화 195
학원 자율화 187
학제 간 연구 31
한(恨) 282
한강철교 76
한국 록의 대부 166
한국 소울의 대부 174
한국 영화 203, 223
한국 영화 중흥 시대 262
한국 영화의 황금시대 263
한국 최초의 히피 175
한국 콘텐츠 산업 발전 전략 286
한국공연예술센터 264 278
한국광복군 86
한국광복운동단체연합회 86
한국노동조합총연맹(한국노총) 214
한국독립당 85~86, 123
한국문화원 271
한국뮤지컬대상 264
한국뮤지컬어워즈 264
한국뮤지컬협회 264
한국민주당 122~123, 128
한국방송공사(KBS) 176, 194
한국방송연기자노동조합 208
한국수출입은행 286
한국아동만화윤리위원회 158
한국연극배우협회 264
한국연극아카데미 102
한국연극협회 163, 205
한국영화배우협회 264
한국예술문화단체총연합회(약칭 예총) 163
한국예술문화윤리위원회 178
한국임시위원단 123
한국적 민주주의 153
한국형 아이돌 그룹 230
한국화 114
한규설 50
한글 연구 운동 83
한량 기질 108
한류 4대 천황 284
한류 열풍 218, 233, 259
한류 종주국 271
한류 282 301
한류의 산업 연관 효과 286
한미 동맹의 강화 247
한미상호방위조약 126
한미전기회사 61
한반도 대운하 사업 243~244
한반도 신뢰 프로세스 247
한성전기회사 60~61, 75
한성전보총국 75
한성정부 82
한인촌 73
한일 간 문화 교류 확대 233
한일 국교 정상화 151
한일 대중문화 개방 조치 258
한일 대중문화 상호 개방 283
한일 파트너십 공동선언 235
한일병합조약 78
한일신협약 78
한일의정서 78
한중 수교 225, 282
한청 통상조약 49
한흥양복점 72
할리우드 스타일 94
할리우드 영화 직배 223
할리우드 영화 203
합동수사본부장 184
합종연횡 216
합창 25
항복문서 121
항일 문학 97
해방 염원 90
해외 브랜드 209
해외 캐주얼 브랜드 232
해외여행 자유화 조치 195
해외여행 자유화 221, 232
해외여행 자율화 187
해저전선 75
햇볕정책 217, 242
행정수도 이전 241
향락 산업 196
향락주의 142, 170
허가제 205
허영과 허세 욕구 63, 115

허입료금 60
헌법재판소 242, 248
헌병 79
헌병경찰제 81
헌병경찰통치기 79
헬라인들 25
헬레니즘 문화 26
혁명 공약 150
혁신단 99
혐한 시위 286
협률사 58
호국 178
호남고속철도 241
호떡 73, 91
호리촌트 103
호모 루덴스 29, 282
호모 모빌리쿠스 272
호스티스물 203
호스티스 영화 172~173
호출부호 90
호텔 234
호헌 철폐 188
호헌조치 188
혼·분식 장려운동 133
혼종 형식 174
혼종화 99, 285
홀리데이 인 서울 196
홈드라마 160
홈쇼핑 채널 237
홍대 문화 231
홍대 클럽 231
홍등가 196
홍차 72
화류 비련극 99
화승총 47
화인 60
화장법 91
화장품 117, 272
환각제 231
환영 26
환호 37
활동사진 53, 59~60, 92
활빈당 47
황국 213
황국신민 84
황국신민화 85
황국협회 46
황금연예관 92
황실어람 59
황제 48
회동서관 57
회사령 79
후보 단일화 189
후유의증 151
휴교령 185
휴대전화 222, 261
휴전 문제 126
휴전협정 126
흑단령 71
흡수 222
흡연 232
흥(興) 282
흥행 트렌드 33
희가요 111
흰옷 114
히로시마 121
힙합 댄스 229
힙합 228, 233

기타

1·4 후퇴 126
1000만 관객 258, 274
10가지 케이컬처 286
10대 청소년 문화시장 197
10대 취향 197
10월유신 153, 182
10인치 엘피 141
12·12 군사정변 155
12·12 사태 185
12인치 엘피 142
13도 12부 220군 79
1986년 아시안게임 187
1988년 하계올림픽 187
19금 영화 195
2·8 독립선언 80
3·1 구국선언 154
3·15 부정선거 130
3·1독립운동 80
3S 194
3S 정책 187, 195, 206
3당 합당 212
3선 개헌 149, 152
3선 개헌안 152
3저 현상 184
4·19 혁명 130
474 공약 246
4대 개혁 217, 246
4대 뮤지컬 263
4대강 사업 244
4분의 2박자 105
4분의 4박자 105
5·16 군사정변 149, 158
5·17 비상조치 185
5·18 광주민주화운동 기록물 269
5·18 광주민주화운동 186
5공 청문회 190
5년 단임제 188
6·10 만세운동 83
6·10 민주항쟁 186, 188
6·15 남북공동선언 267
6·15 민족통일대축전 268
6·25 전쟁 133
6·29 선언 188
6·3 세대 151
6·3 시위 151
73일 223
8·15 민족대축전 268
86 운동권 세력 241
B급 정서 280
DJP 연합 216
DJ노믹스 217
DSP 엔터테인먼트 230
HLKZ-TV 135
IPTV 사업 261
JTBC 261
JYP 엔터테인먼트 230
KBS 가수선발대회 166
KBS-TV 160
KKBOX 한일 차트 265

KTX 241
LA 스테이플스 280
LG아트센터 278
MBC 160
MBC 영화상 263
MBN 261
MTV 인터내셔널차트 265
NHK-BS2 284
PC 통신 222, 232
SBS 222
SM 엔터테인먼트 230
SM 타운 265, 280
TBC 가요대상 199
TBC(HLCE) 160
TV 드라마 160
TV조선 261
V채널 인터내셔널 차트 265
WTO 체제 221
WTO 212, 214
X세대 232, 234
YG 엔터테인먼트 230
YH무역 154

노래

ㄱ
「가거라 삼팔선아」 138
「강남스타일」 280
「고향만리」 141
「광야에서」 207
「굳세어라 금순아」 139
「그건 너」 180
「그날이 오면」 207
「그루터기」 207
「기러기 아빠」 180
「기로의 황혼」 164
「꿈에 본 내 고향」 139

ㄴ
「난 알아요」 229
「날개」 194
「내일은 해가 뜬다」 228
「노란 샤쓰의 사나이」 165
「누가 이 사람을 모르시나요?」 198
「눈물 젖은 두만강」 106
「늙은 군인의 노래」 180, 201
「님은 먼 곳에」 164, 180

ㄷ
「단장의 미아리고개」 139
「대전부루스」 140
「도나우(Donau) 강의 잔물결」 111
「독도는 우리 땅」 201
「돌아와요 부산항에」 199
「동백아가씨」 180, 208
「떴다, 올려 보아라 안창남의 비행기, 달린다, 내려다 보아라 엄복동의 자전거」 111

ㅁ
「목포의 눈물」 106~107
「못 찾겠다 꾀꼬리」 200
「무궁화」 201
「물레방아 도는 내력」 134
「미소 속에 비친 그대」 228
「미인」 180

ㅂ
「바람에 날려서(Blowin' in the Wind)」 180
「봄비」 174
「불 꺼진 창」 180
「비속의 여인」 164, 180
「빈대떡 신사」 111

ㅅ
「사(死)의 찬미(讚美)」 111
「서울 구경」 111
「서울야곡」 138
「서커스 걸」 110
「섬마을 선생님」 180
「세상은 요지경」 111
「솔아 솔아 푸르른 솔아」 207
「순자의 가을」 201
「시대유감」 228
「신라의 달밤」 138

ㅇ
「아내의 노래」 139
「아름다운 강산」 180
「아리랑」 289
「아시나요」 229
「아침이슬」 179, 208
「애국가」 104
「어머나」 265
「역마차」 141
「오빠는 풍각쟁이야」 111
「월남에서 돌아온 김상사」 171
「유쾌한 시골 영감」 111
「이루어 질 수 없는 사랑」 180
「임을 위한 행진곡」 201
「잊혀진 계절」 194

ㅈ
「젊은이들(The Young Ones)」 199
「제3한강교」 180
「젠틀맨」 280
「진두(陳頭)의 남편」 110

ㅊ
「창밖의 여자」 199
「청춘극장」 110
「총후(銃後)의 자장가」 110
「춘향가」 70

ㅋ
「커피 한 잔」 180
「코리아 환상곡」 104
「키타부기」 141

ㅌ
「투헤븐」 229

ㅎ
「한 잔의 추억」 180
「행복의 나라」 179
「혈서지원」 110

「홀리데이(Holiday)」 209
「화랑」 110
「황성옛터」 106
「회전의자」 111

기타
「0시의 이별」 180

공연·방송·영화

ㄱ
〈가비〉 54
〈가요 중계실〉 197
〈가요톱텐〉 198
〈갑오세 가보세〉 205
〈강남 1970〉 182
〈겨울소나타〉 284
〈겨울연가〉 260, 284
〈경성 전시의 경(京城全市景)〉 97
〈곰〉 101
〈괴물〉 262
〈국경〉 94
〈국제시장〉 139, 171
〈군번 없는 용사〉 159
〈그대 그리고 나〉 225
〈그들도 우리처럼〉 224
〈글루미데이〉 112
〈기갈〉 101
〈길식(吉植)〉 101
〈꿈〉 135

ㄴ
〈나는 가수다〉 265
〈나비〉 208
〈남과 북〉 198
〈내 이름은 김삼순〉 260
〈내, 물 빛〉 205
〈농중조(籠中鳥)〉 96
〈누가 누구〉 226
〈누가 백만장자가 되길 원하나요? (Who Wants to Be a Millionaire?)〉 281
〈눈물〉 100
〈님은 먼곳에〉 171

ㄷ
〈대장금〉 260
〈디스크 쇼〉 197
〈똘이장군〉 176
〈뛰는 놈 위에 나는 놈〉 227

ㄹ
〈라이어〉 226
〈러브레터〉 235, 284
〈로마의 휴일〉 137
〈로보트 태권 V〉 176

ㅁ
〈마음의 고향〉 136
〈마징가 Z〉 176
〈매춘〉 205
〈명량〉 273
〈명성황후〉 54
〈모래시계〉 225
〈무릎팍도사〉 168
〈문제적 인간 연산〉 227
〈미워도 다시 한번〉 162
〈밀양〉 262

ㅂ
〈백마강 달밤에〉 227
〈별아 내 가슴에〉 135
〈별에서 온 그대〉 276
〈별은 내 가슴에〉 225, 282
〈별이 빛나는 밤에〉 197
〈보고 또 보고〉 225
〈보잉보잉〉 227
〈부산행〉 262
〈부활〉 100
〈불꽃처럼 나비처럼〉 54
〈불여귀〉 100
〈불후의 명곡〉 265
〈비보이를 사랑한 발레리나〉 264
〈비상구가 없다〉 234
〈빈집〉 262

ㅅ
〈사기꾼들〉 226
〈사랑이 뭐길래〉 225
〈사마리아〉 262
〈사브리나〉 137
〈사의 찬미〉 112
〈사형수〉 135
〈살짜기 옵서예〉 163
〈서편제〉 224
〈성난 얼굴로 돌아보라〉 138
〈송도 말년의 불가사리〉 96
〈수족관〉 205
〈쉬리〉 235, 284
〈슈퍼스타K 1〉 265
〈실미도〉 262
〈심바새메〉 226
〈심청전〉 96
〈십대의 반항〉 135
〈씨받이〉 201

ㅇ
〈아가씨와 건달들〉 205
〈아다다〉 202
〈아들과 딸〉 225
〈아리랑〉 94~96
〈아메리칸 아이돌(American Idol)〉 281
〈아바타〉 262
〈아제아제 바라아제〉 202
〈여명의 눈동자〉 225
〈영월행 일기〉 227
〈오케 예술의 밤〉 103
〈올드보이〉 262
〈왕의 남자〉 262
〈우리들의 일그러진 영웅〉 224
〈운영전〉 96
〈월하의 맹세〉 94
〈위험한 정사〉 204
〈윤심덕〉 112
〈은마는 오지 않는다〉 224
〈은세계〉 100
〈의리적 구토(義理的 仇討)〉 93
〈이산가족을 찾습니다〉 195, 198,

289
〈이수일과 심순애〉 99

ㅈ
〈자유부인〉 135, 143
〈작은 연못〉 127
〈작은 연못〉 180
〈장마루촌의 이발사〉 135
〈장미빛 인생〉 224
〈장화홍련전〉 94
〈재즈 싱어(The Jazz Singer)〉 97
〈젊은 남자〉 234
〈젊음의 음악캠프〉 197
〈지원병〉 97
〈질투〉 225, 282
〈집 없는 천사〉 97

ㅊ
〈천국의 문〉 135
〈첫사랑〉 225
〈청일전쟁과 여걸 민비〉 54
〈춘향전〉 94, 97, 135

ㅋ
〈카게무샤(影武者)〉 235, 284
〈카츄샤〉 100

ㅌ
〈태극기 휘날리며〉 262
〈태백산맥〉 224
〈태양의 후예〉 276
〈투캅스〉 224
〈특종! TV 연예〉 229

ㅍ
〈파리의 연인〉 260
〈파시〉 136
〈풍운아〉 96
〈피아골〉 134~135

ㅎ
〈하나비(はなび)〉 235, 284
〈한반도〉 54
〈한씨 연대기〉 205
〈해운대〉 262
〈허준〉 225
〈홀리데이〉 209
〈홍도야 우지마라〉 99

기타
〈2시의 데이트〉 197
〈7인의 여포로〉 158

문헌

ㄱ
≪가뎡잡지(家庭雜誌)≫ 98
≪개벽≫ 101
≪경성일보≫ 80
≪경향신문≫ 129, 134
「국민교육헌장」 158
≪극예술≫ 102

ㄴ
『난중일기』 289
『농정촬요』 56
≪뉴욕 타임스(The New York Times)≫ 238
『니코마코스 윤리학(Nicomachean Ethics)』 26

ㄷ
『동의수세보원』 74
「단일 원리로 환원된 순수예술(Les Beaux-Arts réduits à un même principe)」 27
≪대한매일신보≫ 57, 80
「독립선언서」 80
≪독립신문≫ 46, 48, 56
≪동아일보≫ 81, 97

ㄹ
≪르몽드(Le Monde)≫ 288
≪르피가로(Le Figaro)≫ 288

ㅁ
≪만화왕국≫ 176
≪매일신문≫ 56
≪매일신보≫ 80
≪민족일보≫ 269

ㅂ
『버튼 홈스의 여행 강의(The Burton Holmes Lectures)』 59
≪별건곤(別乾坤)≫ 115
≪부산전보≫ 112
「부정선거지령서」 129
『붉은 땅』 134
「브라운 각서」 151

ㅅ
「사진활동승어생인활동(寫眞活動勝於生人活動」 59
≪서울신문≫ 143
≪서울프레스≫ 80
『서유견문』 56
≪선데이 서울≫ 159
≪소년중앙≫ 176
「시일야방성대곡(是日也放聲大哭)」 56
≪신문춘추(新聞春秋)≫ 115
「신생활에 들면서」 114
『신약성서』 74

ㅇ
≪어깨동무≫ 176
≪어린이≫ 98
『여우사냥』 54
≪여원≫ 145
『예술의 원리(The Principles of Art)』 27
『예술이란 무엇인가(What is Art?)』 26
『용사(Valiant)』 135
『의궤』 268
「이혼 고백장」 114
≪인민일보(人民日報)≫ 283
『일성록』 269

ㅈ
≪제국신문≫ 56
『자유부인(自由夫人)』 142~143
『제너레이션 엑스(Generation X)』 232
≪조선신보≫ 58
≪조선일보≫ 81
≪주간경향≫ 159

ㅊ
『신일인명사진』 84, 269

ㅌ
『토막(土幕)』 102
≪텔레그래프(The Telegraph)≫ 286

ㅍ
『파사(婆娑)』 101

ㅎ
≪한국연극≫ 163
≪한성순보≫ 48, 56
『한영문법』 57
『한영자전』 57
『혐한류』 시리즈 287
『홍길동전』 47
『황무지』 96
「황국신민의 서사」 84~85
≪황성신문≫ 56, 59, 80

지은이 소개

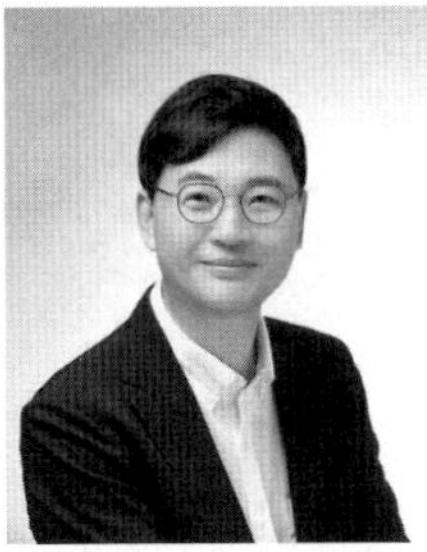

김정섭

현재 성신여자대학교 문화산업예술대학원 문화산업예술학과 교수(Ph. D.)로서 문화 정책 · 산업, 영화 · 드라마 · 대중음악, 아티스트(스타), 대중문화예술사 등 케이컬처 연구에 집중해 왔다. 아울러 ≪경향신문≫ 기자, LG글로벌 챌린저 제1기, 성신여대 미디어영상연기학과 교수 겸 학과장, 방송영상저널리즘스쿨 원장, 문화부 · 인사혁신처 · 환경부 · 고용노동부의 정책자문 · 평가위원, 대통령 연설 자문위원, 한국거래소 상장심사위원, 2022~2024년 '한국케이블TV 방송대상' 심사위원장, KTV 방송자문위원, 한국엔터테인먼트산업학회 이사 등을 지냈다. 2009년에는 '2008년 한국기자상'을, 2019년에는 한국엔터테인먼트산업학회 '우수논문상'을 받았다. 우리나라 최서단 영해기점인 격렬비열도에 대한 연구 · 저술을 통해 방치된 이 섬의 영토 주권을 강화하는 '국가 연안항' 지정에 크게 기여했다. 시나리오 「1978년 대한민국 최서단 무인도 조난 대참사 실화극: 격렬비열도」 등을 창작하고 연극 〈광대, 달문을 찾아서〉의 예술감독을 맡았다. 아울러 다양한 학술서를 출간했다.

e-mail: lakejs@naver.com

- 『(케이컬처 시대의 새로운 '시청자 친화 채널') FAST』(2024)
- 『셀럽시대: 이론 · 데이터에서 수양 · 실천까지』(2023)
- 『대한민국 신선마을: 무형유산 신선강림 전설을 품은 명승 10선』(2022)
- 『엔터테인먼트 경영 · 경제학』, 『엔터테인먼트 상품 경영론』, 『엔터테인먼트 통합 마케팅』(공역, 2021)('2022년 대한민국학술원 우수학술도서' 선정)
- 『케이컬처 시대의 뮤직 비즈니스』(2021)('2021년 문화부 세종도서 학술부문' 선정)
- 『(함께 가요, 함께 가꿔요, 함께 지켜요) 격렬비열도』(2020)
- 『할리우드 에이전트』(역서, 2019)('세계일보 · 교보문고 주최 2019년 올해의 책' 선정)
- 『우리는 왜 사랑에 빠지고 마는 걸까(로맨스 심리학)』(2019)
- 『한국대중문화 예술사』(2017)
- 『명품배우 만들기 스페셜 컨설팅』(2016)
- 『협동조합: 성공과 실패의 비밀』(공저, 2016)
- 『케이컬처 시대의 배우 경영학』(2014)('2015년 대한민국학술원 우수학술도서' 선정)
- 『언론사 패스 심층지식』 1 · 2(2014)
- 『한국 방송 엔터테인먼트 산업 리포트』(2007)

한울아카데미 2509

케이컬처 시대를 이끈 저력의 발자취 통찰

한국대중문화예술사 개정증보판

지은이 김정섭 | 펴낸이 김종수 | 펴낸곳 한울엠플러스(주) | 편집 이동규

초판 1쇄 발행 2017년 3월 8일 | 개정증보판 1쇄 발행 2024년 3월 8일

주소 10881 경기도 파주시 광인사길 153 한울시소빌딩 3층
전화 031-955-0655 | 팩스 031-955-0656 | 홈페이지 www.hanulmplus.kr | 등록번호 제406-2015-000143호

Printed in Korea.
ISBN 978-89-460-7509-2 93600

* 책값은 겉표지에 표시되어 있습니다.